黄仁宇

黄河青山

黄仁宇回忆录

黄仁宇作品系列

生活·讀書·新知 三联书店

图书在版编目（CIP）数据

黄河青山：黄仁宇回忆录 /（美）黄仁宇著；张逸安译. —北京：生活 · 读书 · 新知三联书店，2015.8 （2024.6 重印）
（黄仁宇作品系列）
ISBN 978 – 7 – 108 – 05373 – 2

Ⅰ. ①黄… Ⅱ. ①黄… ②张… Ⅲ. ①黄仁宇（1918 ~ 2000）– 回忆录 Ⅳ. ① K837.125.81

中国版本图书馆 CIP 数据核字（2015）第 118372 号

责任编辑 舒 炜 冯金红
装帧设计 蔡立国
责任印制 董 欢
出版发行 生活 · 讀書 · 新知 三联书店
（北京市东城区美术馆东街 22 号 100010）
网 址 www.sdxjpc.com
图 字 01–2017–6681
经 销 新华书店
印 刷 山东临沂新华印刷物流集团有限责任公司
版 次 2015 年 8 月北京第 1 版
2024 年 6 月北京第 12 次印刷
开 本 880 毫米 × 1230 毫米 1/32 印张 18.5
字 数 379 千字
印 数 62,001–67,000 册
定 价 58.00 元
（印装查询：01064002715；邮购查询：01084010542）

在长沙读高中时，
年约18岁。

黄仁宇的母亲。约1955年摄于北京故宫九龙壁前。
黄仁宇这么描述：“母亲脸上的忧虑，正是中国处于动乱时期所有母亲的写照。”

1937年，中日战争爆发前数月。当时正就读于天津南开大学，充满着快乐与自信的神情。这是黄仁宇最喜欢的照片之一，常悬挂于卧室之中。

抗战时着军装的黄仁宇（后排最右），与亲友合照。

1946年在美国堪萨斯州雷温乌兹要塞就读陆军参谋大学。正在进行地图演练。

1946 年就读陆军参谋大学时。

1946 年就读陆军参谋大学时。

1949 年以“商务”名义在东京取得的“外国人登录证明书”。

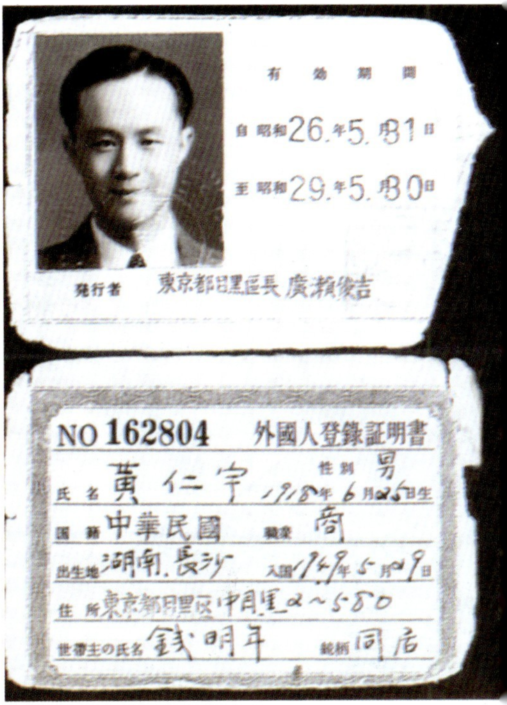

1949 年在东京担任中国驻日代表团团长副官。

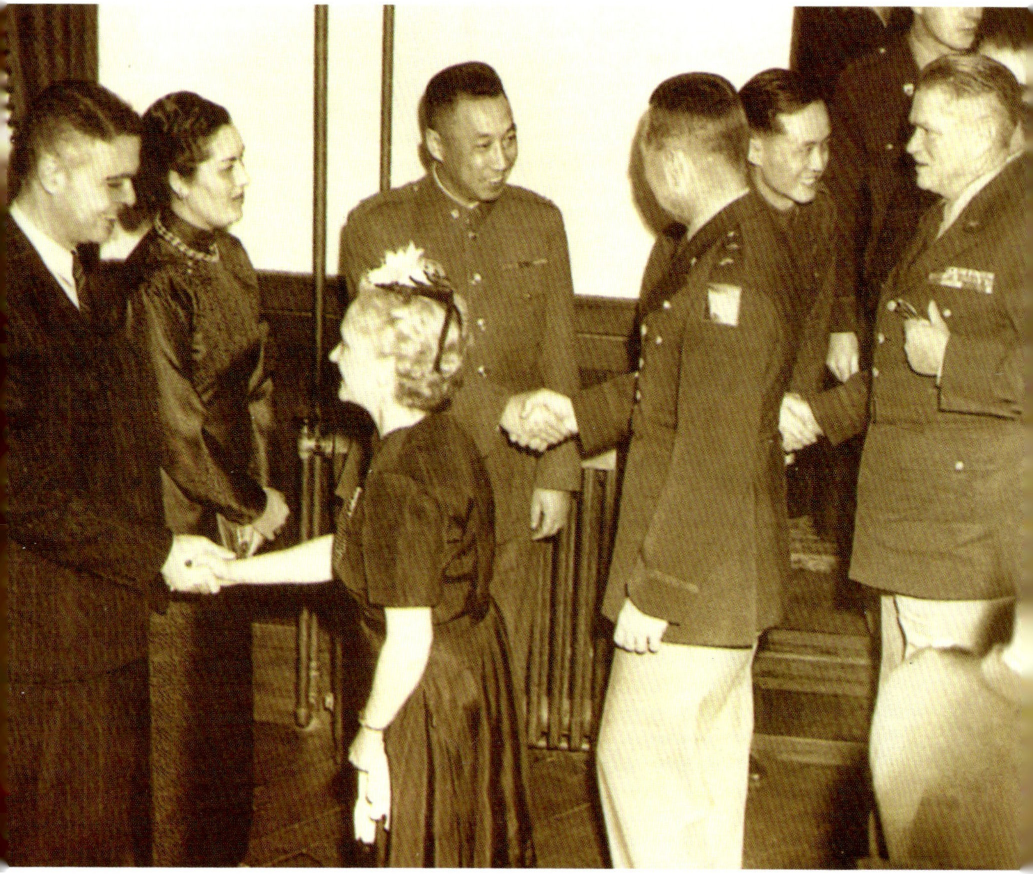

东京中国驻日代表团举行宴会，朱世明将军(中)、何世礼将军(着西装)、黄仁宇(立于门口)与来宾握手致意。

1952 年 11 月 10 日摄于安亚堡，就读密西根大学时。

1953 年 7 月 20 日摄于安亚堡，就读密西根大学时。

就读密西根大学时。

在安亚堡半工半读的黄仁宇。

1956年读研究所时，已取得博士学位且正任教于圣母大学（Notre Dame）的弟弟黄竞存来访时合影。

60 年代初的年轻学者黄仁宇。

60 年代初的格尔（Gayle Huang）。

1966 年 8 月 21 日与格尔
在纽约 Rye 海滩度蜜月，
当时黄仁宇 48 岁。

1968年，与儿子杰夫（Jefferson）
共进早餐，摄于纽约纽普兹。

1973年英国《观察家》(*Observer*)周刊，以李约瑟博士、鲁桂珍博士和黄仁宇博士三人为封面，做特别报道。

1978 年 5 月，与格尔摄于田纳西州孟菲斯密西西比河河边。

1979 年，在纽普兹家中，与格尔共同校阅手稿。

1986年黄仁宇首度回到中国大陆，与妹妹（黄粹存）合影于桂林。

1992年11月与格尔合影于台中日月潭。（林载爵摄）

黄仁宇的书桌。他习惯将椅子斜摆，并且刻意拆掉右边的扶手，以利工作。（林载爵摄）

1998年秋，与格尔合影于佛蒙特州Brattleboro近郊。（文庭澍摄）

1996 年 8 月 11 日摄于赫逊河畔。(林载爵摄)

1996年8月11日摄于自宅（10 Bonticouview Drive,New Platz）阳台前。（林载爵摄）

1997年8月2日与儿子杰夫、媳妇凯蒂（Catie）及新生孙子合影。

目 录

编者说明

黄仁宇先生以三年的时间完成本书，他从1980年下半年开始撰写，1983年9月底完成，其间经过不断修改与重写，最后的定稿只有原来的四分之一。定稿之后，即束诸高阁，未做任何增删，因此，本书所述人事，仅止于1983年。

1996年8月，黄仁宇先生向我提及这本自传，但言明必须在他逝世后才能翻译出版。2000年元月8日黄先生去世后，黄夫人格尔（Gayle Huang）女士随即寄下书稿，我们委请张逸安女士开始进行翻译。在做最后校订时，格尔女士不幸于11月20日逝世，终未及见本书之问世。

黄仁宇先生在1980年离开教职后，戮力撰述本书，追忆个人平生经历与学术志业之奋斗过程，并阐明历史观点之形成与演进。人事交融，前后穿引，既细腻又壮阔，风格独特。读者当可藉由这本回忆录，进入黄先生人格与思想之广大天地，一窥究竟。

林载爵　谨志

本书和作者

黄仁宇还是青少年时，梦想成为拿破仑。数年后他发现自己在蒋介石的军队中担任下级军官。他的士兵每月薪饷十二元，但如果携带一挺轻机关枪投奔附近山头的土匪，每人却能领到七千元。情势如此，黄仁宇无法成为军事英雄也不足为奇了。

他之后去过印度及缅甸。在本书中，西方世界的读者将有第一手机会了解，史迪威将军的美国幕僚群及中国野战部队之间如何进行恶意竞争，而且是站在后者的角度观察。我们的作者就在现场。

对日抗战胜利后，黄仁宇前往东北，见识到林彪的“人海战术”。麦克阿瑟七十大寿时，黄仁宇代表蒋介石去送礼：象征长寿的盆栽。但在下一趟的台北之行中，黄仁宇和长官陆军中将朱世明却差一点被监禁，因为谣传朱受到共产主义的影响。不过，直到今天，黄仁宇对蒋介石仍然有一定的仰慕。他也以自己的特殊方式对毛泽东有一定的敬重。

本书作者毕业于美国堪萨斯州雷温乌兹要塞陆军参谋大学（U.S. Army Staff College at Fort Leavenworth, Kansas），从国民党军队退伍后，到安亚堡（Ann Arbor）做按日计酬的工作，一边攻读密西根大学的博士学位。三十年来，他毫不间断地研究历史。他在数所重要学府做过博士后研究，其中包括哈佛及剑桥。他还出版过数本著作，发表无数的文章。他的《万历十五年》两度提名美国国家书卷奖（American Book Awards），已被译成中文，在中国出版，法文、德文及日文译本即将问世。

在中国历史的学术研究方法上，黄仁宇博士不同于西方大部分的学者。他认为，西方式的学院分工方式无法适用于中国文化的综合研究，因此，西方观察家通常不是将中国视为“白雪公主”，就是看成“老巫婆”。事实上，中国两者都不是。为了独排众议，黄仁宇必须付出很高的代价。

中国出了什么问题？黄仁宇会告诉你，中国是“潜水艇三明治”，上层是没有明显差异的庞大官僚体系，底层是没有明显差异的农民。他在本书中解释，这是地理因素及历史原因使然。至于补救之道，他建议“加强中间阶层”，尊重农民阶级的财产权，因为到目前为止，后者都是看各党派的脸色。

黄仁宇在中国大陆及台湾还有许多朋友，其中有些位居高层。他劝他们从历史深处去探讨他们的问题所在。中国人可能要像桥牌选手一样，祭出高明的策略。

至于刻下东方与西方的冲突，本书敦促双方的公民停止自认道德优越，转而接受事实，了解“两个不完美的系统”都面对共通的“巨大数学问题”。意识形态上的对立通常来自于目的论的见解，将历史解释成三个步骤的直线发展：过去、现在及未来。这种干净俐落只适用于受限的视野或当地的事件。在“大历史”中，作者必须想像我们生存在宇宙的螺旋之上。即使是伟大的领袖，也只能在弯曲的小径施加小小的推力，其行动很少能配合其目的。重大战争只是启动大规模的地缘政治趋势，使好战分子最初的军事目的显得无关紧要。然而，即使如此，黄仁宇坚决否认自己是目的论者或是哲学家。他是不折不扣的历史学家，但不是理想派，而是实务派。他引用康德的话指出，没有人可以自认了解“物自身”与“不可知”。但他也引用普利茅茨殖民区（Plimoth Plantation in Plymouth）及1862年的公地放领法案（Homestead Act），甚至在纽普兹（New Paltz）的休京拉移民（Huguenot settlers），以说明他的观点。本书充满了趣闻轶事。

黄仁宇的文字有时接近于自白。他承认自己最初被教导恨英国人，后来恨日本人，再后来是俄国人，但最后他全部与他们为善。在所有的人士中，他将他目前的心平气和归功于东北的俄国大使馆馆员，因为后者阻止他枪决一名行窃的中国士兵。

本书究竟是一本规模非凡的自传，或是以外射螺旋格式写出的第一本大历史，读者可以自行决定。毫无疑问的是，作者传递给我们他脱胎于悠久文化的壮阔史观，即使他对此文化不无批评之处。作者的文字浅显明白，就算毫无背景的人也读得懂。也许就是因为如此，约翰·厄卜代克（John Updike）才形容他的文笔仿佛具备卡夫卡的梦幻特质。

谨以本书献给

富路德博士夫妇

（L. Carrington and Anne Swann Goodrich）

恭贺博士九十大寿

以及

我的继子马克·波利及穆瑞·波利

（Mark and Murray Boley）

他们的故事可望于另一本书中出现

第一部　自己的浴室

中国内陆

在1945年末，我遇见一个比自己小一岁的女孩，名字叫安，我对她一见倾心。安的父亲曾经显赫于中国的外交领域，一家人曾经环游世界，兄弟姊妹在家中以英文及法文交谈。她家在前法国租界的西区，房子是西式风格，每一层楼都有浴室。在许多天的下午及黄昏时刻，我从第三方面军总部借出吉普车，停在她家门口。佣人会带我进到起居室，我就一直等，只听到走道中某处有座老式座钟发出的滴答声。安很少让我只等二十分钟。

我的浪漫情怀一开始就注定挫败。即使我的虚荣心再强，都无法骗自己说，安曾经爱过我。但我要求见面时，她响应热切，有时我不去看她，她还会打电话问我是否安好。她派人送来“行行好，看在我的面上”、“让我们来完成一出悲喜剧”等等字条。还有一次，她甚至邀我参加家庭聚会。不过，她会以忧伤安抚的口吻对我说：“我好喜欢你啊”，也就是说，其中自有限度，我再努力也是徒劳，即使我当时并没有竞争对手。这样也好，因为如果她说：“让我们结婚吧，你最好认真一点”，我就会不知所措。我阮囊羞涩，当兵这个职业的地位，在对日抗战后达到巅峰——也许还是数百年来的最高点——已逐渐掉回原先的低点，甚至降得更低。我的新羊毛制服经过适当的熨烫后，勉强让我可以在上海的社交圈中走动。但除此以外，身为上尉的我，甚至负担不起一间套房。我的母亲、弟弟及妹妹仍然住在重庆的山间破屋中，甚至没有自来水可用，更不要说每一层都有浴室了。

二十七岁的我，是个没有职业的人。多年来我自认加入军队牺牲很大，其实也不算错。但同时军队也充当安全网，让我不必去思考个人的前途、婚姻、经济独立或职业。我深受教条洗脑，总觉得战争结束后，所有问题都可以迎刃而解。现在战争结束了，我第一次有机会去面临横在眼前的问题。

战事于 1937 年爆发时，我的第一个反应是从军。但我的父亲劝我，他认为，没有宣战的战争，可能随时会被好战分子所终止。既然我才在南开大学念完一年的书，终止学业去从军相当不智，可能穿上军服后才发现战事已经告终。多么巧合啊！9 月，教育部要南开、北大与清华——中国北部的三所著名学府，校园已被日军占领——合而为一，在我的故乡长沙成立“长沙临大”，所有费用由政府支付。这真是奇妙的情势，战争把我的学校搬到我的家乡，我们一分钱都不用付。相反地，政府还负担我们的食宿。此外，政府还发给我们一件棉大衣以御寒。我听父亲的话，决定继续学业。

事实上，很少人在那个学期念到书，许多同学及教职员很晚才到长沙。等到一切安排妥当，靠近上海的大前方防线却已崩溃。12 月，日军进入南京，长沙临大奉令再撤到昆明。负担起费用的人走海路，从香港及海丰到昆明的后方。同时走陆路的步行团也组织起来，两个月期间的食粮，由政府配给。

我没有签名加入任何一种方式，至少有一段时间算是终止大学学业。我从来没有想过，十四年后，我会在美国继续我的学业。我在1938年年初下了决定，父亲和我长谈了一次。如果我一定要去从军，他认为我应该去念军校，取得正式的军官职位。大规模的战争将是延长的战事，我必须想到远期的后果。战事如果拖延十年以上，对我会有何影响？我的父亲多么深谋远虑，不幸的是，他活得不够久，看不到他的许多预言成真。如果他活到抗战胜利，一定会给我更多的劝告，不过我也可能不会听。

但是在1938年年初时，我并没有和他争论很久。我们达成协议，我并没有被强逼去昆明，加入军队的决定也延迟了半年。到了夏天，情势应该比较明朗。如果到我二十岁生日时，战事仍然持续，我就可以依我自己的选择行事。我因此进入报界数个月，结识了廖沫沙。

1938年春天，我在长沙等待半年的缓冲期满，无事可做，毛遂自荐去《抗战日报》工作，以求换得食宿，他们也接纳了我。这是一份爱国报纸，社长是剧作家田汉。报纸是采半开大小的画报形式，所有报道都刊在一张纸上。事实上，田汉忙着其他的抗日活动，编辑工作落在廖沫沙身上，还有一些其他人也来帮忙。但是，有一段时间只有廖沫沙和我是全职工作，床就放在办公桌旁。当时我从未想过，他有朝一日会成为名人。他当然就是以“三家村”笔名写作的廖沫沙，和其他两位作家共享这个笔名，在北京的刊物上写专栏，不时讽刺极左派。毛泽东对他们翻脸时，三个人都在1966年下狱，毛泽东趁此发动“文化大革命”。其他两位作家就因此毁于“文化大革命”，只有廖沫沙幸存。至于田汉，在中国的地位就像美国的尤金·奥尼尔（Eugene O'Neill）或田纳西·威廉斯（Tennessee Williams），也死于狱中。

直到最近，我才发现，我结识田汉及廖沫沙之前，他们已当了好几年的共产党员。不过对当时的我来说，不论知不知道，都没有多大差别。在战争开打的头一年，没有人在乎谁是国民党员或共产党员。当时的共产党员一派乐天，充满温情，和叛变压根扯不上任何关系。唯一要注意的是，不要和他们起争辩。他们会追着你到天涯海角，从戈壁沙漠跑到海南岛，直到你同意他们的论调，他们才放你走。

我还在《抗战日报》工作时，就声称要加入国民党的军队。我的一些朋友虽然不见得是共产党员，却建议我改去延安；当时是毛泽东的根据地。他们设立了一所“抗日军政大学”，林彪是校长。我有一些朋友和同学在那里，因此我对当地的情况多少有些了解。在抗日军政大学，他们显然唱很多歌。有起床歌，有早餐歌，有演讲前唱的歌，有演讲后唱的歌。铺路挖坑时都有歌，连上厕所都有歌可以唱。

此外，他们还有一大堆的“主义”。在延安，人人每个月领两元的零用钱。如果把钱花在买烟草上，就是享乐主义。如果说了个不该说的笑话，就是犬儒主义。和女生在外头散个步，就是浪漫主义。一马当先是机会主义。看不相干的小说是逃避主义。拒绝讨论私事或敏感的事，当然就是个人主义或孤立主义：这是最糟的。毛主席又增加了“形式主义、主观主义及门户主义”，全都不是好事。不过那是后话了。在1938年，我个人反对延安是因为他们教的是游击战，并不合我的胃口。当时我暗地里心怀壮志。多少受我父亲的影响，我觉得如果要当职业军人，就应该领导军队进攻，并采取防御策略。我甚至想当拿破仑。躲在暗处放冷箭，然后快速逃走，听起来可不光彩，不是我要做的事。

因此我下了决心，延安就此出局。如果不当共产党员，就是国民党员了。不跟从毛泽东，就追随蒋介石。这就是当时的情势，也刚好发生在我身上。我考进成都的中央军校，校长就是蒋介石，虽然他一年不过来视察一两次。人人都可以称他是"委员长"，但在军校中的我们，不论是学生或教师，都必须说"我们的校长"，说者或听者都要立正致敬。

受训时间长达两年。学校的确教我们如何进攻及防御，但必须先经过数个月的枯燥练习。大抵而言，可以说共产党要求你和他们有同样想法，但不关心你的外在，至少在战时是如此。毛泽东自己总是一副没理发的样子，衣领也弄得绉绉的。国民党刚好相反，只要你表面效忠，内心怎么想，没有人管你。

如果军校想要锻炼我们的心智，也是透过不断的操练来训练我们，颇有禅宗的味道。我们花了许多时间在操场上，演练如何立正。我们的军官解释，当一个人确实在立正时，他的观察力也跟着凝结。为了证明这一点，他命令我们长期处在这种不舒服的姿势中。有一名军官会伸出一只手在我们前方，测试我们是否眨眼。另一名军官会藏在我们身后，突然伸出两只手指，掐住某人的后颈，看他绷紧的身体是否会像袋鼠一样，用脚趾头往前跳。如果是，就表示他仍需练习。教官说，如果一个人确实立正站好，头盖骨底部有压力时，身体会直直地往前倒，就像一截木头一样。这时我们已经练习太久，全身酸痛，害怕再被罚，因此不敢要求长官示范。

我们的立正练到差强人意后，就学习如何敬礼及转弯。训练的目的在专心一致，不受外在干扰。我们必须无视于眼前潮湿土壤散发的蒸气，虽然鼻子可能觉得不舒服。我们假装没注意到邻近甘蓝菜田里的蜜蜂，虽然其声嗡嗡颤颤，回响在春天的成都郊外。我们接下来就忘了自己身处中国，忘了自己在这个打着败仗的国家，在这个每两个月就沦陷一个省的国家。这个步骤完成后，接下来就练习踢正步。

踢正步的优美之处，不在于踢得有多高，而在于踢得有多慢。我们的长官告诉我们，要“半天一步”。在正常的行进中，我们每一分钟可以走一百一十四步。如果慢到一分钟不到一百步，场面会更加壮观动人。有一连可以做到一分钟九十步，简直美得令人屏息。不过，为达此目的，军乐队必须做特殊安排，重新调整节奏。

芭芭拉·涂克门女士（Barbara Tuchman）曾说，我们是“展览用军队”。说得没错，我们的确常表演给来宾看，穿着制服和皮靴，戴着闪闪发亮的头盔，配备闪亮的现代武器，观者无不印象深刻。有一次，一组美国新闻影片记者拍了我们三天。四个兵团集合时，一字排开，占了好几英亩。对他们而言，我们军容壮盛，铁定可以改写中国数百年来的形象。但是，我必须要说明，我们无意欺瞒。

多年以后，经过不断的阅读和反省，我才了解到，国民党对统治的心态，具体呈现了中国传统的政治手腕。我们必须了解到，古代的皇帝无从知悉所统治百姓的数目，不清楚实际税收，也无从掌握军队的确切人数。统计数字不过是粗略的估算，其准确度有多高，官员也不会太当真。在这种情况下，将所有公共事务都转变成数字，再进行处理，是很不切实际的。为维持中央集权统治，另外一个解决之道是创造出一个完美的理想模式，将之标准化，再令各阶层从而效法即是。如果产生实务上的困难，忠心耿耿及足智多谋的官吏必须绞尽脑汁，设法加以解决。如果解决不了，个人的牺牲在所难免。无可避免的是，理想和现实之间一定有落差。但在古代，中国在世界上具有无需竞争的地位，即使理想和现实有出入，也无关紧要。如果人人默不吭声，缺陷就会缩到最小。只有在失调扩大到无法管理的规模时，才有必要进行改朝换代，历史的曲线重新再走一次。

国民党的难题是，它打算在20世纪再重复这个过程，但中国的地位今非昔比，缺陷也无处可隐藏。将所有事物一一加以测试后，没多久我就觉得理想破灭。

军校毕业后，我取得任命状，首先担任排长，后来代理连长。不过我的这一连只有一名少尉及三十六名士兵。我隶属于国民党的第十四师，奉命驻守云南边界，紧邻日军占领的越南。

第十四师一度拥有全国民党最精良的武器，配装最新的步兵装备、德国头盔、防毒面具、帐篷等等。但这样的装备原本是为了从中国沿海的都市出发，沿着铁路移动。国民党军队被赶到内地之后，失去了现代化生活的支撑，必须在明朝的生活条件下过活。许多美国人很难了解此话何解，在美国，从华盛顿的政府到乡村地带，有许多的联系，如公路网、法庭制度、银行、电台、报纸、执法单位、民间团体、包括趸售及零售贸易在内的商业服务等。在战争期间，上述种种都可动员为军方所用。不只是牧师的训道及教师的演讲，连营建工人的炉边闲谈及理发店、酒吧中的谈天，都传达了全国一致的关怀，即使目的各有不同。美国军方还拥有自身的运输及通讯系统。在云南，如果我需要一头驴来驮负重物，我必须派士兵到村落里去找村长，在枪支的威胁下，他可能听从我们的差遣。至于邮政，要送一封信到邻近的省份，必须耗上一个月的时间。我必须慎选词汇，才能让村民听懂我说的话。

战争过了四年，快要迈入第五个年头时，军队只剩骨架般的架构，居然还能维持战斗队型，真是奇迹。事实上，越野行军、医疗设备及复健中心付之阙如，欠缺足够的工程、后勤与运输服务，这些因素所折损的人力，超过对日本人的实际作战。当前的问题不在如何改进，而在如何避免进一步的恶化。

对我来说，生为战地军官有不少不便及苦处。我必须睡在用门板改装成的硬木板床上，至于勤务兵如何去找到这片门板，我决定不予过问。我脚上穿着草鞋，但没袜子穿，草鞋总是磨着光脚，让脚起水泡或摩擦成伤，长时间走在泥泞路后，更可能引起感染。我们大都吃玉蜀黍，这可不是香甜的玉米，而是比较粗的品种，每一粒都像是坚硬的石块，外皮硬到必须被磨成粉后，我们再就着水勉强吞下。饮食情况如此，我必须盯紧我的属下。只要有机会，他们可能从村民处偷来一只狗，放进锅里煮，整只吃干净。我的警戒并非出于道德、伦理、公共关系或甚至军纪的考虑，而是出于实际而自私的想法。只要一有机会，他们就会大吃大喝，可能因此生病，更可能就此病亡。丢了一名士兵，从此就永远少一名，再度行军时，他所留下来的步枪和设备，就必须由我们来扛。步枪尤其重要，山头上的土匪开出每枝枪七千元的条件，而且保障携枪逃亡者的安全。我们的兵士每月薪饷十二元，身为上尉的我，月薪也不过四十元。土匪甚至还出价买机关枪和军官的手枪。有一次，团里有一名勤务兵企图带着两把手枪潜逃，但在逃到山头之前被逮捕了。他在军团前被判死刑，而且当场执行。我们的团长用朱砂笔划掉写在纸上的姓名，随手把笔往肩后一抛。逃犯被带往山丘的另外一边，我们静默等着，忽闻一声枪响，响彻空中与群山之间，结束这个鲁莽逃兵的一生。这次事件后，有些连晚上把步枪锁起来，军官睡觉时把手枪放在枕头下。

除了物资缺乏以外，我们还面临严重的运输问题。云南南部的山区人烟稀少。雨季时，拖在身后的一包一包军备，不是无故消失，就是掉进及膝的污泥中。从村民中征召来的驴子数量有限。1941 年夏天，我们这一师，包括司令部及三个团，驻扎在村落中，彼此相隔二三十英里。 师部决定优先供给盐与蚊帐。至于夏季制服，军政部已经发给每人一套，发放地点在火车站，我们再自行送到驻扎地区。这一套制服，就是军人所拥有的全部衣物。前一套早已磨坏，军方高层从来不关心军人有无内衣可穿。有一段时间，我们洗衣服的唯一机会，就是在晴天时把整连人带到溪边。人在洗澡和玩水时，制服放在一旁晒干。万一敌人抓住正确时刻突袭，会一举捉到光溜溜的我们。夏天过了一半，情况多少改善了些。军政部终于拨给师足够的钱，让我们可以在当地买第二套制服，但到那时，通货已大幅贬值，资金缩水，而附近也没有供货商。我们的师长运用想像力，让后勤官打扮成商人，从日本占领的越南购买骡子运来的白色布料。回到国内后，布料再交给当地的染工处理。颜色是否接近正规的草绿色，甚至没有人去怀疑。其后数星期，所有师可以找到的缝衣机都派上用场，做的是短裤短袖，以节省布料。此时士兵才有第二套制服可替换。

战争的第四年，我们的征兵制度和村长征用骡子时差不多，都是将命令交派给职务较低的人，去欺压弱势者。我们连中有一个“落后五码的唐”，我搞不清楚他为何被迫入伍。唐有点驼背，肩膀显然歪一边，骨瘦如柴。然而他的主要问题似乎在心理方面，因为他左右都分不清。我接管这一连没几天，才发现他的习惯很奇怪。我们行军时，他总是落后，但总是保持一定的距离，不超过五码。我们速度慢下来时，他也不会试着追上来。但我们加快速度时，他也设法加快脚步，因此始终保持五码的距离。有一天我决定停止他的这项特权。我对他喊：“加油，跟上来，唐！我不想让你装做后卫。”

他没有加快脚步，反而索性停下来不走了。他带着乞求的神情望着我，喃喃自语，仿佛在哀求我：“脚很酸呢！”

“胡说，如果你可以在队伍后头走那么快，没有理由不能走在队伍里。”

他仍然动也不动。我失去了耐性，挥舞着拳头对他吼：“笨蛋！你必须走在队伍里，要不然我就揍你！”

听到我的威胁后，唐开始嚎啕大哭，一瞬间泪流满颊，哭得像小孩子一样。我愣住了。忽然之间，我想到我的前一任长官想要改变他并没有成功，他的诨名并非凭空而来。我将那五码距离认定成绝症，纳闷军中养这样的废物有什么用。

赖中尉是个红脸年轻小伙子，受过中学教育，担任营里的副官，他有好多故事可以说。他对我说，他的老家靠近洞庭湖，有一次一枚打算用来炸日本战舰的鱼雷漂到岸边。这枚怪东西长了很多触角，吸引一大群好奇的群众，其中也有小孩。一个勇敢的人走过来，手上拿着一把螺丝钳，自称知道如何拆除鱼雷，结果是轰的一声，震动镇里所有房子。当天晚上，哀悼至亲的哭声从街头传到巷尾。赖中尉叙述故事时，心平气和，仿佛他就在场目击。我从来不曾问他如何得以不受影响，但是，我认定他很有智能，神经比较粗。他看我和唐这样的士兵过不去，有一天对我开骂："你们这些军校来的人老是自以为是！想把这种人改造成军人？门都没有！"他摇摇头。

接着赖副官跟我解释，唐这种兵是用来充数的。作战时，大半要靠受过射击训练的人，也许他们的技术不是很高超，但至少他们可以进行瞄准训练。师里设立训练队，让他们熟悉步枪、手榴弹和自动武器。我这一连就有四个人曾经受训。难怪他们举止和别人不同，有时几乎要反抗我的命令，让我很生气。他们知道自己的特殊地位，因为未来我还要仰赖他们。至于其他人，最好还是不要在他们身上浪费子弹。只要他们射击时大方向抓对，就算不错了。至于"落后五码的唐"，我大可自行决定。他不过是个小孩子，我之前为何没想到呢？

想通了后，我顿觉解脱，不必再去尝试不可能的事。但我也觉得很沮丧，只要当大学生，我就不必当兵，可是我却自愿从军。在军校待了两年，更多时间花在行军上。我很想对国家有所助益，却一点忙都帮不上。不论我是否在军中，情况都没什么差别。我曾经幻想当拿破仑，但是眼见这样的局势，如果拿破仑大军从莫斯科撤退时，我能置身后卫，就很荣幸了。

这样悲观的想法让生活更难忍受。我们与世隔绝，没有任何读物，唯一的报纸是师里的政治部门用油印机印的一张纸，消息来源是收听广播，重申我军在前线表现有多优异，尤其是和英军、法军相比，更不用说俄军，当时苏联军队也败在希特勒手下。

1941 年雨季，我们度过了一段艰苦的岁月。雨没完没了，无穷无尽地下着，有时是倾盆大雨，有时是蒙蒙细雨。如果能停半天，就相当不错了。我感染了虱子。在亚热带的云南南部地区，夏季和秋季的白日很暖和，但夜晚气温陡降，山区更是如此。士兵穿着冬季的棉袄绻缩身体入睡，用蚊帐、毛毯或帆布当被子，抓到什么就盖什么，甚至几个人合盖一床被。地板上则铺着稻草，这样的环境造就了虱子的天堂。我们的除虱行动从来不曾大获全胜。有一天，我看到士兵把棉袄内部翻出来，在缝线中寻找虱子，找到后就用大拇指掐住虱子柔软的腹部，哔啪作响。不久后，我也拿出母亲给我的羊毛衫如法炮制。一名中国作家曾发表一篇短篇故事，描写掐虱子时，看到拇指上沾着挤出来的血，不禁涌出复仇的快感。他一定有亲身的体验。

我感染过两次轻微的疟疾。我们从来不把疟疾当一回事，医生会给你几片奎宁药丸，认定你服了后就照样活蹦乱跳。我的一些军官同僚认为，治疗疟疾的最好方法就是吃狗肉，我深感怀疑。这些人似乎找到了使军中饮食多样化的医学借口，结果我并没有听信这派的医学理论。

雨季快要结束时，我们准备接受第九军司令官的视察。我们尽心尽力清扫驻扎地所在的农庄。但是关麟征将军并没有看到我们的努力成果。我们师里的射击手在他和随从军官前表演技艺，他再对我们进行一番小小训示后，视察就结束了。

约莫在同时，我发现前线一些作为令我心烦。第十四师夹在两大军团之间。西翼是第九军，东侧第一军是由军阀龙云率领的云南省军队所组成。他们都戴法国头盔，装扮也胜过我们。部分原因是他们和当地的联系较好，驻扎地区的公路也较好，因此状况较佳。但是，他们的军官从事走私贸易。骡队通过他们的前线往返越南，一定要经过他们的默许。骡子运载桐油、水银及锡块到南方，这些都是日军需要的战略物资。回程时就载了鸦片、纺织品和香烟，不难想像他们从交易中取得暴利。对日本间谍来说，这也是很好的掩护。数月之后，我在重庆遇见老友卢益（音译），在他催促下，我用化名将我的见闻写成文章，由他替我发表。现在卢仍是上海两所大学的新闻学教授。

在我们获悉珍珠港事变前一周，我的父亲过世了。因为当时邮政缓慢，我收到妹妹写的信时，已经过了一个月。信中她只提到父亲病重，我把信给长官看，获得第十四师批准“长假”，几乎等于退伍令，我不用再回来服役。美国参战时，我们觉得胜利在望。先前我方急着把军队派到云南，认为日军一定会从越南入侵。然而，太平洋战事扩大时，日军却移师他处，越南前线顿时清静了不少。在那段期间内，我和弟弟将父亲安葬在湖南，将母亲和妹妹送往重庆。我不再返回第十四师，反而在首都卫戍司令部从事文书工作。我还是穿着军装，执行着旧式官僚的工作。这是国民党的另外一个层面：在上方的庞大指挥部中，仍然保留着传统的形式，而高级将领之间的关系因为缺乏组织的逻辑运作，必须遵从旧的格式。

军校的一位同学来看我，建议我："我看你已经成功了，有了陶壶和朱砂印，已经步向绍兴师爷的后尘，真是美事一桩。你现在只要把指甲留长就对了。不过，如果我是你，我会换掉那身哔叽制服。穿这种衣服对你没好处，最好还是改穿丝袍，加上刺绣补丁就更完美。"

我根本不需要他来嘲讽我。我的心意已决。在总部不到一年，我无聊得要命，就像水手辛巴达一样，心痒难挠，一心等着上战场。1942年正值多事之秋。外在世界发生许多事，菲律宾、中途岛、斯大林格勒等等。隆美尔还驰骋在北非；杜立德（Doolittle）已飞到东京。我们的西方盟军表现不够出色，顿时显得我方还不算太差。这也影响到我的心理。即使我不是当拿破仑的料，但至少我不必手持陶壶当绍兴师爷，一直等到战争结束。我可以找点刺激的事来做。

因此，在1943年2月的一天清晨，我和一群军官飞过"驼峰"到印度去。我们是先遣部队，到蓝伽（Ramgarh）去设立新一军的总部。

印度与缅甸

在 1942 年，中国派遣了一支远征军去缅甸，是由第五军和第六军组成的，这是蒋介石所能调度的最好军队，但结局十分凄惨。刚开始中国军队和英军发生争执，延误了入缅的时间，等到进入缅甸时，一切已经太迟了。打仗的时间少，撤退的时间多。日军在盟军后方实施大规模的迂回包围战术，中国军队和英军只好忙着撤退。新二十二师和新三十八师发现自己的退路被敌军切断，于是烧掉卡车，焚毁辎重，企图在雨季穿越陌生的那迦山（Naga Hills），到达西北边的印度阿萨密省。但是只有少数人到达终点，其中有一位是美国将军，名字是史迪威。

又经过一番争执后，决定设立一支新部队，就是中国驻印军。新二十二师和新三十八师的残余人马，在印度心脏地带比哈尔省（Bihar）的蓝伽重新整军。英军负责粮食和衣服等后勤事务，美军负责供应战略物资及提供训练。飞机运送来整补的中国军队，不只要强化两个受损的师，还要成立第三个师，此外还有三个野战炮兵团、两个工兵团、数个坦克营、以及运输与通讯单位。三个步兵师组成新一军，由中将郑洞国率领，接受驻印军总指挥史迪威的管辖。

在不幸的缅甸第一次战役中，蒋介石犯了一次很可惜的错误。他任命史迪威为中国军队的总指挥，却没有充分授权。这次任命多多少少出于外交的考量，以为史迪威会满意这样的头衔，因此军队补给将不虞匮乏，而且史迪威还代表第三方的势力，可以和英军维持较好的关系，保障中国的权益。但是，一方面遵行中国军队的传统，一方面也出于个人的习惯，蒋介石从来不曾放弃直接指挥属下的权力，并没有透过总指挥来传达。这样无异于以国家元首来执行军事否决权。在过去，由于中国将领背景迥异，军人的来源十分复杂，这种做法有其必要。但是这种暧昧不明的运作手法，却激起史迪威很深的怨恨，他觉得自己被“出卖”了。1942 年春天，史迪威想在缅甸集结大军，他的中国属下却看到英军逃离，暴露中国军队侧翼，日军快速冲向后方，想形成陷阱，因此属下无意充当英雄。高阶指挥官要不就忽略孤单的美国将军，要不就吼回去，史迪威不曾忘却这次屈辱。他建立驻印军时，决定算清两笔账：一是必须在被迫撤军的同一地区打败日军，二是必须在实质上成为中国军队的统帅。为达成第二项目标，他将第一次战役中的资深中国军官全逐出蓝伽。选择新一军的指挥官，这一度成为重庆高阶将领的话题。

在国民党的军队中，个人交情是很重要的。身为下级军官的我，常在司令部进进出出，因为凭着推荐信函，我得以拜访将军，被他们接见。基本上来说，军政部并没有能力处理所有的人事公文，也不可能提供后勤支持，安排所有的运输事宜，因此必须容忍我们不按正规的举动。军方唯一能做的事，就是实施一套严苛的升等制度。我们全受限于从军校毕业的日期，除非学长升官，否则轮不到自己，在高层就比较有弹性。在打造国民党军队及铲除军阀的初期，蒋介石对军阶的授予不可能太严苛，不过，这并不代表资历不受重视。此外，高阶军官的内在向心力，是由一个非常小的团体间亲如手足的关系凝聚而成的，那就是黄埔军校早期的教官与学生，成都中央军校不过是其延伸。

中国军队的创造，可以说比时代早一步。军队和社会缺乏联系，就像异物飘浮其上。其间的危险之处在于，资深高阶将领占据同一地区太久，就会想透过个人关系和军队的资金建立与该省的关系，这就是军阀的起源。对日抗战时，国民党军队仍然需要若干旧军阀的协助。但国民党无意培养新军阀。“黄埔系”所以赫赫有名，要归诸于环境，尤其是黄埔第一期，学生是校长蒋介石亲自挑选，六个月的训练也是由委员长亲自督导。毕业后，这一批不到五百名的学生并没有全部担任军官，有些不过是班长，不到一年，许多人死于战事。他们对国民党的忠贞奉献，成为人尽皆知的特色。郑洞国就是黄埔一期生。

此时的郑洞国看起来内向保守、温文儒雅，但很少有人知道，年轻时的他曾带领士兵冲锋陷阵，攻城掠地。他行动缓慢稳重，不能免于安逸舒适的诱惑，休闲时喜欢下跳棋。西方并不熟悉他的名声，但他在中国将领之间以谦逊知名。他从来不曾邀功，听任长官和同僚决定游戏规则。他对部下很是慷慨，放手让他们行事，总是替他们说话。蒋介石派他去统率新一军时，似乎找到在史迪威手下做事的适合人选。

数年后，我担任郑洞国的副官，有机会更加了解他。他的长处在于坚忍不拔。他是昆仑关一役的英雄，对我解说在 1939 年冬季时，如何从日军手中攻下这个高地。当时两边人马对峙已久，双方都筋疲力竭。他统领的荣一师，前线上只剩下四五百人，包括他自己和三个团长在内。敌军之所以没有歼灭他们，是因为他们自身情况也很糟。这时我方补充了一师，带来进攻的命令。两团人马从师的所在位置奋力进攻，但损伤惨重。参谋长舒适存少将判断昆仑关会被攻陷。他对了。我军发起另一波攻势，剩下的两三百名士兵成功攻顶，此役存活的日军并不多。

舒将军也是新一军在蓝伽的参谋长。郑将军不愿浪费他的才华，后来推荐他担任别的职务。郑将军提到他时，总是说好话。“像舒适存这样的人可以算是成熟的。”这时我已经知道，对郑来说，成熟是很高的赞语。舒将军不是黄埔的毕业生，他毕业自省立军校（校案：应指各省的武备学堂或讲武堂一类的学校），因此只好在国民党军队中从不起眼的职位做起，慢慢往上爬。在他晋升到目前的地位前，坎坷不断。他的军队曾经溃败，他被迫逃生。有一次他受军法审判，被判死刑，虽然撤退是前线的事，他并没有下命令。他终究被赦免，有机会戴罪立功，继续他的军旅生涯，并没有因为运气不好或委屈而受到一丝一毫的影响。郑将军把舒的失败经历视为良好的资历，这点必须站在国民党军中的观点才能了解。众所公认的是，在特定时点中，任何军官都可能时运不济。通过考验后，舒仍然勇往直前，证明自己身经百战，可以成为优秀的将领。

在金钱的诚实方面，我和郑将军意见不同。国民党管理军队的方式是，在缺乏军队的地区，军政部会给当地的高阶将领一大笔整数的金钱，让他们自行解决问题。因此，资金运用的诚实与否，其间分际就很模糊，有时差异不过是程度上而已。然而，我还是直截了当说出自己的看法，表达下级军官的意见，指出高阶军官贪污腐化。“你们年轻人不知道自己在说什么。”郑将军会轻轻斥责我。他为他的一个长官辩护，说这位前黄埔军校的教官“几乎无米可炊”。这段话当然不是字面上的意思，郑将军要说的是，虽然该将领表面上经手很多钱，但他必须养活部下，其中有的失业，有的家有急难，还要尽种种特殊义务，剩下的金额不足让全家维持差强人意的生活水准。就这个特殊案例来看，我没有被说服。不过将军言语直率，让我从新的角度出发，来看待高级将领的生活及挣扎。我开始了解，在国民党的军队中，没有人有太多的行动自由。一旦成为高级将领，就必须去做自己不想做的事，不能做想做的事。你无法顺自己的心愿，将想要的军官网罗成部下。更糟的是，你必须将不想要的人纳入属下，有些甚至是你想踢掉的人。

我多次受惠于郑将军的亲切善意。我们在重庆时，他让司机把车停在山脚下，自己走上一百英尺的泥泞路，到我们家的简陋小屋探视我母亲，后来他要夫人致赠三万法币（约十八美元）。但更重要的是，郑将军让我自由发挥，我可以做许多不符合军事传统的事。例如，看到很多将军从我们面前走过，我不是依官阶向他们行礼，而是随我自己对各个将军的敬意而定。“黄参谋，”将军有一次提醒我：“最近你在高阶将领前的态度不是很好。瞧你窝在沙发上的样子。”他接着说，如果我不是在他手下做事，我会大大惹祸，这倒是真的。抗战胜利后，我们在东北，他推荐我去美国进修，我担心可能过了期限。他说不用担心，两天后国防部长白崇禧会来，他会对他提这件事。他说到做到，不过后来我们才发现，根本没有必要，原来野战部队的期限已经延后。

郑在东北时，接到最糟的任务。他攻下长春，奉命守城，时间几达三年。他的司令部仿如北大荒中的孤岛。在最后数星期，在连小机场都没有的情况下，军队奋力守城。共产党军队以高射炮围城，封杀空投物资的任何可能。他的两位将领投降。司令部拼命打了半天仗，最后只得败降，但将军坚持绝对不投降，最后被共产党军队俘虏。多年来我不知他的下落，“文化大革命”结束后，他的照片刊登在《中国画报》上。图片说明中华人民共和国称他为“爱国人士”，我深感欣慰。

但这是后话。在1943年2月，还在第二次世界大战期间，我去他在重庆的旅舍客房见他，谈了数分钟。在我们飞往印度时，我被派到他的营区当参谋，官拜上尉。在我和总指挥之间，有无数的层级。那时我们根本不在乎总指挥是谁。我们先遣部队有十八个军官，都很年轻，才二十多岁，只有于上校例外，他是师级以上的副官，年龄约三十五岁上下。当时能够走访外国是很大的震撼。在四个小时的飞行途中，我们看到白雪覆盖的山头，最后总算看到印度。当C－47开始降低高度时，布拉马普特拉河的风貌完整呈现眼前。大河漫延无边，直通天际，之间必定有无数的水道、小岛与沙洲。我们一度只能见到沙和水，倾斜在机翼尾侧，沐浴在温暖的阳光之下，景观真是动人。即使到了现在，我仍然觉得，这样的景色只适宜出现在《国家地理杂志》闪亮耀眼的彩色画页中。

我们早已得知，印度这个国家拥有无限的大自然魅力，但却非常肮脏。这样的描写并没错，不过同样的说法也可以用在其他亚洲国家，包括中国在内。印度中部的干燥气候对我反而是新鲜事。到了晚上，繁星密布，整个苍穹显得更深邃，想必已激发许许多多诗人和小说家的想像力，难怪会诞生神圣牧羊人和转世马车夫的传说。印度人使用色彩的能力，也同样吸引住我们。在中国，绝大部分的人穿蓝衣服。庙宇的柱子总是涂上一层特别的红漆，称作"朱砂红"。除此之外，街道上并没有太多色彩。在印度，颜色的组合喧闹放纵，绿配紫，橘色滚蓝紫边，再穿插金色条纹，即使是农妇，照样穿得多彩多姿。另外一件我们觉得奇怪的事，就是当地人把所有的东西都放头上。在中国，较轻的东西用肩扛，重物也是用肩扛。在印度，水罐和轻巧的提篮用头顶，盒子和箱子也是用头顶。

在我们到达不久前，印度人才发起"退出印度"运动，让英国人很是尴尬。因此，我们在蓝伽营地时，英军谨慎观察我们，担心民族主义旺盛的中国人会有新的举动，重新点燃当地人的民族主义情操。其实，这个顾虑是多余的。我们唯一接触的印度人，就是在营区流浪、白天时睡在树下的贱民阶层。我们才到达，军中的厨师就立刻雇用他们。懒散的厨子让他们整理厨房，洗碗盘，用剩菜当工资。从此以后，依照印度教的正统习俗，我们已经里里外外被贱民污染，毫无翻身的可能。在军营的裁缝店中，偶尔可以看见服饰奇丽的印度妇女，但她们看都不看我们一眼。

多年后，我读到西方作家写的文章，指出在训练营中，我们多么感激享有物质上的福利。这话既对也错。最满意的当属战地军官。排长和连长不用再担心士兵会脱逃，他们都吃饱穿暖，身体健康。军官不可能像我在云南时一样烦恼：当时一名士兵眼睛发炎，第二天整排士兵的眼睛也跟着红肿，泪眼婆娑；脚上的坏疽永远好不了，因为雨天时必须不断踩在泥泞路上。衣着方面，我们配发到印度式的陆军制服。后勤部队的军官会定期收走穿旧的制服，送到营本部，换取新衣。

对我们来说，食物就不甚精彩了。经历过云南的军旅生涯后，我实在不该这么说。不过营养不等于美味，饮食无聊乏味，晚餐绝对不值得期待。任何人只要连续三个月吃白饭配腌牛肉丝，就可能了解我的意思。制服也让我们显得很可笑，衬衫上的纽扣是橡胶做的，裤子上则是铝扣。奇怪的是，裤子上没有扣环，腰带无从安放。靴子和袜子永远大上很多号。因此，为了美观和舒适起见，我们开始自掏腰包，去买量身订作的制服。对我们的卢比津贴而言，这是不小的开支。我们也把橡胶处理过的床单拿到裁缝店，改成中国式的军便帽，再别上国民党的大齿轮徽章。理论上，这些橡胶床单似乎应改装成南美式的大斗篷或吊床，以利丛林作战，改成帽子既未经过核准，更在史迪威将军的禁令之内。不过，防水的军便帽十分有用，不久后史迪威自己也戴了一顶。他战时的照片正可证明，他违反自己颁布的命令。

在我们抵达蓝伽的头两星期，我们无法分辨美国人和英国人有何不同，他们都是穿着卡其军服的白种人。但到达营地已好几个月的老兵，却对我们的无知很是愤慨。“你们为什么看不出差别呢?”美国人的卡其军服比较闪亮，甚至连士兵的制服都上过浆，熨得服服帖帖。更不要说中士的臂章尖端朝上，不像英军的臂章翻转向下。英国士兵比较粗野，衣服总是皱成一团，和我们没有多大差别。很多英国兵二头肌上刺着刺青，更常讲脏话。邻近蓝溪（Ranchi）的歌舞杂耍厅总是挤满了英国兵，一名肥胖的白种妇女扭着臀部唱“喔，我的战舰”时，士兵哄堂大笑。美国人比较喜欢把钱花在休假上，去加尔各答和大吉岭。最大的不同是，美国大兵的薪水是英国兵的四、五倍。

我们和驻印军的英军参谋团军官混熟后，他们邀我们吃晚餐。我们才开始了解到，我们的盟友之间简直有天壤之别。英国军官彼此以军阶相称，但只到上尉为止。中尉是“先生”，而士兵则是“其他层级”，共同的友人是“老兄”。他们对每件事都有正确的应对进退之道。如果我们觉得吃东西很难不发出声音，正可以向他们学习，因为他们可以让最坚硬的食物在口中溶化，同时保持一派从容的态度。他们说的英语也不一样。他们紧抿着嘴唇说出：“我也这么觉得”（Aye Sirpboose Soo）时，和我们在电影上听到的很不相同，和其他层级及美国大兵的英语也不一样。

我不知道是否是自己的自卑心态作祟。在蓝伽，我的军阶多少有些尴尬。只有英军参谋团门口的印度卫兵，会用前后一致的态度表示重视。他们总是向我敬礼，而且夸张用力地举起手臂，因此手停在印度头巾边缘时，还不时晃动。但在军营另一边的美国卫兵，只会瞪着我衣领上的徽章瞧，仿佛是不可解的谜。他会让我进去，但不会有什么特别的敬礼，所以我也默默走进去。有一天，我原先预期受到同样的对待，却发现站岗的卫兵换了。他突然立正敬礼。由于事出突然，我毫无准备。偶尔会有美国兵走近我，指着我的徽章说："嗨，老兄，你是什么官阶？上尉吗？"（Hey，man，wot's yoorank，lootennit?）

美国人对蓝伽的训练课程很引以为傲。同样地，要看从哪一面来看。就基本的战略而言，他们的授课内容和我们在军校所学只有小小的差异。基本上来说，我想无论是哪一国家，所有军校内教的陆地作战战术，都有相同的来源，其中德国人的贡献不少。如果你翻开美军、日本皇军或国民党军队的步兵操典，你会发现有许多相同的章节，甚至词汇用语都是相同的。我们所欠缺的，正是操典所提的构成现代战争的要素。

美军令我们印象深刻的，正是战略物资，不只是因为其充分，还包括他们用有系统的方式去处理。许多我的军官同袍都充分善用此一良机，去上坦克驾驶课程及野战炮兵训练。由于我在总部服役，我错过了这类机会，但我至少参加汽车班，学习如何驾驶卡车。在当时的中国，即使脚踏车都很少见，没有人知道如何开车。蓝伽驾驶课程开放给中国军官时，有些上校就和年轻的中尉一样热心学习。我们的课程是由一名美国下士督导，一些中国兵充当助理教练。课程一早就开始，持续到下午，接连好几天。最有趣的课程是倒车，大概有三十部两吨半重的卡车排在一英里长的场地中，一起倒车时彼此间隔很近。课程结束后，每个人的脖子都很僵硬。

另外一项刺激的事，是骑兵营中的阿拉伯马穿过果园。这些马身高腿长，骑着奔驰在成排的果树间，别有一番滋味。不过，并不是所有的马都被驯服得妥妥帖帖，有时仍然野性未改。有一次一名中士（事实上还是驯马师）被摔出马鞍外，但他的一只靴子太大，卡在马镫上。他被马拖着跑，马更加惊慌，甩不开骑士，决定跑回马厩。马跳过一个木篱，不幸的中士一头撞在横木上，头颅因此破裂。这次意外对我们多少有些吓阻作用，至少持续了一阵子。

我们和美国下层军官的关系或许还算和睦，但和上层就没有机会称得上满意。首先，整个国民党深信，中国事务只能以中国人的方式来处理，西方人永远不可能了解个中因由，甚至也没有必要加以解释。这样的态度大错特错。即使我花了一些时间才想通，我还是要说，中国并没有如此神秘。国民党的所有问题在于，它打算动员过时的农业社会，打一场现代的战争。中国的军队需要现代工业的支持，但事实上在我们背后的，只有村落单位的庞大集结。我们的上层组织，无论是民间或军方，有许多漏洞和罅隙，必须以私人关系及非常手段去填补。要用这样的解释让不耐烦的美国人同情，的确令人存疑。但是，如果不去解释，我们所暴露出的弱点只会招惹所有的道德谴责。任何外国观察家都可以说，我们贪污无能。我们愈想遮掩，情况就愈糟。我们似乎明知故犯，恶习难改，种种恶行包括攀亲拉故、浪费物资、侵占资金、乱搞关系及明目张胆地偏心。更糟的是，我们还全盘接受，认为这些是必要的罪恶。

同样地，我们对美国人的观念也很奇特。我们认为英国人对自己人很绅士，对其他人就不然。我们相信美国人又大方又天真。所谓的天真，就是没有被破坏的纯真，这是一种好的特质，但这又是错误的想法。美国让我们开走全新的吉普车，又提供汽油及零件，的确很好，但目的绝不在于展现他们如何大方慷慨。我们这两国是在联合对抗共同敌人。战略物资的运用，是为了赢得战争。当时美国的考量在于让中国持续应战，因为如果中国阵线一垮，美国所花的战争代价会更大。我们如果缺乏实力，也很难和美国盟友交涉。但是如果以为他们乱撒战略物资给我们，是出于慈善的目的，可就是不切实的期待。

至于我们必须接触的美国高阶军官，既不大方也不天真。他们很清楚我们对他们的刻板印象，因此决定反其道而行。他们也感觉到，美国政府对我们太大方，他们忠于美国纳税人，因此随时准备对我们严苛。而且，天真并不是美国的美德，在外交上，天真的人可能送出一项优势，却没有要求对方回馈，这种做法几乎等于无能。像史迪威及其助手等中国老手，不会做出这样的事。对任何想占他们便宜的中国人，他们随时等着要让这些人失望。也就是说，我们虽然是盟友，但每一方都盘算着对方的弱点。

史迪威将军和身边军官的心态，可以形容成“戈登情结”。军事史家可能觉得，被指派到中国来的美国将领多少有些自我牺牲，因为他们错过在欧洲上演的“大戏”。这种说法值得讨论，因为即使奉派到别处，他们也必须赢过同袍，以求实现自己的野心。然而，对职业军人来说，中国仍具备相当特殊的吸引力。不管传说是真是假，中国似乎有丰富的未开发资源，如果加以妥善运用，可以帮助这些将军取得名声及财富。事实上，这些资源可能对全球规模的战争贡献良多，却只花美国微不足道的成本，尤其是在人力资源方面。

中国农人是好士兵的素材，这样的想法由来已久。他们坚忍不拔，刻苦耐劳，愿意服从，性情开朗，有自树一格的勇敢风格，却仍然够聪明，可以吸收基本的军事技术。他们所需要的就是领导，而对外国人来说，我们永远不可能产生领导人。对和蒋介石交涉的美国将领来说，这正是绝佳机会，可以用租借的物质来换取在中国的领导权。

戈登（Charles George Gordon）是英军少校。他参与第二次鸦片战争后，就在1863年加入中国军队，他旗下的四千名中国兵穿着西方军服，配备西方武器，军官都是欧洲人。镇压太平天国时，戈登的部队扮演相当重要的角色。从此他被称为“中国人戈登”。八十年后，史迪威将驻缅军视为他的“小成本军队”，有一天会“扩大到相当的规模”，他想以同样方式再造历史。

在第一次缅甸战役时，史迪威将军无法发挥中国部队总指挥的功能，原因就在于他缺乏可以指挥的幕僚。在蓝伽，他靠巧妙的手法来加以弥补。我们到达营地后不久，发现将军的总部——所谓的“指挥部”——不过是枚硬币，一头印着“美国”，另一头印着“中华民国”。大致而言，这是史迪威中国—缅甸—印度剧场的印度办公室，隶属美国管辖。但由于史迪威也是中国驻印军的总指挥，他同时要动用美国及驻印军的幕僚时，不必有额外的授权。因此，其中各式各样军阶的军官，大多数不曾去过中国，不会说中文，也不熟悉中国事务，但全担任国民党军队中的指挥及幕僚工作。他们所需要的，不过是不同的文具，以便从一国换到另一国去服务。在实务上，在重庆的军政部送来许多军官，担任史迪威的幕僚。除非这些人靠个人的努力，让自己对美国人有用，尤其主要是口译及笔译方面，否则不如将这趟印度之旅视为研究印度文或梵文的大好机会。没有人会向他们请教军务。

史迪威将军去重庆时，由他的参谋长柏德诺（Haydon Boatner）准将掌理指挥部。在郑洞国的参谋长舒适存到达后不久，柏德诺派了一辆橄榄褐色的轿车来，让新的部队长使用。新二十二师提供一位司机给我们。次日，司机打开引擎盖检查引擎时，吸引了一群好奇的观众，因为没有人能分辨汽化器和帮浦的不同，也无法解释风扇如何连接电力系统。司机于是大大炫耀了一番，我们都大为佩服。对旁观者来说，我们正嘻嘻哈哈在拆解车子。柏德诺将军正是其中之一，他刚好经过，看到我们，当时却什么也没说。

不久后，舒将军坐着这辆轿车到指挥部去做礼貌性拜会，受到柏德诺将军热诚的接待。然而，等到舒将军起身道别时，表情严肃的柏德诺说，他必须走回去，因为汽车已被收回，重归指挥部管辖，随后会补送备忘录说明这件事。

我们的参谋长就此结束礼貌性拜会，之后走了一英里路回到营区，既感震惊又觉得被羞辱。正如柏德诺所言，美方送来备忘录，提到为显示对新司令官的善意，指挥部送来轿车，方便他的使用。不过，由于轿车显然并没有得到妥当的照顾，因此车辆必须送回美方的车库。舒因此回了一封道歉函，解释那一天早上发生的事。这时柏德诺将军态度才软化，让轿车回到我们的总部。这事件落幕后，舒将军召集我们，念出他和柏德诺的往返信函。这时郑洞国都还没有到印度。

数天后，我们首度得知，新一军的总部没有指挥权。我们的总指挥郑将军只要负责维持中国部队的军纪即可。他不只负责三个步兵师的纪律，连所有支持单位也包括在内。指挥部送来一份备忘录，明确告诉我们这一点，而且说，我们已经有太多军官，不能再要求从中国空运更多军官来。直到今天，我仍然无法理解，是谁和美国达成协议，让我们的总指挥毫无指挥权，只能充当宪兵司令，而总司令部也只能充当军法官的办公室。郑将军很不赞成，我们也有同感，不过，所有的意见与抗议全部无效。后来指挥部让郑将军带来第二批军官，是他从以前统率的第八军之中抽调而来的。但在指挥权方面，美方立场坚定，绝无退让余地。郑将军于印度及缅甸执勤时，唯一可以有效指挥的军队，只不过是一整排由中尉统领的卫兵。第二次缅甸之役开打时，中国兵投入战场，事先都没有通知他。起先，指挥部的先遣司令部直接下令给各团及各营，后来战事扩大，命令才下到师长级。命令都以英文下达，而且都打了字。美国人有一套联络官和口译人员的联络网，遍布中国军队中，可下达营这一级。我们都是透过下层单位，间接知道指挥部的指令。

在《史迪威文件》(*Stilwell Papers*) 中，郑洞国被形容成“那个白痴”。这位尖酸刻薄的美国将军所以达成这样的结论，和某一事件大有关系。郑洞国在蓝伽安顿后，两个师的师长都邀请他去校阅军队。我们先去新二十二师。他们选给将军骑坐的马很是高大，但却不太习惯中国号角声。号角手在军队第一列前方大吹号角，声音又大又响，正对着领头的这匹马。它眼睛突出，忽然跳了起来，将新的部队长摔在地上，一只短靴还甩在空中。我们全都吓呆了，全场悄无声息，将军努力站起来，穿上靴子，再度骑上马。执勤的营长派了一名士兵来，抓牢马鞍，让马继续走在部队前方。这次事件并没有呈报，不过后来英方及美方军官在场时，郑将军仍然由一名安全人员抓着马鞍，史迪威不禁笑了。说来讽刺，这次事件姑且不论，郑洞国将军的马上功夫并不坏。

郑将军虽然看起来安静随和，却相当坚守某些原则。我两次劝他，身为高阶中国将领，他应该多出现在前线。但我这两次劝告，都只惹来他的生气。对他而言，他的指挥职责只要从将军的营地发出即可。只有在战事吃紧，例如前线有相当比重的人马陷入危局时，才需总指挥亲身抵达现场，他的在场才有意义，才有分量可言。除此之外，高阶将领如果太常到前线去视察，只会打扰下属的指挥。如果说史迪威鄙视郑，郑同样也瞧不起史迪威在前线“炫耀”，看不惯他老是出现在前线，对下层军官定期施压。事实上，郑将军在缅甸数次探视前方的营队，还有一次搭乘 L－1 联络机飞到敌方阵地，但他对这样的作为向来没有太大兴趣。

郑将军和史迪威及指挥部的关系愈来愈恶化，他飞回重庆两次，要求蒋介石解除他在驻印军的职务，有一次还声称如果不换他，他就不离开中国。（我是后来从郑夫人处听到的。）蒋介石大骂他一顿，但又安慰他，只要他继续和美国人周旋，对抗战就是一大贡献，他的努力会受到肯定，不论他是否实际指挥军队。1944 年夏天，他被升为驻印军的副总指挥，进一步确定他是个没有实责的将领。当时在缅甸北部的驻印军，已扩大成两个军团。而指挥部还是直接指挥部队长，就像以前直接指挥师长一样，再度绕过中国高阶将领。史迪威被召回美国后，继任者索尔登（Daniel Sultan）毫无意愿改变现状。新的美国总指挥从来不曾请副总指挥开会研商。

郑将军的幕僚只缩减到一小群军官，在雷多（Ledo）设立办公室。驻印军的野战将领都前来诉苦，并透过高阶长官重申对蒋介石的效忠。美国人可能以为，由于他们的企业化管理，阴谋与政治会远离驻印军，不可能像在中国军队中一样猖獗。就短期和当地来说，这种想法不能说错，但治疗的功效只限于表面。

在史迪威的小成本军队中，军源十分复杂。新三十八师在转变成国家军队以前，是财政部税警总团。在盐税还是国民政府重要财源的时代，这个单位是用来巡逻产盐地区，以防武装走私，因此这部队被称为“财政部长的军队”。将领是孙立人中将，毕业自维吉尼亚军校，和黄埔军校没有渊源。新二十二师来自杜聿明率领的第五军，他就是在第一次缅甸战役中对史迪威怒吼的那位将军。师里的许多军官毫无疑问仍然效忠于杜，因为他们以往都因他的推荐而获得派任或晋升。目前的指挥官是廖耀湘中将，毕业于黄埔第六期，又到过法国的圣西尔军校。新三十师原先是补充兵训练处，师长胡素少将是赫赫有名的黄埔一期生，也是日本陆军士官学校毕业生。战争开打后，直接从中国飞来的两个师也一样，背景及人事都很复杂。

史迪威将军遵照美国陆军的惯例，在密支那（Mitkyina）战役结束不久就解除胡素和旗下两个团长的职务，要他们在二十四小时内回中国。接着他论功行赏，晋升数名野战军官。依据国民党的惯例，这些举动必须经过蒋介石的核准，而委员长自己在进行如此重大决定前，也会衡量大众的反应及政治上的可能冲击。就这方面来说，史迪威的指挥权比蒋还要有权威。

不过，这位美国将军并没有解决政治问题，他只是加以忽略。很少人认为，这位美国大叔的管理风格可以延伸到整个国民党的军队。随便举一例来说，他在整备三百万名士兵时，不可能不会对某些单位特别偏心。他也不可能把用于驻印军的严格筛选标准，施行到三百多个步兵师。一旦达不成这样的标准，他可能和我们一样，必须平衡局势，而不是加以改革，除非他打算像共产党一样，完全去除军队的都市影响力，重新改造军队，让军队的势力完全由乡村来支持，并且改造乡村，一切从头开始。不管是美国人或我们，当时都没有想到，这样的计划必须经过详细繁复的“主义”论战后，才得以施行。对单一性及一致性的要求，等于是将共同的分母强施在千千万万名政工人员身上，这些人可能低微到“高贵野蛮人”的地步。走向单纯化的疯狂动力一旦激活，就会没完没了持续下去。在延安发起运动的人士，必须抑制略嫌没教养的言辞与行动，达成心智一致，以维持战事的顺利进行，但他们很少能预期到，这种运动的动力，最后会将他们卷入“文化大革命”。

史迪威被调回美国，是早在上述困境发生前。但是，这位立意良善的将军从来不了解，他在缅甸丛林直来直往的管理方式，并没有简化国民党军队的指挥方式，反而引入新的纷争因素。一定军阶以上的驻印军军官都必须面对下列问题：我应该保留我的中国风格吗？或者应该多和美国人合作一些？李鸿少校就是最鲜明的例子。

李鸿是史迪威的爱将之一，被他晋升，继孙立人后接掌新三十八师，而且还被举荐获得美国政府的银星勋章。但勋章要颁给他时，史迪威已被召回美国。勋章由索尔登别在他的上衣上，在典礼上，我们才第一次见到这位新的总指挥。他一定是个很谦虚的人，我想不起何时看见他的照片登在报纸上，即使名字也很少出现。他肩扛卡宾枪的方式和史迪威完全一样，不过，他却声称他只是想“打几只松鼠”。在典礼中，李将军严肃地说，能替美国将军服务，深感荣幸。但索尔登搭乘 C－47（号称“索尔登的魔毯”）离开后，李转向我说：“黄参谋，请你替我拿下这个东西好吗？”在他的同袍前，别着美国勋章的他已经觉得很不自在。身为旁观者的我，凑巧站在他旁边，因此有荣幸解除外国政府对我们军团的影响。我取下勋章时，不禁觉得我军的尊严也随之恢复。“不很重要，不过是个小小的勋章而已，是吧？”我把这个银星勋章递给李将军时，他说。事实上这也没说错，勋章本身非常小，银的部分也不过是一小点。

但在缅甸的一年半，绝非我生命中的不愉快经验。我成为前线观察员，一边服役一边写了八篇文章，投到当时中国最负盛名的报纸《大公报》。我对密支那之役的报道长达一万两千字，在报上连载了四天。单单这篇文章我就领到三百卢比的稿费，相当于七十五美元，我一辈子从没领过这么多钱，接近一个上尉五个月的卢比津贴。

我们的组织架构中没有战地观察员，国民党也没有允许或鼓励军官出版战地经验。我不能说，我在真空地带为自己创造出一个角色。不过，一切都来得很自然。

起先，我们想让指挥部认可我担任助理情报官。即使我们的总部听从他们命令，没有指挥权，但他们应该可以让我及其他一两名下级军官到前线去，让我们可以强化对数个师的情报报告，同时又可以吸取经验。美方总部的情报官是小史迪威中校，我从没见过他。在外面的办公室，他的助手告诉我，前线已有太多情报官。此外，我们的无线电通讯密码不够完善，我们还没搜集到情报前，可能就已泄露情报给敌军了。

我们还没尝试前，就已被安上无能的罪名。我们一点也不信邪，决定不经过指挥部的允许，直接采取行动。我们的密码专家秦少校替我制作一套特殊密码，对我说："任何密码都是折衷的产物，要看使用的时间有多长，使用情况有多频繁。将情报传给敌人？没错，不过事实就是如此。只要你使用无线电通讯，就是在冒险，问题在于值不值得。因此，在你发出信前，再仔细检查一次，想想内容落入敌手的后果。”从此以后，只要我用无线电传送密码时，都会想起秦少校这段短短的话。

我不必申请正式的派令，前线各师都已经知道我已抵达。几天内，所有的将军和上校都知道我的名字。当时前线各级将领虽然接受指挥部的指示，却担心他们和中国上级的关系会因此中断。因此，他们很是欢迎我，把我当成郑将军的特使，而不是到前线执行参谋任务的下级军官。我受邀与师长共进早餐，他们派指挥官专车或吉普车来接我到前线。慢慢地，郑将军总部对这类邀请也有了响应，了解到我们最需要的就是派代表到前线，这样的举动可能比单纯搜集情报更重要。新二十二师及新三十八师彼此竞争激烈，他们依照国民党的惯例，老是夸大自己的战果。他们的军情报告常牺牲他人，以衬托自己的英勇。即使郑洞国并没有负责战场成败的责任，就重庆当局来说，他仍是驻印军的最高中国将领。我们必须根据自己的观察来撰写军情报告。由于这不涉及指挥决策，由我们下级军官来做更加恰当。我们可以四处走动，不致惊动指挥部。

我就这样成为前线观察员，为期近一年半，有时和朱上尉搭档。我们尽可能远离师及团的司令部，尽量和前线部队在一起。起初我们的军情报告先送到雷多，让郑将军的高级幕僚修改，而后再送到重庆，有些部分经过加强后，会编入月报，让蒋介石亲自过目。战事持续进行，我们也更有自主权。我们照例以郑将军的名义发送无线电报，通常两三天发一次，副本则送往雷多。其他项目我们则做成报告送到总部，由郑将军定夺。我们的任务日益复杂后，总部派来一位密码人员协助我们。我们和后勤中心合作无间，后勤支持从来不成问题。前线部队甚至打算提供勤务兵给我们，还想挖我们专用的散兵坑。我们也回报他们的善意，在他们人手不足时，替他们当差。我被狙击手攻击那天，就是为新三十师师长胡素的前线单位出差，回程时，被日本三八式步枪射中右大腿。随后躺在医院的那段期间，刚好让我写篇长文投稿《大公报》。

上述种种，都是生命中令人满意的回忆。我当时不必负指挥之责，也没有压力。只有在部队可能被敌军打败时，我才会有暂时的焦虑，而这种情况只发生两次。否则，通常由我自己决定访问行程及时间表。如果我必须在前线部队待上好几天，我会安排适当时间，让自己好好休息，梳洗打点。我替战地军官所做的小事，他们都大大地感激我。我只不过自愿暴露在敌军炮火下，但却被认定是英勇的行为。

我想自己并不胆小，因为经过多次力图证明自己并非胆小之徒后，我终究不曾坦承不够勇敢。不过，驾驶吉普车穿过敌军炮火，或走过敌军小型武器的有效射程范围时，我都觉得很恐惧。喉咙会瞬间变干，四肢顿觉无力。保命的本能自动使身躯降低，似乎可以借此减少暴露在外的部位。我的听力忽然变得很奇怪，就像扩音器的音量一样忽大忽小。如果当时有人对我说话，我无法保证自己不会自暴恐惧。缅甸前线并非罕见的冷雨流入衣领，背脊凉成一片，牙齿也随着打颤。幸运的是，这种危机的感受并没有持续太久。这道障碍我必须跨过，一旦跨过，身体就会重新振作起来，我再度成为完整的个体，冷静而正常，即使此时离敌营更近，风险事实上反而更大。

这样的经验一而再、再而三发生，我不得不私下承认，自己绝对不算勇敢。我看过前线的战地军官及士兵将战斗任务视为家常便饭，巡逻兵走过丛生的杂草时连弯腰都省了。他们毫无余暇去体会我从正常到紧急状况的变化。而且，他们也不用证明自己不是懦夫，没有人会怀疑他们。

在我的一生中，我从未享受暴力及战争行为带来的快感。不过，当我说战场上的恐惧有其动人的层面时，必须弄清之间的细微差异。我猜，所有这一切都是因为当死亡不过是一瞬间的事，而生命降格成偶然的小事时，个人反而从中解放。这或许可以解释，在紧急情况下，人们往往愿意冒险，在正常情况下却不愿意。有一次，我置身第一线的步兵连时，刚好碰到敌兵的猛烈炮火轰击。我们四周的树枝纷纷断裂，到处充斥刺鼻的硝酸味。我发现自己四肢着地，恨不得沉入地表以下。我一心盼望震耳欲聋的爆炸声赶快结束，同时却观察到草地上的蚂蚁照常行动，似乎对更高等生物间的生死搏斗浑然不觉。在一瞬间我也照着做。我平躺在地面上，绝望与焦虑的情绪顿获纾解。一大块生铁从炮壳剥落，飞落到身旁不远处，我才知道自己逃过一劫。我本能想捡起来当纪念品，却发现铁片滚烫难耐，手掌几乎长水泡。

在密支那战役期间，每当下雨的黑漆漆夜晚，日军常派小队人马渗透到我军后方。他们使用三八式步枪，枪口发出“卡碰”的声响。只要后方传来数声枪响，加上前方枪声，让人不免疑心我们完全被包围住。在这种情况下，我们部队的射击纪律无法令人恭维。一天晚上，自部队后方传来“卡碰”声，前方部队于是向我们还击。我们在步兵第八十九团的战地司令所，位处一个小山丘，离驻扎所在的小机场并不远。数发子弹从我们身旁飞过，小机场的部队于是深信小山丘已被敌军攻陷，他们的战略位置岌岌可危。在暗夜中，枪炮的声音穿过时停时下的雨，只能显示出射击方位，但无法看出距离远近。在一片混乱中，后方部队朝我们射击，而前方部队也随之溃散，机关枪及迫击炮此起彼落。这时地表已堆了厚厚的一层泥，散兵坑内积水及踝。为了避免被敌方及我方击中，我们尽量压低身体，浸泡在湿寒冰冷中。从曳光弹掷出的化学物中，部分已开始燃烧，发出尖锐的声音，碎片四处散落，委实可惊。第二天早上，我们发现小山丘的树上布满弹痕。团长的勤务兵在离我数码处中弹身亡。在混乱中，一位从来没有碰过自动武器的无线电报传输员兵，抓着一把四五口径的汤普森（Thompson）半自动冲锋枪，射光了满满一子弹夹的子弹，以发泄他的恐惧。子弹往上飞，在上方的防水布穿了几个洞。后来我访问一些人，包括一些作战多年的好手，他们全都说当时确实被吓坏了。不过，他们补充说，不管信不信，那还真是刺激的经验。人一旦幸存，就会浮现解脱的感觉。

我在战场上看到史迪威将军不下六、七次。有一次山径过于狭窄，我只得踩在一旁的林地，让路给他和部下。我非常想对他说说话，鼓舞这位身为我们总指挥的老战士。他一定很寂寞。虽然他和我们之间存有歧见，但他对这场大战一定心有所感，否则绝不会自在地将国民党的徽章戴在帽子上。我和郑将军看法不同，我认为史迪威经常亲征前线并非意在炫耀，虽然以西方标准而言，一定程度的出风头无法避免。身为战地总指挥的他设法以身作则，证明他并非要求下级军官及士兵达成不可能的任务，也没有要求他们超越太多三星将领所能做的事。

说到炫耀，连朱上尉和我都自觉到自己的爱出风头。身为总司令部的人员，我们偶尔冒险一探无人地带，显然对战事没有太大助益。然而，一旦置身前线，总是有无可满足的冲动，想再多前进几步。我不知其中有多少出于虚荣，又有多少来自补偿心理，前者驱使我们寻求肯定，后者可能失之矫枉过正。但除了这些因素以外，我们的确真心想提升报告的品质。说难听一些，如果我们的任务是求证作战部队的表现与进展，却只是坐在后方，听取部队的简报，一定会引发批评。况且在丛林中，如果打算有所斩获，不可能离无人地带太远。

我尤其想体验战士的感觉。中国军队在瓦鲁班（Walawbum）隘口附近折损两辆轻型坦克。我去现场两次，观察被日军烧毁的坦克。我用手指触摸被点四七反坦克炮打穿的洞。弹痕是完整的圆形，内部的表面非常光滑，像是用机器穿凿出来的。铁甲皮上没有粗糙的边缘，也没有突出的铁块。连铁甲都能贯穿的子弹留下恐怖的后果，使我得以从各种角度重新设想战争现场。在漫天火海的景象中，势必夹杂着钢铁高温燃烧后的气味，还有泼洒的汽油所散发出的味道。这样的景象萦回不去，令人不安，无怪乎作战人员称他们的坦克为“铁棺材”。后来我两度执行坦克任务，但没有碰到任何反坦克武器。在第一次任务中，日军的机关枪轻轻刮伤坦克，让外漆受损。但四周的草地太厚，我看不清楚事情始末。第二次任务是率领步兵进入腊戍。充当机枪手的我，奉令不放过任何可疑角落，我也照办。我怀疑城里是否还有日军存在，我只看到一只狗飞速奔跑，这只狗十分聪明，冲向我们，但躲到子弹弹道下方。敌军在远距离的炮轰起不了任何作用。

我喜欢在报社的兼差工作，因为有许多琐碎小事无法写进正式的报告中。前线军官从散兵坑出来时气定神闲，好整以暇地刷牙刮胡，即使是军事史家，也会错过这样的场景。他们的不慌不忙有时令人气恼。有一次我和一位营长走在柏油路面上，他警告我不要踩到地雷，但语调太过漫不经心，几乎是用唱的："喔喔，你要踩到地雷了!"这时我才发现，就在正前方的路表有数处松动。日军一定匆忙行事，因此重新填过的地面十分明显，即使连地雷的黄色雷管都清晰可见。可以理解的是，这些不是针对人的地雷，而是针对坦克及卡车的地雷。事实上是我的错，我不应该被散落路边的杂物所吸引，因而忽略了前方的危险。但我的同伴曾少校在示警时语气应该可以再加强一些，抑扬顿挫可以再明显一些。我对他说，如果我真的误触地雷，对他也没好处。

我开坦克进腊戍时，一位坦克班的班长受了轻伤。他回来时，头上已经过急救包扎，血迹斑斑，但是他困窘地不得了。意外之所以发生，是因为他让炮塔盖打开得太久，日军以榴弹炮瞄准我们时，他来不及应战。但是他否认在战役中受伤。他极力辩解："看，我只是稍微刮伤而已。弹壳击中砖墙，打下一些尘土和灰泥，对吧？所以有一大堆烟尘掉到我头上。没有什么好紧张的！你怎么可以说我被弹壳打到呢？我又不是铜墙铁壁，对不对？”士官对战争的风险轻描淡写，对他们扮演的英雄角色不以为意，这不是我第一次听到。

我喜欢听士兵间的对谈。八莫战役所以旷日耗时，原因之一是我们后方的桥被雨季时的大雨冲垮，坦克因此开不进来。有一天我听到一名卡车司机对另一名司机说：“坦克车有什么用？只要给我一千卢比，我向你保证，我可以开着我的GMC卡车在城里横冲直撞，效果就和装甲车一样。”但他的同伴不为所动：“好啊，老兄，我可以替你保管钱。”

在缅甸和印度，士兵每个月可以获得十二到二十卢比（三到五美元）的零用钱。大多数人都花在香烟上，但也有人节俭会打算，省下钱来买手表。有一次，我们的前线响起日军坦克战的警报，一名连长推火箭炮上前线。在这紧要关头时，一名武装火箭炮的中士忽而回头，打算向连长的勤务兵买手表，那可是十足的五卢比。交易没有成功，不过我们可一点都不意外，因为勤务兵开价两百五十卢比。

当然，战争不可能总是如此滑稽。事实上，每天都有人被炸断腿，头颅大开，胸部被打穿。我看到的人类痛苦不知凡几。我听说，德军让军乐队在战场上吹奏送葬曲，美国的作战部队中有坟墓注册处，但驻印军一切付之阙如。我们的死者，如果算得上埋葬的话，只不过在尸身上覆盖一层薄土。雨季时大雨冲刷新挖的墓地，凄凉的光景让路人也觉感伤。大多数的日军尸身横在路旁，无人闻问。我在中学时，曾经读过一篇反战文章，作者描述他曾躺在死人旁边，看到蛆在尸身上翻滚蠕动，我从没想过自己会亲自经历他的描写。在缅甸战场上，我有非常类似的体验，我还看到蚂蚁从死人身上搬走米粒。

但战争的不理性并无法说服人。战争让战士过着累人的操练生活，却也带领他们进入生命中稍纵即逝的重重机会及神秘中。因此，战争无可避免会勾起各式各样的情绪及感怀，有时是浪漫情史，其徒劳无功宛如诗篇，只能寄之以忧思。在我记忆中，有一幕发生在密支那小机场的情景。在跑道旁不远有一滩水，水中有一个瓶子载浮载沉，只有倾斜的瓶口浮在水面上，雨打在水滩时，瓶子随着起伏。水滩逐渐扩大到一旁的湿草地上，一旁是张军用毛毯，埋在泥堆中。在后方，是一整班的美国步兵，他们绿色的军服全都湿透，看起来像黑色，黏在身上。附近没有任何遮蔽之处，倾盆大雨无情地下着。这些士兵肩荷卡宾枪，显然在等候出发的命令，全都站着不动，不发一语。我能说什么呢？要我说他们英气勃勃地站着，坚忍不拔，昂然挺立，决心承担战争的重任，忍受恶劣天气的折磨？我再仔细观察，他们的眼圈和无动于衷的表情都让我别有所感。美国人乐天活泼的典型特质哪里去了？下雨会让他们想到家乡吗？想到九千英里之外的家乡？在家乡，如果碰到这样的大雨，他们一定会用报纸盖住头，开始奔跑，大步跳过水滩，大叫大笑。现在，不就是同样的一整班人马气馁沮丧，不知所措，无法面对战争的悲惨与不确定？难道他们不是感官麻木、才智枯竭、无精打采吗？

无论如何，在我投到《大公报》的文章中，我必须强调光明面。在中国的文化传统中，不可以当面讲朋友的坏话。再说，描写我们仍然敬重的盟友已对战争感到厌倦，这样的文章会被退稿。毕竟，战争事关权谋。为了凝聚意志力，必须先从假象开始。不过我心中自有定见。

在孟拱河谷的第二天，我在桥下看到一具日兵的尸体。他的右手似乎握紧喉咙，以倒栽葱的姿态俯卧在河里。他的双脚张开，头浸在水里。我赶上距离不过两百码的前线部队时，连长邱上尉告诉我，死者官拜上尉，一个小时前被我们巡逻兵开枪射死，邱上尉拿走了死者的手枪，他给我看死者的军徽为证。死者身旁还有一张地图及一本英日字典，两件物品都湿了，被邱上尉放在矮树丛上晾干。

毋需多久，我就发现死者和我有许多共通点，属于同样的年龄层，有类似的教育背景。在死前一天，他还努力温习他的英文！谁敢说他不是大学学生，脱下黑色的学生装，换上卡其军装？想想看，要养大及教育他得花多少心力，接受军事训练得花多长时间，然后他在长崎或神户上船，经过香港、新加坡、仰光，长途跋涉的最后一程还要换搭火车、汽车、行军，最后到达在他地图上标示着拉班的这个地方，也就是已经烧毁的卡吉（Kachin）村，千里迢迢赴死，喉咙中弹，以残余的本能企图用手护住喉咙。种种事由之所以发生，是由于他出生在黄海的另一边。否则他将和我们在一起，穿我们的制服，吃我们配给的食物。在孟拱河谷这个清爽的四月清晨，蝴蝶翩翩飞舞，蚱蜢四处跳跃，空气中弥漫着野花的香味。而这名上尉的双语字典被放在矮树丛上，兀自滴着水。

日军投降当天，郑将军和我人在昆明。重庆之旅令我们非常失望，蒋介石曾一再保证，郑在驻印军的努力会得到肯定。我们因此以为，一旦远征军回到中国，郑将军可以获得实质的指挥地位。我们在重庆一再等着他的下个任务。最后命令发布，郑将军再度担任副手。更糟的是，他是第三方面军军长汤恩伯下的副司令长官。汤将军并非出身黄埔，但他的第一副手张将军是，而且还是第一期生，和郑将军一样。张将军和汤将军搭档，已有很长的一段日子，可以追溯到汤将军带领十三军的时期。也因此，他们根本不需要郑洞国。副司令长官是个多余的职务，没有明确规定的职责。除非司令官指派他执行不痛不痒的杂务，否则他的急于效劳不会被欣赏，反倒引起猜疑。忠于汤将军的将领可能以为，有个外人打算攻进内部。事实上，我们在第三方面军时，或多或少被总司令部人员视为汤将军的宾客。

郑将军已预知这一切，因此不急着赶到柳州去向汤将军报到。我们改飞到昆明，借口很正大光明，就是视察驻印军的未完军务。实际上，郑将军忙着打麻将，我则和他的妻舅和两名侄女混在一起，他们年龄都和我差不多。

到了8月，世界局势转变，终于让我们得以付诸行动。苏联参战。美国投掷原子弹，日军投降。街上的报童天天叫号外。对我们而言，最振奋的消息是，中国被占领的地区划分成各个区域，每一区域大小和省差不多，各由一位资深的国民党将领来接收。第三方面军奉令接收重要海港上海及国都南京。即使郑将军也觉得兴奋，他说，我们要在两天内飞往柳州。

我的首要工作就是减轻我的行李。在回到国内之前，我曾飞往加尔各答。虽然是为后勤部队军官出差，但我也趁机添购个人用品。我在缅甸前线的几个月之内，存了不少卢比津贴，《大公报》的稿费又加强了我的购买能力。我预期国内物资短缺，准备了一年份的牙膏、刮胡刀片、刮胡膏和羊毛袜。我还买了一件英国羊毛衣、一件皮夹、两双长靴、一个网球拍、一堆宝蓝色的文具及几副扑克牌。这些私人物品加上额外的制服及内衣，全都装在储物柜中，由开进雷多的军用卡车运送到昆明。就算战争再持续一两年，我的物资需求也可以不虞匮乏。现在问题出在运输方面，多余的行李在国内搬运不易，而且如果郑将军无法独立发号施令，我对相关服务设备的吩咐权力也会减弱。我开始担心这件事，意外的是，昭和天皇决定投降，解决了我的所有问题。

我委托郑将军的勤务兵童中士，拍卖储物柜内的所有物品，连柜子本身也一并卖出。在昆明，这根本不成问题。我所有的物品都很抢手，没有人追问货品如何运进来，或追究一名陆军军官为何会拥有这些物品。不过，我对卖这些东西却觉得很不好意思，即使换成现金也并非我原先财务计划中的一环。在世界政治局势的快速演变之下，个人的财务不过是小事一桩。扣掉佣金后，出售上述东西让我拥有成捆的大额新钞，有些仍然崭新，而且还连号，见证当时通货膨胀的速度有多快。随后在柳州时，我还从第三方面军领了两个月的积欠薪资，回溯自郑将军被任命时。纸钞塞满我的背袋，相当于两三本精装书的厚度。这些钱到底价值多少，我到了上海才有概念。

上　海

从柳州到上海的飞行平淡无波。第三方面军的先遣部队包括两名副司令与二十五名军官士兵。我们又运了一辆军用吉普车，以备不时之需。9 月 4 日午夜后不久，美国 C－54 飞机起飞。由于经度的差异，等我们到达长江三角洲时，天早就大亮了。虽然这是我第一次从高空俯览，但机底下的景色异常熟悉：一片水乡泽国，村落点缀在庞大的溪流与运河之间。我们飞抵江湾机场时，C－54 似乎打算和整齐停在机坪的成排日本战斗机为伍。战斗机机翼与机身上的红太阳，仍然显得邪恶不祥，威胁感十足。还不到一个月前，这还是禁忌的画面。一个人只有做噩梦时才看得到这种景象，否则他绝对无法生还，将所见告诉他人。不过，虽然停驻的战斗机让我们激动，但更令人吃惊的还在后头。

前来迎接我们飞机的日本陆军及海军军官，一点也没有我们预期的不快或反抗态度。他们举止体贴有礼，甚至显得快活。一声令下，他们的司机就拿下轿车上的国旗，神色从容，换上国民政府的青天白日旗。旗子是我们带来的，装了一整箱，准备在各种场合中使用。车队开上南京路，送我们到华懋饭店（译注：即现在之和平饭店）去，套房与房间已帮我们预先准备好了。华懋饭店可能是当时国内最豪华的饭店。地毯厚实，窗帘、桌布、床单等都是顶尖的材质，家具是厚重的柚木，全身尺寸的镜子随处可见。如果想用餐，我们只要到楼下的餐厅或咖啡厅，点菜单上的菜，再签个名即可。由谁来付账，饭店是由谁管理，我始终无法得知。事实上，当时到处都是一片混乱。日军军官看我们受到妥当照料后，向将军敬个礼就走了。他们到底是我们的假释犯人呢？还是我们是他们在政权交替时的客人呢？实在难以分辨。

其后数天，我们看到各式各样的日本将军与上校前来会商接管事宜。从他们的态度来看，这只是例行公事，因为他们从来不争辩。郑将军和张将军说话时，他们总是专心倾听，然后回以简洁肯定的“知道了”。他们是真心诚意的吗？他们怎么可能对投降屈服表现出如此少的感情？由于记忆犹新，许多中国人仍然认为，永远不可以信任日本人。我们当时并不了解，大和战士是全世界最直线思考的民族。依他们的想法，一旦挑起战争，必须将自己的命运交给暴力来决定。既然力量至上，武装冲突后的决议成为最高指导原则，因此战胜者一旦诞生，就再也没有必要去让其他因素干扰最终决定，也就是终极事实。现在回想起来，日本天皇宣布日本被击败时，和我们接触的这些军官可能反而觉得松了一口气。

我们抵达当晚，我溜出饭店到上海市区好好逛了一回。我对上海并非全然陌生，因为在战前曾经来过数次。当时还有以英国为首的各国租界，英国租界从码头区一带开始，日本租界在虹桥区，另有独立的法国租界。各租界有自己的公共设施和大众运输，连警力也各不相同。殖民母国带来了包头巾的锡克人和黑牙齿的安南人，负责指挥交通。有时会看到一连英军在静安寺路上行军，配上苏格兰风笛的军乐。上海也是罪恶的城市，酒吧里有水手及妓女，城里有赛马、赛狗、赌场、黑社会及黑帮老大。但是，对许多中国人来说，上海是文化中心。所有的电影都是在上海拍摄，许多书报杂志——和人口不成比例——在上海出版，这也是上海充满吸引力的原因。

珍珠港事变后，日军全面占领这个国际都会，原先百无禁忌的欢乐大幅节制。不过，令我惊讶的是，许多旧店家居然能安渡战争及被占领时期。先施百货还在，永安百货也是。在法国租界霞飞路上的咖啡厅及餐馆内，女侍是白俄人。部分餐厅仍装有吃角子老虎，商店里满是商品，没有配给或价格管制的迹象。展示的商品包括羊毛织品、丝织品、烟草和知名的威士忌。还有锡罐装的香烟，三堡牌（Three Castles)、绞盘牌（Capstan)、骆驼牌和雀斯牌（Chesterfield）等等。Lucky Strike 的绿色标志并没有在战争中烟消云散，一定是在上海的某个角落躲了一阵子，在战后以原来的面貌出现在架子上。欣赏完种种商品后，我开始替自己买件睡衣，这时才惊喜异常，因为商店不只愿意接受法币钞票，而且法币的购买价值相当于在昆明或柳州的十倍之多。

在一家兼营兑换钱币的香烟店里，我很快证实了这个令人狂喜的发现。这家店买卖黄金、美金及法币。我从来没有预期到，任何店家会将我们领到的纸钞视为真正货币。兑换的汇率也对我十分有利，我开始觉得，在飞到上海前在柳州剪头发是多么地愚蠢。如果我延后二十四小时再理头，在柳州花的那笔钱，可以让我坐在上海舒服多了的旋转椅上，剪一整年的头发。我在内陆买点心的钱，足以在这里的上好餐厅享用一顿丰盛的晚宴。我在昆明咖啡厅里付的小费，可以在上海吃一顿牛排大餐。童中士替我卖的两件厚黑呢衬衫，可以让我在这里订做一套羊毛西装。背袋的钱让我顿时成为富翁。

正如加尔布雷斯（John Kenneth Galbraith）指出，在中国内陆和接收前的沿海地区之间，存在着空前的币值差异。（加教授后悔没带现金到上海，无法趁机采购价格便宜到离谱的真丝和绸缎。如果他当时来找我，我就可以帮他忙。我猜他也住同一间饭店。）在特殊情况下，要致富并不难。当时我应该把手上的现金换成黄金，找个借口去搭美国飞机（当时正从事规模极为庞大的部队运输作业），回到柳州，卖掉黄金，再回上海，买更多黄金。正如加尔布雷斯所说，事实上，这是合法的勾当。不过，我不应该为错过大好良机而后悔哭泣。那样的冒险将使我的人生踏上截然不同的轨道，其后果将超乎我的想像。因此，当时胆小的我乖乖把钱留在背袋里，偶尔拿出一小部分来享乐一番。我并没有把这笔钱换成美金，所以后来货币贬值时吃了亏，幸好贬值速度并不快。只要我还有这笔钱财，我的生活就还算愉快。这种“来得容易，去得容易”的金钱管理方式并不算太糟，即使名列全球顶尖经济学家的加尔布雷斯，也没有比我好多少。

在上海住了两晚后，我们飞往南京。郑将军负责处理伪政权时代的“伪军”。他和部分军官面谈，决定他们的未来。士兵则被国军吸收，或是转成警力。后来有些人穿着新制服参与在东北的战事。

我们在南京时，目睹冈村宁次将军正式对中国陆军总司令何应钦将军投降。日军忙着清理受降典礼的场地，这些士兵维持绝对严谨的纪律。输了大战、帝国体系解体、希望和保证落空、牺牲个人和家庭、前途未定带来的压力和焦虑，都无法构成不服从的借口。他们的军官一点也不怕失去权威，仍然对士兵大叫“你们这些废物”。

9月9日这一天，冈村宁次抵达中央军校，签署受降书。在照相机此起彼落的镁光灯中，他显得有些不安，握紧拳头提振士气。军官也好，士兵也罢，这是我第一次看到日本人在战争结束时表现出不安。除此以外，无论在任何地方，都看不到翘起的嘴角、鬼脸、不满的抱怨或是一丝一毫的扬言复仇。日本人是一流的输家，他们的自制力超群绝伦。以前的敌人在我们面前表现如此杰出，让我们开始怀疑，他们是否就是传闻中残暴野蛮的日军。

我们回到上海，刚好赶上过中秋节，放假气氛仍然很热烈。任何时间都可以听到间间断断的爆竹声。军用吉普车和三轮车都插着一种特别的旗帜，设计者沉迷于自己对世界新秩序的幻想，在旗子的四边画上四强的国旗，中国国民政府的青天白日旗最大，其次是美国的星条旗、英国的米字旗及苏联的镰刀旗。每当美国飞机飞过黄浦江时，所有的船只都鸣笛欢迎。有一次，一位美国水手付钱给三轮车司机，请他坐在自己的车子里，水手自己用力踩着踏板，和其他车夫比快。这些水手精力充沛，如果说在美国家庭和健身房中普遍使用的健身脚踏车，是由其中一名水手所发明，其实也不为过。

第三方面军总部从华懋饭店搬到前法国租界的一栋公馆，再搬到虹桥前日本海军军营。每搬一次家，我们的地位和影响力也随着降低，相关福利随之减少。上海人从新闻影片中看到盟军的胜利游行，一心期盼中国军队也有类似的表现。欢迎委员会看到我们的士兵穿得破破烂烂，一副营养不良的样子，拿着竹竿和水桶从飞机上走下来，他们的满腔热心顿时化为乌有。更不消说，法币魔力消退，让城里的商人不再喜欢我们。

但是我一点也不沮丧，反而认为未来一片光明。从军后能够生还，而且视力和四肢完好无缺，就足已是一项成就。我已看够云南的群山和缅甸的丛林，稍微放松一下并不过分。郑将军一定也有同样的念头，他换上平民服装，搬入一间从汉奸没收来的房子里，偶尔才进办公室一趟。无事可做的我，学会了社交舞。上过几堂课后，我穿着新的轧别丁制服，和约会对象到茶会跳舞，有时也去夜总会。我看着乐师拉扯收缩手风琴的风箱，舞池里有一对舞步轻快的年轻人，随着音乐伸展及压缩自己，身体差点横倒在地上，仿佛他们也是乐器的一部分，两个身体合而为一。他们跳的是探戈，看了真是赏心悦目。还有伦巴及森巴的音乐。乐师转而拿起像西瓜但有把手的乐器，发出沙沙的响声。舞池里的男男女女全都随着音乐摆腰扭臀。这些舞步对我而言太过前卫，所以我敬而远之。我只让自己跳狐步和华尔兹，也就是最基本的舞步。在成都时，我们练过单杠和鞍马，因此我自认运动细胞还不错。但有一天，朋友的妹妹可能是不怕对我说实话，直接对我说："为什么你要用力推我？把我当成手推车吗？"

我大概是在这个时期认识安的。我常带她去夜总会，我弄错节拍时，她就会抓着我的手，表示要暂停一下。她稍微停顿后说："来，再试一次。”放松后果然合上节拍。

我告诉她许多军旅经验，但略过在云南用手指掐虱子那一段。我发表长篇大论时，她静静听着，我讲完时她会说：“这已成过去。战争已经结束了。”我略感失望，甚至有些懊恼，原以为她会更热衷一些。

更烦人的是，战争可能尚未结束。中国可能卷入新的战事，也就是国民党和共产党间的内战。每天点点滴滴的消息都指向我们最害怕的事：紧接抗战而来的内战，似乎无可避免。华北爆发零星的战事，但真正的麻烦在东北。苏联阻挡国民党军队进入东北，但共产党军队却以步行和破烂的车队急速抢进。众所皆知，我们不能再承受任何战事，这个可怜的国家已经被战争蹂躏得差不多了。我想到我在共产党的朋友，不知他们此刻做何感想。但是，如果牵扯到苏联，而东北也即将不保，我们就别无选择。处境之悲惨，莫此为甚。

我对倾心的女孩讲了很多自己的事。而今思之，我一定是想透过与她的谈话来解决个人的困境。我说，希望能待在军队中，最后成为将官，见识世面，就像她父亲一样。我说我还不够格当指挥官，我可以有将军的思考方式，但怀疑自己行动上做不到。拿自己的生命去冒险并不难，叫他人去送死则是另一回事，正如一名上校曾经形容的：“将他们送到敌军的枪口”。衡量种种因素后，我还是考虑去当军事理论家或军事史家。她静静听着，不发一语。有一次，我说到自己可能试着退役。这次她回以：“退役吧。”

“咦?”我愣了一下，她的回答太过明快。我原先以为会听到更温和的建议，比如说从军这么多年，思考下一步时应该更谨慎等等。

“如果你想退役，”她接着说：“就退役吧，不要光说不练。”

问题是，我无处可去。我这一代的年轻人大多想出国留学，中国政府却限制学生护照的数量，只发给大学毕业后出国念硕士的人。除奖助学金外，教育部还举办竞争激烈的考试，让出国念书的人取得个人贷款。市场的汇率是两千法币兑换一美元时，通过国家考试的人可以到指定银行以二十法币换一美元。贷款是假，百分之九十九的资金都由政府出资，作为补贴。他们甚至还设立一个类别，给在战争最后两年被政府征召当军队翻译官的大学生。像我这样在军中待了很多年的老兵，根本没有机会。

“你知道原因何在吗?”安问我。

我摇摇头。

她解释，国民党并没有宪政基础，不必对任何人负责。大学生却可以借游行、绝食抗议、散发传单等方法来捣乱，所以必须安抚他们。另一方面，不论我是不是老兵，像我这样的人根本对政府构不成威胁。会造反的人才值得尊敬，会吵的孩子有糖吃。

也许我该重返校园，可能这才是长期的打算，尤其是在政府还提供奖学金的时候。我从军之前，才刚在南开大学念到大二。不过我不想再重念电机工程。看到眼前出现人类如此大规模的奋斗与挣扎，我已经对别的领域产生兴趣，不想再研究安培、伏特、静电系单位等。我有了战争的第一手经验，念新闻可能是不错的主意。在新闻的领域彰显自己，不但比较刺激，机会也比较大。我曾听当时流亡昆明的南开大学副校长说，一旦下一年他们在天津复校后，计划设置新闻学系。我把自己登在《大公报》的剪报，并附上在《抗战日报》时工作的概况，以及投到其他地方的文稿（有一篇登在香港的刊物上）一起寄到注册组去，希望可以换得一些学分，或至少确认我换主修学科时，不会丧失太多资格。大学的回复如下："有关你请求承认你在课外活动的成果，等你的入学受到正式核可，而你本人入校时，将得到适度的考量。"我的询问就此打住。校园还不知道在哪里，就已经出现这样的官腔官调。

为何不放弃大学学位，直接进入报界工作呢？我在共产党的朋友就是这样的。上海的两大商业日报重新出刊，不吝大篇幅刊登股票和债券价格，却对我的战争见闻不感兴趣。我唯一想去的报纸就是《大公报》，当时仍是中国教育精英的灯塔，受到我这一辈年轻人的景仰。我还去找一位以前认识的人，他是该报上海办公室的通讯社编辑。我去找他时，他在办公室一旁的昏暗小房间内，刚从行军床上醒过来。谈了数分钟后，我打消问工作的念头。《大公报》存在了我个人要面对的所有问题：除了抗战胜利后的财务及重新定位的问题之外，还面临着即将开打的内战，到底要支持国民党或是共产党，或是保持中立，如果可能的话。

到了11月，接管日军的工作全部完成。第三方面军的总部完全撤出上海，搬到无锡。副司令长官郑洞国却被留下来，监督日军第六十一师团整修国道沪杭公路。之所以有如此安排，是出于下列的背景因素：

战后不久，我们的想法是解除日军的武装，尽快送他们回国去。

大上海地区的日军在缴械后，被送到江湾的战俘营区。但是，一周又一周，一个月又一个月过去了，找不到交通工具可以遣送他们回国。我们当时拥有的运输工具绝大部分由美国提供，正忙着将政府人员从重庆送回南京，把军队从南方运送到北部及东北。在这样的情况下，遣送日军不被视为当务之急。然而，只要我们留他们一天，就要养他们一天。因此为何不叫他们工作呢？很合逻辑的想法，但修复道路的工作并不需要由中将来监督。原因出在汤恩伯将军既然无法让他的第二副手在总部有事做，于是很大方地解决这个问题，至少暂时不成问题，让郑洞国有借口待在上海的家，不必毫无意义地待在不方便又不舒服的无锡。

这样的安排对我再满意不过。工程军官莫少校和我必须安排前置作业，花很多时间在户外。这时没有更称我心意的事了。打春天从缅甸回国后，我大半都在游荡。抗战胜利的兴奋既然已经结束，这项工程不但让我有事可做，而且可以让我分心，不去担心工作、事业、学业、遥不可及的安等种种无法解决的问题。

日军已缴交挖掘壕沟的工具、手推车及卡车。每当我问起这些工具时，上海后勤司令部的军官照例道歉连连：他们不知道工具放哪里。每当我去仓库和军械库时，第二负责人同样道歉连连："主管不在，他们不知道是否可以把这些工具交给我们。最好的方法就是麻烦黄参谋再过来看看。明天主管会回来，他正是你要找的人。"等了几天后，我发现日军第六十一师团总部有位会讲英语的中尉，而且在奉召入伍前还是东京帝国大学的学生。他和其他日军告诉我这些器具的确定放置地点，不但有工具，还有水泥、木材、绳索、木棒等，是数周前才缴出的。我领着第三方面军的正式命令，重新回到仓库和军械库。我对他们说，不行，我不方便再去他们的办公室一趟，如果负责的人不在，不管谁代理，都要给我十字锹和铲子。日军已准备好要上工，共有一万五千名士兵呢，每天要花一百万元去养他们。副司令长官会问我工程为何耽搁，如果他们不相信，我可以当场打电话给郑将军。如果没有施加威胁，修复工作不可能顺利进展。

日本人就很容易相处了。六十一师团的工程军官缴交一份计划书，一开始免不了是形式化的内容：工程的目的、应有的规模、大体的方向和重点等等，也就是可以刻在石板上的序言。不过，接下来的内容并非装点门面而已，计划书上的每个细节都可以彻底执行。在指定的时间和指定的地点，总看得到准备就绪的士兵。事情从不出错。在工程期间，他们分配到村里居住。虽然已经解除武装，仍然由我们七十四军的部队来看守。我们一度担心战俘和居民之间会起冲突，因为日军在战时的残暴仍让人记忆犹新。不过，什么事都没发生。只有过一起事故，一些日本兵在户外生火，结果风势太强，一户民宅的茅草屋顶被烧坏了一部分。但在我方得知以前，日军已经和屋主和解。一整团的人绝食一天，省下伙食费来赔给屋主。郑将军得知此事，很可怜他们，因为一整团的人，无论是军官或士兵，都得挨饿过夜。他盘算再补给他们一天的伙食费，表示他的善意。但我劝他不用这么做。我说，这些战俘负起责任赔钱时，善意就已经建立起来了。我们应该让好事和坏事并存，不必去遮掩。

但中国人民实在很宽容慷慨。他们心胸很大方，虽然能给的不多，张上尉就是一例。张上尉负责七十一军的运输连，负责看守一营的战俘。我们称之为“铁肩”的运输部队，原先出身苦力，只不过后来改披战袍。他们是军队里任劳任怨的驮兽，而非中国军队的骄傲。整连不过拥有二十支步枪，聊以自卫而已。当他们奉命看守日军时，矛盾的景观就出现了：日军穿着的羊毛军服，即使缺乏清洗熨烫，仍然比这些看守兵更新更像样。总而言之，这就像是《桂河大桥》中“黑即白，白即黑”的翻版。

有一天晚上，我经过张上尉住的村落，顺便看看他。吓我一跳的是，他和三、四名日本军官刚从村中唯一一家餐厅回来，呼吸间仍有酒气。我有些不安。虽然没有明令禁止和以前的敌人交好，但我们想不到张上尉会和日本军官喝酒、享用大餐。这种行为也会引发疑虑，这些日本军官对他有何用心？或是他对他们有何用心？一顿大餐所费不多，但就我所知，双方都没有太多钱。战俘理论上不可以持有现金。在国民党军队这方面，由每一个指挥官斟酌，连长可以虚报两名士兵，领取他们的薪资配给，不会有人多问两句，但超过限度就要受罚了。这个巧计正可以填补组织的漏洞，让连长有津贴可供应用，或是作为个人的补贴。不过，这笔金额也不大。

原来那晚张上尉自掏腰包请客，可能要花费他半个月的薪水。他不觉得奢侈浪费，也不觉得自己过度友善，他只觉得这一切都是理所当然。

从他的粗俗言辞中，我猜出他是那种一路从下士、中士而晋升到委任军官的人。他称我为“贵参谋”，自称“小连长”。“高层心肠硬，不能好好对待这些人。”他有些愤愤不平：“没关系。”事实上，这是控诉政府没有提供招待费。因此小连长必须改善情况。张上尉可以说是欧洲骑士精神的化身，更重要的是，他认为，我们应该尽可能对以前的敌人亲切和善，才能使他们相信自己已经被原谅，而且我们也和他们一样，对敌意深感抱歉。他有很强烈的同情心，真心替这些日本人难过。他形容日本被轰炸，就像被压垮的西瓜一样，沦为盟军的殖民地，这时即使是我们身旁那位会说中文的日本通译员，也忍不住笑了出来。我深信这个受过不多教育的上尉心肠太好，我也了解到，中国文化传统中的某些要素具有持久的活力，展现在老百姓的对外关系上。我没有以高高在上的大参谋身份来教训这个小连长，反而被他高贵的纯朴所折服，我想那些被款待的日本军官也不可能有其他想法。

在野外工作，让我的心思脱离了安，而且心安理得地以为，军旅生活和我曾体验过的愚蠢和虚度生命大不相同。沪杭公路是沿海重要的运输要道，地理上相当于美国纽约到华府的公路。不过，这条公路从来没有铺好过。在日本占领期间，路面由于滥用而损坏严重。日军完全避而不用，因为沿路容易遭到中国游击队的埋伏狙击。他们宁可改用铁路或水道，在溪流及运河密布的水道上，他们的马达船可以快速前进于广大的地区。在战争末期，盟军可能在中国东海岸登陆，这种立即威胁更使日军毫无整修道路的诱因。我第一次开上这条公路时，发现部分木桥已经摇摇欲坠。在防波堤上方的路段，吉普车行驶速度还算快，但道路延伸到稻田时，村民往往开挖沟渠，用来引水灌溉田地，因而常成为车辆的陷阱。有一天傍晚，我开吉普车通过沟渠密布的路段，如果我运气好，大可顺利通过，不会出事。但我在最后一刻才看到一条大水沟，紧急踩刹车，前轮因而绷紧，承受所有的压力。我从猛烈的振动中回神，庆幸只有前轮轮轴坏掉，我的内脏及脊椎安然无恙。我等了三小时，才等到日兵开着军用卡车来，是在修复队执勤的六部卡车之一。不论是中国人、日本人、守卫、战俘或百姓，大家一起同心协力，费了好大的劲，才将坏掉的吉普车垫上临时做的木板推上卡车。

我们进行修复工作时，用的是简单的工具和简单的材料，绝对称不上是工程壮举。如果没有后续工作，我也无法保证路面能持续多久。不过，工程给我很大的成就感，因为这是我一生中第一次参与对大众有利的工作。最不可思议的是，这工程靠的是和日本人合作，而我从小学开始，对日本人虽有种种情绪，却从来没有想过合作的可能。

从那段时间以后，我持续远离安。我又结识了一位年轻几岁的女孩辛妮。她和安一样，都是上海圣约翰大学的毕业生。辛妮身材娇小，皮肤光滑白净。但是，我和她出去时，所引起的注视比不上和安同行时。我去找辛妮时，不必等待。她会尽快从楼上飞奔而下，穿着拖鞋或家居鞋，不管脸上有无化妆。她常问我问题，例如陆军上尉和海军上校有何不同，少校和中校哪一个比较大。有一次我对她抱怨部分军官没有品位，穿西式军裤时，却又穿着有装饰鞋钉的靴子。她说：“也许他们希望踩在烂泥地上时，不会弄脏了裤管。”

辛妮乐于助人。有一天我送她回家时，前方忽然跑出一辆脚踏车。我不太会开车，当然立刻用力刹车，根本不管离合器，引擎因此熄火。令我惊慌的是，车子居然发不动了。引擎盖下的电瓶发出柔和的低鸣声，但马达还是无法激活。我事先已经被警告过，这辆车的马达可能有问题，因此试了好几次后，我把车子——辛妮称之为“吉普车辆”——推到路边，然后打电话。回到吉普车旁时，我告诉辛妮，我回去见将军会迟到，必须改搭电车。我问她是否可以行行好，在车旁等待，军队里的技工会在一个小时内出现，带她回家。她只问我，如何对技工说明车子的情况。依我的理论，是因为电线和磁场不合，但这种说法对她而言稍微复杂了些，我于是用中国驾驶的惯用说法：“马达的齿轮卡住了。”后来她如实转达给维修人员，他们就了解我的意思。我怀疑安是否会同意帮我忙，事实上，我甚至不知道自已有没有胆子开口请她帮忙。

有一天，我要处理一些文书工作，辛妮答应我的请求，偷溜到我的营房，在我的床上睡了两个小时，我则在床边工作。她醒来时，对我微笑，我于是抱抱她。她脸上仍然挂着纵容的微笑，一边喃喃着说：“如果你想要，可以啊。”

那一瞬间，我不能说不动心，但多嘴的我又问：“你确定吗?”

“当然，”她说：“只要你最后会娶我。”

婚姻是神奇的字眼，却也很有威胁性，一定使许多好冒险的年轻人突然变得胆小，立刻停止不成熟的举动，当时更是如此。我因此就僵在那里，在一刹那间，所有的狂野期待全都消失。穿过我脑中的，反而是当时面临的种种问题：中断的学业、经济状况、职业及未来。成都城外的甘蓝菜田再度浮现脑海，孟拱河的冷冽也再度贯穿心中。

我知道辛妮的念头。她父亲在上海有个稳当的生意，她哥哥取得英国文学的大学学位，抛弃学业在店里当助理，负责值夜班。他结婚后搬出家里，但租屋离家只有几步路，便利和太太回家吃饭。辛妮的姊姊和姊夫最近才从重庆搬回来，带着两个儿子一起搬回娘家住。他们需要找一个地方住一阵子，好找工作，但没有人在意他们会住多久，不管是三个月或三年都没有差别。我去过辛妮家，拥挤并不成问题。只要和家人达成协议，商量轮流用洗手间就可以了。我受邀进入其中一个卧房。我们在地上铺张毯子，像野餐一样，坐着玩牌。我喜欢她的小外甥，让他骑在我的肩上，背着他上楼，教他唱："谁要买小孩？我们有小孩要卖！"但有一次我太过兴奋，忘记楼梯顶的门楣很低，结果小男孩的头就撞到了。他放声大哭，但辛妮的姊姊和蔼笑着，把小孩抱走，一边说："没关系，不用担心。"

如果辛妮的姊姊、姊夫、哥哥、嫂嫂都不介意，我们也应该不介意才对。所以人人都应该结婚，生计不成问题，人口过多也不是问题。人愈多愈好，因为大家可以彼此帮忙，这样的精神持续推动中国，不论是战争还是承平时期，不论是贫是富。但我不知在何时就学会反抗文化的强制力，也许正因如此，我才没有就读林彪的抗日军政大学。他们开始对生活的每个层面贴上"主义"的标签时，这种强制力道更形强劲。也许正因如此，我经历人生中的种种乱象，有时爆笑，有时哀凄，有时发人深思，可以说这并非意外。我生于1918年。

次年，五四运动诞生，领袖人物高喊：“打倒孔家店!”这个口号伴随着我成长，不断在耳边回响。辛妮可以质疑我：如果我要的无非是自己的浴室和小孩碰不到的高门楣，直说就是了，没有必要把孔子牵扯进来。她说的可能没错。但对我而言，这些东西总是一起出现，如果你屈服于其中一项，你也必须屈服于其他。因此，虽然床上的娇小女孩仍然保持着淘气的表情，牙齿轻咬下唇，嘴角尽是笑意，但我的热情早已冷却。

下一次安来电问我近况如何时，我又和她出去了。这次约会确定了我的疑心，我不知自己爱的是这女孩，还是她代表的文化，也可能两者是一样的。安不像白种妇女一样有外显而非内缩的下唇，但她的双眼并不细长，而是又亮又大。她的化妆恰到好处，刚好突显她细致的颧骨，在像我这样受到西方电影和杂志制约的眼睛中，显得非常吸引人。我们已习于欣赏雕刻般轮廓分明的线条，反而不太能接受中国式的柔和脸孔。安穿上高跟鞋非常自在，她披上外衣时，衣袖飘飘，转身时长发宛如波浪，一切显得再自然不过了。没有人会说，这个中国年轻女孩模仿西方的光鲜亮丽女郎。啊，安还很有主见，总是知道自己在做什么。

我的一位朋友王先生，一天多管闲事建议我：“朋友，千万别想和那女人结婚，否则你会后悔。”

“为啥?”他虽然直言无讳，我却不会太生气，以为他不过是忌妒我有这么令人艳羡的对象。

他的回答更直截了当：“我告诉你吧，朋友，因为太太比丈夫聪明绝对没好处!”

我吞下怒气，心里却不得不承认：王先生暗示安比我聪明，说的一点都没错。她不时展现她的敏锐聪慧。有一次，她带着意味深长的微笑，说她哥哥不过是花花公子。这种说法立刻激活我的防卫机制，我想不起来她哥哥哪一次不提到环游世界。我替自己找了一个借口：“要有钱才能当花花公子。”

“不，”安嘲笑我的天真：“花花公子就是花花公子。如果要先有钱再谈玩乐，就不是花花公子了。如果花花公子没有钱，就用别人的钱。”

我无法理解，她也从不解释。我转而看着她咖啡杯上的口红印，满腔疑问，不知从何问起。

我们去看电影《简·爱》，这是她决定的。虽然我全神贯注，最后也只能承认自己看懂的部分不及一半。我喜欢平克劳斯贝（Bing Crosby）和琴姐·罗杰斯（Ginger Rogers）的电影，因为非常容易看懂。我喜欢《乱世佳人》和《煤气灯下》，原因是事先已经看过故事摘要。但是，要看没有中文字幕的《简·爱》，当然是另一回事。

安很能掌握状况，她强调我应该加强英语及西方文明的基础。“对一个年近三十的人来说，”她警告我：“已没多少时间学外语了。”我不能再愚蠢卖弄我在大学学的一点点德文，在军校听来的一丁点儿俄文或日文，拿来炫耀更是完全不智。我应该练好英文，集中火力，专心去学好英文。

我们下次见面时，安带我到码头附近的一家书店。她已经订购一本《浮华世界》，要我保证从头到尾看完每个字。她还给我她以前的历史课本，从拿破仑战争开始，到第二次世界大战前夕为止。我很听话，正好背袋已经变空了，于是随身带着厚厚的书，带到东北，又带回来。

三十八年后，我仍然还在和英文搏斗。如果你是长期东学一点、西学一点，而不是持续而有系统地学习一种语言，你就永远搞不清楚字句的排列组合。不过那也很有趣，也就是说，经过这么多年后，我还是不知道如何玩别人的钱，但我乐意玩玩语言与文化。如果我告诉安，我是受了诱惑，不知不觉去做，不知她有何反应。无论如何，之后我只在纽约见过她一次，而那也是好多年前的事了。那时我的热情一定已经冷却，完全没有当初在她身旁时那种莫名的紧张感觉。

流亡生活有其有益及不便之处。现在即使以丰富的词汇，我也无法确切表达我如何走到今日的处境。西方人如果和中国人结婚，并且决定留在中国，通常会备受好评，被认定具有异国品味，心胸高尚，愿意和中国人同甘共苦。我们这些往相反方向飘流的人就得到不同的评价了，很少美国人会相信，我是去解决他们的问题。相反地，他们认定我们是到已开发工业国家去追求物质上的舒适，其中包括自己的浴室等方便的设备。不幸的是，这样的批评自有几分道理。以我的情况而言，因为我必须以自己无法完全掌控的语言来书写，批评家可以轻易指证我模仿笨拙，思想肤浅，这种说法其实不算错。在美国永久居留了数十年后，我已经成为美国公民。我不知父亲会做何感想，记得我十四岁时，告诉他小泉八云根本不是日本人，而是英国或美国人，后来才成为日本公民，取了日本名字。“可耻！”父亲说：“对他的祖国真是一大耻辱！”对他而言，公民权就是国籍，是由出生决定的。

不过，不论是高贵或可耻，另一边的草地总是比较绿。有时为了求变化，我不介意某一天混合绿色及紫色，虽然我平常比较喜欢蓝色。说来奇怪，直到最近，在中国还没有人能做到。因此，不论我父亲是否喜欢，我必须接受下列事实：世界已经进入一个新时代，选择的自由比血缘关系更为重要。父亲很有适应能力，如果他现在还活着，他会了解这一切的。

既然我已不知不觉跨过了文化疆界，我的见证可能有部分的参考价值。例如，有混合文化背景的我，看“文化大革命”的角度，就大大不同于那些没有混合背景的人。虽然“无产阶级文化大革命”强调平等，但从我的观点来看，却代表一场撤退回中国农民式纯朴的运动，以便于管理。为了保持公认的传统价值，必须去除穿高跟鞋和留着长卷发的女人。不可以有探戈、狐步、有口红印的咖啡杯，甚至布朗蒂（Charlotte Bronte）或萨克雷（Thackeray）。《简·爱》和《浮华世界》能提供什么呢？年轻女性爱上已婚男人；貌似忠贞的寡妇思念丈夫的老友；丈夫入狱时，不忠的妻子在家款待仰慕者。仿佛这些还不够腐化似的，还有少女在教会学校为食物而大打出手，男生被鼓励互舔，用金钱当奖赏！在中国要度日已日益复杂，没有这些扰攘，中国人会过得更好！

难道我的生活不也变得很复杂吗？有时我会这么认为。也就是说，有时我会疲于多边的人际关系，不会引以为乐。这时，多希望能将满满的经验交换更基本的事物，例如我可以完全处理的简单问题。然而，当我再细想时，我故事中的所有人不是一度也有同样的念头吗？中国的问题在于，以庞大农业社会的单纯结构，突然之间必须响应现代世界的挑战，难怪会产生种种矛盾与复杂的问题。就我所观察，每个具有个性、力量或野心的人，无不想以组织上可以管理的方式，试着解决问题：蒋介石借着冥思的训练和伪装。毛泽东用辩证的权威，把所有意见转成群众路线的唯一选择。一度被指定为他接班人的林彪，更想加以进一步简化。史迪威为中国而努力，只打算处理一部分的问题，剩下的留给其他人。几乎是我父执辈的郑洞国，坚信所有的难处都可以被耐心所克服，组织的不足绝对可以用公正和善意来弥补。那个七十一军运输部队的张上尉，那个"小连长"，可能比我有资格做他的门生。趋向简单化也影响到日本人。冈村宁次在握紧拳头参加受降典礼前，一定也会和战友有同样的信念，也就是日本一旦承担起领袖角色，日本人的一丝不苟既然在日本奏效，必定可以协助亚洲从混乱中打造秩序。大东亚共荣圈的概念也就是诞生自这个简单的想法。任何人都可以表达他对上述种种途径的偏好，但问题在于：谁成功了？

将中国吸纳入现代世界的任务，可能尚待完成。种种迹象显示，中国可能必须采取综合主义，将现代西方的种种观念及原则融合而一，其规模之大尚属空前。但在美丽的辞藻得以落实之前，我也许必须继续扮演失败记录者的角色。除非过去的所有不足之处都予以揭露，很难了解想像问题的层面有多庞大。在所有的神话都被解构前，任何对未来的蓝图都不过是幻想。

和我在国民党或共产党朋友的牺牲相比，我为这个故事所付出的代价微乎其微。其中之一就是廖沫沙，我已经有四十年没有看到他了。四十年！在“文化大革命”后，他已获得平反。他一度享有高位，像索尔仁尼琴被苏联政府认定思想正确，受邀回莫斯科写作及出版。近来他却不再受到这样的肯定。他上一回见到我妹妹时，传达对我的劝告，并说我如果留在中国，一定熬不过“文化大革命”。我们之间的观点仍有歧异之处，但他同意替我将在北京出版的书题辞。我应该很感激。一如往例，我常让自己陷入困境，但总有办法避开致命关卡。

最后再说一件事：我几乎拥有自己的浴室。淋浴设备及马桶就在卧房旁，只不过近来水管有些问题。房子屋顶很高，因此正值青少年的儿子虽然已超过六英尺高，但可以自由自在行走奔跑，头也不会撞到门楣。不过，最近内人说，我们的暖气费用高得离谱，也许应该考虑搬家。

第二部　我所付出的代价

普林斯顿，新泽西

1979年夏天，我待在普林斯顿，参加《剑桥中国史》（*Cambridge History of China*）的撰写计划，负责明朝部分。所有作者分别撰写自己的章节，不过会共进午餐，并举办定期的讨论会。所有事宜都在数个月前就安排好，经费来源是全国人文基金会（National Endowment for the Humanities)。十多位领取美隆（Mellon）奖学金的年轻学者则负责整理与编辑。

但有一件事令人尴尬：我被解聘了。我们的成员来自常春藤名校、剑桥、伦敦、加州、华盛顿、芝加哥、印地安那和密西根大学。人人都受聘于某研究单位，只有我例外。我不是届龄退休，也不是提前领到养老金而退休，而是被纽约州纽普兹州立大学（State University College of New Paltz，New York）所解聘。一封1979年4月10日由校长考夫曼博士（Stanley Coffman）署名给我的信如下："你的教职将于1980年8月31日终止。你的教职之所以终止，是由于人事缩编所致。"

普林斯顿大学是个避暑的好地方。树木高大茂盛，绿草如茵，让你一开始就觉得清爽。砖墙和高耸的屋顶隔绝热气的入侵，每个方位都有窗户，非常通风。不过，到晚上就完全不一样了。我被分配住在普林斯顿客房（Princeton Inn），是栋现代化的宿舍，室内设计就像一艘船，温度及通风都由人为控制。由于实施节约能源计划，联邦政府规定，气温没有达到华氏八十度时，公共建筑内不能开冷气。规定看来很合理，不过，如果等到大会厅气温达到华氏八十度时，我在隔壁的房间温度就会超过华氏九十度。在无数的夜晚，我常在床上翻来覆去，脚在床边晃来晃去，怎么样都睡不着。格尔（Gayle）常常从曼菲斯打长途电话给我。一年前，我的岳父病逝于曼菲斯的卫理公会医院，内人在曼菲斯城还有间公寓。我被解聘后，她就很沮丧，持续了整个春天和夏天。我房间内的电话没有接好，因此柜台的职员敲门通知我有电话时，我必须跑下阶梯，穿过走道，一路冲到大厅去接她电话。我知道她公寓内并没有装电话，在南方的盛暑下，她必须独自去公共电话亭，单独面对绝望的感觉。有时我跑得太快，甚至赶过了传话的职员。

我们的对话通常没有结论，我心情不好，一天工作下来，也十分疲累，无法鼓舞她。她总会说："不公平！"

解聘是三月间的事。1979 年 3 月 27 日，我待在家里时，校长室来了一通电话。秘书说，考夫曼博士希望第二天十点半在办公室见我，讨论"大学最近删减预算对教职员的影响"。第二天，坐在桌子对面的除了史坦利 · 考夫曼以外，还有教务副校长彼得 · 伏卡辛（Peter Vukasin）及文理学院院长艾德蒙 · 康威（Edmond Conway）。他们跟我打招呼，开场白如下："雷（Ray），我们有不好的消息……"

长话短说吧，我说。如果我被解聘，让我知道何时生效。9 月就开始吗？考夫曼说，不是。"我们可以给你一年的时间。"再一年，也就是1980年8月31日，就在我六十二岁生日前没几天。当天晚上格尔将消息告知我们的儿子杰夫。当时他只有十一岁，念纽普兹中学。在这个很小的大学城，人人都知道别人的举动及遭遇。直到今天，只要想到1979年3月27日那一天，我的儿子如何接受这个令人不快的消息，我就觉得很难过。儿子知道他的父亲已被解聘，而许多同学的父母却在大学里有杰出表现。有人的妈妈最近被选为系主任，有人的父亲筹组野外探险队，带学生去特殊景点，但黄杰夫的父亲却被解聘了。他仍然坚持要我去参观他的赛跑大会和学校音乐会，但在心理一定也和父母一样难过。有些同学好奇地问他，你爸爸下一步要怎么办？我接到通知的数天后，邻家十岁男童丹尼走近在后院的我："你要卖房子吗?"

格尔受的苦更多。她说她在购物时不期分别遇到吉妮·翠普斯（Ginny Tripps）、耐普夫妇（Ron and Mae Knapp）和哈尔·罗森嘉顿（Hal Rosengarten）。她觉得他们都怪怪的，看到她很不安。有一次她碰到乔治·施耐尔（George Schnell），乔治人很好，言语总是很温和，举止又体贴。他甚至觉得杰夫半年来怎么长得这么高。"但他一个字都没提到你，"她说。夏天到了，我必须到普林斯顿去，杰夫放暑假，我同意他应该和格尔一起去曼菲斯度假一阵子，也许一直待到秋天。到了秋天，我们会面临又一年的羞辱，我的所有学生到时都会知道，他们的老师被解聘，被扫地出门。

"多么不公平!"我的妻子从千里之外向我抱怨。

是不公平。我是正教授，到1979年春季为止，已在纽约州立大学连续任教十年，一般称为“终身”教职。我的著作曾在中国大陆、美国、英国、香港、意大利和西德发表。我曾受邀至哥伦比亚、普林斯顿、瓦萨学院（Vassar College）及麻省理工学院演讲。在我获得终身教职前，曾经由同事及学生评鉴认可。在纽普兹的终生教职期间，我曾获得密西根大学、哈佛大学、全美学术团体联谊会（American Council of Learned Societies）、古根汉基金会（Guggenheim Foundation）、国家科学基金（National Science Foundation）等单位的研究经费。我荣获古根汉基金会特别研究员身份的那一年，校长考夫曼博士还在同仁会议中特别强调这个“好消息”。在我被解聘前几个月，伏卡辛博士的办公室还请我写一段文章介绍自己，和其他类似的简介并列，好放进宣传手册，招徕新生。康威博士还两度推荐我应该“论功”加薪。

我被解聘时，学校里还有许多没有获得终身教职的教职员，他们都没有拿到博士学位。在有博士文凭的教师中，有些人多年来连一个字也未曾出版。学期结束时，他们总是留下来教暑修班，以多赚额外的钱。他们会说：“我们是师范学院，主要工作是教书，出版并不太重要。”但事实上，纽普兹不是师范学院。这学校以前一度是，但二十多年来已经提升为四年制的文学院。出版是在大学任课的重要工作之一，如果你一星期只要上九小时的课，你就应该独立思考，进行原创的研究，才能解释工作负担为何如此轻，你的努力理当对你这一行有所贡献。如果做不到，你的授课时数应该增为两倍，和高中教师一样多。至于师范学院的教师，也可以在教育刊物上发表独到见解。

我被解聘时，是纽普兹唯一教授中国历史和日本历史的老师。和我同期被资遣的还包括教拉丁美洲历史、俄罗斯历史、中东历史的教师。而教非洲历史、印度历史，还有一位教日本历史的资浅教师，则在1976年被解聘。留在纽普兹校园的，是十三位全职的历史系教师，全都教美国史、加拿大史及西欧历史。他们之中当然也有值得尊敬的学者，但也有人一直高唱："我们独特的西方文明！"西方当然有伟大的文明，这个文明曾诞生荷马和乔叟，查理曼和拿破仑，阿奎那和马丁·路德，韩德尔和柴可夫斯基，牛顿、爱因斯坦和爱迪生。我之所以远渡重洋，到美国定居成为公民，和美国人结婚，生育美国子女，部分原因在于被这个伟大文明所吸引。我工作中最迷人之处，在于找出这个独特的西方文明如何打破另外一个不遑多让的独特文明——也就是中国文明——的抵抗力，让中国分崩离析，而在中国重新恢复平静时，如何转而影响西方世界，让后者进行调适。也就是说，我的主要任务在于以一己之力密切观察，西方如何和东方交会，东方如何和西方融合，直到两者融而为一个完整的世界史。我向来认为，任何在大学教历史的人，都无法自绝于这个概念。在纽普兹，我一直试着寻找志同道合的同事，但是，如果他们认为"我们独特的西方文明"是专属的特权，是保障工作的便利手段，可以借此保存西方世界的纯粹度，那他们就大错特错了，对学生也是一大悲哀。在今日的世界，为求生存，必须尽可能适应时代。过去美国人曾误以为，只要其他国家接受美国生活方式，就可以证明美国的优越，因此美国不需进行任何调适。因为有这样错误的观念，美国已付出高昂的代价。如果我们继续以冥顽不灵的态度来教历史，学生只会为过去而学历史，不但没有为第三个千禧年做准备，反而倒退回19世纪。

普林斯顿对我一直很好。在这里我结交到牟复礼（Fritz Mote）这个朋友。我们初次认识是在十三年前的伊利诺大学香槟校区，从此就常向他请教文稿的问题。崔瑞德（Denis Twitchett）向剑桥请假，住到普林斯顿，专心于《剑桥中国史》中的明史部分。他是我十四年的朋友。剑桥大学出版我的明代赋税著作，就是透过他的鼎力协助。虽然他们享有国内外的声名，却不曾把我当成资浅的合作者。长久以来，我们已经不再互称“教授”。此时此刻最令我感动的，就是他们对一本我尚未出版的书所显示的兴趣与热衷。

在普林斯顿，《万历十五年》影印了五六本，发给《剑桥中国史》的作者群。8月9日当天还安排了一个特别会议，讨论其形式及内容。牟复礼已经逐字看过两次原稿，甚至还替我改正附注的错。他曾经写信给我：“这本书愈早出版愈好。”又说：“我非常遗憾学生在今年秋季看不到这本书。”崔瑞德努力替我在英国找出版社。不幸的是，对方要求美国书商共同出版，不愿独自先出书。由于在美国找不到共同的出版商，英国的书商就不愿遽下承诺。我自己试过三个出版商，但每次原稿都被退回。商业性的书商认为这本书应交由大学出版社，而大学出版社认为我应该去找商业性的书商。有一次，一个出版商还将原稿留了五个月，才声称遗憾地退回来。1978年12月，格尔和我到新港，纪念亚瑟·莱特（Arthur Wright）教授的遗著《隋朝》（The Sui Dynasty），由诺普夫出版社（Alfred A. Knopf）出版。在发表会之前，我们安排约见耶鲁大学出版社总编辑爱德华·崔普（Edward Tripp），送原稿的影印本给他。我以前曾帮他审过作品，通了数次电话。但现在看来，耶鲁的决定也太久了。4月，在我接获纽普兹的遣散通知后，我打电话给崔普，问他："你们毫无兴趣吗?"崔普的话并不多。但这回令我吃惊的是，他肯定地回答："我们非常有兴趣。"问题在于他的审稿人还没有响应。6月，原稿已经送去半年，我已准备要启程前往普林斯顿。他寄来一封短短的信："我很抱歉审稿人拖了这么久。我已经用电话对他本人亲自催促过，希望不久的将来能有响应。"因此，我到普林斯顿时，仍然还没有得到出版社的任何承诺。

一份书稿既然能获得该领域最称职学者的强力推荐，为何会找不到愿意出版的书商呢？原来依美国出版界的惯例，有学术内容的著作，必须经由不具名的审稿人进行公正的评价。审稿人不只是建议该不该出版，而且一旦决定出版时，必须提出改进的建议。在许多大学中，大学出版社编辑部附上审稿人意见的推荐后，教职员出版委员会有最终的裁量权。有时还需要两位审稿人，一是大学本身的教职员，一是外人。这样的机制当然有许多缺点。审稿人常常忘记自己只要讨论书稿的技术层面即可，反而将不具名的权威延伸到批评他不喜欢的意见或方法。具有能力和毅力的编辑，当然可以看出误用权威的情况，将审稿人的意见搁在一旁，另找审稿人。至于我，牟复礼和崔瑞德对我的稿子赞誉有加，无意间排除自己成为公正审稿人的资格。他们不再是不具名人士。

《万历十五年》还有其他问题。稿子不是以学术论文的传统形式写成的。这本书始于谣传皇帝要举行午朝大典最后却查无此事，而以一位不随流俗的文人在狱中自杀做结。在两件事中间，有时依需要而补充资料，有时则在读者感到好奇时才释出相关信息。在中国历史的领域，只有史景迁（Jonathan Spence）曾以这种风格写过。传统的手法是要求作者一开头就要列出帝系表、京城的地理位置、政府的组织架构或其职称的术语等，也就是说，形式比内容更重要。由于过去经验使然，我担心学术界的审稿人无法从论文的书写模式解脱，可能因此反对我的呈现手法。此外，《万历十五年》还融入许多现代审稿人前所未见的资料。对这些素材的不熟悉，也可能让审稿人投下反对票。因此，我前往普林斯顿琼斯厅（Jones Hall）的当天，内心五味杂陈。一方面必须向年轻的学者解释，我为何被纽约的一所小学校解聘，另一方面也无法解释，他们早已看过的影印书稿，为何迄今仍未出版。

这时我还有一项消息可以公布，之前只有少数同事知道。寻找英文版《万历十五年》出版商时备受挫折，我于是将全书译成中文，只有书目和注解尚未完成。1978 年夏，在邓小平访问美国前几个月，我的朋友郁哈维（郁兴民）前往中国。我们之所以认识，有一段渊源。四十年前的 1937 年，我们同在长沙临大，事实上还住在同一栋宿舍，只是彼此并不相识。之后他就到美国，在第二次世界大战期间，他加入美国海军，后来娶了美国人。1946 年，我们都在沈阳的国民党东北总部，彼此还是不认识。我们搬到纽普兹后，才在朋友家相识，从此两家时相往来。哈维现于国际商业机器公司（IBM）任职，看过《万历十五年》的中文版，在他担任会长的华人赫逊河中部联谊会（Mid-Hudson Association of Chinese Community）中，举办一场历史研讨会，讨论这本书。他于1978年前往中国，我则到英国，临行前我请他设法帮我在中国找出版商。

他秋天回到普吉西（Poughkeepsie），我也回到纽普兹后，他来电热心告诉我前景“看好”。他的姐夫黄苗子是作家及艺术家，愿意将书稿引介给北京的出版社，这则消息在当时会比五年后更令人兴奋。1978年，中国尚未完全从“文化大革命”中复元。黄被拘禁多年之后，才刚从政治犯的劳改营中释放出来。虽然很高兴“二度解放”（第一次是从国民党手中），但还不知道政治风向会如何吹。而且，当时的中国和现在一样，并没有民间的出版商。每一个书商都可以算是公务员，每个印刷厂的学徒吃的都是公家饭。以下两段摘自《万历十五年》的英文版，可以解释上述现象的含意：

> 这个模式太过熟悉，无法不去注意。首辅的敌人“去皮见骨”，透过联想和暗示来进行指控。技术错误被渲染成道德议题，独立事件被解释成贯彻一致的努力。一如惯例，官吏的参奏活动可以始于一句口号、一组对句或双关语、匿名的传单、考试的试题、疑窦丛生的谋杀、对小人物的弹劾、提到供水的便笺或关于马尾的报告。目的在于引起注意，吸引拥护者。无论是透过直接的辩论或委婉的暗示，只要能达成目的，手段并不重要。一旦启动初期的动作，其他就会接踵而至，具有整体的累积效果。最早的攻击

通常是由低阶官吏发动，而在这些言辞激烈、血气方刚的年轻官吏背后，则是接力演出的资深官吏。等到时机成熟，才会进行最后的摊牌。“阴”的隐藏动机必须调和较为合法合理的“阳”，因此即使不符合任何特别的法律细节，但整个行动仍然能在舆情支持下继续推展。这些策略都需要时间。

另一段是结论。我如实引述：

但是，李贽生命中的这十五年绝非白白浪费。他提供我们一份无比珍贵的记录，否则我们可能无从得知，这个时代特征之一的思想界的苦闷到底有多深。在一个高度仪式化的社会，个人的角色完全受限于一套简单却定义模糊的道德信念，帝国的发展因此受到严重的阻碍，不论其背后的信念有多崇高[1]。1587年，是为万历十五年，岁次丁亥，表面上似乎是四海升平，无事可记，实际上我们的大明帝国却已经走到了它发展的尽头。在这个时候，皇帝的励精图治或者晏安耽乐，首辅的独裁或者调和，高级将领的富于创造或者习于苟安，文官的廉洁奉公或者贪污舞弊，思想家的极端进步或者绝对保守，最后的结果，都是无分善恶，统统不能在事实上取得有意义的发展。因此我们的故事只好在这

[1] 译注：《万历十五年》的中英版本文字不尽相同，到目前为止的引文直接译自英文版，下文则录自现在通行的中文版。

里作悲剧性的结束。万历丁亥年的年鉴，是为历史上一部失败的总记录。

1978年10月，在哈维的催促下，我用空运寄给黄一份书稿的影本。但是，信虽然到了，这本超过五磅重的书稿，却不曾抵达终点。1月初，黄写信给我，建议我再给他一份，但这回由哈维的女婿亲自携带进大陆。这个年轻人卡尔·华特（Carl Walter）刚获得签证，可以到北京研究中国银行，这是他在斯丹福的博士论文题目。我们还没见过对方，但在岳父母的要求下，卡尔慷慨承担起信差的角色，并没有仔细检查放在他行李中这一叠厚厚书稿的内容，是否被当时的北京视为反动材料都还不可知。在北京，第二次的书稿亲自交给黄本人。两个月后，哈维来电告知，北京出版历史书籍的最大出版社中华书局，原则上同意出这本书。他无法理解，为何我接电话时一点也不热衷。原来他打电话这一天，就是1979年3月27日，也就是考夫曼博士办公室来电的当天，邀请我次日和校长谈"大学最近删减预算对教职员的影响"。由传话的遣辞和秘书的口气，再加上当时纷纷谣传纽普兹将裁掉十五到二十位教师，我毫无疑问将被解聘。那时任何消息都不可能使我高兴。那天傍晚格尔躺在床上，不发一语。我想躺在她旁边，但她动也不动，没有挪出空间，我只好躺在床边，同样不发一语。我们同样的姿势一定维持了很久。天暗下来时，我听到杰夫在客厅走动的声音。虽然他没有晚餐吃，但也没来吵我们。这时电话铃响，就是哈维带来的好消息。

《剑桥中国史》的明史分为两大部分。第一部分的文章讨论特定的主题，例如军备、法律、教育及经济发展。我已经写了一篇明代政府财政的章节，纳入该部分的组织架构中。第二部分将明代两百七十六年的历史分成许多小段落，每一段落约当于一个或多个皇帝的统治时期。我连续两年夏天在普林斯顿的工作，就是准备撰写约三万字的草稿，涵盖隆庆（穆宗）及万历（神宗）期间，起于1567年，止于1620年。穆宗在位不过五年半，但他的儿子在位却长达四十八年。在横跨十个主要朝代、十多个次要朝代的中国历史中，截至当时为止，神宗是在位次久的皇帝。

两人合计统治五十三年。有时一思及此，令我感到不安。我已出版过一本16世纪中国的书，写完另一本探讨特定年份的书，照理这个任务对我不致太过困难。参考书目既丰富又还算熟悉，我应该不必连续两年夏天住在普林斯顿，写出毕竟只有中等长度的论文。不过，详情远比上述分析复杂。五十三年，相当于美国第二十五任总统麦金利（William McKinley）遇刺到“板门店协定”的签订。如果要撰写期间相同的美国历史，就要处理两次世界大战及九位总统任期，其间包括美元外交、“回归正常”、信用破产、大萧条、禁酒令、新政、广岛、马歇尔计划、冷战及氢弹。为了让历史更深刻更有情趣，作者还可能必须增添趣闻轶事及名人掌故，例如像孟肯（H.L.Mencken）、亨利·福特、查尔斯·休斯（Charles Evans Hughes）、威廉·布莱恩（William Jennings Bryan）、萨可（Sacco）、范采提（Vanzetti）、艾尔·卡波尼（Al Capone）、幸运的鲁西安诺（Lucky Luciano）、华特·洛依泽（Walter Reuther）和约翰·路易斯（John Lewis），甚至还有葛丽泰·嘉宝（Greta Garbo）、路易斯·阿姆斯特朗（Louis Armstrong）和贝比·鲁斯（Babe Ruth）。“为何你要比较16、17世纪的中国和20世纪初的美国呢?”我的同事可能如此质疑：“你知道的，当时中国的多元及复杂程度，甚至不及现在的十分之一!”

说的对。但是我想提醒我的友人，就地理来说，两国有类似的面积。就人口来说，两国更为相似，都约有一亿五千万人。因此，当时的中国和今日的美国可以说是具有“规模相同”的问题。只不过，一个依靠仪式和一套道德准则来维持不变的状态；另一个靠货币管理的机动性，由后果来引导下一次行动，这些都是长期发展的结果。除了行为模式的差异外，双方的不同还在于结构根源。一旦认定17世纪的中国和20世纪的美国相似程度就像鱼和鸟，我们就不能用一方的标准去评估另一方。相反地，如果呈现鱼或鸟的情况时，必须给予完整的解释，追踪历史文化特殊问题的根源。我写其中一方的情况，准备给另一方的读者阅读，如果没有充足的背景资料，只是丢出一堆毫不相关的事实，这样就非常失职。

我对中国向来站在批判的角度，无论是对中国政府或中国文化。我的理由很充分。就一本书的篇幅而言，《万历十五年》可能是对官僚管理制度最无情的批评。在普林斯顿，我找到更多批评的机会，这和我负责《剑桥中国史》部分的一次历史重大事件有关。1619年，清朝开国始祖努尔哈赤在今日东北的关键之战中大败明军。“辽东之役”被认定是两国命运的转折点，但到目前为止，历史学家并没有充分加以探讨。除了所有参考文献都会出现的一小段文字之外，不论是在中国或其他地方的现代读者，都无法评估事件始末，只能自己再回去找原始资料来研究。到普林斯顿后，我向牟复礼和崔瑞德建议，我们应该给这次事件应有的篇幅，而他们也同意了。

接下来数星期，我全心研读这段历史。努尔哈赤的年表是以口耳相传的形式流传下来，再被译成中文及日文。这两种版本，都收藏在普林斯顿的杰斯特图书馆（Gest Library）。当时及现在的地图虽然不够完备，但还足以显示战场的位置和地形。幸运的是，我研究了一段时间以后，哥伦比亚大学的雷德雅（Gari Ledyard）教授告知，关于这次战役有相当多的韩国素材，是以流利的中国古文写成的。拿这些材料和中国的记载一并阅读时，可以让我们重建相当完整的战争场景。

就许多方面而言，这段战役令人吃惊。明朝以数个月的时间准备这次战争，几乎动员到每一省。在战场上，他们的数目远远超过满洲人，比例几乎达二比一。他们以火枪和用马车拖运的火炮，强化步兵的实力。但满洲兵除了骑兵外一无所有。明军挖设壕沟，还构筑障碍，但满洲兵仍然横冲直撞，冲破明军的队形，甚至还多次从山脚仰攻，突袭明军。从四月十四日到四月二十日短短一周，他们消灭了三路明军的人马，第四路不战而逃。这四路军的人马总计近十万人。

更不可思议的，是明军对于战争的管理细节。战役的统帅在指定前进路线后，却待在离战场七十里之外。他在前线没有代理人，前线没有指挥中心，和部下间也没有联络官。明军溃逃时，大败的消息是从败阵的士卒和传令兵口中得知，这些字眼最后还写进送交皇帝的奏折中，显然没有更有力的资料来源。战地的军队并没部署成该有的攻击阵式，在其中一个极端的例子中，主将还走在部队的最前线，仿佛他们是负责带领成排队伍的士官。又有一次，多达两万的士兵居然把队形缩成正方形，似乎是在捍卫某个城池，努尔哈赤得以选择进攻方向，让风向不利明军，火药毫无作用。在另一个例子中，大军的指挥官居然弃守职务，向后逃跑，指挥作战部队的文官单打独斗，以致战死。战地部队的行动从头到尾都没有好好协调过，满洲兵因而可以集中火力，从容消灭一列又一列的人马。几乎在所有战役中，明军根本无法抵挡第一波攻势。他们的指挥管道很容易破裂，整列整排的兵士就开始惊慌溃散。火炮对战争起不了决定性的作用，有些不曾部署，有些虽然部署，但装火药及发射的时间太过漫长，根本不是以速度和决心见长的骑兵的对手。总而言之，在这种情况下，军事史家只能同情名誉扫地的一方，但同时却不可能说他们好话。

但是，身为历史学家，不能太仁慈、和善或具有同情心。史家的主要任务，在于将他对历史的见解和现代的读者分享。以我的情况来说，我研究辽东之役的重点是指出，明军的错误从头到尾一致，不断重复，已经形成固定模式，这其实根源于中国历史的组织架构。在官僚管理下的庞大农业社会中，军队的人力、税赋、军务和补给都来自集结的村落，无从测试组织中无数的漏洞和欠缺的关联性。军队既已处于没有竞争能力之下，更不曾进行军事操练或演习，借以熟悉战争的技艺，因为高高在上的文官认为，实际的作战并不会发生。明代的军队本质上是支庞大的警力，由文官来率领。到当时为止，是靠两大基本方法来赢得战争：一是聚集庞大的军力，以人数众多来威吓敌军，如此不必努力作战就可赢得胜利；二是躲在城池里采取守势，希望借此尽快消耗敌军的战力。就运用这两项技巧而言，辽东之役的策士和战地指挥官并不算怠忽职守。但他们其后所遭遇的局势，却完全在意料之外。努尔哈赤是个军事奇才，早就洞悉对手的能力与极限，他为这次和明朝的大摊牌，已经认真准备了三十五年。他集结部队，编排成各“旗”，都是为战争而做准备。对英国陆军官校和美国西点军校的教师而言，努尔哈赤的策略简单易懂，但他的敌手却看不出来。

不过，身为《剑桥中国史》的作者，我却碰到技术上的问题。呈现这段史实却不补充背景资料，就像故事只讲了一半。读者可能因此相信，一小群主将的无能，最后竟然让中国被异族统治近三百年。然而，在确定失败该由谁负责时，我却不知如何划清界线。就像拔野漆树一样，三尺高的树可能有长达二十五尺的根，而且还没完没了。如果我对章节中的每一历史事件都补充背景资料，三万字势必不够用。

此外，如果把我想讲的话全说完，可能会招来批评：侵犯了共同计划其他作者的指定领域，把个案变成综合性的讨论，甚至超过我们自订的期限。如果中国的农业帝国官僚是军事失利的原因，我的发现没有理由只限定在1619年。亚瑟·韦利（Arthur Waley）曾翻译1840年到1842年鸦片战争期间的中国文献，在大后方所发生的问题和我的描述差不多，当时的管理者还是努尔哈赤的后代子孙。这番对农业官僚的批判，只要稍微修正，也可以用来形容中国海军于1894年在黄海败给日本。申论可以继续延伸，解释国民党的蒋介石为何挫败。基本上来说，直到20世纪，中国一直近似只有农业的社会，大体上是由官僚来管理。国民党在政府组织上层创造出现代的外观，但底子里全国仍是村落的结合体，管理方式不可能比明朝或清朝更企业化。

这样的困扰并非我们学者制造出来的，而是中国历史的特色之一，而且特色一脉相连。事实上，组织的因果关系可以穿越时间，渗透进每个历史事件的表里和各个层面。在处理《剑桥中国史》时，我们的问题终于靠折衷之道而获得解决。德国图宾根（Tübingen）大学的提勒曼·格林（Tilemann Grimm）教授夏天时来参与我们作者的研讨会。他是《远东杂志》（Oriens Extremus）的编辑之一，这本汉堡的汉学期刊曾在1970年刊登我的文章。这时我已写好一万字的辽东之役草稿，背景因素一应俱全。提勒曼同意带回德国，和另外两位编辑商量发表，我知道自己已尽了对一般读者的责任，未来我只要从中摘取两千五百字及两张地图，并入《剑桥中国史》即可。摘要只需有基本事实，再加一则注释，让读者知道去哪里进一步看到全貌。

但是，我个人对中国历史的兴趣偏重垂直面，而不是水平面的特定议题，早已带给我不少麻烦，未来还会引起更多问题。这很难加以解释，尤其是在我个人陷入沮丧及焦虑时。我似乎已有够多的麻烦，没有心力再去注意技术上的细节，这些微细的差别充其量也是抽象而遥远。

我被解聘了。这是侮辱，也是羞耻。这个事实会永远削弱我的尊严，有人主张我应该忘掉这整件事，全心投入创作。说这话的人不曾站在我的立场，我无法忘记这件事，因为别人也不可能忘记。无论我到哪里，似乎都贴着不名誉的标签，我被迫采取守势，但又没有反驳的机会。有能力的专业人士永远不可能被解聘，这是大家的预期。失败就是不名誉，没有人会替你找借口。在大众面前，我没有能力去保护内人和小孩。

要我投入创作也是不切实际的说法。我没有办法再找到另一个职位。即使牟复礼和崔瑞德试着帮我忙，其他人也是，但没有人会雇用一个刚被解聘的六十多岁的人。

格尔和我到京斯顿（Kingston）的社会福利局去。数周后我们收到通知，概略算计出，如果我在六十二岁时退休，每月可能收到四百美元的社会福利金。我的 TIAA 和 CREF 年金计划可让我每个月多添两百美元。这些还不到我们每个月最低生活费的一半，更不要说房屋税和其他杂项支出。我们也去研究失业津贴的可能性，京斯顿的失业处坐落在松丛路（Pine Grove Avenue），前身是铁路车站，事实上，铁路局的标志还挂在墙上，一旁贴着新告示：“纽约州劳工局”。内部陈设和几条街外的社会福利局差不多，一进门是接待处、钢制的拱形椅、塞满手册的架子、依个案而散置不同地点的桌子。但是，只要匆匆一瞥，你就会发现气氛毫不相同。在这里等候的男人脸也不刮，衬衫起皱，他们的精神已枯萎了六、八或十二个星期。一名身穿黑衣的壮硕女子独自坐着，看来心烦意乱。办公室的布置比社会福利局还破烂不堪，这里根本欠缺那里的安适与轻松。

我们被带到一个地方，天花板垂下一个标志：“初次申诉”。没有椅子可坐，我必须抬起下巴和负责的女士对话。她坐在桌子后方，但位置比我们高了一台阶，桌子则和我的视线同高。就像在法庭一样，辩护律师必须抬头向法官求情。她后方有一台正在转动的电扇，让她的声音更容易传达给我，而不是将我的声音传给她。

不过，这位女士倒是很愿意帮忙。她清楚回答我的问题：是的，在某些情况下，可以同时领取社会福利金及失业津贴。她身子往前倾，给我看一份申请书，上面有两栏，询问申请人是否领取社会福利金和退休金。不过，她把表格只给我看一眼就收回去了。我必须等到真正失业时，这个案子才能受理。在此同时，她给我一本手册。手册说，申请人必须定期证明他没有办法找到工作，而遣散他的雇主可以质疑他的申请。我把手册一丢。我已经受够我的雇主了。

我的雇主是克里夫顿·小华顿（Clifton R. Wharton，Jr.）博士，纽约州立大学校长，一年控制的预算接近十亿美元，办公室在奥本尼（Albany）。他写信给崔瑞德："在经费缩减计划中，黄博士的表现或成就从不曾获得负面评论。"但是，在纽普兹，为了要撇清批评，不愿被人说他们受制于系及学校里的一小撮人，他们公开及私下都说自己做对了。如此一来，他们简直在暗示，被解聘的人活该。你要求他们解释时，他们会说，到奥本尼去诉苦吧。你到奥本尼去抗议时，只会见到代理副校长。他会说，都是各校自行决定。他会尽可能谄媚及同情你，同时抱怨自己的权限有多小。你当下便知，这个年薪四万美元的官吏只会解决行政问题，不打算维持正义。我就坐在那里，成为他的问题。为了正式递出抱怨，你还必须经过工会。根据泰勒法案（Taylor

Law)，任何州立大学体系的员工，都必须接受UUP（United University Professionals，大学专业人士联合工会）的管辖，不管是否为工会会员。“我不知道。”工会代表说：“如果你想递出抱怨函，我们会帮你忙。但我不知道成不成功，这张合约定得不好，上面的确写着他们有权终止教学计划。”我也可以上法院去告特定的行政人员。他知道非西方研究的危机处境，要我们保持耐心，他会去处理。多年来，他一直给我许多保证和解释，有些书面的承诺自相矛盾，站不住脚。格尔还陪我去见律师，上了一堂阴谋、诈欺和欺骗的课。重点是纽约有部公务人员法。如果一个纽约州的公务人员被卷入民事诉讼，事涉“责任范围和在职期间”，如果获判赔偿金，是由州政府来负担，就像保险金一样。附带条件是，被告在被传唤或接获申诉时，应由首席检察官来负责辩护。我真的希望和纽约州的法律人员牵扯不清吗？而且由纳税人来负担赔偿金吗？我甚至不想要回我的工作。我只希望能揭穿我被解聘背后的政治阴谋，以洗刷我的名誉。我必须找到同事当证人，三名同事愿意替我作证，其中两位更是十分热心，但第四位就犹豫不决了。考虑所有相关因素后，我不得不放弃。但是，如果没有采取任何行动，我一定会被视为懦夫。我将符合一般人对中国佬的刻板印象：四处含糊其辞地抱怨，但必要时却尽量避免正面迎战。

在普林斯顿无眠的夜里，我感觉血管中的愤怒逐渐扩大流窜。这时我开始体会到，有些人在正义不得伸张时，为何会丧失理性，变得很粗暴。我甚至做不到这一点，因为我的工作虽然不是很有创造力，但也隐含相当有趣的内涵，可以帮忙填补中国人民和美国人民间的差异，以学术研究的形式呈现，并出之以一个普通人的闲聊。上述论点正接近被接纳的关键点，如果我再待久一些，也许会成功。

身为历史学家，我有许多人没有的优势：我可以意识到命运的干涉。生命中许多事件的真实意义，由于我们涉入太深，因此无法自行评估，更不用说事发当时。一想到我到纽普兹是纯粹意外造成的，我就觉得宽慰不少。如果航空公司职员没有让特定的两位人士在特定的班机上紧邻而坐，我很可能避免被解聘的命运。

1967 年，格尔怀着杰夫时，我正在找工作。伊利诺有个工作等着我，但我们都不想回去。我正要飞到印地安那去面试，但那也不是我们的第一选择。电话适时响起。纽普兹区域研究系的系主任彼得·莱特（Peter Wright）问我，是否愿意去教中国历史。他才去过芝加哥，参加亚洲研究协会的年度大会，希望找到教师，但没有收获。在回程的飞机上，他的邻座坐着我的朋友余英时。他们彼此介绍自己，当成开场白。为了让故事更曲折有趣，其实余英时之所以和我在人生的旅途相遇，也算是一段奇遇。十六年前，也就是 1946 年时，我在中国东北遇到一位余协中先生，他是哈佛的历史学硕士，是国民党东北保安长官司令部参谋长。由于我是代理司令官的副官，因而有幸在总部的晚宴时坐在他旁边。十六年后的 1962 年，我在安亚堡修历史学的博士学位，刚从哈佛毕业的一位余教授，就成了我的指导老师。这位余教授，就是那位参谋长的儿子，后来也成了我的好朋友。余英时这回去参加大会，也想替我在东岸谋职，不过也没有成功。在下飞机前，他把我的姓名和住址给了莱特。

我去纽普兹面试，一切进行顺利。除了大学的行政人员和区域研究系里的教职员以外，我还接受历史暨政治经济系系主任的面试。一周后，我受雇为副教授，年薪一万一千五百美元，足以符合我当时所需。

纽普兹离纽约市七十五英里远，约当到奥本尼高速公路的中间点。它位于开兹奇尔（Catskills）山脚，山景秀丽，尤其是秋天来临时，整个乡间尽是一片红、棕、橘、黄及紫色，间接点缀着残绿。我于1967年开始在此地任教时，学校的特色之一就是注重对外国的研究。我们“赖以维生的课程”是“亚洲文明导读”，是大学生的必修课，每学期通常有三到五百名学生注册。每周在大礼堂授课一次，之后全班再分成二十组，接受十来位指导老师不同时段的教导。现在回想，这样的安排对学生及教师而言，都是相当有益的训练。在一般授课时段，中国历史共有四堂课，也就是说，在四个五十分钟内，必须讲完中国文明，包括从天上到人间，从孔子到毛泽东。在不同的学期内，这四个主题我全都轮过。通常我说英文时不无瑕疵，有时省个元音，有时略过子音，有时多出个音节。讲到激动时，我的前一个句子往往没说完，在新主意的驱使下说出第二个句子时，不会向听众预告。但在一般授课时段，可不能容许这样的缺点。授课内容必须经由麦克风传送，面前是挤得满满的学生，座椅都没划位。讲者不知所云，或无法吸引他们的注意力时，学生就可能开始出走，首先是从后排的零落座位，然后是大厅，最后甚至当着讲课者的面直接走出去。

如果讲得好，学生会以掌声鼓励，讲不好课堂会陷入一片死寂。在学期中，授课者会被学生以不具名投票的方式评估。我必须不断练习我的讲课内容，通常借录音机之助。幸好我一学期只要在大礼堂授课一次，有很多的时间准备。

不过，准备时最辛苦的部分是授课内容。乍看之下，似乎不可能在五十分钟内涵盖两百多年的中国历史（每分钟四年），或是在不到一小时内讲述中国哲学，但又不能遗漏重点，否则同事在分组讨论时便会无以为继。只会丢出一长串历史事件名单是不行的，散乱的事件必须彼此相连，整体组织成一个个分别独立的故事，描述又必须翔实生动，抓住初学者的注意力。我的方法是先写下所有初步的念头，而后再慢慢充实内容。就这样在不知不觉之间，我被训练成以大历史的方式来思考。随着授课过程的重复，多年下来我不断寻找以最少的字来传达中国文化与历史的要义，并加强对事实的注重，以面对人数不少的听众。这番新经验，加上我在中国的亲身经历，终于让我产生热情与使命感。

在纽普兹，我带领的研究生并不多。大多数研究生是以教育学硕士为目标，因为这是想在纽约州教书的必备条件。关于他们的作业，我常常要与教育系系主任协调，他则让我全权做主。这也是在小学校教书的好处。在名校中，教授很少不伤痕累累的，因为必须和同校的人类学家、经济学家和政治科学学者辩论不休。纽普兹还常准我留职停薪，我因此可以获得其他机构的研究奖金，但是，种种福利最终都要付出代价。

多年后，我看到一篇文章时才发现，在1960年到1970年这十年间，纽约州立大学的注册人数增加四点四倍，教职员增加四点七倍，而同期间的预算则增加近八倍。事实上，我是在丰收期间被雇用的。而且，当时预期这种扩张现象还会持续，1980年的注册人数预估是1970年时的两倍。我们于1967年抵达校园时，到处都在进行工程，未来似乎是一片美景：老旧的校舍势微，更流线型的新建筑称霸，以前的苹果园纷纷铲平，由这些玻璃水泥的新建筑取而代之。

大学前后三任校长影响我的任教。我从没见过哈格提博士，他在我到任前不久就退休了。但我听说，威廉·哈格提（William J. Haggerty）是个独裁者，也是有魄力的人。当应征者来接受教职员职务的面试时，据说哈格提会开车到车站去接，并抢着拿应征者的公文包。冬天时，没有人可以自行在校园内结冰的池塘里溜冰，必须等哈格提校长开着扫雪车上池塘，确定安全无虞才可以。由于他一直把纽普兹视为私人财产，许多教职员因而与他对立，但他有技巧也有能力去对付异议分子。他要他们离开，而有些人也真的走了。有一件事是哈格提绝不妥协的：所有的学生都必须接触非西方文化。纽普兹的课程十分严格。最重要的，每名学生不论主修的是物理或音乐，都必须修过亚洲及非洲研究才能毕业。因此，此地的教职员很有国际色彩，在乡间校园是相当罕见的景象。

代理校长待了一年后，约翰·诺麦耶（John J. Neumaier）于1968年秋季就任新校长。在这段过渡期间，发生了两件事，影响全美国的高等教育，尤其是纽约。一件发生在春季，一名年方二十、名叫马克·洛德（Mark Rudd）的哥伦比亚大学大三学生，反对在晨边公园（Morningside Park）兴建体育馆，因为这个建馆行动充满种族主义色彩，会侵害邻近社区黑人的休闲娱乐区。抗议四起，校舍被霸占，哥大在五月封闭。其后校园的骚动不安横扫全美。在SDS（Students for a Democratic Society，民主社会学生联盟）的带领下，这运动的方式是借由骚动，达到修正美国内政外交政策的目的，并要美军自越南撤军。纽普兹最初并没有卷入，但随着运动的日益扩大，终于在诺麦耶任内时插上一脚。

另一个影响校园的因素是全国经济。早期对无限制扩张的乐观，后来证明并不切实际。1968年事实上是纽普兹的第一次预算删减。更严重的问题是，在那段轻率的成长期间，并没有加强与中间阶层的联系。新宿舍启用时发现的缺失更和全国趋势同步。宿舍开始建造时，一般预期人口持续成长，自然资源无穷无尽，明天的钱会比较薄。宿舍完工后，外表看来似乎符合建筑师的特殊设计，整个区域都经过绿化，种了新树苗，挖了人工池塘，但一旦搬进去住后，机械问题层出不穷。门常常卡住，警报器没接上，许多房间内找不到桌子。没有人清楚访客的规矩何在，女学生理应有“个人宵禁”，但年轻女孩抱怨室友的男性访客日夜耗在那里，害她们无法过正常生活。在此同时，州立大学宣布，一学年的住宿费用从三百八十美元调高到五百五十美元，调幅高达百分之四十五，而原先的费用就已经高过其他州立大学的平均住宿费了。无独有偶，纽普兹教职员间欠缺内在凝聚力，扩张终于停顿时，更突显这个问题。哈格提时期压下来的许多争议，在此时全部浮现。

诺麦耶出生于德国，英文不免有口音。不过，他的遣辞相当有诗意，因此听来颇为悦耳。他先前担任明尼苏达木海德学院（Moorhead College）的校长，成效斐然。他介入地方政治，被认为是反战人士，常形容敌人是“法西斯主义者”，朱璐·帕森（Drew Pearson）还为此写过专栏。有些不满的教员批评他：“看看诺麦耶，他说起话来像是普罗分子，但从头到脚穿得像布尔乔亚，穿着昂贵的成套西装，打上领带，别着金袖扣！”事实上，诺麦耶不是革命分子，也不曾宣称自己是。我和他会面数次，知道他是那种学院派的进步分子，饱读诗书，用意良善，但不清楚自己的立场。1970 年，俄亥俄州国民自卫队枪杀四名肯特州立大学的学生。第二天，纽普兹的学生和教职员在旧行政大楼前举行示威。诺麦耶抓起麦克风，表达他对他们的同情立场：“我的母亲死在毒气室里，唯一犯的罪就是从文化上来说，我们是犹太人！”当时在校园内的一项调查显示，约三分之一的学生认同犹太教。

诺麦耶引以为傲的是，在全国动荡时，纽普兹安然度过，毫发无伤。如果妥善评估当时局势后，必须承认他并非没有功劳。SDS 当时的策略是引发对立，一旦在某处点燃火花，势必能火上加油。纽普兹可以说是发动致命一击的适合舞台，一名认同 SDS 的学生已在校刊上发难：“诺麦耶博士到底以为他在骗谁?”校长吞下这个侮辱，更进一步认同极端主义的主张，这的确避免了校园在艰难时刻落入外来煽动者的陷阱。多年后，诺麦耶被指控在混乱时期采取放任政策，一夜间越共的旗子升上了纽普兹的教职员大楼。事实上，这种野蛮行为和行政单位的纵容没有关系，实际上也没有造成任何伤害。

但诺麦耶误解了自己文理大学校长的角色。当时纽普兹还没有找到顺利运作的模式，诺麦耶的崇高情操完全起不了作用。即使他致力安抚弱势团体，却不曾触及纽普兹的特殊组织问题。他见过我几次面，因此会和我握手，和蔼微笑，却顺口称我为林博士或杨教授。且不要说会让我不高兴，这样的无心疏失显现诺麦耶虽然有心领导，却忽视细节。他的校长任期持续到1972年，校刊暗示他是被迫辞职。

史丹利·考夫曼接任校长时，我正好留职停薪，人在英国。他曾担任保龄球场（Bowling Green）大学的学术副校长。1952年，他出书讨论现代诗中的意象主义，二十年后，纽约以翻印闻名的八角形出版社（Octagon Press）认为，这本旧作值得重印限量发行。考夫曼做了一件让我印象深刻的事，1973年，我人在剑桥，却收到尚未谋面的校长的一封信。原来伦敦《观察家》（*Observer*）特别报道李约瑟（Joseph Needham）博士，在周日出刊的当期杂志上，封面照片为李约瑟、他的合作者鲁桂珍博士和我正在讨论学问。我寄了一本杂志给我在纽普兹的资深同仁，而他再转给考夫曼看。考夫曼校长居然不怕麻烦，亲笔写封横渡大西洋的短函，说教职员中有人能在海外参与如此重大的研究计划，实在令他与有荣焉。

直到今日，我还无法确定，考夫曼该为纽普兹的情况负多少责任。毫无疑问，许多伤害都是他接任前四五年造成的。哥伦比亚和柏克莱等大学有稳定的基本结构，因此可以承受学生的骚动，不会丧失平衡，一旦不安的狂潮平息，秩序会再回来。但在哈格提的牢牢掌控及诺麦耶的容忍放任之后，很难收拾校园的残局。1973 年劳动节前的一星期，我重回纽普兹，必须翻阅学校的刊物，以便调适自己。教员的代表权，是后哈格提时代的重要议题，却不曾有任何确定的形式。过渡的安排方式是创造出一个“组织委员会”，由三十二个系各派一个代表参加，会议总是演变成开放的讨论会，很少有任何正面贡献。更惊人的是大学课程，哈格提时代结构严谨的通识课程早已消失。现在除了英文和体育课以外，学生只要修主修科系的课程即可。教职员创造出各式各样的新课程，从“女性意象”到“美国社会中的死亡”不等。还有一些“迷你课程”和“特殊主题课程”，课程设计急就章，内容含糊不清。我提议开亚洲文明导读，看看选读人数有多大的变化。这个一度是所有新生必修的课，最后只有七人选修。以前即使在我的一些选修课中，至少也有三十到四十名学生。

我看校刊时发现，在我回来前一星期，詹姆斯·麦考德（James McCord），也就是已定罪的“水门案七人小组”之一，获邀在校园演讲，这是“新生训练课程系列”的一部分。学校的健康中心现在经营“避孕诊所”，据说“诊所的想法是，女性应该可以明智决定避孕的方法”，没有人提到使用避孕药可能引发的情绪问题。同一校刊中又说，宿舍内已设置“强暴防治中心”。劳动节前一周，热浪侵袭赫逊中部地带。在高温恼人的气候中，所见所闻都让人极度沮丧忧郁：新的水泥地面已经干裂。野生蒲公英丛生。新建筑物内没有一个电子钟准时，有的钟已经搬走，只留铁丝在空空的框架里摇摇晃晃，随地都是烟蒂和糖果纸。

在这种情况下，没有人怀疑史丹利·考夫曼碰到了问题，但他面对问题的方式是既突兀又偷偷摸摸。在学期开始时，他会找一群学生、少数教职员、部分行政人员等，举办非正式的集会，但地点不在校园内，也不在他家，而是在附近的山间小屋里。我亲自看到校长本人时，是在组织委员会中。这个松散的团体约有二、三十人，欠缺方向，也没有向心力，常常以下列开场白来通过决议："鉴于……校长将会……"。轮到考夫曼说话时，他会采取直率而对立的立场："如果你们说我将会如何如何，我就不会如何如何！"不过，即使如此顽固，他还是得屈服于大家的意见。数星期后，他指定某教员担任学术副校长，文书主任被他任命为助理副校长。组织委员会递交给他一封信，问他有何权威创造出这些职务及头衔，为何没有请教教员就加以任命。考夫曼解释，这些人的任命是基于"代理"性质，之后会送交组织委员会征求同意。最后他大叫："我不是坏人！"但组织委员会仍否定他的任命案。

考夫曼在公开场合得不到大多数的支持，因此听任自己受制于少数有力人士的操纵。早在哈格提时代，他们就结党，其中有些人反对这位前任校长的国际化课程。在诺麦耶的放任时代，也产生新的派系。更复杂的是，新法规定，纽普兹包括校长在内的行政人员，都必须由整体教员以不记名方式评鉴，如果没有通过票数的肯定，就无法继续生存。

考夫曼承认，有时他会被特定教员所刁难。有一次，我们在名叫"篱笆"（Hedges）的乡间旅馆举办欢送会，这位同事担任系主任及院长多年，即将退休。也许是为了强调过去的事已成过去，考夫曼在举杯祝贺时，以调侃和幽默的方式形容，这位老同事去校长办公室有所要求时，态度是如何的专横跋扈。我们一边笑着，一边不禁被背后的真相所吓倒：校务原来是这样处理的，也许连财务及人事管理也是。

批评人士说，考夫曼将许多校务授权给属下负责，已出版的回忆录也证实这一点。我个人深感不解，尤其想到几位高阶行政人员对我总是很友善，很讲情理，只是在我被裁员后态度大变。是由谁做出的决策呢？即使在1978年的圣诞节假期，亚洲研究召集人还派人传话给我："叫雷不用担心。告诉他，他没什么好担心的。目前的确有行政的困难，但一定会解决。他只要专心于他的专业就行了。"但就在三个月以后，我被请去见校长谈预算删减的影响，意思就是要解聘了。我写信给副校长华顿，请他调查整件事的始末，却从未收到正面的响应。一周后，考夫曼辞职。在此同时，一份地方报纸《京斯顿自由人报》（*The Kingston Freeman*）登出一篇社论，说纽普兹是"管理不良的学校，学生无心向学，常常脱序。"

为什么我不早一点走？我试过，但不成功。转折点早就发生在1967年，也就是我抵达纽普兹的那一年。当时我太满意周遭的环境，忽略其他机会。十年后，工作机会大大减少，我的资深年资形成非常严重的障碍，更不用说我的年龄。我全心专注于学问，常常留职停薪，没有待在校园内，让我更难去注意各种可能的后续发展。在这样的情况下，只能尽量往好处想：大学的整体注册率可能会提高；令人担心的裁员可能不会发生；万一发生，行政当局可能会坚守政策，让裁员不致波及有终身教职地位的教师。他们会依已公布的指导方针行事，考虑到每位教员的优点。毕竟，纽普兹基本上不是太差的学府，有一段尚称辉煌的过去，具备种种正面发展的因素，还有许多有才华的教师。校园坐落在如此优美的景致中，也有许多便利的设备。

十年前，我从副校长萨缪尔·古德（Samuel B.Gould）手中获得“继续聘任”的终身教职时，文件上的确还有另一行文字：“你的受聘条件是基于董事会的政策，书面资料见于本校图书馆。”其中提到的文件的确指出，在大学出现财务问题时，可以取消我的持续聘用。十年后，在我被解聘后不久，美国大学教授协会（American Association of University Professors，AAUP）寄出一封传阅信，其中写着：“许多纽约州立大学的教授，原先具备其他大学的终身教职身份，因此并不知道，纽约州大体系并没有终身教职的有效保证。”但是我不能说自己不知情，就好像在签商业契约时不去看契约上的小字。我有注意到裁员的条款，只是在1967、1968或1969年时，我根本无法想像，理论上可以撤消的终身教职实际上居然会发生。当时我们对未来充满美好的憧憬，期待从未实现的扩张。至于我个人，纽普兹是个理想地方，可以让我将自己独到研究的浓缩成果，直接展现在学生面前。在被裁员后，只要一想到在当年的芝加哥机场，余英时和彼得·莱特扣好安全带准备起飞的那一刹那，我就更加相信命运的力量。两个相邻而坐的陌生人，在其后数分钟开始闲聊，就此决定我和家人未来十年的命运。不过，真有这么悲剧和命定吗？我不能说一切已脱离我的掌握，至少我还不打算这么承认。

在1979年夏天，我最担心的是，工作丧失可能连带摧毁我身为作家的身份。我还是历史学教授时，将《万历十五年》的书稿交给爱德华·崔普。如果他得知我被解聘，不知做何感想。还有耶鲁大学出版委员会，既然我被解聘的消息已经传遍四方，如果他们拒绝书稿，出书的希望会更渺茫。

我和北京方面的接触更是不稳定。他们说原则上可以接受中文版时，表达的只是意愿，而非承诺。种种迹象显示，部分编辑喜欢，但还必须通过我们无法得知的步骤，才能达到出版之路。无论如何，这本书都可能在中国引发很大的争议。支持出书的人会说："这是一本美籍华裔教授写的书。"而反对的人会说："有什么了不起，他被纽约一个穷乡僻壤的小学校所解聘！"中华人民共和国虽然是社会主义国家，但没有理由以为他们就会没有学术上的势利。在这个国家，所有作家和学者至少和外界隔离了十二年，一旦骤然面对刺眼的阳光，而且也不确定极左派人士是否重新掌权，绝大多数的官吏自然不愿接触风险太高的事。对胆子比较大的人来说，他们总要取得权威地位，来支撑他们的做法。在中国，教授备受尊敬，可以忍受政治迫害，但绝不可以像领日薪的工人一样被开除，这是尊严扫地的事。总之，我被遣散的消息一旦传开，支持我出书的人一定会收手。

1979年，中国仍受到美国大众媒体的关爱和青睐。邓小平成为《时代》杂志的年度风云人物，他访问美国，足足成为一周的电视要闻。

中国反击越南时，惊讶的成分多，谴责的成分少。美国各式各样的代表团接受北京当局款待茅台和烤鸭，回国后都有一堆愉悦的故事可以说。中美贸易点燃很大的希望，但对我们来说，过去已看过太多同样的事，不需要是智者也可以预测，这种幸福的感觉注定会消失，不可能持续太久。我已对自己的研究所学生解释，美国大众有时把中国当成白雪公主，有时当成是老巫婆。中国这个大国和美国的结构完全不同，又经过一段漫长的革命期和调适期，未来发展绝不可能太简单。有时我们这些“圈内人”也会觉得困惑。错误的讯息和过度的期许太多，媒体必须选择高度相关的新闻来报道，如果没有深入的阐释，报道可能要不就强调中国的纯真与魅力，要不然就揭发种种令人作呕的故事和不堪回首的过去。无论有意或无意，观点的转换都是为了迎合美国人的心情，而且通常走极端，而不是在捕捉中国当时的变化。这些变化鲜少报道，即使有，也不是为了头条新闻中提到的原因。

事实上，在1979年，虽然从中国传来令人鼓舞的消息，加强了在美国的“卖点”，但从各种渠道和全球各地的中文报道，就可以搜集到足够的资料，好在下一波诋毁中国风潮时出书，大大赚一笔。对我来说，最骇人听闻的是“文革”时安徽发生的饥荒，详情惨不忍睹，此处不宜刊出。很少西方人会听过以下的事：根据在香港出版的两大册资料翔实的文革文集，总参谋长之一的黄永胜将军，连续两年都定期派三名属下，观察毛泽东和周恩来接受外国媒体访问。西方人也不太可能知道，两个人在石家庄被处决，因为他们从四川带走一百多名妇女，到河北省贩卖。在1979年，若干西方游客抱怨，去中国旅行时，无法接触到当地居民。但一名美籍华裔妇女在纽约为文揭露，她到中国内陆旅行时，即使买的是三等舱车票，也一定会被带到头等舱。她提出抗议时，管理员告诉她，一般舱等的情况不适合她，对习于西方生活标准的人来说，食物是不能吃的。之后，她发现这一切都没说错。更令人不安的是，管理员对三等舱的农民态度粗鲁，毫无同情心，完全不同于许多作家和制片家形容的真诚友善。搭渡轮过长江的人指出，在只容站位的那一区，有些游客根本看不到河景，因为有好几层的人堵住了视野。中国物资欠缺，海外妯娌回国探亲时，自动提出在离开时会留下内衣，好让穷苦的亲戚穿。在中国的部分地区，木材及竹子受到管制，市场上因此看不到筷子。中国人到美国时，会清洗野餐用的免洗塑料刀叉，拿回去给小孩当玩具。北京能用的木材已制成苦力的挑竿，这些挑竿又坚固又容易弯曲，非常适合丹麦设计的现代家具。一些聪明人想出如何用来制作沙发和座椅，自行动手的过程形成风潮，无数的办公室员工因为无事可做，开始传授技巧，将普罗阶级的用具，改造成中产阶级的摆设。

上述种种沮丧甚至气馁的消息，都必须和其他振奋鼓舞的情况并列才行，共同显示出大规模的转变正在进行。我可以毫不脸红地说，大历史的概念不失为产生深度诠释的工具。1979 年，中国尚未完成长期的奋斗，尚未将国家从农业官僚体系转化成现代国家，为达成现代国家的境界，全国必须可以进行货币上的管理，而不只是意识形态一致而已。我们从中国接受到的讯息乍看之下虽然紊乱而自相矛盾，但其真正本质指出，奋斗的终极实现已经不远。这个国家的眼光不再只看到自己，就已经是很有希望的迹象。也就是说，中国将采取竞争的态势，和全球其他国家面对面，为达此目的，内部组织必须合理化。

我的立论很简单：为理解今日的中国，我们必须回溯和西方国家对峙时期，因此必须将基线往后延伸，到鸦片战争前两百多年。在过去，美国观察家对中国的立场从偏爱摆荡到不友善，因为他们对两国之间结构上的差异深感不耐，常常低估问题所在，不论就本质或就面向而言。因此，他们可能轻易被虚假的希望点燃，希望破灭时，也很容易产生情绪上的反应。但事实上，传统中国有非常长的茎梗，无法以五十年甚至一百年来隐藏。其次，历史学家不能以经济学家、社会学家或法律专家自居，这些标签和分工手法必须置于历史真相之后，历史本身才是最重要的。我们必须记住，在我们现行的学院派分工模式中，将人类努力成果分为法律、政府、经济、社会学等等，反映出现代西方固定的状况，却无法有效用以测量中国的深度。在中国，哲学理念可能转成法理学，政府运作总是和家族扯上关系，国家的仪式化过程含有宗教力量。也就是说，双方的结构不一致，不能做水平的延伸。这样的差别一开始就将中国和现代西方世界分开，如果忽略此种根本上的差异，却问中国为何不符合西方的期许，是很笨拙的。

扩大参考架构的优势在于，一旦界线清楚，才更容易看到长期的发展。在国共内战后三分之一世纪的今天（译按：作者撰作本书时），就历史观点来看，甚至国民党和共产党都可以视为不只是对手，而且还在一个巨大的运动中互补，只是彼此偶有重叠。以此观点视之，我们阅读中国现代历史时，就不会连连沮丧，反而会看到全本的戏剧在眼前开展，朝向可以描述的结局，不再缺乏希望与期许，纵使还会有挫败及暂时的逆转。中国历史很可能即将融入世界历史，不但是空前的进展，而且是实质上的融和，许多事实和事件都可以支持这个乐观论调。历史学家只要定出时期的前端及后端，其间的里程碑会展现出一致的直线进展。没有一件事会被隐藏或消除，没有一件事会无法诠释，也不会只重复过去的错误。西方的历史经验也可以证实这段历史。

我很清楚，采取这样的立场让我孤立无援。多数历史学家不在乎重新评估远古的事件，甚至以夸张的角度来看古代的伟人。但我认为，即使是蒋介石和毛泽东的作为，也应该被放在三四百年的历史架构内来审视，他们的意见并非对历史问题的肯定解答，他们终究必须吸纳入历史学家的视野。我的这番见解很可能让自己显得傲慢荒谬，甚至有挑衅和引发分裂之嫌。数年前，已故教授亚瑟·莱特看完我的立论后，对我说："如果你想确定你的九十五点主张，就要让别人知道这些是你的九十五点主张。"我设法找到一位正直又有名的编辑，他对我的史学观很有兴趣。但他试着出版我的作品却没有成功，事后写信给我表示，为了要被接受，"必须很有名气，才能靠本身的威望压垮敌人。"

在上述的建议中，一是强调权威的存在，一是反抗权威，让我十分困惑，左思右想，徒劳无功。事实上，在我一生中从来不打算当极端分子，更不用说要像马丁·路德一样，开启另一波宗教改革。我甚至没有打算宣称自己的原创地位。对我来说，大历史的概念是无意间得之，是生活经验的一部分。在美国当研究生和劳工时，我常被在中国的痛苦回忆所折磨，不时陷入沉思。后来当教师，拿着麦克风站在五百名大学生前，无法立即解释：为何康有为失败了，孙中山失败了，袁世凯失败了，张作霖失败了，陈独秀失败了，蒋介石失败了，而毛泽东也失败了。为使我的讲课内容前后一致又有说服力，唯一的方法就是说，中国的问题大于上述人士努力的总和。中国文明将和西方文明融和的说法，是人类历史上空前的事件。上述不同阶段的失败必须被视为阶段的调适，以达成一致的终点。对我们这些有后见之识的人来说，这点很明显，但舞台上的演员看不到。上述推论已够惊人，而前景中现代科技的加速演进，使我们不能将昨日的头条新闻视为当代事件，必须当成历史来处理。上述种种因素让我没有太多选择。

然而，在1979年，我却置身于非常狼狈的处境。一方面，随着中国的开放，有很多机会参与中国人民与美国人民的对话。另一方面，有威望才有资格提贡献，我却在这个关键时期被一个小学校解聘。我申请参加美籍明清专家访问中国大陆代表团，该活动是由“对中华人民共和国学术交流委员会”（Committee on Scholarly Communication with the PRC）所赞助，但我却被拒绝，这显然无法建立我的可信度和影响力。我的中英书稿结果如何，仍然让我焦虑不已。这本书并非宣扬我的史学方法，而是展现帝制中国末期的切片。送到耶鲁的英文书名是《1587年，无关紧要的一年》（*1587, A Year of No Significance*），送到北京中华书局的书名是《万历十五年》。这本书有双重目的：一是将现代中国的底线往后推移，事实上是移到鸦片战争前两百五十三年。历史显示，当代中国所面对的问题，早在当时就已存在。另一目的是证明，我的大历史理论既不是教条，也不粗糙或无聊。作者必须花一段时间独处，才能发展出电眼般的视野。如果读者愿意，可以和作者一起探讨中国历史上许多有趣的细节，以其他方式就做不到。看来似乎琐碎，但却可以拼凑出一个完整的图形。我会不时在书中发发议论，但整体而言，这本书是叙述性的历史书籍，大学生和一般读者应该可以接受。

问题是，虽然我不免自恋，但决定出版的人可能会说，在处理学术内容时，我应该遵照学术的格式，先要有术语和定义，然后再把我的论点定义在历史的某个分枝之内。如果建议是由商业出版社来出书，那么我就应该让主题更为轻松有趣。注释必须剔除，内容要重新编排，让住在郊区的读者能放松自己，这才是将产品推到市场上的唯一方法。

我听得太多了。

8 月初，《剑桥中国史》在普林斯顿的工作坊有个长长的周末假期。那个星期五和下个星期一都不开会，也没有特别活动，让我们可以偷溜出去几天。格尔已经来电多次，要我去曼菲斯住几天，但我出发前，在杰斯特图书馆被几件事耽搁了。

我被解聘对内人的影响更大。整个春天，我们都在讨论是否该采取法律行动，去上诉是否可以挽回尊严，或反而更糟。这样的困境只会让神经更紧张。在曼菲斯，她的处境也很艰难，必须将我们的情况对南部内陆的亲戚解释。他们都知道，她嫁了一位华裔教授，但他们一辈子从未听说教授也会被“遣散”。她最担忧的，还是杰夫和我的心情，有一次她吩咐我：“你一定要照顾自己的健康。”又有一次，她说：“我希望可以早点遇到你，我们就会有更多时间在一起。”许多晚上，我独自辗转反侧时，这些话常在耳边回响。

就财务上来说，这趟行程似乎一点也不实际。再有三星期，工作坊就要结束，在此之前搭飞机住个两晚，似乎很奢侈，而且这时我们更应该开始盘算皮包里的每一分钱。

然而，这五天来事情有了重大发展。我接到耶鲁大学出版社的来信，爱德华·崔普再度抱歉《万历十五年》的决定延迟了这么久。但他告诉我，审稿人的报告来了，非常有好感。除了部分语句的改进以外，他觉得没有地方要重写，章节就依原稿排列方式。事实上，崔普还附上审稿人的报告，他的结论如下：“你现在只需等到9月中旬，我们的出版委员会将开会做最后决定。不过，有这样的报告，我想你无需担心。”说也奇怪，信是在十天前写的。但琼斯厅的分信人把这么重要的信放错信箱，让我心又多悬了一星期。碰巧哈维也从普吉西来信。信的开头就很乐观：“从中国来的好消息!”他的妹夫黄苗子已拜访我的朋友廖沫沙，他在北京的朝阳医院养病。黄苗子请廖沫沙写中文版的序，他认为希望很大。沫沙是我四十一年前的好友兼室友，那时我们都在为《抗战日报》工作，我已有三十七年没有看到他了。他当然是三大异议分子之一，讽刺文章引来极左分子的批评，批评声浪愈来愈大，最后形成“文化大革命”。他曾遭下狱、拷打、被送到森林中的农场作苦工，长达十年以上。最后他终于回来，随时可能正式获得平反，如果可以借重他的名字，这本书要在中国出版应该不会太难。到目前为止，我已经毫无王牌，但也没有理由继续灰心。

我的当前问题是，兴奋紧接着长时期的郁闷后而来，让我完全不知所措。以这趟曼菲斯之行来说，我出发时并没有留太多时间。我的车子停在普林斯顿客房和火车站之间的停车场上。停车场前方是个名叫“哇哇”（Wawa）的食品市集，我替自己外带了一份鸡肉沙拉三明治和一杯咖啡。已经过了下午一点，但我却还没有吃午餐。过去数星期以来，我的生活一团糟，一定让我丢三落四。我的车子停在同一个车位，但车子里是成箱的书，是我从纽普兹带来的参考资料，结果不但没看，甚至也没拿出来。油量在最低点，能否开到机场都成问题。幸运的是，这是个偶数日，我的纽约车牌 AUG 188 是偶数号码，所以我可以买三美元的汽油。我在城外不远的加油站加完油，时间不多了，我急着赶到机场去，居然在普林斯顿南方一处路标不明显的地方迷了路。我停下车来向一名妇女问路，但也没有用，她指引的方向让我在一堆次级公路中打转。路也太多了。忽然之间，我回想自己问的是去“机场”的路，并没有指明是在川顿（Trenton）的马瑟郡（Mercer County）机场。如果她指错方向，该怪的是我。又过了十五分钟，才把错误更正回来，解决之道是把车重新开回一号公路，才能直接开到机场。这时每一分钟都很重要，我很可能错失接泊的班机。我转向 295 号州际公路时开始下起雨来，倾盆大雨夹着打雷。信不信，这时挡风板上的雨刷居然不肯动。1971 年出厂的杜林（Torino）已经有九年的历史，到普林斯顿后就很少使用。我想不起来上一次是什么时候开过，也记不起来何时在雨中开车。现在雨刷既然不肯动，前方是一道洪流，只有一小片玻璃挡着。我打开闪光灯，摇开车窗，在暴风雨中探头看前方的路。在一刹那间我咒骂自己：如果我没有走错路，或是提早半小时出发，就不会发生这些事。但下一分钟常识警告我，现在正是发生车祸的绝佳时刻：在情绪上很着急，设备有所缺失，路面危险，天气又不佳。想着想着，车速不禁慢下来。车子以蜗步前进，而且贴着路旁，避免接触其他的车辆。我闻到雨的味道，雨水流进眼睛、鼻子里、沿着衣领流进衬衫里，微微刺痛。最后五英里路仿佛没完没了的奋斗。

开完最后一段高速公路时，暴雨也停了。雨并不是突然消失，而是被风刮向东北方，一半的天空宁静发亮，另一半阴森黑暗，下方新泽西的平地也就分成两半。幸好我前几天曾亲自来买机票，对机场方位还算有印象，停车不成问题。我跑进建筑物中，发现接泊机还停在那里，松了一口气。一定是因为暴雨才多停留了数分钟。我是最后登机的人，发现机上还有不少空位。我挑了个靠窗的位置，喘气看着这架双引擎的涡轮推进接泊机起飞。飞机着陆的轮子不比飞盘大多少，在湿漉漉的水泥地上溅起水花，但离地面后仍然运转，直到摩擦后才完全停下来。着陆装置并没有收入机身里，因为毫无必要。我们正在进行短距离的飞行，会先停在北费城，然后再飞到国际机场。通过德拉瓦河上的惠特曼桥时，看到后备役的海军舰队，包括各式各样的船，整队船舰在解除武装后静静停在水上。

到费城国际机场时，我才发现我们的班机延误了。该班飞机应该是来自北方，受制于气候状况而无法准时起飞。最后飞机终于抵达，我们上了飞机，飞到匹兹堡，但已经延后一个多小时，往曼菲斯的班机不等我们就飞走了。机长在飞机滑向航站大厦时，透过对讲机宣布这个坏消息，建议错过班次的旅客去柜台安排住宿。对航空公司来说，这些事必定是家常便饭。飞机一着陆，我们没有花太久的时间适应，一辆轿车把我们接到匹兹堡郊区的一间高耸的汽车旅馆。我做的第一件事就是打长途电话，我怕格尔已经到曼菲斯机场，怕她打电话到普林斯顿客房又找不到我。我必须拜托经理传达我的讯息，报上我的名字、班机号码和明天抵达的时间。最重要的是，我求他一定要告诉她我人在匹兹堡。一般主管不会愿意跑这种差事。他们会说："噢，可是人人都应该有自己的电话。"但让我松了一口气的是，这位亲切的经理老远就说："好的好的，黄先生，旅途愉快。明天见。"

我甚至不知道这家汽车旅馆的名称。不过我注意到，建筑物仍相当新，玻璃窗还染色，但住房还不到半满。电话亭附近有几台贩卖机，还有微波炉，可以让人加热康宝浓汤和洒上番茄酱的成杯意大利面。这一整天忙进忙出，让我没什么食欲，即使在飞机上，我也几乎没碰机上供应的小点心。现在看到食物却让我想起，我把咖啡和鸡肉沙拉三明治留在车子里，就放在书旁。在酷热的夏天，食物和书必须一起放在铁皮车顶之下达三天之久。如果咖啡倒了一地，我也不会吃惊。

洗完澡后倒在床上，我才渐渐回过神来。我一生中总是到处奔波，总是急急忙忙，有时会开始同情自己。为什么我不能放轻松？一份三明治、一杯咖啡、一辆车，甚至一堆书算什么呢？这些书不过是明朝的记录，是四百年前的文告和事件的再制资料，其中虚虚实实，实实虚虚。如果我的书能出版，我的参考书就已经达成目的。另一方面来说，如果我的书稿永远找不到书商，我的藏书即使保持崭新状态，价值也不会增加。我已经尽了最大的努力，应该学会和未知的力量妥协。今天早上，我很确定晚上会和内人及小孩在一起，谁会想到我会睡在匹兹堡的旅馆里，让计划好的周末几乎只剩下一半？我应该容忍不可预测的力量，做好调适，即使永不放弃目标。

我无法辨别自己在匹兹堡的哪个区域。匹兹堡是个有趣的城市，这倒是可以确定的。数年前我们来过这个地方，却走错方位，只看到贫民窟。又有一次是从上方飞过，飞机的高度在城市天空线以下，景象非常特殊，你可以形容是看尽远方摩天楼的中层窗户。这次是从山路进城，看到现代化的建筑和快餐店，附近的岩石上有许多松树。同一个地方，观点不同，视野就不同，全部加总，生命因而更有趣。

我还没告诉格尔，如果这两本书可以出版，我应该认真考虑写回忆录，不过不是一般定义的回忆录。在美国，写回忆录的人包括前总统、前国务卿、四星上将、文人、男女演员或是黑手党头子和应召女郎。我不属于任何一类。我的回忆录可能不情不愿，是一个平民请求妻子允许牺牲一部分的隐私权，以赢取肯定，不过不是为了他自己，而是为了他的背景，为了特定的历史史观。

我一辈子中从来不曾认真考虑加入任何精英团体。我不曾享有声望，也不可能在人生的这个阶段，才在学术圈建立权威地位，更不要说我最近的耻辱。我应该持续找工作，申请研究奖金，但我最近开始尝试，却发现前景不是太看好。我会有工作，但翻译工作却有违我的想法和目标。

让我这么说吧：菲德瑞克·杰克森·透纳（Frederick Jackson Turner）是美国历史学界的名人。在上个世纪交替期间，他以“边疆理论”产生了很大的影响力。他主张，美国的边疆不断往后退，有助于美国形成民主体制。透纳是位出色的作家和演说家，却不是好教师。他指导了许多博士论文，徒子徒孙将他的理论演绎成内在边疆和外在边疆、首要边疆和次要边疆、初期边疆和晚期边疆、北方边疆和南方边疆。种种努力只造就出一个透纳，却制造出许多模仿者。他们欠缺自己的想法，因此减弱了透纳主题原有的活泼精神。在美国大学里教授中国历史，虽然处理方式不尽相同，但就某些方面来说更糟。最大的障碍是，中国领域的史学家往往模仿欧洲和美国的史学家。在英国历史学家中，有研究都铎时期的法律专家，许多美国史学家则以殖民时期和外交政策作为专业领域，因此中国历史想必能找到相符合的领域。一旦位置确定，由教师带领学生将历史分解成小部分的同样过程，就会被视为理所当然。论文题目竞相以罕见为尚，似乎主题愈难以理解，就愈有学术的原创性，在这种情况下，许多亟需探讨的广大领域完全不受重视。既然学术出版只是为了学术研究者本身，是否卓越就不在一般大众考量之内。

这样的方法有严重的缺陷，也许最大的风险来自于将许多年轻学者制约在短视和地方化的视野，让他们来不及习惯中国问题的广大无边，也就是说，借着中央集权化的官僚管理，操纵整个国家。那些学者所提出的批评，通常是基于西方体制的逻辑，到目前为止和中国并不相关。他们急于将这样的逻辑应用在中国，不管技术上是否可行，反而可能使逻辑更无法适用。不过，仍然有部分学者研究中国的远古时代，却没有提出和现代相关的问题。就我的观点而言，这实在是很可悲的浪费，因为当中国历史和西方历史即将融合之际，所有的中国历史学家都应该对此目标有所贡献。如果看到事情无可避免要发生，却不曾努力让自己的辛苦不白费，简直是故意自外于这一切。

我相信许多同事都意识到这些缺失和风险，有些人私下表达他们的关切，但要快速调适并不容易。即使是西方世界的学院派人物，都无法避免自身的官僚架构。这个问题牵涉到经费、权威、传统、组织、教材、课程、出版标准、来自其他系的压力、大学间的敌对竞争等等。急着改变可能重蹈马克·洛德的覆辙，或是正如亚瑟·莱特指出，要先确定九十五点主张。现在，没有任何学术单位的牵绊，也没有任何工作可丧失，我终于可以行使作者的特权。

回忆录的形式可以让我和一般读者对谈。由出版社最近出版中国书籍的数量，可以得知美国大众对中国感兴趣。我想呈现的是站在美国立场的我，在我六十一岁的生命中，绝大部分的时间可以平均分成中国和美国两部分，我在中国住了二十八年，在美国住了二十七年，其中最后五年是以美国公民的身份。其他六年则待在印度、缅甸、日本及英国。我的文化背景和语言训练来自中国，但我对历史的了解，包括对中国历史的了解，是住在美国数十年所发展出来的。我可以说，如果我没有离开中国，就不会有今天这番认识。如果我只在这个国家住了五年或十年，也不会有相同的了解。安·泰勒（Ann Tyler）曾说，她在街上无意中听到一段对话后，必须让话语在头脑里漂流一段时间后，才会说“我懂了”。再加上文化差异，我如果要具备类似的反省力量，其教育过程远比一般人的想像还要长。但我反省分析的方法，基本上和小说家没有太大的不同。我阅读的东西，听过的对话，在中国见证的事件，都只有在我迁居多年后才产生意义。由于离主体很远，又有够长的时间来发展后见之明，终于可以轮到我说：“我懂了”。此处没有必要引入术语和定义，如果观察者确有能耐，就可以从事件和稍纵即逝的念头中报道事情原委。

从我的观点来看，这件事比起和纽普兹纠缠不清重要多了。至少我在被遣散前已开启大历史的理论，我将出版的书也已指点不同的方向。我希望格尔可以同意，对我而言，如果要进行这个计划，她的持续支持和牺牲是不可或缺的。

安亚堡，密西根

1952年9月我进入密西根大学部时，并没有想到自己会变成历史学家，更没有想到有一天我会研究明史，理出一套方法，再将历史投射到现在，并逆转推论，证实我对帝制中国时期的发现。如果我可以预见这项任务的艰辛，我一定会退避三舍。

在1952年，我只是想到，以我在国民党军队长达十二多年的资历，我有很多经验可说，因此我选择主修新闻学。我已申请数所大学，全部都在中西部地区，也都名列前十大。密西根不只最先给我入学许可，而且因为认可我毕业自雷温乌兹要塞的参谋大学，还给我十二个后备军官训练团（ROTC）学分。我还想像，如果我更用功一点，也许可以在两年内取得硕士学位。目标果然实现。但对我来说，毕业就是失业。可以理解的是，如果不会说道地的美语，无法有一枝快笔符合截稿期限的要求，要找新闻界的工作非常难。但是，当时也不会有人雇我去整理图片或编排索引。我试过出版业，但只是增加一些被拒绝的经验而已。有一份杂志没有拒绝我，还替我的一篇文章印三十五份抽印本。那篇文章登在《太平洋历史评论》（*The Pacific Historical Review*）。

同时我对历史的兴趣也被激活了。“至于这个，”我的朋友和老师都警告我：“别无捷径。你可能要念个博士学位。”有人还说，这个最高学位是在大学教书的通行卡。十年后我才拿到我的通行卡。1964年，在密西根大学体育馆里，我们看到校长将一顶米蓝色的方巾，放在詹森总统头上，因此这位大社会（Great Society）的发起人，就能以名誉法学博士的身份，向毕业班致辞。现在我衣柜中也有一式一样的方巾，是我凭一已之力在同样场合获得的。詹森总统戴着方巾离开密大，搭乘直升机离去后，我也收好自己的方巾，不久后就收到一通来自伊利诺伊州艾德华维尔（Edwardsville）的电话。我成为南伊利诺大学助理教授，并在此遇到我未来的妻子格尔。

不久前席得尼·胡克（Sydney Hook）发表一篇文章，名为《天空中的赌场》（*Casino in the Sky*），强调机遇和事件可以改变人的命运。我完全信服这种说法。在我一生中，我常必须在特定时点做出关键决定。回顾过去，我不确定当时是否由自己来下决定，似乎是决定等着我。

我到安亚堡前的经历如下：

我在东北的任务之旅没有太久。1946年6月初，我从长春回到沈阳，参加到美国留学的检定考。接着全国大考在南京举行，从一千多名考生选出约两百名军官。整整考了一星期，内容包括中英文作文、数学、科学和兵法。口试是由一组美国军官主考，我们进场前要先取下勋章。结果公布时，我又惊又喜，因为我和另外十五人被送到雷温乌兹要塞，但他们军阶都比我高。我们从上海启航，搭乘运输舰“尚克号”（David C.Shank），是由运输军团来负责。在船上我们就开始过美国式的生活。不过战后不久的运兵船并没有太多舒适的设备。我要睡觉时，发现上铺离鼻尖不过几英寸远而已。我们要洗澡时，美国人警告："小心一点，虽然标明是冷水，其实是热的，标明热水其实是烫的！小心不要被烫伤。"虽然如此，但船上的可口可乐只要五美分，一条烟只要五十美分。

到加州的奥克兰以后，我们改搭火车往东行。军方和铁路局居然安排得当，让我们搭卧车顺利抵达目的地，毫不出错，令人啧啧称奇。有一天晚上，有一群女孩来拜访我们。她们是海军雇员，预订前往巴尔的摩，车厢就在我们隔壁。有一个女孩先打开话匣子，最后和她的同伴一起被邀请与我们为伍，她还说："我不是早告诉过你，这节车厢一定有趣！"我们彼此问了一大堆问题，一直问到午夜。第二天早上，我们打算去回礼一番，却发现隔壁车厢只是一般乘客。

在雷温乌兹要塞，我们的校长是哲乐（Leonard T.Gerow）中将。第二次世界大战期间，他曾在欧洲带兵。在战前，他是五角大楼的重要人物。我们对他的印象是他很喜欢夸大炫耀，有一次，我们要照团体照时，他居然太过高兴，还拍着太太的臀部。哲乐太太也同样热情活泼。在一次聚会中，高级军官的太太问哲乐太太哪里去了，一位女士回答："她在外头吃雪花。"原来那天是下雪的第一天。

哲乐并不被视为中国的盟友，因为根据已出版的资料，在珍珠港事变前，他建议美国政府就法属中南半岛和日本妥协，以牺牲中国为前提。但在雷温乌兹要塞，他拜访我们这群人。当时中国的内战让我们又沮丧又不好意思，将军说，这没什么好担心的。他认为，内战之所以开打，是因为大家都太爱国了，看他祖父的兄弟和堂兄弟就知道了。他们全都参与美国内战，而且有的属于南军，有的属于北军。

我们的课程持续了九个月，行事历和一般文理大学差不多，学期从9月开始，6月结束，圣诞节放假两星期。约三百名美国军官就学，大多数是中校，很少有上校或少校。盟军的军官约六十名，官阶就很杂乱，从英国的旅长到海地的中尉都有，后者还是全班唯一的黑人。一名苏格兰军官穿着苏格兰裙来上课。大多数拉丁美洲军官都不说英文，有专门的西班牙传译人员为他们翻译。

课程的大部分内容为地图演练，问题是从陆军的档案夹抽出，但经过修正，以利课堂上使用。我们逐渐熟悉的地理区域是巴黎西南部。假设我们在圣罗（St.Lo）突破后，分两路进攻，一是从吕曼（Le Mans）到沙特（Chartres），一是从托敖（Tours）到奥良（Orleans）。另外一个经常用到的设想情况是九州的鹿儿岛一带。我们假想进攻，修补港口设备，建立进攻部队，对岛民实施军事管制等。后勤和人事管理是美军擅长的两点，前提是纸上作业可以实际运作。在雷温乌兹，我们首度得知欧战可能提前半年结束，正如一位五角大厦来的客座讲师所说的，如果“我们再聪明一点就好了。”在雷温乌兹，他们常常提起原子战争，但实际上没有人知道，核子武器未来将如何影响传统战略。我们仍活在第二次世界大战的时代。

在雷温乌兹上课非常气派。在体育馆一样大的古伯厅（Gruber Hall），近四百名军官学生坐在其中，每个人的桌子都十足大气，堪称“总裁级”。麦克风有数十个，设置在走道两旁和座位两边。一名上校担任课堂监督，办公室就设在大厅后方的小房间内。他指挥十数名男女士兵，调派他们分发教材，开启和关闭麦克风。教师在讲台上授课，麦克风别在领带上。每个人都带着至少三十英尺的延长线，方便在讲台上踱步。他们名牌上的字高达一英尺。各教官就一般主题下的专长发挥，即使授课时间只有十五分钟，也会有一名军士将他的名牌挂在墙上，名牌不短于三英尺。作为视觉辅助工具的地图和图表则贴在木板上，从讲台后方推出来，清晰易见，可以和足球场上的记分板相媲美。

我利用圣诞假期到纽约和华府去玩。一路上总会遇到好奇的民众，他们看到中国的军官不免惊讶。有些人甚至讥讽地说："看，中国军队来了！"我常被问到关于内战和毛泽东的问题。有些人还问，白修德（Theodore White）的《雷霆后之中国》（*Thunder out of China*）有几分真实性。有些人还问我属于国民党军队还是共产党军队，我几乎要认定这些人简直是大白痴时，却又发现他们真的是搞不清楚。有一名妇女说："如果你们有两种军队，我们就应该两种都一起邀请来，这样才公平。"

1947 年夏天我们回到南京时，马歇尔将军早已停止调停国共间的纷争。不过，美国政府仍然继续协助国民党军队的训练和组织。我们这些从美国回来的军官，都被分发到军校或是和训练课程相关的部门。我还获得一个僭越的头衔，成为参谋本部的资浅军官，隶属国防部。事实上，我还是个上尉，月薪约十八美元。在一年多的日子中，我将美军提供的文献译成中文，但美军的流程绝对无法适用于中国。

对美军来说，军务、补给和人力的流动是采取“油管制”，装备和军库都十分齐全。在前线和各驻扎地区设有中间联络站，补充兵源源源不绝。人事和设备的流动经常而自动化。如果国民党有能力做到，内战绝不会产生，绝对可以预先防止共产党的行动。日本是否敢侵略中国，恐怕还是疑问。我们听说，在军阀时代，军需官必须从团长太太手中拿钱，才能喂饱士兵。1947 年时的国民党军队已经脱离这样的阶段，但其实没有进步太多，不时要找人、找食物。在这种情况下，所谓的油管制，其实不过是空想一场。

不过，我们的将军对油管制仍存有幻想，因为这是外国来的现代东西。我很快就发现，这个现象不只军中独有，留学国外的中国学生通常给人先进的感觉，他们的学识即使理论上很先进，大多数情况下却不符合中国的实际情况。不过他们的长官仍然很看重他们，原因是可以替部门带来装饰的效果。三十五年前我就有这番个人的体验，因此最近听说同样的事又发生在中国派遣的留学生身上，不禁觉得沮丧。

1948 年年底，我从五厅（训练与组织），转到二厅（军事情报）。我的任务是对外国军队和海军武官简报战事，直属长官是陆中校，他现在也住在美国，将名字改成 Joseph D. Lowe。在图书馆的参考室中，可以发现他的两篇著作。1948 年年底，他对我说，行政院长翁文灏是他的舅父，他关心前线的战事，却没有人提供足够的简报。透过正式管道的讯息不是早已过时，就是不正确。我们认为这简直太过分。由于他的官位使然，他已被共产党公开宣称是“战犯”。然而，他甚至不知战事的发展，不知前线在哪里！在陆中校的安排下，我到这位清癯的行政院长家去看他，做了约一个小时的个人简报。

1949年年初，国民党的副总统李宗仁还在做最后努力，和共产党谈和，但人民解放军却正准备渡江南下，国民党的国防部将我们撤退到广东。显然下一个目的地就是台湾了。四月，同为雷温乌兹毕业生的袁韦兴（音译）上校，问我是否愿意和他到东京去。他刚被任命为驻日代表团的副官长，愿意找我当他的助手。我愿不愿意去？袁上校应该知道答案的，这种问题不需要问。不久后，在1949年5月，我并没有加入成群的公务员和家属之列，在临时住所等着搭船过台湾海峡，而是搭乘“克利夫兰总统号”（President Cleveland）的头等舱，从香港开往横滨。由于是为驻日代表团工作，我具有外交官的身份，拿着红皮护照旅行。在香港，我订制了两套西装，由外交部付钱。上述遭遇听起来很不可思议，但我在东京的所见所闻才更叫我吃惊。

在密西根大学，新闻系系主任是威斯理·莫勒（Wesley Maurer）教授。我开始注意历史，大半原因是受他影响。他介绍我看约翰·弥尔（John Stuart Mill）的《自由论》（*On Liberty*）、约翰·柏瑞（John Bury）的《思想自由史》（*A History of Freedom of Thought*）及亚瑟·加菲尔德·黑斯（Arthur Garfield Hays）的《让自由响彻云霄》（*Let Freedom Ring*）。莫勒下巴方正，总戴着无边眼镜，背景颇为特殊。他原先接受的训练是要当美以美教派的牧师。事实上，他从神学院毕业后，也传过几次道，但最后还是临阵脱逃。从此以后，他就热心批评有组织的宗教。不过，莫勒教授既非无政府主义者，也不是无神论者。提到圣经，他说："如果我们没有这样一部典范，不知会变成什么样子。"对于路德、喀尔文和诺克斯（Knox），他小心翼翼区分他们分属自由斗士和暴君的面向。他不断提到星法院（Star Chamber）、命运预定说的教义、陪审团审判等，好奇心驱使我去研究这些东西。我逐渐相信，我的中国知识和经验应该透过历史来评估，但那时我还不知道是透过世界历史，或是西方文明史，甚至不知两者有何差别。

莫勒教授开的课"法律与新闻"，是所有新闻系学生的必修课，课堂气氛总是轻快活泼。他说，在诽谤案时，可以用没有恶意来当答辩，却不能用事实真相。他又说："有时真相愈多，愈构成诽谤。"大众知情的权利和个人隐私的权利之间，的确有冲突。全班印象都很深刻。在另一堂课上，他提到色情书刊。他以同样强而有力的语调强调："有时真相愈多就愈猥亵。"坐在后面的一个女生这时放浪大笑："哈哈哈"，直到我们全转过头去看她，脸上带着会意的笑。有一位来自印度的同学，我们叫他拉米。他似乎和莫勒教授有独特的相处之道。教授以惯有的精力朗读："路德、喀尔文、诺克斯等人"时，拉米会平静地插一句："还有威斯理等人"。还有一回，拉米的插话更是恰当，教授提到圣物："十字架、玫瑰窗、遗物……"，这名外籍学生就说："先生，还有圣牛。"在这两个例子中，他的辛辣评语都引起满堂笑声。长期浸润在莫勒的自由主义风气下，我告诉室友："在美国，三声欢呼还不够好，应该是两声欢呼和一声倒彩。"

然而，莫勒教授虽然够自由开放，但却没空和我辩论蒋介石的事。我认为他对蒋介石只有非常刻板的印象，我无法在课堂上和他辩论。下课后，他很愿意见我，但一提到蒋介石，他的对话之门就关上了，他说有更重要的事情要做，这其实没有带给我太大的困扰。但是，有一天，他对全班说，有一些民间组织遭受到检察长的监视。他甚至还念出黑名单上的一些组织。当时我刚好收到一个中国学生全国组织的传阅信，我问教授该组织是否在黑名单上。他查了一下，没有，但他又转向我，以厌恶的语气说："而且中国游说团（China Lobby）也不在名单上，那是一定的!"这和中国游说团有何相关？我愈想就愈不对劲。莫勒教授可能不会把我当成中国游说团的一分子，不过他可能认为我深受影响，原因是我的国民党背景，这在系上是人尽皆知的事。后来我问拉米有何观感。他很认真地说："我不知道。不过莫勒有时很好笑。"

错不在莫勒教授，在50年代初期，提蒋介石或国民党并不受欢迎。我还不如谈密西根这一年进军玫瑰杯足球大赛的机会，或是如何阻止密西根州立学院要改名为密西根州立大学，避免他们模仿抄袭我们。50年代初，美国对朝鲜战争已经十分厌倦，也受不了麦卡锡主义。当时麦卡锡这位参议员还未受到谴责，还在进行最后一波的政治迫害，但反对他的声浪已迅速扩大，尤其是在校园里。这样的风气正足以解释中国问题。两件事实是很清楚的：蒋介石将中国大陆输给共产党，是因为贪污和无能，而美国政府给他二十亿美元，他却花得一干二净。这就够了。

我想说的是，我打算纯粹从历史的角度来解释这件事。我希望从中国人的立场来观察，而不是从干涉美国内政的角度，虽然两者之间其实很难分辨。在那样的情况下，我大可以说，你们永远不应该说贪污和无能是我们失败的原因，因为如此一来，你们等于是以粗糙和过度简单的结论，来提前结束一个复杂异常的案子。我大可以说，你们从中国搜集到的意见，其实非常狭窄，大体来说只反映美国驻外单位的情绪。这些人对史迪威事件的情绪反应非常强烈，事情发展不如预期时，他们就非常失望。我大可以说，你们太容易受到中国自由派书生的影响，这些人和你们一样，对中国社会的运作方式并没有第一手知识。他们告诉你们的，通常是他们理想中的中国。至于如何达到理想境界，他们和其他人一样，完全都没有解决之道。

我大可以说，在对日抗战胜利后，中美的关系根本就是一大败笔。美国政策的缺失充分为赫伯特·费斯（Herbert Feis）所揭露，尤其是在《中国结》（*译注：作者所写The China Tango恐有误，经查并无此书，应为The China Tangle*）中的结论。在中国这一方，我们过度深信，无论在何种情况下，美国都会支持我们。我们站不住脚是因为我们不能要你们负责，你们并没有签约来保护我们。我大可以说，杜鲁门总统说对了。他曾说，美国人民不容许他把资源一直放进中国的无底洞中。但他说，我们无视于马歇尔将军的劝告，不靠野外作战而赢，反而挤在城市中。这话有欠公允，国民党军队曾在野外打过许多战役，我自己亲眼见到在东北的一场。城市是我们的后盾，我们的活动范围，我们的后勤运输区。国民党已接受马歇尔的劝告，试着将三百多个师精简成九十个师，希望借质的升级来争取美方的认可，借量少质精的作战部队，更适宜接受美国的补助。(精简也是马歇尔的计划之一，希望借此逐步将国民党和共产党的军队合而为一支国家的军队。）但精简后，我们必须更依赖现代运输及通讯。国民党军队的结构非常不容易管理，在过去，总是让非正规的辅助军队成为外围的助力，那样的军队更容易适应乡村。在大规模的作战中面对共产党军队时，强化作战部队的政策反而成为一大弱点。

至于贪污和无能，我要说的是，这两者的确存在。至于二十亿美元，我可以说世界上没有一个人能争辩或证实这个数字。美国在抗战胜利前后对国民党的补助，代表的是绝大的善意和不见天日的管理，双方都有滥用之嫌，账面价值和使用价值之间有很大的落差。一般认为，美国替国民党训练和装配三十九个师，通称为“α 师”，最后成为国共内战时国民党军队的主力部队。但我还没有看到以下的事实公诸于世：α 师的设备和补给散置于全国各地，从内陆的军库到沿海的仓库，管理没有逻辑，也谈不上优先顺序。简而言之，某个地方有一堆迫击炮，另一个地方有许多御寒衣物，介于其间的则是短缺和无法计算。那些师级部队穿梭于补给区之间，装满行囊后继续前进。国民党军队并不是败在设备和补给，要说这种话很容易。我大可以作证，受益者并没有得到军需后勤的援助，装备也不够充分，一开始就陷入技术上的陷阱。1946 年初我在东北时，国民党的军力可说达到空前之高。单是新一军炮兵营的一〇五厘米榴弹炮，毫无疑问可以解决林彪的“人海战术”。但是全营只有五百发炮弹，而整个东北的炮弹也不超过一千发，几分钟就发射完了。在春末，我曾看到士兵穿着尺寸过大的雪靴，事实上他们应该穿帆布鞋。前线的机关枪很多都没法使用，原因是没有好好上油。

既然二十亿美元的补助中，我也花到了一部分，包括我在雷温乌兹念书时每个月领的一百二十美元津贴，我很难有立足点去抱怨。但我的同袍指出，单是要维持美国军事顾问团的开销，就可以养二十五个中国师级部队。无论美国人走到哪里，都会带着他们的配偶子女、电冰箱、汽车、其他家用产品，有时连宠物也包括在内。学校、俱乐部、邮政单位都必须随之设立，汽车调度场也是。我们常会听到："生活水准有所差距，这是没有办法的事。"但事实上，差距非常大。两国的体质差距太远，直接输血会带来很大的问题。其实双方都很无知，一名美国顾问团的上校花了一个多月的时间帮我们整理一套手册，理论上是要告诉我们如何草拟组织表。我稍微看了一下，就告诉班长，可以完全不予理会。例如手册中写着："战利品和纪念品不应该包括在组织表中。"他显然不知道他在指导哪里的部队，也不知道我们在哪一世纪。战利品和纪念品对我们一点用都没有。我们实际需要的是一些如厕用的卫生纸，因为我们的士兵都还在用竹签和玉米。

刘远汉少将是五厅的厅长，有一次美国人建议，一个步兵连要有一百五十名士兵，但只要三名厨师。刘少将大惑不解，我必须对他解释，在美国陆军中，厨师是技术人员。他们有训练厨师的专门学校，教人如何做一百人份的派。他们的野外烹饪炉点的是汽油，是用卡车运送。厨师人数不多，士兵就要轮流当炊事兵，帮忙削马铃薯皮、清洗打扫等工作。我们的美国顾问并不知道，在国民党军队中，厨师天不亮就要起床准备煮稀饭。士兵用餐时，他们必须派出先发人员，背着大锅、水桶、米袋等，往前走个十到十五英里，到达中餐的预定地，寻找井水，捡拾干木块或稻草当燃料。水一定要煮开，有时候还必须向村民买食物，晚餐也必须重复同样的过程。

我在安亚堡两堂不同的课堂上，听到二十亿美元这个数字。但是，无论教官或同学都不知道，美国军队丢弃在太平洋群岛上的救济物资和补给品，全都算在二十亿美元中。我不知道生锈的器材如何销账，但我清楚记得，中国政府发给我们潮湿的烟，当成补充的配给。

我为什么要提这些不愉快的细节呢？只会使我自己不受欢迎而已。因为我们现在谈的是历史。当你们低估我们的表现和努力，你们同时过度简化国民党的作为和中国人的性格，最后你们也同样会误解共产党的斗争。如果你们不过是提供发布新闻用的素材，解释美国何以缩手，这也就罢了。但是如果你们想刻划更完整的图像供后世参考，那就完全不一样了。在50年代，我还没有深究历史，因此无法发掘内战的真正意义。但即使在当时，我已本能地感觉到，内战的层面和在历史中的地位，正被大众严重误解。

甚至在当时，我大可以说，一个三百多万人的军队，而且士兵全由农民所组成，花了近四年的时间打仗，如果只是为了保卫一个高压而腐化的政权，怎样说都不合逻辑。问题是，内战末期国民党军队的战败和大规模投降被广为报道，但个人和部队的英勇事迹却几乎不为人知。我在你们的战报中看不到描写战事如何惨烈。就许多战役而言，其残忍还超过对日抗战中的最残酷战事。举例来说，在对日抗战中，我们还没有损失这么多高阶将领。我可以随手举出二十个师长级以上的将领，他们全在内战中捐躯。单是一场战役就折损两名资深将领，邱清泉、黄伯韬将军，两人分别率领第二兵团和第七兵团。张灵甫中将的事迹全中国皆知，1947 年初，他率领的整编七十四师被共产党的军队切断时，他和辖下所有军官全都自杀，包括副手、参谋长、高级与下级军官。但外国特派员对这件事略而不提，我只看到罗伯特 · 瑞格（Robert Rigg）的书提到他的名字，但历史学家根本忽视瑞格其人。我要说的是，我的目的甚至不在于平反他们，我只想让你们知道，你们的视野有多狭隘。

我在密西根念学士学位时，把一些想法和观察写成部分手稿。我在雷温乌兹的教官罗杰 · 沃考特（Roger D.Wolcott）少校，不久前才退休，帮我好好修改了一番。他把文稿交给他的一个朋友，此人是《圣路易电讯报》(*St. Louis Past-Dispatch*）的编辑。虽然他刚开始很热心，但我从他的来信中看出，他并不喜欢这份手稿。不过他仍然把稿件交给在纽约的编辑，后者很快退回，还表示遗憾。后来麦克格罗希尔（McGraw-Hill）的编辑到安亚堡来征求稿件，他看了稿子，很是喜欢，说要和公司谈谈是否能合作，可惜的是，答案是不行。他仍然认为稿子值得付印，写了封信介绍我给他认识的一位出版经纪人，这回整批打好的稿子在六个月后被退回。这样也好，依我现在的标准看来，当时的作品不够成熟。当时的风格激烈好辩，恐怕比我前面数页失望惋惜的风格还糟，后来我就毁了这份文稿。稿件被退，加强了我的信念，也就是在付印之前，要做更多的阅读和反省工夫。

我们在驻日代表团时，薪水是由外交部以美元支付。不过，我们的房屋和补给却来自征收。由于我们是占领军之一，我们的补给事实上是由日本政府负责，我得以省下足够的钱到美国去。不过这笔资金很快就花完了，时年三十四岁还是大学生的我，除了学费偶尔可以延后缴纳外，得不到任何单位的帮助，长期的工读生涯就成为很自然的结果。

数年前，唐纳德 · 季林（Donald Gillin）教授（现任教于瓦萨学院）和其他学者辩论到中国内战问题时，多次引述我的说法。不免让别人问到："谁是这个雷 · 黄？"唐纳德就会微笑说："是我在安亚堡认识的电梯服务员。"当时他初次来问我几个问题时，我的确是在密西根联盟（Michigan League）当电梯服务员。我对他说，我不介意回答他的问题，但我必须工作，他可能要上上下下电梯好几次。后来我到纽普兹任教时，他邀请我到瓦萨去演讲，离我不过十英里远。一名女学生得知我的国民党背景，向季林抗议，说我既然在国民党，一定很"肥"。季林必须向她确定，不但一点也不肥，"我认识的雷 · 黄是相当瘦的"。

除了我待在密西根的时间过长以外，工作经验也有助于我的教育。我曾经想，一名外国人要从里到外认识美国的最好方法是阅读《读者文摘》，而且能分辨以下的事：美国城市的"市中心"通常是商业区，至少有一家名为"第一全国"的银行；加油站和停车场通常离市中心有四、五条街远，同时还有公共电话和洗手间；药房通常也兼卖便餐和冰淇淋。我第一天在席尔斯（Sears Roebuck）当收货员时，就不安地察觉到，我加入美国就业市场的准备工夫还不够。仓库里一有人叫："卡车来了，收货员"时，事实上就暴露了我的轻忽。我应该更有警觉心，我应该感觉到事情会如何进展，并把这当成"第二天性"。我应该冲到收货台，但又不能用跑的，而是要大踏步，显示一切都充分在掌控中。我理应挥舞手势，让司机可以轻而易举把货车停在后巷。不过，我却很害怕。我实在搞不清楚，那些司机为什么不会撞到电线杆或是建筑物，我不想因为自己指示错误而让他们惹上麻烦。

司机跳下车时，我理论上要表达友善之意。这又难倒我了，我不知如何开启对话，那些卡车司机收入颇丰，但他们"每一分钱都是辛苦挣来的"。像我这样的非技术劳工，应该主动表达赞美与敬意。我观察其他同事，逐渐有了概念，有些收货员会和司机展开如下对话：

"嘿，查理，风城怎么样啊，还在刮风吗？"

"刮得可大咧。不管它了，你要的五十个轮胎，要放在哪？"

"嘿嘿，查理，你太太是棕发美女。那个红发女人是约会对象。不要再搞错了，小子。帮我个忙行不行？不要几杯酒下肚就惹麻烦！"

"闭嘴，把笔给我。我的笔不能用了。该死，整整花了我一美元。"

"嘿，查理，我们是席尔斯，可不要蒙哥马利·华德（Montgomery Ward）的包裹。"

“不管你喜不喜欢，我还是要给你一些。”

我无法做到这么美国化，也想不出应该说哪一种话，只好对着司机死命地笑。对他们来说，我一定显得很傻气笨拙。有一次，我来不及和司机建立友善关系，就站在停车场。他接近货柜时，我还是站在那里，一脸茫然。忽然之间，我意识到他丢过来一个箱子，我接住了。他说：“老板，你以为你找到一份好工作了吗？只要乖乖走来走去就可以了吗？”

不久后，我听到仓库里的女工说，有个收货员心不在焉。我听到她们在争论：给这家伙一个机会吧，他从中国来的，他总会学到的。我听到她们责怪在我之前的员工罗夫，他没有事先递辞呈，工头因此没有机会训练替补的人。我开始觉得，席尔斯不会雇用我太久。

我不在停车场上时，应该要加入仓库女工处理商品的行列。我们拆开箱子和包裹，核对装箱单上的物品。价目表已经准备好了，我们只要把价目表黏或贴在物品上，再放到推车上，等着送到各楼层。我的不合格至此显露无遗，我不知道在丝带上刻上度量衡就叫量尺。我以为晾衣线是很复杂的机制，根本没想到只是很简单的一段绳子。我要别人告诉我，才知道茶叶罐是可以装饼干、糖和茶叶的容器。我从来不了解，后座扬声器归在汽车部门，是要连接汽车里的收音机，装在后车座，还附带铁丝和安装指示。我甚至不知道哪种颜色算是哔叽色。因为我的笨拙，和我合作的人速度因此减慢，我当然不受欢迎。

送货员是个年轻人，名叫温杰，叫我不要担心，我会学到的。温杰拿起儿童用午餐盒，说：“看，大卫·克罗凯特（Davy Crockett）牌的！现在每个东西都是这个牌子。在我们小时候，每个东西都是哈泼隆·卡西迪（Hopalong Cassidy）。午餐盒、帽子、腰带，你随便说个东西，全都是哈—泼—隆！”

他旁边名叫哈莉叶的女人说：“温杰，请不要在我耳边大叫！”

我知道我不能让哈莉叶不高兴，她很不快乐。反正我很少和那些女人聊天，因为每次讲话，都会问个问题，因此最好尽可能避免。年纪最大的洁西几乎负责回答我的问题，有一天她问我对法兰克林·罗斯福（Franklin D.Roosevelt）的意见。我说我很喜欢他，大多数中国人也都很喜欢他。她似乎很高兴。南西最年轻，新婚不久。我和她唯一一次的闲聊是在她打开收音机时，我说她一定很喜欢亚瑟·高弗雷（Arthur Godfrey）。她说，那是因为她午休时，只有高弗雷可以听。我还没和哈莉叶说过话。

我猜哈莉叶想辞职，但还没决定，或是希望加薪却无法如愿。店里的助理经理来和她谈话，工头也来了，他们提到席尔斯的福利和利润分享计划。但会谈后，哈莉叶也没有开心一点。她午休时走在大街上，看到白人女孩和黑人走在一起，因此很不愉快。“她们就像你我一样白！”她对洁西说。哈莉叶有个女儿，有一天午休时间来仓库，抱怨她的上衣，别人都说穿起来像老女人。哈莉叶不太高兴。她问其他两个女人：“你们觉得那件衣服看起来显老吗？”她们照理应该说，不会，当然一点都不会。哈莉叶气疯了。她不喜欢那些批评她女儿的高中生。最后她女儿可能不想穿那件有花边的上衣，这样她还要出钱再买一件。

无可避免的事终于发生了。有一天，我在核对完一些名为“夏日乐趣”（Summer Fun）的物品后，理论上应当大声念出装箱单上的价格，让哈莉叶写下来，好制作新的标价。在槌球这一项我念着：“三元九十九分——等一下，好像是三元四十九分。”哈莉叶不高兴地说：“说清楚点，可以吗？”我请她自己来看不清楚的字迹，她看也不看，把铅笔一丢，找工头去了。工头来了，对我说，不要管槌球了，去车库吧，山姆需要人手。我不知道两人之间的对话，但一定不是讲我的好话。

不过，他们还是让我又多犯了几个错误。我不知道男裤上的标签要别在左膝，这样折叠起来陈列在架上时，标价才会朝上。我也不知道，白天不能去碰标签印制机上的打印台。在下班前几分钟才能补充新印泥，利用晚上的时间变干，否则标签上的字会晕开。我当时不知道，现在还是不知道，如何将一个没绑带子也没有把手的纸箱叠在另一个纸箱上。我的假设是，要一个比我高壮的人，纸箱要稍微离开胸前一下，但重心仍然要放在双脚，可是双脚又要能快速移动，双手使力往上提时，脚才能迅速调适。

我当时应该告诉他们，这样对他们或对我都不公平。我不是他们的一分子，他们应该给新人机会，在正式上工前再训练一下。不过我还是多待了几天，直到有一天下午，工头说助理经理要见我。助理经理说，他会再让我待一个星期。我说，不用了，我宁愿马上走。他说，他会请会计多给我一天工钱。我说，没必要。他说，没有恶意。我说，的确没有。不过两人脸上表情都很僵硬。

当天晚上，我到第一美以美教堂的学生合作社吃饭时，告诉坐在我旁边的女孩："我现在懂你说的话了。"

她问："你被开除了?"

我点点头。

她来自底特律。之前我问过她关于美国生活的种种层面，雇用、开除、找工作、失业等等念头是相当有趣的主题。在中国，我们的流动率没有这么高，这些事并不是寻常的经验。我曾问她是否曾被开除过。她说是。怎么会？她是餐厅的女侍，一名客人走进来时，她正和同事说话，没有注意到。因此经理当场对她说："你被开除了"？她说，没有，没有人会这么直接。他会等到下班时说："麻烦明天不用来了"之类的。听起来很幽默，我不禁笑了出来。她语带厌恶，反驳说："一点都不好笑。"她说，她破产后，也在上班的妈妈给她一点钱，让她可以去买份《底特律新闻》(*Detroit News*) 看征人启事，找累了，还有余钱买一杯咖啡。

后来我替一个叫贺柏的人工作了一阵子，他在离市中心两英里的高速公路旁开了一家高级夜总会。我是额外的洗碗工，酒保不能来时还调调鸡尾酒。贺柏从厨师起家，现在已经有钱了，他还是和帮手混在一起，成为我们中的一员。整个地方的气氛非常轻松。如果餐厅人满为患，服务流程不够顺畅时，他的秘书兼簿记也会围上围巾，充当女侍。风琴师在餐后会过来问我："雷，你最喜欢什么音乐？我来为你弹一曲。"在连续工作了五、六个小时后，老板通常会请我们喝杯啤酒，然后再打卡下班。也就是说，这十五到二十分钟也算是上班时间。我们当然还享有免费的一餐。“你要点什么?”贺柏不但邀请我们，有时甚至还亲自下厨。夜总会的水杯设计别致，在曼哈顿玻璃上方有音符流动。夏天时，有一天晚上十分闷热，我在下班前拿了一个水杯，放入一些冰块，用纸巾包着。我对老板说：“贺柏，我偷了你的一个杯子，里面还放了冰块。我的房间现在很热。”贺柏咧嘴大笑：“好，你是我的广告商。请多多宣传我的杯子。”

那年夏天，贺柏结婚了。史黛拉金发碧眼，十分美丽，年龄比贺柏小多了。她让整个夜总会起了革命性的改变，打卡钟上贴了一张告示，明令员工在上班时间不能喝啤酒。主厨被遣散，换上一个助理厨师，年龄只有十来岁。经理也被赶走了，但没有找人替补。史黛拉自己当老板娘，她盯着我调酒时，我觉得很不自在。倒啤酒时只要倒五分之三满，剩下的是泡沫，而且不能满出来。我以前做得还算顺手，这时却偶尔会出差错。有一天，在她的无情监视下，我按错了收款机的按钮，一张写着二十的白卡跳起来，意思是二十美元。其实是二十美分的生啤酒，应该是黑卡才对。贺柏不再围围裙了，他都穿西装，站在屋内一角观看一切过程。我感觉他似乎怀念以前的美好日子，那时他总会愉快地说：“还好吗?一切都没问题吧?”有时他和妻子坐在吧台的尽头。他似乎想尽力讨好她，可是并不成功，史黛拉总是噘着嘴，很少笑。

他们没有开除我。根本不需要，我是帮佣的性质。他们有一阵子没找我时，我又在安亚堡市内找了一份厨房的帮佣工作。

我曾经帮一位希斯先生料理家务。他好像是安亚堡银行的创办人或副总裁。他在吉得斯路上的住宅，是50年代全区最令人难忘的宅邸。希斯先生早年少了一只手，左手腕处裹了帆布，盖住断掉的部分。替他工作的难处在于，他总是过来帮忙他的助手，虽然他只有一只手，但效率却有两倍高。上工的第一天，我应该清除杂草，结果不小心拔掉一些玫瑰。错误被发现时，我真是无地自容。“不要担心，”希斯先生安详地说：“留着不要动。我再插回去就是了。”如果我用双手除草的速度不及他单手的速度，甚至还破坏了他种的花草，我显然不值得他付一点二五美元的时薪，所以我试着更努力工作。我在厨房喝了杯水后，又匆匆继续工作。我又被希斯先生抓到错误。这次他说：“雷，想开一点，你显然不适合这种工作。”我知道他的意思，他一定评估我没救了。当天领完工资后，我说声谢谢，可能之后就再也不会有他的消息了。

可是一星期后，他又打电话来。这回的工作是清扫里里外外，特别是窗户和天花板。那天是星期六，下午是密西根对爱荷华的大学美式足球大赛。午餐时，希斯太太给我一份腌熏肉和鸡蛋三明治，放在盘子上，还有一杯可口可乐。她说，不必洗盘子，只要丢进水槽里就行了，随后她就和先生去体育场。密西根前一年也和爱荷华对打，中场时，爱荷华十二分，密西根零分。但身着黄蓝球衣的密西根在下半场奋起直追，终场是十四比十二。希斯夫妇知道我也很关心这场比赛，因此打开客厅的收音机，让我在工作时，可以听到球迷的欢呼声以及鲍伯·雷诺兹（Bob Reynolds）清晰敏锐的播报。多么巧啊，播报员说：“历史会重演。”中场时又是爱荷华十二分，密西根零分。下半场密大又奋起直追，地主队又要打成十四比十二时，我也变得很激动。这时我注意到主卧室天花板有一小角落要用海绵擦一下。床头几看起来很牢靠，所以我就脱下鞋子踩上去。由于一心注意球赛，忽略了一个细节。我只注意要把自己的重量平均分布在床头几上，却不小心踢翻了上面的一个瓷器。也许这瓷器并不值钱，但如果他们把它放在床头，可能有情感上的意义，无可取代。我跳下来后，肯定了自己的恐惧，瓷器并没有碎，可是破了一角，很容易看出来，我把它放回原处。如果没有这件小意外，密西根连续两年从落后大反扑会让我更开心一些。希斯夫妇回来了，我应该主动告诉他们缺角的瓷器吗？我想算了，他们迟早会发现的。我可以省了告诉他们的麻烦，他们也可以省了说“没关系”的麻烦。希斯先生兴高采烈，对我解释密大打赢的原因：“他们用了一些大二的学生。不要小看这些小伙子。他们打得真好，不是吗?”他要太太肯定，她也跟着附和，让我印象更为深刻。他付钱给我，我谢了他们，匆匆离去，希望能忘记这整件事。

两周后，安亚堡银行打电话来，问我是否愿意为他们工作。他们有一件在金库的小差事给我，而希斯先生说我是个好工人。我不是去经手现钞或金银珠宝，但在一个星期多的工作时间内，我的确是在钢门后工作。银行有好些笔商业交易早就结案了，在防火金库内，总账堆满了文件柜，特定日期前的部分不重要文件必须加以清除，我的工作就是将这些文件找出来。我必须说，希斯先生对我的信心不但充分，而且持续了很久。幸运的是，这次我不会把栽种植物误以为杂草，也不会打破贵重物品。不过，因为我正在申请美国的永久居留权，金库的工作快完成时，移民局来信通知我，案子还在审查时，不能发给我工作许可，因此我只好不情愿地停止在银行的工作。

我持续很久的一项工作是在建筑公司当绘图员。底特律的吉罗公司（Giffels and Rossetti，Inc）号称是美国大型的顾问公司，一度雇用一千多名专业员工。结构部的主管是哈利·艾尔斯博格（Harry Ellsberg）先生。身为犹太人的他，对少数民族有天生的同情心。他也是韦恩州立大学（Wayne State University）的助理教授，因此我以绘图赚钱在密西根深造的计划，让他产生了兴趣。除此以外，没有人会雇用一个没有任何相关经验、又接近中年的外国人来当新手。我刚进吉罗是在1956年，其后，我经历过各种工作形态：全职工作、兼职工作、一周上两天班、只在周末和学校放假日上班、完全停掉工作、重新申请、从安亚堡以汽车共乘制通勤上班、在底特律找公寓以便加班等等，前前后后在吉罗工作了八年。之间我也在安亚堡找零星的工作，大部分是在餐饮业。

绘图员可以说是灰领阶级，要把工程师的草图画在大张的描图纸上，之后印成蓝图。这工作要有基本的投影几何概念、擅于制图和写字的巧手、对建筑业的粗浅知识，包括钢制品手册的使用，而高中毕业生就可以坐在绘图桌前。在50年代末期和60年代初期，有经验的绘图员每小时可挣三美元或更多。如果再加上加班费，绘图员的薪水可以抵得上薪资较差的知识分子，例如助理教授。

这个工作的一大缺点是对眼力的伤害，下班后开车回家时立刻感受到这一点。好处则是具有放松的效果，可以一整天画着直线、用手写字，却不必动用太多脑力。由于工作时不必耗费脑筋，我常让一些想法在脑中漫游，让结论水到渠成出现，而不是像解决数学题目一样要求有立即的解答。我就这样在工作时沉思默想。工程绘图就像涂鸦一样，让知性有个自然的出口，脱离周遭的环境。格尔会抱怨，我有时候明明人在身边，心思却不知飘到何处，想来这是其来有自。我已经把自己训练成心不在焉，而且行之有年。

在吉罗，公司的规模可以吸收额外的人力，忙季时也雇用一些工程学系的研究生，因此很少遣散正职的员工。我在结构部门不会构成同事的威胁或竞争，因此从来不曾体会到自己和同事相处融洽。直到有一年夏天，我已经厌烦待在底特律，决定去芝加哥，在市中心一家公司找到一个工作，又在伊凡斯顿（Evanston）找到一个房间，这里夏夜比较凉爽。搭乘高架铁路不会比搭共乘汽车五十英里麻烦。但办公室内的其他数名绘图员并不知道我只工作一个夏天，他们想尽办法让我不好过，尤其是一个留小平头的年轻人，会用放大镜来证明我画的直线都是歪的。

当时我的弟弟竞存正要成为一名顶尖的航天工程师，他批评我花在打工的时间太多，并且装做打工是很神圣的事情。这样的批评只有部分是对的，其实有时我非常不喜欢上工。我讨厌在冰冷的冬天清晨起床，整个城市都还在睡觉，我却必须面对刺骨的寒风，穿过森林街（Forest Street）旁的空地，到离密西根大学只有一条街远的一家叫“球员休息室”（The Dugout）的小咖啡吧帮忙弄早餐。一些年轻的研究生和讲师总是在店里高谈阔论，他们要弄熄烟蒂时，用的不是烟灰缸，而是咖啡杯，而且还很用力，强调他们正在讨论的产业工会或北大西洋公约组织。他们这么做，给我增加多余的工作。咖啡杯只要沾了黑色污点，就没有办法用机器来清洗。在早上的忙碌时刻，每个瓷杯都得派上用场，没有太多时间来清理桌面和更新杯盘。

在餐厅当打杂小弟，必须穿上浆过的白制服，戴上顶端有个网子的白帽。店内有儿童时，收银员会按铃，我就冲上前去帮他们处理杯盘。我第一次做这件事时，一位年轻的妈妈对儿子说："把盘子留着，只要跟着中国人就行了。"小孩好像听不懂，她又说："艾瑞克，我告诉你，只要跟着那个中国小弟就行了!"我当时已年近四十，待在学校的时间多过其他人。不过我也找不到抱怨的原因，谁叫我做的工作是打杂"小弟"。

即使我有自己的价值观，以外在的判断来看，我的自尊也不可能永远不动摇。害怕失败的感觉一直存在，有时很想放弃长久以来的奋斗，因为这种奋斗似乎漫无终点。最简单的方式就是取得美国公民权，就有资格从事和国防相关的翻译工作，我受过的军事训练将是一大优势。调查研究中心（Institute for Survey Research）的人告诉我，如果我复习基本统计学，再加修相关课程，在他那里找工作就没问题。在某个时点，甚至重回工程学似乎是较合理的选择，但是我还是决定坚守历史领域。

不过，在酸葡萄心理作祟后，我发现以劳力赚钱会产生一定的满足感。一天靠劳力工作两、三个小时，在当时足足可以赚到最低生活费，事实上还是劳动的好方式，除了活动身体外，还可以打破孤寂的感觉。我的自由感和乐观主义来自于我的自给自足，能够看到劳力的“成果”直接转成现金，无论有多微薄，都可以说是特权。不说别的，我就无法在中国有这样的经历。即使是从欧洲和中东来的研究生都承认，虽然为期甚短，靠打工赚取工资仍令人喜悦，因为在他们国内很少有这样的机会。

我曾对我的同学透露我在国民党军队时的一些经验，但有一件事是当时无法说出或写出的。1950 年 1 月 26 日，麦克阿瑟将军生日的那一天，我正在他的办公室，带着蒋介石送他的生日礼物：象征长寿的盆栽。我那时是驻日代表团团长朱世明中将的随从副官。我之前曾陪他晋见盟军最高统帅，但不是待在车子里，就是待在劳伦斯·邦克（Lawrence Bunker）上校的办公室。听说邦克以前曾当律师，当时则是麦克阿瑟将军的指定副官，为人沉默寡言。但朱将军和麦克阿瑟将军的会谈时间可能没完没了。麦克阿瑟将军有空时，总会和朱将军聊天，例如空战对抗两栖作战等，这是当时在台湾的国民党军队最需要知道的课题。麦克阿瑟将军说着说着，总会回忆起他在太平洋西南区的作战经验。因此我通常喜欢坐在车子里等，车子就停在第一大楼前方。

总部的卫兵戴着白手套，别着宪兵袖章，配着刺刀步枪。那天我们通过卫兵站时，我准备把盆栽交给朱将军，因为他一个人也拿得动，但他说：“来吧。”我就跟着他走过邦克上校的小办公室，进入麦克阿瑟将军的大办公室。

我觉得麦克阿瑟将军的本人和照片差很多，我原先以为他很苗条，事实上他颇壮硕。近看之下，下巴也不浑圆饱满。七十岁的他仍然很年轻机灵，但和那些美化过的照片相比，仍然显得苍老，没有那么整齐干净。依照礼节，我把盆栽递给朱将军，再转送到麦克阿瑟将军手上时，朱将军介绍我："黄上尉是雷温乌兹新出炉的毕业生。"对我真是一大恭维。朱将军念过麻省理工学院后，也是从雷温乌兹的陆军参谋大学（当时称为指挥参谋学院）毕业。在学校时，我们听过不只一次，美国陆军界的所有一级上将都毕业自雷温乌兹，只有一人例外，而这个唯一的例外麦克阿瑟将军，也曾在雷温乌兹教过几年书。学长提起母校时亲密而念旧的语气，多少有些成为精英和"圈内人"的自傲感。我甚至记不得麦克阿瑟将军当时说了什么，我只感觉到那地方不宜逗留，所以立刻告退，整个会面历时不到五分钟。这会面看来似乎很寻常，但我们担心的是，朱世明当时虽然是驻日代表团团长，却是在盟军最高统帅的监督之下。负责注意朱将军的是查尔斯·威洛比（Charles Willoughby）少将。他是麦克阿瑟的 G－2（情报官），也曾在雷温乌兹教过朱将军。数个月后的五月，我陪朱将军到台北，向赠盆栽的蒋介石述职。朱世明当时很可能被逮捕，而后被无限期地拘禁，就像后来的孙立人中将一样。孙将军是缅甸战役的英雄，一度还是蒋介石个人的参军长。

我于 1949 年 5 月向驻日代表团报到时，是副官袁韦兴上校的助手，工作很轻松，我们负责和盟军最高统帅司令部联系。如果是中国官员要出差到日本，我们就知会外交部门，如果是其他情况则转到一厅（人事）。有一次，一位美国军官写了一封抱怨信给团长，说中国政府答应授他勋章却食言，这就该由副官来处理。盟军人员曾志愿到中国“打共产党”，我们还加以婉拒。日常行政业务完全由非军方的员工处理，由我们负责督导。代表团的军官总部又宽敞又舒适，千代田的洋政馆似乎是东京最气派的使馆区之一。即使丧失掉中国大陆，我们仍然代表盟军。中国的驻日代表团团长是盟军驻日代表团（Allied Council for Japan）的一员，我们派驻一排的武装部队，象征占领军的势力。代表团约有一百二十位成员，车阵包括一辆巴士和三十辆以上的轿车，私人的车辆不包括在内。

10月间，团长朱将军忽然开除了他的秘书，命令我当他的随从副官，我一点也不高兴。当时我在办公室看看书，不当班时享受很多闲暇及自由。中国的情况令人痛心，我只希望能不去想，不管称作享乐主义、克己主义或逃避主义都行。我决定置身事外，让事情自然而然演变，同时尽可能暂时享受人生。皇家马厩骑马俱乐部已核准我的会员身份，而我也刚熟悉盟军在箱根、迹见和日光的休闲设施。如果担任团长的随从副官，势必打断我的个人计划。

我曾经当过将军的副官，职务内容近似家仆。他们说副官是将军的替身，可以在传递命令时学习如何做决策。在骑兵时代，这种说法可能正确。在紧要关头时，带着司令部公文的年轻军官可以骑到最前线，抽掉一个团，或是补充后备人马。自有电子通讯设备以来，这种刺激业已成过去。无论在何种情况下，朱将军都不是作战的将军，反而更像是外交官。他曾在蒋介石故乡的浙江省担任保安司令，不过那是二十年前的事了。他还曾在华盛顿担任武官，在外交部当情报官，有时还充当蒋介石的翻译官和特使。我不太可能仿效他的生涯模式。我不喜欢枯坐宴会桌一整个小时，看着日本来宾透过翻译官和团长对话，一边猜这位来宾是自由派或民主派，或最近转成保守社会主义分子或其他，一边还要牢牢记住将军的下一个行程。

我请袁上校向朱将军求情，说我在助理办公室是不可或缺的。我也试过要他们指派秦少校当随从副官。将军不肯答应，不过我还是设法争取到他的让步：让我待在单身营区，而不搬进将军的官邸。

我个人非常仰慕朱将军。他说一口毫无瑕疵的英文，有时还夹杂美式口语。他认识上千名美国友人——将军、海军上将、西北航空的副总裁、美联社和合众国际社的记者等等。他的记忆力直追照相机。我才说有一位吉派垂克先生来电，他就接着说："邀请他星期四来吃午餐。"之后他会说，这位吉派垂克先生在战时遇到他时是何身份，当时是在华盛顿或重庆，现在从事何种行业等等。我和朱将军愈来愈熟后，还对他开玩笑说，他当我副官的表现，会好过我当他的副官。他尽量无视于我的一些缺点，当我因自己的鲁莽冲动对他抱歉时，他会说这是"湖南脾气"。他自己也是湖南人，把直言无讳视为美德，但这却不利他的外交生涯。

我成为朱将军的副官后不久，听到所谓的"叶山会议"。驻日团在离东京约五十英里的叶山度假小镇有间宾馆，作为周末休闲娱乐之用。代表团的资深成员举办宴会时，子女就在附近的海滩游泳。这场会议一定在我当副官前不久举行，因为消息泄露，朱将军才开除他的秘书。我只听说，部分人士在会议时说了不该说的话。无论在何种情况下，我都不宜打探细节。朱将军绝口不提这件事，我身为他的随从副官，自然也不能对任何人提起，否则会暗示我想追查谣言。

对国民党驻外人员来说，1949 年是艰困的一年。华盛顿的国务院已颁布《中美关系白皮书》（*United States Relations with China*）。在共产党掌权后，美国大使馆人员仍留在中国大陆，似乎暗示可能承认新政权。11 月底，蒋介石仍留在重庆，指挥最后一场内战。副总统李宗仁照理应掌控政府，但他却飞到美国，要求援助未果后就滞留不归。在台湾的流亡政府困惑又沮丧。驻日代表团也不是统一的单位，是由国民党政府内不同机构代表的总和，有监察院、国防部、外交部、资源委员会、光复委员会等等。党系统和秘密警察的势力也以微妙的方式渗透其间，每一个代表在国内都有靠山。此时此际，要让代表团的信念和宗旨团结一致是很困难的。

中华人民共和国于 1949 年 10 月 1 日宣告成立后，好些国家立刻承认在北京的新政权，首先是印度，接着是芬兰、瑞典、瑞士，而苏维埃集团的成员国还不算在内。新年后不久，英国跟进。3 月的某一天，荷兰大使到朱将军的办公室拜访，临走时说："将军，想开点。"他离开后，朱将军对我说："他来告诉我，他不再承认我了。"荷兰大使团已接受政府通知，即将承认中华人民共和国。基于个人情谊，荷兰大使先来和旧同事道别。

朱将军显然想不开，他很认真。这时的他非常寂寞，和家人已分离了一段期间。他对美国特定人士的敌意已根深柢固，不过他仍喜欢且称赞美国。《史迪威文件》中提到，朱世明在第二次世界大战中强力争取中国应有的战略物资，据说因此被马歇尔数落了一顿。我不知道身为外交官的他，承受了多少冷眼与嘲讽。不过，虽然他不时会笼统指控："该死的美国人，他们总是自以为是。"但他内心不曾反对美国。事实上，他真心崇拜麦克阿瑟，相当尊敬马歇尔。1948 年，美国国会通过法案，拨一亿两千五百万美元的军事经费给国民党政府，但数个月后国务院和外交部仍然毫无动静。朱将军直接去找马歇尔。他向我描述时任国务卿的马歇尔如何反应："马歇尔立刻拿起话筒。他也许不太热衷，却很诚实。他拿起电话说：'我不知道你们在讨论什么，但朱将军此刻正坐在我对面。'"回想起来，这件小事不会让朱将军讨好他的美国友人。他形容马歇尔诚实，等于间接暗示许多其他人不诚实。

朱对杜鲁门的个性也有一针见血的观察：诚实但喜好争辩，囿于小我的忠诚。朱将军告诉我，甚至连美国都握有国民党贪污的证据。杜鲁门掌握的一些档案显示，当汽油和润滑油运到中国，作为美国的补给品时，中国官员的确拿了回扣。但杜鲁门不愿公开这些文件。只有碰到支持国民党立场的人士时，他才会拿出档案强调："这些就是你们的朋友，一群贼!"和杜鲁门相关的最有趣轶事是"J.L.的弟弟"。J.L.是黄仁霖中将。说来也巧，有一次他还好心称我为他的"弟弟"。黄中将体格高壮，性情亲切友善，到东京时发现我的名字叫仁宇，于是和我称兄道弟，给我面子，让我不知是否该高兴。之所以如此说，是因为这位和我同姓的将军，在中国管理一些机构，希望模仿美国陆军后勤军务处（Special Service of the U.S.Army），想尽办法讨好美国人，却只挣得肤浅虚伪的名声。他的问题在于，他想成为中国的桑莫维尔（Somervell）将军，自己却扮演鲍伯霍伯的角色。有些被他款待的美国人会在背后模仿他："我是个将军，哈哈哈!"J.L.的弟弟刚好和他相反，人矮得多，相当瘦，戴一副眼镜，态度安静含蓄，因此我们都称他为"J.L.的弟弟"，似乎他被更有名、更外向的哥哥抢尽风采。但是，朱将军说，此人虽然不过是华盛顿中国大使馆中不起眼的小人物，却可以一通电话直通杜鲁门总统。J.L.的弟弟是大使馆内的小角色，却曾经和参议员时代的杜鲁门打过牌。杜鲁门成为总统时，这个小角色还是大使馆的三等秘书。但是，他和美国最高官员的个人交情，显然超过那些大使和特使。他回台湾后，杜鲁门还透过中国来宾传达他的问候，甚至还说了句很不可能的赞辞："他真是天杀的玩牌高手!"

朱将军和我从叶山回东京时，也正是我们闲聊的时刻。如果他要在乡间招待朋友和贵客，通常会在前一天晚上抵达。有时代表团成员的妻子会担任女主人，她与先生也会先到。我必须带领司机开车去接客人，载他们到会场。回程时多半是周日午后，我会坐朱将军的车子，和他聊个数小时。他已经当了二十年将军，却代表一个即将流亡的软弱政府。我想他一定觉得生不逢时，浪费才干。就我所知，蒋介石的长期新闻官董显光就有同样的感受。他们最难忍受的是，被才识远不及的人侮辱耻笑。有一次，我对朱将军说，我可以完全体会那种感觉，因为我在国民党军队中已当了七年的上尉。第二天，他颁布命令，令我十分尴尬：他将我的薪水调高成少校等级，也就是每个月多出五十美元的津贴。

但我要强调的重点在于，个人的优点无法和命运的安排作对，这和《天空中的赌场》主旨相去不远。我举了参战的朋友、同学和相识的人为例，我还告诉将军日本人在东北的情况，他们一度是天堂的选民，但一夜间发现一切化为乌有。我看到他们在沈阳空寂的街道上辛苦跋涉，推着装载微薄家当的小车，向收容所报到，车上挂着白色的小旗，标示着军团和目的地。每个人身上只要有超过十五美元的物品，就会被没收。他们悲哀的脸显示出幻灭的梦想和消散的野心。后来我听说，有些人想到还要回到已成瓦砾的故乡时，不禁悲从中来，于是翻过遣送船的栏杆，自沉于黄海。

事实上，我们有很多要向日本人学习的地方。需要多大的勇气和多强的使命感，才能领导一个颓废丧志、士气荡然的民族呢？大部分旁观者自然而然会站在胜利者的一边，不去理会失败者。即使到1949年，这样的势利仍然盛行于日本。有一次，代表团收到日本童子军全国协会的邀请，到日比谷公园参观童子军全国大会，办公室里没有人要去。我邀请一位成员的女儿同去，看童子军比赛搭帐篷、挖坑洞、快速生火煮饭。但我们被安排在大出意料之外的位置，被指引到两位日本绅士的旁边，正如我次日向朱将军报告的，他们穿着“急需干洗的燕尾服”。显然地，在邀请函被送往外交圈后，美国陆军只派一名少校和一名上校前来与我们为伍。我们又发现，离我们不到十五英尺远的主帐篷内，坐着天皇和皇后。在我们右边的另一个帐篷内，只坐着两位穿着学校制服的男童。我的同伴忽然想到：我们应该请他们在我们的节目表上签名。不过说得一口好英文的皇宫内臣说，天皇从来没做过这种事，我们必须尊重他们的传统。不过，如果我们愿意，他可以引见我们晋见天皇夫妇，也许天皇愿意和我们握手。那时我们仍然想说服他，说天皇非常勇敢，已经打破许多传统，如果内臣愿意一试，也许天皇会同意。这位内臣一定觉得我们无可理喻，于是就走开了。最后我们错失了晋见天皇、和他握手的机会。不过，我们的确取得其他人的签名。希望邵海伦至今还保有明仁皇太子的签名，因为他显然就是下任天皇。至于李亲王，我只能说他觊觎朝鲜的王位。至于那两位衣着陈旧却正式的绅士，原来就是松平康昌侯爵和幣原喜重郎男爵，连朱将军也大吃一惊。他们看起来穷困却不失尊严，符合克难时期领袖的角色。但是在请他们签名以前，我们完全不知道他们是何方人物。所以绝不能靠衣裳来判断人。也绝不能随便丢弃童子军活动的邀请函。

不过，朱世明将军并非不了解现实。他对我透露，如果我们的国民党（那时他和我都不是国民党员）政府既软弱又没效率，却可以维持二十年的政权，那么共产党至少也可以再掌权二十年。至于逃到台湾的国民党，如果他们不要发表不切实际的主张，安安静静待个三五年，也许还有希望，在联合国的代表权将是关键所在。可惜的是，国民党支持以色列，引发整个阿拉伯世界的敌意，幸好拉丁美洲集团可以平衡他们的票。国际情势如此复杂，美国的立场还是很重要。

朱将军虽然不失智慧或勇气，却缺乏纪律和耐心。他认定波旁威士忌是“用马铃薯，不是用小麦”酿的，作为纵饮的借口。他一激动，就决定有话直说。有时他把朋友变成中立人士，把中立人士变成敌人。如果美国人听从官方指示，对国民党政府很不客气，他就非常瞧不起那些人。可是如果是出于信念而诚实发表意见，他反而会尊敬。有一次他邀请一群美国记者吃晚餐。上咖啡时，他训了他们一顿：“如果敦刻尔克大撤退后，你们一直讲英国完了，英国的确会完蛋!”但他身为国民党的外交官，却犯了一个无可原谅的罪，居然说毛泽东是军事天才。他指出，毛泽东从不曾放弃中共军委主席的头衔。别人说朱将军很像金日成时，他总是显得很高兴，但实际上他一点都不像。

接近1949年年底时，我们已经知道无法摆脱“叶山会议”的风波。这时我已设法拼凑出所有消息，不过多少还是要靠猜测。中华人民共和国宣布成立后，在巴黎的中国大使馆人员宣布转移效忠对象，引发轩然大波。这时朱将军和代表团的资深官员在乡间开会，彼此交换不寻常的意见。我无法相信那些官员亲共产党，但对美国的愤怒却是一致的，起先是针对杜鲁门—马歇尔政府的态度，其次是美国媒体不断诋毁中国的领导资格。就朱将军的立场来看，所有的人不过是表达个人情绪，因此他从来不曾承认有过“叶山会议”。不过，谣言盛传，驻日代表团要学法国大使馆叛变，提出主张的人据说是法律顾问吴文藻。

就常识来说，在东京麦克阿瑟的军事政权之下，要变节根本不可能。吴文藻和他妻子——著名的女作家谢冰心——都是在美国受教育，但他们却毫不掩藏对美国政策的不满。他们就读东京美国学校的子女对同学说，他们家会回中国大陆去住（他们一年内做到了）。驻日代表团10月10日庆祝中华民国国庆，朱将军因为不在东京而没有与会。一名团员的妻子据说告诉一名外国特派员："今年我们最后一次庆祝双十节，明年就庆祝10月1日了!"这句话随后登在东京的报纸上，无论是英文或日文。

类似这样的消息最后融入叶山会议的故事中，一起传到台北去。直到今天，我还不知道身为职业外交官的副团长沈觐鼎扮演了何种角色。但至少对朱将军来说，沈是告密者，于是撤消他在代表团中的特权，以为报复。官方报告不再送到他的桌上。将军无法参加盟军驻日代表团的会议时，身为大使的沈理论上应代理职务。但朱将军反而指派一个位阶很小的官员去，甚至在外交官名单上都找不到这个人的名字。沈氏夫妇不再获邀参加社交活动。代表团军官俱乐部举办新年宴会时，他们出席，独自坐着，没人理会。我请朱将军不要对副团长如此恶劣，他听了很是生气，差一点当场开除我的随从副官职位。

到了1月，台北当局开始认真追究叶山事件，派了调查团到东京一探究竟。更复杂的是，团长是何世礼中将，也就是何东爵士的儿子。何中将和朱将军是雷温乌兹的同班同学，因此同样受教于威洛比。威洛比将军很值得一提：他是德国人，原名是卡尔·维登巴哈（Karl Widenbach），虽然担任麦克阿瑟的情报官达十年之久，但他最骄傲的事却非关军事，而是侦破共产党间谍网。对我来说，他身旁的副官看起来不像军官，反而比较像特务。几天前我才参加他主办的一个鸡尾酒会。我自我介绍，并说朱将军遗憾不能到场，他就告诉每个人：“朱身体不好，派年轻的副官代表他！”我不知道他为什么如此说。也许没什么大不了的，可是他的话提醒我，我不是我自己，而只是别人的影子，而这个影子又是别人的影子。

何将军在东京接受一连串的款待，包括朱将军发起的盛大宴会。没有人提起他的来访牵涉到怀疑代表团不轨。但威洛比举办午宴，介绍何将军给情报单位的同事时，却没有邀请朱将军。这种情况非比寻常，尤其想到朱将军的职位和他们之间的私交。

朱将军就这样发现自己处境为难。代表蒋介石送生日礼物给盟军最高统帅的是他，不仅如此，当国民党空军侦测到定海岛的共产党军队配有苏联喷气式飞机时，将情报传给麦克阿瑟的也是他。起初麦克阿瑟不肯相信。“绝不是喷气式飞机，”他的口气很权威。朱将军拿出空照图后，他才相信。然而朱将军却被自己的政府调查，当然会被盟军当局怀疑。

到那时为止，朱将军已得罪很多在台北的人士。对他来说，外交部长叶公超（乔治·叶）是“小孩子”。即使是 CC 系位高权重的陈立夫，都曾经从他那里“得到教训”。更不要说汤恩伯，“我管浙江时，他是我属下。”他如此说。事实上，他大可对其他人等闲视之。他们也许认为他古怪高傲，很不合群，可能乐意见他丢官，但他们都不是他的死敌。然而，汤恩伯将军恨他入骨，简直可以吸他的血。

这个汤将军，就是曾在上海统帅第三方面军的那个汤恩伯将军。汤仍是下级军官时，受到陈仪将军的提拔和栽培。抗日胜利后，陈仪成为台湾省行政长官，管理失当，对台湾人民残暴，因此下台。共产党军队席卷中国大陆时，国民党政府正要撤退到台湾，陈仪显然毫无未来可言。但国共在沿海对决的最后阶段时，汤还率领数个师。有军阀观念的陈仪想，为何不劝汤放弃无望的挣扎呢？如果劝汤加入共产党军队，他率领的数个师可以毫发无损，在新政权下取得一席地位。陈仪于是写了一封“亲爱的小老弟”的信给汤，坦呈他的计划。汤果然是个叛徒，将信交给国民党高层。陈仪因此被捕，后来被枪决。这封被照相存档的信，后来登在台北的报纸上。

汤恩伯对国民党的效忠受到肯定，但他还是要建立战功，才能获得权力。他已丧失他统领的几个师。只有一个方法：征召日本的自愿军。那时国民党深信日本人是良好的战士。如果汤能征募到前日本皇军的资深兵力，加以训练后，和国民党军队在离岛并肩作战，一旦成功，发起人铁定可以获得晋升。在1949年和1950年年初，小群的日本兵偷偷搭小船离开家乡，有些被日本海岸巡逻队拦截，但其他人设法偷渡成功。这不仅违反日本法令，而且也触犯了盟军最高统帅的命令。策划组织这起行动的人士，和驻日代表团里的某些人声气相通。如果是特务、结党和其他秘密活动，即使是团长也无法完全控制。

然而，朱将军破坏了汤的计谋。他正式否认雇用日本国民的政策，事实上等于揭穿了偷渡计划。他如何警告牵涉其中的团员，我无从得知，不过从他们被叫来关起门来开会，我想他无意坐视这件事。在这件案子里，他也和威洛比的G－2保持联系。汤将军所以愤愤不平之处在于，当代表团依照惯例，请麦克阿瑟总部批准汤受中国政府之命访问日本时，事实上反而造成总部拒绝。最后总部来函表示，在目前的情势下，汤将军不宜来访，主要是我们的意见使然。汤已经持有机票，不肯相信有这回事。他还是硬搭上飞机，赌东京的美国人不敢驱逐他出境。飞机在台北的松山机场停留了三个小时。在这起小小的国际危机中，无线通讯往往返返，最后这位粗鲁的将军被劝下飞机。但是他极力想摧毁同情共产党的朱世明。如果他为了报复而摧毁他的恩师，他当然不会同情二十年前的长官，而且他现在的官阶并没有低一等。

朱将军仍然拒绝接受叶山事件的阴谋论，深信何世礼的报告可以还他清白。春天时，他似乎找到让攻击者哑口无言的好方法。蒋介石已正式复职为总统，希望打破国民党在台湾的外交孤立困境。陈诚将军和吴铁城将军都是由老将转为外交官，被派到东亚各国，谋求成立反共联盟之类的组织。吴铁城到东京时，朱说服他带领我们——他自己、另外一位团员和我——和他的幕僚一起行动。他在台湾的敌人怎么可以指控他同情共产党呢？他在国际反共前线上奋力作战，而且直接在国民党杰出大佬下工作。4 月，我们在汉城停留两夜。这次拜访没有具体结论，但我们被飨以国宴，还参观阅兵仪式。令我惊讶的是，数名南韩高阶军官竟然是我的旧识，他们用不同名字加入国民党军队，成为野战级的军官。他们在中国时，我们想都没想过他们是韩国人。汉城的主人盛大欢迎我们，却抱歉这回被迫简陋招待，保证未来“统一后取得北朝鲜时”，一定更花心思来款待我们。两个多月后，北朝鲜的坦克把他们全都赶出汉城。

我们的下一站按理说是马尼拉。我们访问菲律宾已获许可，但这时从蒋介石办公室来了一通紧急电话，要吴铁城和朱世明立刻到台北报到。因为这通电话，我无缘见到“东方之珠”。但在1950年5月，还有比错失观光良机更重要的大事。到台北后，我才了解朱将军案子的严重程度。有一家报纸如此报道：“但既然朱世明敢回来，他一定觉得没什么好担心的。”多种刊物都提到叶山会议，但没有一家给予明确定义。一家杂志社以朱将军的案子和数年前山口淑子（中国称为李香兰）案并列，让读者更觉复杂。总之，朱将军的媒体关系并不好。

我最好不要过度膨胀想像力，来重建朱世明和蒋介石会面的情况。蒋介石和访客的对谈，都已由曹圣芬详细记录。毫无疑问的是，这些办公室内数量庞大的记录，包括蒋介石的手谕（接令者只能抄下来但不能保存原件），以及数千份属下必须缴交的自传，将来都可能让史学家吃惊。我想在此建议的是，许多西方人都有错误印象，以为他是独裁者。在朱将军的例子中，结果绝非由蒋一人决定。朱必须和不同部门局处主管面谈，其中包括控告他的人，之后才能达成共识，做出处置。因此我们在台北停留了十二天，到最后一刻才了解最后的安排。

不过，我能作证的是朱世明将军的人格。如果错不在他，他绝绝对对不会勉强自己道歉或招认，以求快速开释。相反地，他让那些想判决他的人慢慢等，他凭着信念直言无讳，绝不屈服于任何官阶或影响力。他到外交部低阶官员的拥挤住处时，才真正能放轻松。在整趟台北之行中，他和汤将军的对质最为精彩。

两人的会面，是在徐学禹先生主办的晚宴上，地点是在市中心的一家餐厅内。徐先生是招商局轮船公司的董事长，也是两人都认识的友人。他邀请两位将军在公共场合见面，希望借由他的调停，可以化干戈为玉帛。汤将军肯来，就是好兆头。不过，在晚宴时，依习俗要有一个人当主客，汤依礼婉拒，朱就毫不客气地坐在主位上。徐的助理想介绍两位将军，其实没有必要，他们之前已见过面。两人间的对话如下：

朱：事实上，我们在浙江时，你还受我管辖，即使时间很短。

汤（语气柔和）：没错。

朱：但实际上，你是一个大将军，我怎敢指挥你？

在众人怂恿之下，他们互相敬酒，纪念过去的时光。但在鸡肝冷盘和嫩炸猪肉之间，气氛一直很僵硬。徐是这方面的老手，想到一个方法。一桌十来人中刚好有一个相士，在第二道菜上来后，他自动展现他的技艺。他的第一个对象是一个 CC 系人，“这个人的脸，”他说：“看起来如槁木死灰，但心里如牡丹花盛开。”这个技巧混合了侮辱与赞美。最后他的性格分析转为人要宽大为怀的道德教训。根据他的看法，汤恩伯不只是位勇敢的将军，而且很有组织长才。朱世明才华洋溢，却不知如何自制，他太受西方侠士风格的影响，对女士比对同袍有礼貌，并不擅长中国固有的谦虚之道。等到鱼这道菜上桌时，一切都整理清楚了。彼此间的争议不过是大误解而已，没有人心存怨怼。如果有冲突，也只是性格的差异使然。

有一阵子我对徐先生的巧思赞佩不已，他让剑拔弩张的双方停战。但我现在认为，在缺乏正式法律管道的环境下，在其他国家可能动用军事法庭或国会调查，在中国一定要在酒菜之前以具约束力的仲裁来解决。相士事实上诉诸自然法则。否则，一个人如果面如槁木死灰，心如盛开牡丹，相士如何能预知他的可能作为呢？就面相学来说，不必提及叶山会议或征召日军。而且人格评断还让汤将军多少获得道德胜利，或多或少弥补他被日本拒绝入境、从飞机上被拉下来的丢脸处境。

我们起飞前三十小时，才知道朱世明获准离开，但并非全身而退。他回东京后必须递出辞呈，其他就不予追究。我们要出发到机场的那天早上，出乎人人意外的是，蒋介石办公室来了一通电话，蒋介石想见朱世明。在此之前，朱将军一直很镇静。最后关头这通突如其来的电话引起了相当的震撼，他的额头和耳后冒出了几滴汗珠。难道解决方案被推翻了吗？难道在蒋介石办公室有更凶险的消息等着他？比被迫辞职还糟？他去了一个小时，一回来我们就直奔机场，立刻登机，花不到数分钟。空中小姐送来晚餐时，将军才对我透露，他最后一次被蒋介石召见时，吓得魂飞魄散。蒋介石在引发这么多焦虑后，只不过是想和朱世明握手道别，会谈只不过持续数分钟。虽然现在不能再保障他的工作，但蒋很有风度地感谢他的副官，谢谢他二十多年来的勤勉效忠。朱辞职后按理就离开了国民党军队和政府，理论上不能再见到蒋，而的确也从此没再见面。

在东京，我接到我的退伍令，换成平民护照。我陪朱将军去见威廉·席巴德（William Sebald），他是麦克阿瑟外交部门的主管，身兼大使职务，和朱在盟军驻日代表团的地位是相等的。朱很希望去美国发展，和家人团聚。以他的语言能力、在美国的人脉和毕生经历，他在美国无疑更能施展得开，不像在日本束手无策。但对方没有正式拒绝发给他签证。席巴德不要他的护照或正式申请书，只表示必须由国务院决定。他送朱将军搭电梯时说："朱将军，好好保重。小心一些，你不像外表那么年轻。"这是他最后一次听到席巴德的消息。

在东京，其他几位被解职的代表团成员成立了一个龙根（Lungan）贸易公司，请朱将军当总裁，他同意了。他和合伙人都没有资金，打算从零开始，从事进出口业务。如果他们早几年成立公司，成功的机会比较大。但当时占领军已经逐渐放松管制，日本国民再度可以自由旅行，也可以自行办理进出口事宜。新手只凭脑力和辛劳在最最竞争的领域上碰运气，既无财力支援，又没有内线管道，这样的时代已经过了。龙根又挣扎了数年后，最后终于歇业。

朱世明从此郁郁寡欢。他对美国的爱不亚于对中国，但两边的官吏都同样被他的直言快语所激怒，让他无处可去。朝鲜战争开打后，他对麦克阿瑟的态度甚至也变得模棱两可。他不曾再与盟军最高统帅会面，但他知道，只要麦克阿瑟继续当日本的太上皇，这个世界上就还有他的栖身之地。麦克阿瑟被解除职务当天，朱将军忽然生病，住了几天医院。后来鸠山一郎显然要取代吉田茂成为日本首相，让他再度陷入焦虑的深渊。在战后初期待在盟军驻日代表团时，他反对鸠山一郎担任高官的资格，原因是这个人过去的好战立场。但幸好日本比他想像中慈悲。1965 年他逝世于日本。

我到美国时，朱将军还到羽田机场送行。后来我忙着求生存，逐渐和他失去联系。听说他在50年代末期和60年代初期，设法申请到观光签证，到美国和家人团聚。他的儿子Samuel C.Chu教授在俄亥俄州立大学任教，最近我们通信，证实上述说法。Samuel还告诉我，将军在日本的共济会兄弟，替他们这位从前的首脑举行了盛大隆重的葬礼。

在安亚堡，我曾被联邦调查局的人约谈过一次。我在日本时，曾替龙根公司工作了数星期。到美国后，我替他们出了几趟差，不拿酬劳。在朝鲜战争期间，该公司曾和中国大陆做了笔小生意，可能是透过香港，结果被美国政府列在黑名单上。联邦调查局的干员和我谈了一个多小时，才洗刷我反美活动的罪名。

我还有一个心结待解。接替朱世明当驻日代表团团长的是何世礼将军，也就是前来调查他的人。他命我继续待在办公室里，直到他自己的副官熟悉环境为止。因此，有一段时间我的名字还列在外交官的名单上，即使在法律上我已变更身份，在日本登记成半永久居民。这种不一致困扰了我一阵子。我不知道台北当局如何处理我的退役。幸运的是，我在成都中央军校的同班同学汪奉曾上校来美国，我请他回台北时帮我查查我在国防部的档案。让我松了一口气的是，他说我的退役完全合乎规定，纪录上还添了备注：“该军官应永远不再委任或聘用”。

“你为何不写小说？”

我在密西根大学的指导教授是罗伯特·浩伊（Robert Fulton Haugh），他是英语副教授，当时也教创作课程。我告诉他，我曾经历的许多事不失为写作的好题材，但太过复杂，很难处理，他于是建议我写小说。

对浩伊教授而言，小说是包容复杂的理想形式。看看《战地春梦》吧。这个家伙不喜欢战争，但他仍然参战，当救护车司机。他对意大利人又爱又恨，他自愿替他们服务，但却被指控为逃兵。他不希望遵循传统，但担心他深爱女孩的名声，担心两人之间的小孩没有名分。他彻头彻底地独立，却必须依赖家里寄来的钱。他几乎就要变成无神论或不可知论者，但在朋友怀孕面临生死关头时，他又显现出感伤而害怕的情绪。这是人类的悲剧。他想控制自己的命运，却又做不到……书中有多少种冲突呢？算不清了，也许有六、七个之多。

浩伊教授问我是否看过《日正当中》（*High Noon*）这部电影？我说有。他问我是否看过这本书？我说没有。他问我是否看过《泉源》（*Fountainhead*）这本书，我说没有。他建议我看这些书。

当时我并不明白，浩伊教授所说的，在可理解的环境下，内在的冲突刻划出细微的心境转折。我是个直率平凡的人，我面临的微妙处境全都来自于外在环境，这就是属于历史的范畴。

回顾过去，如果要利用我的背景作为史学家的准备条件，我不可能找到一个比密西根大学更好的地方。安亚堡校园的核心是个大广场，来自四个角落的小径在此交会，形成X形，我们称之为“对角”

(diag)。环绕广场的是高矮不一的建筑，旧大楼的正面是厚重石墙，但新的侧翼可能是玻璃和铝铸建筑。高楼可能平地而起，单纯的小楼房消失无踪影。校园内有橘色和灰色的砖造建筑，也有呈现水泥原色和白灰泥的建筑。校舍展现不同时期的风格：希腊神殿、哥特式大教堂、国际风格、苏利文和法兰克·莱特等等。如果在蓄意的不规则中展现自然流畅可以算是创造力，密大学生每天经过对角时，一定可以从中获得不少启发。正如建筑所展现的，此大学从来不曾是“固定编制”。可以想见的是，负责规划和开发的景观委员会中，都是实验派的信徒。

我也在校园内进行我的实验。由于我先念大学部，因此修了一些外国学生想都想不到的课。其中有一门是大一的“美国政府与政治制度”，是基础课中的基础课。我周遭的学生几乎只有我的一半年龄，令我有些不安。看着她们玫瑰般的面颊，我感觉她们应该是我同学的子女，而不是我同学。想想看，十六年前，我在南开大学是最年轻的学生，现在却是最老的学生。不过，在这堂课上，我才知道美国的城市可能是由市长、委员会或由议会指派特定人士来管理。有些州甚至事先准备各式各样的特许状，让自治城镇自行选择组织体系，好像选成衣一样。由于中国的政府都是单一体制，因此我认为这是相当有效的入门信息，可以了解多元社会如何运作。我自己就从来没想像过，因为每次开车经过美国城镇时，街道标志和停车定时器看起来都一样。根据逻辑推论，我会猜测其后的办公室也具有同样的架构。

我又修了一门“美国社会”，这门社会学课程的用意在于，每次都能用数学方法来测量人民的意见和态度。令我吃惊的是，不是每个美国教授的子女都成为专业人士，很多人往社会阶层下方流动，成为劳工。有一学期我甚至还修了绘画课。起初我以为我们画裸体模特儿时，会觉得很尴尬，但课堂一开始，每个人都努力展现技艺，注意力全集中在“写生”，而非裸体。无论如何，要将三度空间的人体表现在两度空间的纸上，总是极难的任务。随着课程的进行，模特儿动作也变快。手中的木炭无法捕捉眼睛看到的景象，真是一大挫折。不过，令我惊讶和妒忌的是，班上竟然有才华洋溢的年轻艺术家。一开始我们都是从“单面”起步，也就是说，所有的画都是扁平的。但随着时日进展，部分有天分的学生开始超越平面的限制，显然比我优秀许多。因此，学期结束时，我得了一个差强人意的 B，既感宽慰又觉满意。

至于浩伊教授的建议，我曾尝试却无成果。最后我只好告诉他，我无法把心中所想全部化为文字。我是否有资质模仿海明威和艾恩蓝德（Ayn Rand），已经是一大疑问。但这先撇开不论，不同文化的社会经济背景不可能轻易挤在狭小的篇幅里，却又要求达到小说的顺畅和切要。在刻画出的全景中，自有特定机制。即使我想减轻题材的“沉重感”，为求经济简约着想，我也必须以抽象名词来加以摘述。

然而，和指导教授的闲谈还是让我得到许多乐趣。浩伊说，美国工人很喜欢他们的工具，当成玩具来玩。我就说，站在工人的立场，可不尽然。如果刚好碰到一台老式木框的洗碗机，可一点都不好玩。而且刚好是炎热的午后，杯盘堆积如山高，刀叉胡乱埋在吃剩的牛排、马铃薯和浓汁之中，鱼骨头和柠檬皮混在一起，偏偏女侍又跑来说，她要用到三十五个冰淇淋专用盘子，五分钟后宴会就要开始。浩伊教授听了咯咯直笑。有一次他问我，我提过这么多将军的名字，为打破单调起见，为何不描绘一个要开会却找不到靴子穿的将军呢？我说，就我记忆所及，是有一位将军非常贴近他的形容。不过，并不是找靴子。国民党一二五师的陈少将临上战场时，常常找不到地图。

我是在东北见到这位陈将军。林彪在四平街施展“人海战术”后，大多数国民党将官对敌手的残忍都心存余悸，下令部属坚守岗位，接到进攻的命令时就敷衍了事。对方大举反扑时，他们就停止进攻。但陈将军可不是如此。他的一二五师装备不多，但被前线指挥部视为机动部队，有时填补前线的缺口，有时移到最东边或最西边去巩固侧翼。他的师没有汽车运输，子弹也不够用，但这位个子矮小的将军却从不抱怨，为何他的部队总是有许多任务。他常身先士卒，仿佛带的是步兵连。你只要在地图上指出他的目标或目的地，他就会保证准时到达，不论有无敌军阻挠。总是来去匆匆的他，穿的是网球鞋，而不是浩伊教授说的靴子。但是他有乱放地图的习惯。“我的地图呢？我的地图呢？”看他到处摸索，真是好笑的景象。地图可能好好塞在他的外套口袋里，挤得有点皱，让他找不到。

但陈将军的故事并没有快乐的结尾。不到一年他就被共产党军队俘虏，是东北第一位落入林彪陷阱的将军，其后许多将军也陆续被俘。我很难告诉他们整个故事，却不交待林彪的“人海战术”以及共产党军队得以机动作战的背景因素。探本溯源的工作势必没完没了。

就这样，不管我喜不喜欢，创作之路绝对不可行。我已踏上非小说之路，无法逆转。

历史学家不能自由创造人物，把他们的生命小说化，以求故事精彩动人；也无法采取艺术家的美学角度；也不可能展现新闻人员的当场识见，观察到历史成形的过程。但这并非说历史学家的生活就非得无聊不可，他可以用延展或压缩的时间段落，来探讨过去的事件；他可以建立一个宏观的视野，或是以许多细节来描述单一事件；他可以理出一个独立事件，或是比较不同的事件；他可以依循他笔下主角和女主角的逻辑，呼应他们的情感，或是揭露并驳斥他们的立场；他可以称赞无名小卒，推翻既定的主题。历史学家可以是工匠、技师或思想家。就我的情形而论，我必须像学徒一样，先通过前两个阶段。不过，无论我想多谦虚，如果我想在这个领域上有所贡献，就不可能避开最后一个阶段，我的主题迫使我必须如此。再从另一个角度来看：由于命运的安排，在我到安亚堡之前，思考的过程已开始在我身上启动。许多矛盾在眼前开展，我必须从历史里找原因。

在密西根，我接受指导，成为工匠和技师，但我拥有完全自由的思考方式。因此我对这个州心存感激，像垦荒时期传说中的巨人保罗·班扬（Paul Bunyan）这么离经叛道，居然可以受到居民的尊敬。我也欣赏校园可以容纳不同流派的建筑，而且可容纳十万一千零一人的足球场更是一大特色。

在密西根大学，我没多久就了解到历史的多样化。在一堂强调撰写传记的课程中，我选择比较丹尼尔·韦伯斯特（Daniel Webster）的各种传记。令人惊讶的是，在总图书馆中，他的书居然占了整整一个书架。更惊人的是，同一个对象有截然不同的处理手法。后来我在同一门课中又学到，即使是同一位作者，也可以用分歧的角度来处理同一个题材。运用这项特权最淋漓尽致的是英国史学家墨利斯·艾诗立（Maurice Ashley）。他早年出版一本书名为《克伦威尔保守的独裁者》（*Cromwell, the Conservative Dictator*）。由书名可知，作者对克伦威尔没有太多的好话。即使这位护国主嫁女儿时铺张奢华，也成为他这人无足可取的证据。但数年后，艾诗立出版了自认更成熟的作品：《奥利佛·克伦威尔之伟大》（*The Greatness of Oliver Cromwell*）。同样地，从书名可以看出其内容。内容不仅较成熟，而且作者立场丕变，就像职业棒球选手一样，在两队同一天连续比两场比赛时，在第二场被交易到敌队去。仿佛这还不够夸张似的，艾诗立还在参考书目中引用自己早年的出版文章，作为不同学派的代表。

但艾诗立所以能建立鼎鼎大名，并不是因为只会任意变换立场。他能克服自我驳斥，而且从中获益，历史学家得以从中建立完整而全面的观点。这并非一朝一夕之功，必须经过多年的准备工夫。在密西根的历史学系，有位教师具有绝对力量，引导学生走向通彻之路。他就是前系主任霍华德·俄尔曼（Howard Ehrmann）。一开始，对我们这些习于美国大学进度的学生而言，俄尔曼教授似乎完全不教书。他很少讲课，更少在一个主题上停留十分钟以上。有一天，研讨会中的一名学生查过目录表后，把她的惊人发现告诉全班同学：“好好笑，这个人从来没有出版过任何东西!”但俄尔曼教授当然和别人合编《密西根大学现代史》(*The University of Michigan History of the Modern World*),共十五册。

我们花了一段时间才习惯俄尔曼的风格。他的历史学识丰富异常,又认识无数的学者,有些还有很好的交情。他上课完全不准备,但是这种即兴风格必须有很强大的资源为后盾。他又能善用技巧,激发研究生的喜悦与热情。他可以从布莱斯特—里托夫斯克(Brest-Litovsk)和约的签订,转到地理因素对历史的影响,但不会丢掉听者的注意力。他习惯讲述主题的前景或背景资料。他会毫无预警地讨论内在议题,其本质通常引发许多争议。他闲话家常般点出争议之处,讲得津津有味,令人心动。他在过程中不断抛出相关的参考书目,班上的一两名学生会点头称是,其他人则羞于自己的无知与不足,下课后就直奔图书馆寻找救兵。只有额外的阅读,才能移除盲点。

霍华德·俄尔曼以认识纳米尔(Namier)为荣。这时我们都已知道,纳米尔就是路易士·纳米尔爵士。他的方法被称为“纳米尔方法”或“纳米尔主义”。他评估18世纪的国会议员时,要读者先不管他们属于保皇党或自由党。他钻研他们的来往信函,研究他们的家族账户,甚至找到现金收据,最后证明他们结成小党派,其中成员流动性很高,结党的主要目的是谋求私利。经过十年辛勤的研究,他在《政治结构》(*The Structure of Politics*)一书中发布他的研究成果。这故事的教训是,当历史学家对细节很有兴趣时,必须持续耕耘,有明确目标,才能建立体系。

虽然俄尔曼教授研究的是欧陆历史，对意大利尤其有心得，他还是要我注意另外一位英国史学家古赤（G.P.Gooch）。教授要我读遍古赤写的所有东西，或详读一部分，略读其他，并注意他的风格，把他的作品和别人相比较，掌握相关参考书目，寻找评论他的文章。直到今日，乔治·皮巴迪·古赤（George Peabody Gooch）仍是我最欣赏的史学家。他和皮巴迪家族有亲戚关系，因此以皮巴迪为中间名字，也因此能成为“私人学者”（privat Gelehrte），可以随自己高兴读书写作，不用去考虑生计问题。他的文风清晰流畅。不过，为了准备撰写《17世纪民主思想史》（*History of Democratic Ideas in the Seventeenth Century*），他看了不下三万篇专论。就这两位历史学家而言，只有深入研究后，才有能力得出总括一切的概论。两人一个严肃，一个温和，风格完全相左，但都同样具备独立自主的精神。

俄尔曼教授的教书技巧之一是拒绝回答问题，他常把问题抛回给学生，嘲笑学生没有办法自行寻求解答。有一次我决定不要被他所吓阻，我在课堂上问了三次：如果社会契约的概念为法国人所接受，又具体展现在美国的《独立宣言》中，为何总是被史学家称为“非历史”呢？教授三次拒绝直接回答我，但他暗示，我必须发展出自己的史观才能理解。从此我得到如下结论：任何值得被称为革命的运动，一开始都是非历史的，因为现行法律制度无法再处理内在或外来的问题，革命党人才被迫创新。他们宣称现行体制无效后，已经别无选择，只能重组自然法则，再创新猷。但如果要他们承认发动武装叛变是为了进行实验，这将是不智之举，他们一定会宣称历史站在他们的这一边。社会契约应运而生，成为遐想文明开端的工具之一，也增加了革命党人所勾勒社会的可信度。事实上，就历史而言这不可能成真，正如一个社会不可能自己重生一样。惯例如此，历史学家对革命意识形态不存幻想，这并无不妥之处。意识形态基础的修正，实际上可以使革命后的社会更容易融入历史。

在安亚堡，我随着安德烈·洛拔诺夫—罗斯托夫斯基（Andrei Lobanov-Rostovsky）修俄国历史。据我所知，他是唯一把贵族头衔带进美国学术圈的人。在他的两本著作中，“王子”出现在作者名字之后；我不只一次听他引述别人称呼他“洛拔诺夫王子”。和俄尔曼教授的松散随性相较，他的讲课是可喜的对比。他的课规划完善，有条有理，按部就班，精准如时钟，从大纲演绎出完整架构，遣辞优雅洗练。我有充分理由相信，在他教书生涯之初，他必须克服许多困难，才得以使技艺尽善尽美。现在他授课时从容顺畅，毫不费力。他不需要讲稿，照样以清晰的头脑抓住听众的注意力。有一次我们听到一个崇拜他的女学生说：“啊，他是一位王子呢！”不过，我心想，他超人般的纪律对他纯熟的表现一定不无贡献。洛拔诺夫教授所专长的项目，我可能永远做不好，让我更是敬佩他。后来我教导大学生时，尝试以他为榜样，但结果却有天壤之别。

洛拔诺夫—罗斯托夫斯基还让我学到一件事：就西方的标准而言，俄国历史并非已经完整开发的领域。相反地，研究美国或西欧历史时，里程碑都已标示清楚，许多议题都已达成共识。即使在尚未达成共识的议题上，正反双方的意见都已为圈内所熟知。但学者研究斯拉夫历史时，处理的是尚未划分清楚的疆界，指针少之又少。因此，历史学家自己必须对历史的全程发展了然于心，随时警惕，从基辅公国到新经济政策都必须对答如流。不消说，研究中国历史的学者也必须自立自强，甚至有过之而无不及。我们无法自欺欺人，说自己专长于某一小范围，作为深度不足的借口。

我从青少年开始就对美国很着迷。在密西根，我修了美国历史、美国宪政史、社会史、外交史等等，以满足我的兴趣。这些课程由七位不同的教师传授，但杜艾特·杜蒙德（Dwight Dumond）教授让我的印象最深，因为他是反奴隶运动的权威，对我而言是全新不可知的领域。虽然我广泛接触美国文学，参与美国生活，但我从来没听过奥伯林学院（Oberlin College）、美国短论社会（American Tract Society）或班杰明·隆迪（Benjamin Lundy），更不要说是“地下铁路”。因此，他的每一堂课都是全新的体验。在50年代，美国人还不习惯今天的自我批判。杜蒙德指控美国是“腐化的国家”时，有时我心头不免一惊，原来他认为这个国家纵容“谋杀、纵火与勒索”。当时，任何人只要主张种族平等，宣扬废止种族歧视，就会被冠上“他想让妹妹嫁给黑鬼”的罪名，但杜蒙德教授却在课堂上大声宣称“美国的未来种族将是黑白混血”，而这甚至不是他起头的预测，他只是引述前人的说法。

下课时，同学讨论杜蒙德的道德家色彩是否强过历史学者，大家意见不一。但教授坚称反奴运动自有其法律上的依据，他主张，国际法并没有允许基督徒以教友为奴。他虽然全心全意研究自己的专业，但并非没有多方面的兴趣。有时他也会以唱作俱佳的夸大叙述，提出他的独到见解：美国内战完全起于西南部和西北部的经济利益冲突。“如果当时阿利根尼山脉以东发生变故，例如地震或海啸将东部沿海卷入大西洋海底，”他假装若无其事地说：“内战还是会开打，一点影响都没有……”而且，以他对反奴运动的深入研究，他能以全然不同的角度来讲述军事史，技术问题变得更为重要。他对李将军毫无半句恶言，李将军是一流的军人，只是为南方打仗，反抗高压统治。杜蒙德对史东渥尔 · 杰克逊（Stonewall Jackson）的称赞更达于顶点。这些人的精诚奉献很难不影响到他。如果说我没有从杜蒙德学到任何史实，我至少学到基督教人文主义的力道与复杂，由于我的人生之路较为古怪，我并没有机会从中国的外籍传教士看到这些特色。

不知道是出于潜在的欲望或是纯粹巧合，我选修的课程都和社会的大规模动荡与暴乱相关，其一是全欧洲的宗教改革期间，另外则是英国的斯图亚特王朝时期。多年后的今天再回顾，我可以说这段时期的知识可能有利于史学家，让他更了解同时代的中国，效果胜过单单只研究中国历史。中国的主要问题在于，数世纪以来缺乏步入现代的大突破。研究者处理不存在的题材时，不太可能从中发掘出原因。无论在何种情况下，一个土生土长的学者甚至无法理解，在大我的生活中欠缺某种重要成分，也无法见证解释欠缺的原因。比较务实的做法是找一个例子来探讨，从中寻找失落的环节以及实际发生的突破。17世纪的英国就是这样的例子，当然其间发生许多大规模而复杂的演变，当时这个国家经历了内战、弑君、尝试共和国政体、护国主、复辟等等，最后发现某一种解决方式其实并没有好过其他种方式，甚至可能更糟。这段史实的时间横亘了近一个世纪，其大熔炉吸纳了经济危机、宗教争议、宪政僵局及外交压力。我们能从中学到什么呢？难道只学到每个层面都出差错？不过，多位史学家的观察令我印象深刻。他们指出，在斯图亚特王朝后期，习惯法庭承认平等的存在，有助于社会重新恢复稳定。再进一步推论，两套法理原则合而为一，让农业经济可以如常运作，与国家经济中更进步的层次（如银行体系和外贸）并行不悖。大家都知道，中国还没经历这样的演化阶段。

迟至50年代晚期，密西根大学只有一位教授中国和日本历史的教师，既主持研究生的研讨课，也在大学部教概论课程。这位约翰·惠特尼·霍尔（John Whitney Hall）教授还是一位知名的日本专家，目前于耶鲁任教。我请他当我的中国史博士论文指导教授时，他的立即反应是我应该去哈佛。有了哈佛文凭，会更容易敲开就业市场的大门。就业市场姑且不论，霍尔教授愿意指导我吗？他说好。我与他的往来十分令我满意。霍尔本身虽然是哈佛人，但却有自己独到的见解。迟至40年代，包括许多日本人在内的史学家都同意德川时期对日本有不良的影响，到明治维新后国运才开始好转。霍尔教授的研究却显示，即使是在德川时期的中叶，日本已经开始可以接受西方的货币管理。不论就制度或实例而言，政府财政制度和西方接轨已成为受注目的焦点。这和帝制末期的中国真是一大对比。

我去找霍尔教授时，他正在进行一项重大的研究计划。他掌握日本肥前采邑的文献，决心描绘出该地区一千多年的历史。我不常见到他，但常见面其实并不重要，我所需要的鼓励与警告，他都已经给我了。他也没有在我的研究途中横生障碍，好借以显示他是要求严格的教师。他不断强调中国历史“流动”或“有弹性”，也就是说，数量庞大的文献资料等着被评估诠释，重建将使历史呈现许多不同的面向，在过程中当然有许多风险，不过胆小退却也无补于事，路总是要走的。至于我是否有潜力成为史学家，霍尔的评语很坦白：不太顺利，某些方面很强，其他方面严重不足。他建议我应该加强自己的纪律，扩大我在西方和美国历史的知识，强化我的语言表达能力。至于我是否有能力处理古文撰写的典籍，霍尔教授对我有绝对的信心。在我第一次参加初步口试时，在五个指定领域中当掉了两门，被迫再考一次。我意志消沉，霍尔给予我恰到好处的推动。“来吧，”他说：“鼓起勇气来，让我们一起度过。”这些话分量十足。人虽然要承认错误，但不能认定从此就无法改变。

这时我修了霍尔教授的现代日本历史。我确定学期报告题目是“明治初期教育政策的变动”时，我对他说，我想让自己熟练以制度来解读历史的方法。我想找出呈现时代剖面的正确方式。这可以算是综合方式。教育政策的改变必定是面镜子，可以反映整个国家和社会的觉醒。我对单一或孤立事件没有兴趣。这篇报告得了 A，从此我和教授建立起较密切的关系。我寻找博士论文题目时，经过许多波折。我出于本能想研究中国的内战，但我缺乏研究资料的协助，又无法抽离战争带来的情绪冲击，根本不可能处理这个异常复杂的题目。而且，自从我决心研究历史后，我比较倾向于克劳塞维兹学派的影响：一大堆炮火对历史的影响可能微乎其微，但有时短暂的小冲突反而可能造就历史的重大里程碑。在安亚堡的初期，我无疑仍受到道格拉斯·弗利曼（Douglas Freeman）的影响。我曾从东京的厄尼·派尔（Ernie Pyle）图书馆借出他的《李将军的中尉们》（*Lee's Lieutenants*），在办公室看。但在密西根大学时，我有机会翻阅柯尔（A.C.Cole）的《无可抑制的冲突》（*The Irrepressible Conflict*）和玛格丽特·李区（Margaret Leech）的《华盛顿的起床号》（*Reveille in Washington*）。后者对我影响尤大，让我不再迷恋军事史。就牵涉之广度与情绪冲击之深度而言，报道战争最好能远离战场，不必提及灰尘或坏疽。

一旦决定题目和战争无关以后，我就有许多题目可以选择。不过，中国与西方的冲突是最惊人的历史发展，即使是抗日战争与内战，都可以说是那次史无前例发展的后续。中国与西方的多次冲突，以及每次羞辱后的调适，似乎都已经过充分探讨。但当真如此吗？那些专论或论文的共同缺点是，作者还不能接受历史的无可避免。中国作者持续指控西方帝国主义的进攻，西方人则照例指责中国傲慢、见识不足、拒绝改革。这些事件有相当丰富的文献，但欠缺的却是彼此的了解。鸦片战争开打时，马克思写道，一方以为自己具备所有美德，另一方则只知道贱买贵卖，就我所知的史迪威事件，及从朱世明将军听来的消息判断，我敢说双方的心态仍隔了十万八千里，毫无进展。问题是我们对历史的研究还不够深。我自己在国民党军队的经验让我上了一课：当代中国的背景必须回溯自帝制时期的过去。这些思绪让我转而研究明朝。如果东西双方的对立持续了一个半世纪之久，将背景往上延伸数百年并非不合理。无论如何，清代的政治历史受到外族统治的太多扭曲，后期又在与西方冲突阴影的笼罩之下。明朝是最后一个汉族统治的朝代，在体制上应该更能代表中国的特色。

经过许多徒劳无功的摸索后，我的博士论文最后确定为“明代之漕运”。水道是一个时期的具体剪影，其运作情形是可以处理的题目。这个概括研究多多少少是智识上的练习，让我熟悉帝制末期政府的基础后勤设施。论文尚未完成，霍尔教授就前往耶鲁任教。接任的费维恺（Albert Feuerwerker）和余英时教授对我的帮助远多于批评。在他们的推动下，论文很快获得委员会的通过。

在其后多年，我继续扩展我的视野，出版三篇文章和一本书，讨论明代的税赋制度和政府财政。必须掌握仪式过程的意义、军事装备状况、当时政治思想家争辩议题，再加上充分接触明代社会史、科技和文学，我才有把握来探讨明朝。我在安亚堡的最后两年时，发生了一件愉快的事。明代专家查尔斯·贺凯（Charles O.Hucker）教授从亚利桑那搬到在奥克兰的密西根州立大学，离我住的地方只有二十英里之远。他随后带我结识其他杰出的明代研究者，对我的智识成长有不可或缺的助益。

上段记述或许可以帮我排除下列批评：说我的大历史概念不过是不切实际的幻想。

密西根：更多的回忆

我在安亚堡的十二年期间，美国经历了重要的改变。我亲眼见到高速公路的兴建，起初94号州际公路穿过城南，接着是环城公路。柳径机场不敷使用，于是兴建底特律大都会机场以改进服务。假日旅馆和拉马达（Ramada）旅馆纷纷出现在公路两侧。郊区忙着挪出空间兴建购物中心。零售业风格改变。在商店里，以前可以单买的物品，现在要论批买。T恤一次要买三件，铅笔论打卖。平装书大为风行，但以前的标签从此消失：当时薄书一本二十五美分，厚书一本五十美分。为了有资格成为富裕的中产阶级，家里的车子必须不止一辆。电视当然堂堂登场。整整一代的电子媒体记者，其中有些非常上镜头，播报着气象、体育及其他种种新闻，有的确实重大，有的只是琐碎小事，出现在彩色屏幕上，不过是为了维持美国人在客厅的话题。电视大为流行，一些历史悠久的畅销杂志广告收入大为缩水，最后被迫停刊。在密西根大学，研究必须靠电脑佐助。复印机和打字机一样，成为办公室内不可或缺的设备。我不太出门旅行，但我从阅读得知，南方内陆饮水机和公车候车室的“白人”及“有色人种”标志已经移除。不说别的，早在我离开安亚堡之前，我已注意到，在我必须填的所有表格上，“人种”这一栏都已经取消。至于改变的确切时间，我已不复记忆。

我可能在密西根停留太久。即使从大三念到博士毕业，如果我加快速度，应该不用花十二年。不过，拖延并非没有益处。我不但从军中重回社会，重新训练自己进入新职业领域，而且还借着混合自身体验和所读的学术分析，对当代中国进行彻底检验。因此我对失落的年少岁月不再耿耿于怀。

在头几年，至少是最初五年，我对自己的国民党背景采取防卫的姿态。当时的情况相当特殊：美国人自己在朝鲜战争时和毛泽东的军队作战。在约翰 · 佛斯特 · 杜勒斯（John Forster Dulles）的“边缘政策”影响下，又差一点帮助蒋介石保卫金门马祖。然而，在我们的校园中，每个人提到蒋介石时，语气都是全然的不屑。有些教师和同班同学听到我曾是他旗下军队的军官，就以为我应该觉得难过，仿佛我是在希特勒麾下的愚蠢德国将军。我几乎要对他们大吼大叫：这是你们的想法，我可不这么认为。我并不自傲于自己的从军纪录，因为不会有人自傲于失败。我不打算自愿参战，到北纬三十八度线或中国外海的离岛去打仗，但对过去的从军，我既不引以为耻，也没有罪恶感。不过，内战在我心中留下一些无解的问题，让我有时觉得矛盾不安。我转念历史系，原因之一就是要消除这些疑虑。

我的情绪和我的东北经验密切相关。我于 1946 年 2 月随着郑洞国将军的幕僚群到东北去。在此之前，我和其他许多国民党的下级军官一样，非常期盼马歇尔将军的调停计划可以带来和平。1 月 10 日，周恩来和国民党代表张群签署停战协议。双方同意冻结所有的部队行动，只有一项行动例外：国民党军队可以进入东北，在该处移动，以恢复中国的主权。新闻旁的照片显示，亲切的周恩来站在马歇尔旁边，在张群后方露出亲切和蔼的微笑。然而，在4月的第一个星期，国民党的八十七师从沈阳移师长春时，林彪以四万人展开突袭，几乎歼灭了整个师。两天后，林彪加强武装，进攻国民党的新三十八师，后者原是前驻印军的一部分。这次攻击受阻，共产党军队损失不下两千五百人。我们抵达前线时，刚好是战役结束后没几天，看到铁轨旁和田野里散布着无数的尸体。一位新一军总部的参谋对我形容何谓“人海战术”。他说：“他们会在前线摆出一千人，但空间只有几百码宽，通常只能容纳下一个连。你会想：这些人不傻，他们只是疯了！但让我问你：你可以砍杀多少人呢？四百、五百或甚至六百？你把这些人打成碎片，可是这些人的后面还有数百人在那里。相信我，他们绝对可以收拾你和你的机关枪！”

共产党军队进攻受挫，还真是奇迹。但双方交锋后都筋疲力竭，国民党军队更累，因为大屠杀的感觉就已让人觉得恶心了。敌军严守铁路要道四平街，执行繁复的战地计划。前线部队想找出彼此的缺点，企图包抄彼此的侧翼，但都不成功。林彪就这样阻挡我方进攻长达四十天之久。同时，他的人马进入长春，当时苏联已经撤走。周恩来此际在重庆宣称，共产党已“厌烦受人摆布”，可能被迫采取自我防卫。

不守信用已经够糟，更不可原谅的是苏联从旁协助。当时我不相信苏联人知道什么叫光明正大或正派行动。看看斯大林吧：他和希特勒签互不侵犯条约，也和日本签互不侵犯条约。纳粹入侵波兰时，苏联从后方解决这个国家。日本请他充当调停人，希望得以从对抗盟军中脱身，他却利用机会对日本宣战。凭着雅尔塔协议和对日本的七日战争，他在我们的领土上接收理当是我们享有的胜利果实。至于东北，一切似乎必须回到沙皇统治的年代。看看马林诺夫斯基（Malinovsky）吧：他运用种种拖延技巧，防止我们进入东北。他控制下的港口我们不能使用。我们大规模的空运必须接受种种限制。我们一接受他的条件，他就撤回他的提议。最后国民党军队在杜聿明将军的率领下强行推进，他才撤退。但我们进入东北整整延后了半年以上，多么关键的半年！在我们之前被获准进入的林彪，此时正好严阵以待。

我记得我们抵达沈阳时，首先吸引我们注意力的是，火车站旁写在墙上的俄文，笔法粗野唐突，蠢蠢欲动。也许可以说，我们的苏联盟军必须循着指标搭火车，因此仓促离开火车站，离去时太过匆忙，无暇顾及我们的感受或品味。然而，在火车站外面的广场上，他们还竖立了一个大型纪念碑，庆祝他们对日本的七日战争。在方尖碑上是一部红军的坦克车，枪口指向天际，提醒我们仍然受其威胁。他们一定预期这个雕像可以摆置好一阵子。

有一天下午，我开车经过城里的工业区，或者应该说是以前的工业区。不只如报纸所载，工具和机械被苏联人搬运一空，而且建筑物也难逃一劫。所有的窗户都被打碎，地上散布着垃圾和烧焦的木材。从部分焚毁的墙壁，我透过建筑的骨架看到了屋顶的横梁，在没有屋顶遮蔽的情况下，暴露在沈阳阴沉沉的天空下；这是个总被入侵者蹂躏的城市。

苏联人用货车运走想要的物品后，还让他们的占领区货币淹没整个东北，所发行的军券面值很少不超过十元。当地人抱怨，红军在六个月内所发行的纸币，比日本人十四年发行的还多。这样的说法很难确认。不过，我们在当地买东西拿回零钱时，无一例外是苏联发行的红钞票。

我在郑将军前线司令部待了四个月，接收战地电话的讯息、汇集战情报告、参加参谋会议、接待外国特派员。有时我到前线去，将弹药运交给前线部队。抗日胜利时我以为可以永远抛诸脑后的每件杂事，现在一一回来，而且未免太快了一些。没有人问是否有内战。到达沈阳时，我们立即发现内战已经开打，我们早已深陷其中。不必是好战人士也可以很务实，期待另一个协议会更好是不合理的。在考虑其他因素之前，必须先想到对方有能力把这么多人送上必死之途，能够具备这样的实力，恐怕是不可能停战的。

这个恐惧不久后得到证实。5 月中旬，林彪的作战军官王继芳取得我军发的无人地带安全通行令，前来投诚。我在司令部单独和他对谈。共产党军队并没有采取阶级制，军官是任务取向。不过基于尊敬，我们称他为“王上校”。从和他的谈话中，找不到太多有利我们作战的资料，不过填补了我们所不知的空间，并证实了之前接获的报道。他让我们对局势有更全盘的了解。

这时我们相当困惑于林彪为何下令作战。王对我解释，这是因为整个野战部队持续成长扩大，林彪称自己的军队是东北民主联军，用意在吸收地方上的民兵、武装部队及非正规军队，核心则是从中国北方调来的老练作战队伍。对共产党军队快速扩张的计划而言，能容纳各式各样军队并拥有加以扩充的能力是必要的，这样才能和我军进行消耗战。他们的军队遵照毛泽东的指示，放弃形式，重视实质。只要能达成任务，有相同力量的战斗部队可以被称为支队、团、旅或纵队，但作战方式和纪律却绝对要一致，一定要遵守基本方针，因此要指派核心干部到步兵班去，以训练出新的干部。林彪指挥的是不折不扣的农民军队，尽量排除所有的都市影响力。灌输士兵信念时，基本上是以教义问答的形式来进行。

王对乡村动员的描述吻合其他来源。整个乡间完全被动员整合，紧接战场后方的是动员村落的人员。我们的散兵也提到，他们很难躲避敌军后方的路障，因为全都由村中的少年看守。村民必须供应食物、住处及急救设备。各种后备支持就这样以自动贡献的名义，定期而自动地输送到前线，作战部队完全摆脱后勤的负担重任。有时连长还会获得食物券，可以就近取得热食，之后再由战地工作人员负责补偿。“你们所说的大行李（指一团需要携带的装备）和小行李（指一营的装备），”王一针见血指出：“我们全都没有。”

我带着不无敬意的语气表示惊讶，因为匆促成军的共产党军队居然守着四平街这么长的时间，阻止我们于缅甸一战成名的新一军进攻。王上校说，其实很容易。林彪对自行撤退的将领处以唯一死刑，有一天他就下令枪决两名连长。他还告诉我，林彪对新一军有相当的敬意，他原先预料在他猛烈的攻击下，新一军会瓦解。

至于共产党军队如何从苏联手中接收日军的装备与补给，王说了一个耐人寻味的故事。有一次某部队遵照指示，前往某兵库接收武器。苏联守卫严正告诉他们，仓库无论如何都不能交给他们。这个部队困惑之余，回去禀报上级，高层人士于是进行调查。最后这些官兵奉命再去一次，这回改在晚上去。他们发现苏联兵全撤走了，在安静的黑夜中，整栋房子中成箱成盒的物资全归他们所有。

王的证词几乎就预告了，林彪在东北会成功，国民党会失利。共产党已经找到使用无尽人力和乡间资源的模式，据以打造新的战争机器。就技术上来说，共产党开启“劳力密集”的革命，将一切降到农民层次，以吸引最多的追随者。党所施加的严苛纪律虽然严峻不合理，但却没有遭到抵抗。我们进入东北时，事实上是在重复日本十年前入侵中国的错误。当时日本侵略军的背后有个健全的国家经济，这时的国民党并没有。1937 年时的中国并没有足够的武器装备来迎战入侵者，这时的林彪有。回顾当时的状况，我该觉得自己幸运到极点，能够在 1946 年 6 月初体面退场，参加去美国进修的考试。我离开时，正值国民党短暂胜利的巅峰期。如果命运以稍微不同的方式介入，我的人生必定全然不同。

在王上校投降前十天，国民党在东北的“剿匪总司令”杜聿明将军刚从肾脏手术中复原。他和郑将军在火车车厢内会面。郑将军担任他的副手，也是北方前线的指挥官。杜将军大病初愈，头戴便帽，脚穿拖鞋。除此之外，他全副军装，勋章和肩带一应俱全。两人决议，将驻印军之一的新六军调到北方前线。人数和军火的优势应该会让林彪遭受决定性的挫败。也就是说，以近十万人去对抗六万人，而且都集中在很小的范围内。但是，要调度这么庞大的军力，不可能逃过敌方的侦测。在国民党展开预定的进攻之前，林彪一路撤退到哈尔滨，而且十分匆促。我们等了十周，终于进入长春这个伪满洲国的首都，发现全城完好无缺，电力的供应不曾中断，街车照常行驶。我在大和饭店好好洗了个澡，弥补数星期以来的风尘仆仆。最兴奋的是目睹蒋介石的莅临，那天是5月28日，如果我没记错的话。蒋介石降落在大房身军用机场，镇定自制一如平日，但近距离单独看他，会发现他在中国人里算是很高的，不过仍有些脆弱，令人不敢置信。他下飞机时，机械性地说："好，好，好。"他在飞机库中对聚集的将领进行简短的精神训话。他没有颁发奖章，而是以和他单独合照的方式来奖励将领。他坐在副官从飞机上搬来的椅子上，受表扬的军官站在他身后，稍微靠右边。官方的摄影师拼命忙了不下十分钟，他收好相机时，蒋介石也准备搭机离去。他并没有进入长春市。

一周后我向郑将军司令部的同袍道别，展开我的初步行程，接着是一长串漫漫旅程，最后造就今日的我。在其后两年半之间，所有在司令部的人，包括将军自己，都历尽艰辛，直到1948年一个冬天的早上，所有人都被林彪的手下俘虏。我再也不知道王上校的下落。

王是否见风转舵，这点很难说。他叛逃时，当然希望我们是赢的一方。但是，如同加入林彪抗日军队的无数北方年轻人，他是基于爱国心从军，而局势也让他无从选择。这并非保证他要将余生投入不感兴趣的农民革命。很多观察家并不知道，王代表中阶干部的尴尬处境，正是内战初期共产党所面临的最大弱点。在他们的领袖人物中，许多都有长征经验，已经踏上了无法回头之路。此外，达成不可能任务的挑战，可以让他们达成个人的满足感。但遗憾的是，下层阶级毫无选择余地。无论斯诺（Snow）或史沫特莱（Smedley）等人如何将他们的自决和解放理想化，残酷的现实却是另一回事：看林彪在四平街留下多少四处横陈的扭曲尸体。这种矛盾的压力和负担，全都要由中间阶层来承受。由于国民党没有能力在乡村地区对抗共产党，不要谈打赢内战了，单是想要迫使对手接受议和，唯一的希望就是在战争初期取得胜利，让敌军的中间阶层丧胆，从而大举叛逃，或许可以借此严重干扰对方的动员能力。这样的假设当然不可能只是臆测而已，事实上甚至还付诸实行。共产党的作战部队遭受一些挫败，但他们设法快速恢复，速度甚至超过以都市为基础的国民党军队。势力增长的一方压力减少，还因此将压力转移到势力消退的一方。

我对王上校的同情，从共产党的角度来看，可以说是基于阶级根源。不过，我必须说，他和我并没有要共同防御的共同经济利益。他不过比我年长一些。从他说的话中，我推测他应该是属于富农阶级。高中毕业后，他就在日本占领区内闲晃了一阵子，后来才加入林彪的游击队。短短四年，他就当上“作战科长”（相当于班长）。他很快就能研判我的问题，眼神十分灵活，我相信他很聪明。他也很强悍，提到两个连长被处决时，口气上仿佛理当如此，完全没有同情心。不过，这些特质都还不够。林彪从来不曾信任他，甚至没有亲切对待身为幕僚人员的他。他不过被视为档案管理员，老被猜疑，不被信任，这就足以让他甘冒生命的危险，挥舞安全通行令，到达我方前线。

再综合其他资料，王的境遇就不令人意外了。林彪必须把各种杂牌军队转变成无敌的作战机器，而且持续动员刚脱离日本占领的当地人民，以支援他的作战部队，无论这些部队被称为团、纵队或支队。无论是历史的大阴谋也好，或是最不寻常的革命运动也好，所有的人员都要被塑造成最原始粗犷的形式，只有单纯和一致才能精确操控大规模的人力。消除城市的影响是不够的，所施加的纪律还必须能预先防范城市的影响。不只是言谈举止要像贫农，连想法都要像贫农。如果容许产生个人优点、个人身份甚至个人意识，人人可能都会从不同角度来评估当前局势。不久就会有人问：为何要与苏联合作？把毫无武力的数千人送到机关枪前，道义上是否说得通？等等。在绝对的要求下，去除特权阶级比去除特权还重要。要重点处理的是抽象概念，思想控制发展成去除性格及再教育的过程，较敏感内省的个人所受的冲击最大。和没有特色的农民相比，这些人的特质可以算是阶级导向。

推论到这个层次时，我对在国民党军队的资历几乎毫无遗憾，虽然我们必然是输的一方。连王上校这样的老派人士都选择抛弃的运动，我更不可能加入。不过，共产党是庞大而复杂的组织，其中有许多人都是我的最好朋友，有些则是我深深敬佩的对象。和王上校相比，他们的背景显然是更富有的都市阶级，也更为敏感内省。即使事隔多年，离东北战场也隔了数千里远，对他们的回忆仍然让我在思考时产生许多疑惑。

我在安亚堡那段时间的中期时，有一天收到北京的妹妹粹存托人从香港转来的信，她提到她和田伯伯联络过。田伯伯知道我的下落，表达对我的“关怀和忧虑”。在朝鲜战争结束后数年，美国和中国仍是敌国。田伯伯的讯息婉转暗示我身为变节者的尴尬地位，我自然不可能满意接受。但由于是在特殊情况下收到他的消息，他的立场不难理解。

田伯伯就是剧作家田汉，也就是《抗战日报》的编辑。1938 年我替该报工作时，正是国共合作的高峰期。田汉甚至不曾到过在长沙的办公室，他把编务工作交给我的朋友廖沫沙，自己和周恩来、郭沫若任职蒋介石军事委员会下的政治部，当时待在武汉三镇。身为少将的他，训练组织了许多剧团和戏团，培养舞者、歌手、演员和艺术家，振奋战时的士气，成立像联合服务组织（USO）一样的劳军团。他的另一项计划是在武汉城墙上的大型壁画，长达数百英尺，内容是描绘中国人民团结抗战，从长江上远远就可以看到。武汉落入日军手中时，壁画尚未完成。

我稍早就见过田汉本人。在我从成都中央军校毕业后，我才称他田伯伯。他的儿子田海男是我在军校时的同班同学。由于这层关系，我去过他们家好几次。海男和我在十四师下的同一个团，我们也一起去印度及缅甸。但在抗战胜利后，他却加入共产党军队。朝鲜战争后，他仍在人民解放军，但我不知官阶有多高。他们这个家和共产党的渊源很深，海男年幼时，周恩来和邓颖超视他为干儿子。在蒋介石任命田伯伯为少将前，曾怀疑他是共产党同路人，把他关了一年多。

田伯伯是我经验中的奇人之一。从他若干剧作的名称，如《获虎之夜》和《南国之春》（译按：查田汉并无此一剧作），可以看出他的浪漫天性。我想不起世界上有谁比他更不重视金钱。我在昆明时，有一次看到他在床下放了一个陶瓮，存放五天份的米。不过饥饿从来不构成任何威胁，如有必要，他可以从中国的天涯旅行到海角，吃住全靠朋友和崇拜者，而且不必去求人家。他每到一个中等规模的城镇，投宿旅馆时，经理和门房就会通知城里的演艺界，没多久他就会被种种请求和邀请所淹没。只要他同意坐下来欣赏表演，制作人和经理就会欣喜若狂，一流的男女演员会来向他致意。紧接着安排豪华的午餐晚宴，外加很多酒来助兴。在此同时，他的旅馆账单也被结清了。大多数的崇拜者都和帮会有些关系，因此他们不费吹灰之力就可以安排他的下一段旅程，而且既舒适又便利，把他送到下个城镇的兄弟手中，展开另一轮欢迎活动，中间不致有任何间断。这是我亲眼所见。

田汉在日本念大学，本来想进海军，后来没有实现愿望。他和同时期的许多学生一样，发现中国除了船坚炮利以外，还急需许多其他的事。他转攻文学是很明智的抉择，因为非常适合他的性情。20 年代末期和 30 年代初期，他在中华书局当编辑，还在上海的一两所大学里教书，日子原本可以过得很舒服。但他辞去这些职位，改当南国艺术学院的院长。虽然这个学院被认为出了最好的制作人、导演、剧作家、男女演员，但没有人知道这学校是如何经营的。据我所知，在一开始，有些电影制作人为了要扶持电影这个刚萌芽的产业，因此拿出一部分资金来。从此以后，这个学校的管理就和田伯伯一家人密不可分。说这个学校是非营利机构未免太轻描淡写，根本就是故意不赚钱。至于人事，职员和学生之间没有太大的差别，全都像兄弟姊妹一样，有些友人就住在田家租来的房子里，而有些朋友的朋友从遥远的省份来上海找工作，在还没找到房子前也住进田家。那时田伯伯还是鳏夫，由田伯伯的母亲负责周济一家子食客，也因为如此，她有个很恰当的封号："中国戏剧界的母亲"。

有一篇刊登的文章说：有一次有个剧团碰上严重的财务危机，于是请求田汉写篇作品让他们演出。田汉一口答应，照例以大吃大喝拉开序曲。剧团为了要让创作过程不受到干扰，还替他在城里安静地段的旅馆内安排了一个房间。田伯伯却叫更多酒，邀请他的一些朋友到房间里来聊天，到三更半夜还谈个没完。第二天剧团的人过来偷窥，发现这位无从捉摸的剧作家睡得正熟，他们买来的文具原封不动。到傍晚他醒了，叫来更多的酒和食物，继续和朋友聊天，聊完就睡觉。第三天，剧团的人绝望了。这时剧作家找到灵感，他一跃而起，振笔急书，写了一整个黄昏，一整个晚上，第二天又继续写，一直写到第三天。那天中午，剧团的人又来了，发现他还是在睡觉。但他们辛苦等了五天的剧作就放在桌上，连最后一景都写好了。我把这篇文章给田海男看时，问他："你觉得呢？"

海男露齿一笑："很像家父的作风。"

我们和日本的战争蓄势待发时，田伯伯放弃电影和剧场，转而研究传统的舞台剧，就是西方人知道的"京剧"。事实上，京剧是相当普及的娱乐形式。在中国的每个省会，至少有一个剧场全年上演京剧，每天两场。任何人都可以去观赏，只要付二十五分的入场费，穿着凉鞋、拖鞋去都无所谓。这个普及的艺术形式让田汉得以接触社会的下层阶级。

战争还让剧作家结识无数国民党将军。国民党高阶将领有一个共通习性，西方观察家很少注意到。这些将领必须日理万机，处理琐琐碎碎的烦人小事，在无望的环境下造就全然不受干扰的习惯。这些超脱于日常生活的个性，无论是先天生成或后天的训练，都很快发展成一种乐天逍遥的性格，相当接近艺术家的狂放，也是诗人非常欣赏的特质。这种特性让田汉与他们结为朋友，不带任何政治色彩。他相熟的国民党将军不下数十个。事实上，海男和我、我的表弟李承露（后来以国民党上校的身份在台北退休）和另一位同学朱世吉（我离开东北一年后，他死于对共产党军队的作战中）之所以在军校毕业后到十四师，也是因为田伯伯的推荐函。他写了一封信给师长阙汉骞，阙再要求校方将我们四个分发到他的师。如果校方不肯呢？田伯伯写了另一封信给教务主任孙元良中将。两年后，同样的过程又重演，海男和我得以到印度去。田伯伯和郑洞国将军也够熟，熟到可以要儿子和儿子的朋友一起到他麾下。因为这层层关联，他有权对我妹妹说关心我的福祉。他一直是我的恩人，而且在我请求下让我踏上我今日之路。

如果田伯伯的个性可以从朋友中看出来，最明显的就是张发奎，国民党少数的一级上将之一。张将军曾震惊新闻界：在上海之战时，日军炮弹已打到他的总部门口，他照样有办法睡着。他的副官叫醒他时，他咆哮：“保持警觉，我说过了，每个人都要保持警觉！”他自己警觉了一下，又继续睡。当时还有一个因素没有明显提到：他前方是吴淞江上的日本战舰，他无法进攻，但在蒋介石命令下，他又不能撤退。因此他以自己的性命当赌注，作为手下的模范。在围城时，田伯伯拜访他两次，他们互相把对方灌醉。如果这起事件发生在西方的军队里，一定会引发军纪的问题。但在中国，却展现出豪放慷慨，符合传统文化的规矩。后来田伯伯发表了这篇在日军轰炸下饮酒的故事，附上一首情感充沛的诗，广为流传，深受好评。

在此之前的北伐期间，张发奎的军队赢得中国“铁军”之称。据说张对田汉说：“铁军？我不知道为何会变成铁军。我只有一种部署：让叶挺当先锋，贺龙打包抄，黄琪翔为预备队。除此之外我没有其他方法！”不过，一个稍有见识的听者仍然会感觉到，这个简单的部署计划之所以能奏效，全都是因为指挥官和张将军的个性，让他们能带着幽默感和一丝淘气苦撑下去，有时又不免卤莽躁进。他们有巴顿（Patton）将军式的迅速直接，却没有林彪不可理喻的残暴，在一个只能以农民为士兵、只能供应他们简单武器的国家里，难怪可以轻而易举赢得全国的民心。

我们向十四师报到的途中会经过柳州。我听了太多关于田伯伯朋友张发奎的事迹，于是向田伯伯建议：为何不让我们去拜会他呢？无论就何种标准来看，这个建议都不合常轨。不过，全权负责第四战区的张发奎将军，因为朋友田汉的一封介绍信，愿意短暂接见我们这三个未经世事的中尉（朱没有和我们同行）。他个子不高，相当瘦，动作敏捷。不幸的是，一位伟大战士的魅力，就像剧作中的英雄一样，需要舞台来烘托，这可不是远离战场的一间小平房办公室所能做到的。张将军出来见客时毫不做作，当着我们的面揉眼睛，似乎刚从午睡中醒来。他的勤务兵端茶给我们。将军告诉我们，下级军官势必要走许多路，他年轻时，曾走遍中国的西南地区，没有一个地方不留下他的足迹。除此之外，整个拜会过程平淡无聊。但这次经验更让我相信文学界人士的力量及影响力。在大众心目中，英雄事迹要显得真实可以理解，前提是必须要有像田汉这样富有创造能力的艺术家，才能在纸上以浪漫和节奏感重新安排英雄的丰功伟业，最重要的是要有扣人心弦的舞台效果，例如吴淞江上乌云低垂，强风刮起长江上的波涛，战旗飘扬，战马嘶鸣等等。在联合阵线时期，郭沫若和田汉在这方面都贡献良多。可惜国民党并没有继续善用他们的才华。

国共决裂是在1941年，新四军事件粉碎联合阵线，双方关系不堪修复。国共间的战争其实在1939年就已开始，当时毛泽东已展开他的扩军计划。唯一能有利扩军的区域是中立区域，夹在日军有效占领区和国民党牢不可破的防线之间。在这块无主的地带，充斥着地下反抗军、地方民兵、土匪、日本撑腰的警察和伪军，都可以强力吸收转化成党派的游击队。但是，上述种种势力，除少数例外，都已被国民党军队视为触角，他们不是自愿的辅助队，就是用钱收买的双重间谍。共产党有系统地加以吸收，造成他们的首领莫名其妙地被处决，有时共产党更发动突击，势必无法避免与国民党正规军队的武装冲突。有时在短短数天内，所牵涉的作战兵力达数千人之多。在异族侵略时枪杀自己同胞的禁忌一旦解除，其残暴简直无法无天。双方人马显然都相信，对方比日本人更不可原谅，居然如此冷血地发动叛变。在一次事变中，国民党失去赵侗，他本来受蒋介石指派，担任河北民军第一纵队司令。在军校时，我们都听过这些事件，但我对这些沮丧的故事毫无胃口，局势的发展和我预期的完全相反。我们大多把党的斗争当成恶疾，虽然不能很快去除，但希望能随着时间而消失。然而，新四军事件让情况更加恶劣。无论共产党是否有错，都是受害的一方。斗争的规模达到空前，过去所有半遮半掩的冲突全都公开，引起国际间的重视。我们到达重庆时，发现这个战时的首都满城风雨，议论纷纷。不可置信的是，像我们这样的年轻人，理论上是国民党一手教出来的，却不及上一代的人激动。（不过，就历史长期的发展而言，这并非奇怪的现象。无论直接或间接，中国的重大决策都是由在民国前出生的人来决定，年轻一代只是照着做而已——这趋势尚未改变。）

郭沫若是20年代中国狂飙运动时期的领袖之一，也是田汉长期的好友，时间可以追溯到两人都在日本求学时。他们曾一起从事出版业，又一起在联合阵线。在重庆，他们是隔壁邻居。有一次，田海男和我受邀参加一个晚宴，他发现我们不会喝酒。那时我们都还没试过，觉得很别扭。我们穿着国民党军服，滴酒不沾。他看着我们，极度轻蔑地说：“来吧，你们这两位委员长的忠诚信徒！”郭沫若本身是非常敏锐的作家，有时他会以嘲讽的语气说尖酸刻薄的话。不过三年前，他发表了一篇题为《在轰炸中来去》的文章，提到和蒋介石握手后，手掌的余温久久未消。

田伯伯对新四军事件的反应更直截了当。晚报刊出蒋介石对事件的解释，他把报纸一扔，大叫："满嘴的仁义道德，满手的血腥！"重庆局势愈来愈不利郭沫若和田汉。讽刺的是，他们仍然领国民党的薪水，但他们不再担起任何职责，随时有特务跟踪。他们不时会受邀参加政府文工人员举办的宴会，不同党派的人干杯时说些冠冕堂皇的话，语气却嘲讽讥刺。郭选择留在重庆，部分原因是为了年轻的妻子和出生不久的儿子。但田伯伯在我们离开后不久就偷偷溜走。第六战区司令官陈诚将军也是他的朋友，这位剧作家就沿着长江顺流而下，顺道去陈将军的总部拜访一下。陈诚给他财务支持和安全通行证，让他一路通过整个战区，直到桂林，当时隶属左派军阀李济深管辖。有一段时间南方的这个省会成为避风港，庇护不受重庆欢迎的作家和艺术家。陈诚就是那位赢得史迪威信任的精力充沛的国民党将军，后来他担任蒋介石的参谋总长，并在台湾当上"副总统"。在抗日战争前，他已经替蒋介石执行"剿匪"的任务，肃清共产党，在战后他又再度执行。他也不是唯一保护田伯伯的人。在昆明，后来在东北和林彪作战但当时担任卫戍司令的杜聿明将军，也保护朋友田汉不受骚扰。国民党高阶人物将公职和私谊分开的做法，并没有受到历史学家和传记作家的充分注意。

但是，为何会有这样的落差、这样的不同和矛盾？如果把这问题引申到我身上可能更切题，虽然我在国民党内的角色不过是次要的助手及旁观者。田伯伯不曾对我们透露他的共产党党员身份，但其实也没有必要，因为即使在内战开打前他的地位已相当清楚。他也不曾要我支持共产党，他只是常常对我说，到了我这个年龄，在政治上应该已经成熟，借此可能希望我自己“觉醒”。但我显然无视于人民的受苦，对解放运动毫无兴趣，一定让他彻底厌恶我。另外一个意见不同之处在于对苏联的看法，对他而言是社会主义阵营的伟大策略，对我却是国际权力政治中厚颜无耻的自私自利。但是，他还是很容忍我，在我们短暂的相处时间内，他尽全力教我日文，让我了解外语对教育有多重要。更窝心的是，我母亲经过桂林时，田伯伯和他母亲殷勤款待。许许多多的小事提醒我，田伯伯的确把我当他的家人对待。他告诉我妹妹他关怀担心我的处境时，我没有理由怀疑他的关怀不是发自内心。他没有小看我的念头，他并不是郭沫若。

田汉更增加了共产党的吸引力。他的例子证明，不需要是道德家或严于律己的人才能成为共产党。他受情感的驱策时，有时过于情绪化，无法沟通，但很快会恢复乐天合群的个性，谈话中充满笑声。有一次他和同伴比赛该先跑到山顶，结果他赢了，掏出手枪对空鸣枪三声，宣告他的胜利。他为朋友写了一首悼亡诗，后来重抄一次，每个字高一英尺，刻在俯视朋友坟墓的石崖上。这个工程一定花掉他当时所有的积蓄。他纵容自己的冲动和异想天开，很难和他争论说，自我表达的自由和共产党并不相容。但是，我如何整合他的故事和我在东北的经验（包括曾为人民解放军元帅林彪的所作所为）呢？

我妹妹来信时，郭沫若被中华人民共和国任命为中国科学院的院长，田伯伯是中国戏剧作家协会主席。他的作品《关汉卿》搬上舞台，成为艺文界一大盛事。关汉卿活跃于宋元之交的13世纪，据说写了六十多出剧，但留传至今的不超过十二出，显然有部分经过后代作家的修改和重新整理。强烈抗议他那个时代的法庭制度，是这些作品的共同主旨。除此之外，关于作者的资料很少，但对于他的机智和社会正义感的评论，散见于其他文献。他的作品中一再出现的主题，以及作者本人背景的模糊，刚好提供20世纪作家绝佳的良机，可以凭自己想像来创造这个人物。这或许可以解释作品规模为何如此庞大——共十二幕。我虽然没有看过演出或读过剧本，但我非常疑心《关汉卿》部分是伪装的自传。剧作家田汉就透过这种方式，在共产党的旗帜下寻求自我实现和自我表达的机会。

在密西根大学的远东图书馆，我会定期每周浏览一两次中文书报杂志。在50年代末期，报纸尽是百花运动、大跃进和人民公社的新闻，但我偶尔会看到一两则和我个人有关的消息。有一次我看到范长江这个名字，他已经是国家科学技术委员会副主任、全国科协副主席。我第一个念头是，范不是科学家。但另一则消息说，中华人民共和国正推动一项十二年计划，要培养许多科学家和技术人员。如果把两则消息并列，共产党党龄超过二十年的长江，就非常适合担任协调者的角色。

田汉比我年长二十岁。范长江只比我大九岁，我们约略属于同一个年龄层。我所以记得这么清楚，是因为我们初次见面时，他对我说："你比我年轻九岁！多吓人！想想九年内可以完成多少事！"

事实上，他只是想对我表示亲切而已。他说这句话时，已是全国知名的记者，根本远远超过后面的竞争者。二十年后，我们之间的差距变得更大。我仍然是“永久学生”，靠着打零工勉强继续念大学。范长江的经历则包括《解放日报》和《人民日报》的社长。但在本质上，范长江的故事并不是功成名就的故事，而是对一个运动牺牲奉献的故事。我述说这件事时，可以不带合理化、酸葡萄、自怜或自卑的情结。不过范还是让我重新检视自己，有时还产生自我怀疑，最后还可以从不同角度来看国共间的斗争。

范长江不是他的本名，他原名叫做范希天。他投稿给《大公报》时，用的是长江这个笔名，也就是西方人称为扬子江的那条大河。起先这个笔名没有冠上他的姓，他成名后，人人都叫他范长江，他也毫无异议地接受。但为什么叫长江呢？我以为和他的交情还算够，所以就问他这个私人的问题。

“嗯，”他以淡淡的忧郁口气说：“我当时刚离开军队，生了病，身无分文。有一阵子意气消沉，在街上晃了很久，没有人可以帮忙。我身上只有一把雨伞，还有捆成一包的衣物。我就跳入水里，其实我也不知道后来发生什么事，可能是有人把我钓起来吧。”

我怀疑世界上还有谁会在说到自杀时，口气如此理所当然，而且坦诚直率。那时我才了解，他认为新生命从此开始，因为他寻死的地方也带给他重生。

长江十八岁刚从高中毕业时，加入陆军军校生组成的团体，加入蒋介石的北伐军。1927 年 8 月 1 日，在途中发生著名的南昌事件。部分的团宣称和共产党有关系，这也是人民解放军的前身。范的部队刚好也在其中。但国民党人其后的进攻打败了他所隶属的团，他只好被迫逃生。他步行走了好几个省，沿途乞讨为生。我想他企图自杀时，就是在这个阶段。他设法抵达南京，通过国民党中央政治学校的入学考试。这个学校培养执政党的公务人员，算是军校的姊妹校。至此长江步上坦途，只要念完书，就可以确定进入政府机构任职。但1931年日本占领东北，中国却不抵抗，长江对南京政府很不满，他脱下制服，搭火车到北京去，寻找能采取行动的机会，结果毫无机会，他于是到北京大学旁听。这时他在报章杂志发表的文章吸引了天津《大公报》编辑的注意，从此开启了他新闻记者的生涯。

他和《大公报》约定好，他视需要到中国的西北省份去旅行，像自由作家一样自订行程，自己润饰文章。这些特稿很快打响了作者的声名。直到当时为止，很少中国人知道那一大片领域发生了什么事。年轻的特派员骑着马旅行，向沿海城市报道，著名的丝绸之路沿线早已残破不堪；儿童没有裤子穿，在寒风中发抖；税负又高又混乱；到处可见鸦片的种植；负债的佃农半年内要付百分之五十以上的高利率。在长江揭发的沉痛故事中，穿插着诗歌、动人的掌故和个人的冒险，之后集结成书，畅销全国。《中国的西北角》在第一年就再版七次。

后来发生了一件有利长江的事。共产党进行长征，让他随意漫游的地区一夜之间成为国际注目焦点。他拜访负责征讨的国民党将领，鼓励他们和共产党将领友善来往。当时在国民党的指示之下，报章杂志必须称共产党领袖为“毛匪泽东”或“朱匪德”。范在特稿中首次揭露，年轻的国民党军官事实上对交战的敌人怀着很深的尊敬与欣赏，称他们为徐向前或彭德怀将军。全国正疲于内战，急着和日本摊牌，对这些文章反应热烈，毕竟作者是如此知名的记者，又刊登在如此有影响力的报纸上。范长江和《大公报》对促成联合阵线的贡献，当时并没有被充分认知。特派员也到达他生涯的高点，他专栏中提到的国民党将领，纷纷在一夕间成为全国的英雄。

1937年抗日战争爆发时，范担任了一阵子的战地记者。问题在于，国民党军队不断撤退，有时还损失惨重，很难产生足以振奋人心的新闻。然而范仍然运用中国杰出记者的特权，登出了一篇文章《刘汝明该被枪毙!》。刘汝明是西北军阀派系中的一位师长，因为提早自前线撤退，严重危及其他部队。这是发生在中国北部的事。蒋介石当时没有能力处理，他只能处理情节最重大的例子，例如在山东当省主席的军阀根本断然拒绝出兵，而必须要靠战地特派员用民意来审判刘。

我在长沙遇见范时，战争已进行第二年，汉口成为日军的下一个进攻目标。范有个伟大理念：如果所有的报纸从业人员都能团结一致，将战争的讯息视为庞大的圣战，而且人人和他一样仗义执言，单是报纸就可以对我们的战地工作产生重大的贡献。因此从这个想法诞生了“中国青年新闻记者学会”。这不是新闻公会，不谈工作和民生问题，当时也不打算替任何政党党纲背书，组织理论上是无党无派的，爱国心和良知才是组织仅有的两项目标。所谓学术，就是指联谊会将散发简讯，举办座谈会，提高成员的工作素质，同时提振士气。长沙分会成立时，无党无派的我负责整理成员名单。分会选出的会长陈育胜（音译）是国民党员。在登记加入会员的三十多人中，多年后我只记得我的室友兼同事廖沫沙是共产党员。在全国的组织中，会长范长江无党无派，秘书长陈侬非是共产党员。我们可算是联合阵线的一部分。

但我整理完会员名册后，必须申请退出。应该由别人来接管名册，因为我即将离开报纸的工作，进入军校。范长江要我去他在长沙YMCA的房间里见他，希望说服我放弃军事生涯。二十年后，回忆仍然很鲜明。这个人的名字出现在报纸上，我从图书馆的六楼窗户往外看，安亚堡的春天来得很晚，大楼间高耸树木的枝枒间，只有一些黄绿色的花苞，空气十分潮湿。我翻阅报纸时，似乎看到1938年闷热夏天的长沙市内任意扩张的黑色屋顶。空间的转换已压缩了时间。

范长江很容易激动，干燥的头发略显凌乱。不论别人提议去附近的面店吃面，或是油印一份传单，他赞成时习惯拍桌子。“好，”他会说：“就这么办吧！”那次单独见我时，他却只顾说话，没有用动作来加强他的语气。不过，他的话仍然又急又快。他多多少少预测我的从军生涯是失败。小老弟，不用试了。他是过来人。他曾经亲身尝试过，最后却是幻灭一场。我不过爱做白日梦，不如他务实。

但话题谈到如何对战地工作有所贡献时，我们的立场就逆转了。对他来说，虽然接近神秘却很合理的是，有一种听不见的呼唤在吩咐他，这是人人都要听从的声音。他替我分析局势：战争的短程结果很明白，日军会继续挺进，汉口会沦陷。西安和长沙将成为自由中国的两大“基地”，一在中国西北，一在中国内陆的南方，两大战略中心的命运对战争未来的进展将产生重大影响。既然如此，我没有理由“舍弃”我的“岗位”，这两大中心之一是我的故乡，我又已在城里素负盛名的一家报社中做出一番成果。他希望我继续留着，同时持续在学会分会的工作。依他的说法，似乎一切都有必然关系，因此我必须肩负人类的命运。

我吓了一跳，只能采取防卫的立场。我嗫嚅着说，进入军校不是舍弃，而是尽全力付出。但我不能说，如果能从军队安全生还，名声及财富将是成功军事生涯的合法奖赏。不论是形式、态度、风格、个性、习惯或风俗，都不可以如此毫无羞耻地谋求私利，更不能对只认识几天的人直言个人的野心。我也不能说，这是我个人的事，我的心意已决，没有讨论的余地。在此之前，没有人教我这样说，我也不曾听别人对我如此直接坦白。就我当时所知，有教养的中国人绝对不能如此冒昧，不管是开明派、进步派、军人或革命党人。此外，我们的地位并不相当。他是名人，我只是大学的辍学生，不过是游手好闲之徒，我无法说他想利用我。我已崇拜了他一阵子。经过二十分钟的讨论后，我更相信他的诚意。否则，其后二十天所发生的事也足以证明，为了推广学会，他忽略自己的地位和工作稳定。其后二十个月所发生的事，更可以证明这一点。我不需要等二十年才能评估我的朋友范长江的为人。

他的好友称他为“范孩儿”，这绝无贬损之意，因为后来我听到这个外号时，他的新娘也在场，就是沈谱小姐。虽然范孩儿表面上是范小傻子之意，但说时语气亲密，实际上是指他直截了当，心地单纯，而且还多多少少嘲弄他是“大号的婴儿”。天真事实上是范长江的特质之一，他对同伴始终如一的信心更是难能可贵，更何况他曾经历及克服过许许多多的挫折艰辛。

不过，我不能否认，他的行事多少有些出于自负。成功已经模糊他的视野，刘汝明事件更加强他的信心。他私下对我透露这件事时，仍掩不住兴奋的口吻。他说，文章刊登后，刘将军大为震撼，甚至愿意提供一笔为数不详的金钱，要求作者在将出版的文集中删掉这篇文章。范当然加以拒绝，他还宣布，没有一个字会被更动。不过，据说他透过刘将军的特使保证，未来他还会去刘的前线观察，如果英雄事迹足以弥补过去的错，他一定不吝赞美推崇。范长江不曾再去刘的前线。但这位战地特派员从此更意识到自己的权威地位。就某一方面来说，他做到了蒋介石做不到的事。

然而，范长江从来不曾想过利用这种权力谋求私利。他并没有膨胀自我，反而希望能让自己成为起点，建立全国的自觉心。他希望能借着学会，团结西方新闻记者所说的“运作的媒体”。这样就没有竞争，而且也没有利益的冲突，因为新闻从业人员、管理阶层和读者全都团结一致，目标在赢得战争，我们之间的小小差异可以借友善的对话来排除。这种共同努力还应该继续维持，延续到抗战胜利后的重建期。

二十岁时的我，理当是处在最佳时机，来想像他构想中不切实际的乐观。否则，我应该把自己的想法告诉他。但当时我全心想着自己的个人冒险计划，甚至担心战争很快就结束，以致自己无用武之地。不过，范长江和他那群开明派的记者仍然使我着迷。我们在汉口参加军校的入学考试时，我常花很多下午待在学会租来做总部的公寓，自愿打杂跑腿。我也因此结识学会的秘书长陈侬非。

陈是公认的共产党，下狱的时期和田汉差不多，他遭受国民党特务的虐待，以致出狱很久后双腿还很痛。我稍早在长沙见过他，当时他正要去香港求医。在他身上，我看到共产党无名英雄的最佳特质。他总是微笑，对于身体的不适毫无怨言。在办公室里，他处理绝大部分的文书工作，让范长江得以有空参加社交活动，和外界接触。这种谢绝镁光灯和头条新闻的习惯，一辈子跟着他。陈侬非牺牲多年，终于看到他的党当权，但自始至终他仍然是无名英雄。

在汉口，这个乐天的人再度付出牺牲的代价。他在香港时，在当地报社找到战地特派员的工作。但由于学会的责任，他到前线的频率不能符合编辑期望。我们到汉口前不久，他写信到香港，希望留在汉口，因为武汉三镇显然是一个战区。回信说，他的支薪资格已经终止，但报纸仍会登出他的文章，当成是自由作家的投稿。一星期后，更坏的消息发生在范长江身上，他被《大公报》开除，既无警告，也无解释。这个突如其来的举动一定令他震惊不已。“我被《大公报》解雇、扫地出门、开除了！”他大声宣扬。因此，才不过数天的光景，学会的两位高阶成员失去了战地特派员的工作，而此时汉口已准备迎战，每个街角都堆满了沙包。

多年后，我把所有消息拼凑在一起后，才知道局势为何非得如此发展不可。

范孩儿的问题和我在军中的挫折有同样的源头，我们都进入了一个很广阔的地带，代表上层的是国民党和蒋介石的权威，下层则是农民阶级。这个广大地带的社会资源很少，无法让我们据以将理想付诸实现，不论左派或右派都没什么差别。就外表来看，中国的报业已经成熟。长沙这个人口只有三十万的城市，号称有五家规模完整的报纸，以及我们《抗战日报》这家半开大的小报。但谁拥有这些报纸呢？无非是前军阀、政客和国民党的党政组织。只有一家规模完整的报纸和我们这家报纸勉强算是独立的，但我们却有严重的财政问题。

经济，事实上，左右我们的命运。所有的这些报纸都是“便宜报”，除了少数住家及机关订报以外，其他报份都是由报童在街上兜售，每份三分钱。即使读者群重叠，每家报纸也不过只卖出几千份，营收还不够支付员工的薪资，也不够负担从国外进口的油墨纸张。至于广告也只局限于网球鞋、手电筒和一堆分类广告，产生的收入还不足以让报纸的营运商业化。长沙的市民采买杂货和民生用品时，还没有养成参考报纸的习惯。任何游客只要花上半天时间在城里的巷弄走上一回，就可以知道原因。这个省会的商业和工业仍然以手工业为主。在一条专卖木梳的街上，店主、师父和学徒全都在店里，制造和贩卖商品全都一手包，个别的消费者和乡下的小贩挨家挨户讨价还价，同样的情形也出现在生产纸伞和雨鞋的其他行业。也就是说，沿海城市里制造手电筒和网球鞋的现代产业，对当地经济几乎没有任何影响，因为后者基本上以农为主，和外界隔绝。

由于经济背景使然，长沙的新闻从业人员是少数的一群。顶层的极少数人收入还不错，其中有些发行人和主要编辑领的还是政府的薪水。在这些人之下，记者和采访主任所得的敬意不及其职务，薪水也比不上工作的价值。在本质上，所有六家日报的全国新闻来源，都是由国民党的中央通讯社供应，而美联社、合众社、路透社和塔斯社等外电也是透过中央通讯社取得。每家报社还有自己的新闻管道，从而写出让出资者称心满意的故事。除此之外，报纸最具“创造力”的部分，恰巧是功能上最不重要的部分：一群穿着长袍的年轻人，其中部分只有最基本的文学技巧，绝大多数是自由作家，尽量把故事卖给愈多家报纸愈好。他们每天穿梭在鸦片窟和妓院之间，不时到政府机关找朋友，看是否能从桌上偷窥到可以刊登的资料。他们最可能屈服于压力和诱惑，有时还用手中的消息作为勒索的工具。范长江认为，找齐这些素质不一的人，要他们保证遵照我们的榜样，这样还不够，我们应该主动接触他们，对他们施行再教育。

采取这种做法时，他并没有预见其他人的反应。他自己的报纸《大公报》之所以能赢得学界认可和商业成功，主要因素是总编辑胡政之（也就是胡霖）精明干练。1938 年夏天，胡到香港指挥香港版的发行，当时上海版才结束，汉口版交给主编张季鸾。两个人都是军阀时期的政客——新闻记者，看尽军阀的起起落落。在政治上，他们属于政学派，这个精英团体是由在日本念法律和经济的留学生组成的，偏向老派的国民党。但他们希望《大公报》能免除党派的纠葛。他们必须如此，毕竟该报和相关的新闻周刊、通讯社的总报份超过十万份，而且也相当赚钱。当时香港的营运可赚进广告收入，内陆版又站在抗日战争的最前线，《大公报》达成中文印刷品从未有过的独特地位，没有理由不持续。

过去报社许可范长江写的一切，因为编辑群正确解读当时的政治风向，知道大众要求联合阵线存在。但此时范长江开始质疑个人在战争中所扮演的角色，重新检视我们的动员能力，他已经远远逾越战地特派员的角色。不说别的，编辑群可不能把编辑定位的工作交给他。范全力推动中国青年新闻记者学会，更是违反报纸不结党的政策。范插手所有的事，告诉所有记者什么该做，什么不该做，等于是重整整个新闻处理的产业。他一定要被铲除，而且愈快愈好。胡政之写给张季鸾一封信，就此定案。不过范仍拿到六个月的遣散费，算是财务充裕的《大公报》的慷慨之举。

回想起来，管理阶层的举动并不令人意外。比较吃惊的是，推动圣战的记者，本身竟忽略了他行动的广大内涵。对他来说，合理思考就足以达成重大改革。但他除了名声和读者外，并没有其他的政治资本，而这两者都是《大公报》给他的。胡政之和张季鸾不再支持他时，他成为没有喇叭的喇叭手，甚至没有机会向读者告别。他已经被发现和共产党员来往密切，成为党员只是迟早的事。

但他至少试了两年当独立人士。他的财务状况不容许他成立新报社，他倾其所有成立国新社（全国新闻通讯社），事实上就是卖特稿的通讯社，陈侬非仍然当他的经理。为了符合联合阵线的精神，他们找来刘尊棋当副社长。刘当时还领中央通讯社的薪水，战后他在 USIS 当费正清教授的助理。

国新社在重庆、桂林和香港设办公室，就像连锁的公社一样。

范长江等资深记者辅导新进人员，战地由新成员集体采访。文章誊写在复写纸上，或是用手重抄，卖给各省的报纸及一些海外的中文刊物。幸运的是，在联合阵线期间，国民党的国际通讯服务社和中央通讯社产生利益冲突，因此大力支持国新社成为中央通讯社的对手，并且付出颇高的费用。但即使如此，国新社在内陆每个办公室的成打人员，全都过得艰苦无比。月复一月，他们卷铺盖席地而睡，餐餐无肉已成常态，每个月的津贴只够剪头发和买邮票写信给亲友。联合阵线瓦解时，他们的财源也告终止。各省报纸所付的微薄费用，无法支撑国新社。

此外，在新四军事件前，国新社就面临第一宗战争受害者的例子。有一位名叫李亨（音译）的特派员，被活埋在国民党广西地区的冲突区。干下这起令人发指恶行的士兵如果指控他是间谍，我一点也不感意外。当时陈侬非前往新四军占有的地区。新婚不久的范长江则到香港执行共产党的任务，和廖沫沙一起替党报《华商报》工作，直到珍珠港事件爆发为止。我最后一次见到他，是在1942年年初，当时我回湖南埋葬父亲。他和妻子都已逃离香港，取道桂林前往共产军地区。

我们这回见面自然不比早年的欢乐气氛，就某方面来说，我们都丧失了年轻时的纯真。这个人之前对联合阵线的形成有无比的贡献，现在自己却卷入党内的斗争。我穿着国民党军队的制服为他送行。我们见面时，虽然我对他保证不想参与内战，但也只能限于我尽量避开冲突区。如前所述，在东北时，我发现自己涉入内战，不论喜不喜欢。1946 年初，有一天黄昏我运送三卡车弹药给一二五师。当时走在迎风的路上，在薄暮时分，草木皆兵，敌军不无可能架设路障突击我们、从山丘上丢下手榴弹或是展开扫射。我坐在卡车里，手持冲锋枪，差一点就要扣扳机。当时忽然闪过一个怪异的念头：包围我们的部队，可能正在朋友和同班同学的指挥下，要不然就是曾接受他们的训练和教导。

我当时并不知道，在国共和谈时，范长江是周恩来的新闻官，一度待在南京和上海。他满意在共产党内的职务吗？没有理由不满。但身为朋友和读者的我，还是会替他觉得遗憾。在当权政党中高居显位，忙着处理文告和传单的范长江，再也不曾出版像《中国的西北角》那样充满力与美的作品。事实上，在加入共产党的阵营后，他就再也不曾出版任何重要作品。不过，对范孩儿了解够多的我知道，对他来说，文学成就或甚至自我表达本身并不是最终目的，而只是传递讯息的工具而已。对他来说，那个讯息就是中国的解放。如果目的可以达成，不论是透过无名的团体努力或署名的个人，其实都没有差别。无论如何，他的署名是长江，背后的那个作家不一定非得是范希天。

我多次想到他时，都觉得他的道德情操比我高尚。同样的形容也可以放在田伯伯、廖沫沙和陈侬非身上。他们都是给予者，不是接受者。每当大我的运动需要集体努力时，他们就立刻去做，很少考虑个人问题。当共产党员一定是在实践他们自身的信仰。他们把我当成年轻的小辈和弟弟，对我慷慨大方。我必须谦虚承认，他们远非我能力所能及。

但为求道德上的毫无瑕疵，一定要当烈士才行吗？如果我诚心认为，我个人的小小希望绝对不会伤害公众的利益，又会如何呢？毕竟在十年的国民党军旅生涯，我已几乎身无长物，即使是现在的流亡身份，更是一点都不值得他们羡慕妒忌。如果那些小小的希望对他们并不重要，对我却很重要，又会如何呢？毕竟这些小希望会影响我的情绪感觉，就像恋爱或发笑一样无法抵挡。不成，我无法掩饰我和他们之间的歧异。无论他们怎么想，我很不乐意见到中国自绝于西方的民主体制，只为了随着苏联团团转。在东北的回忆仍然困扰着我，我认为林彪绝对不可能以德服人。

我愈想到这一点，就愈觉得道德的有无并非划分两大敌对政党的因素。如果提到道德，原因不过是因为有两套道德标准，个人很难从中选择。每个政党都有其黑暗面，被该党本身极尽淡化，以为不过是危机时不可避免的小缺失，但敌对阵营却认定是蓄意的恶毒。总之，这就是内战前夕的典型心态。

密西根有时会突然变天，有一年 4 月下了暴风雪，还有一年到 5 月下旬还飘着雪。生活照例会有一些无法预测的因素，可能带来一些不便，因此，我们最好能准备好去迎接。当时我白天轮流当着绘图员和洗碗工，晚上念杰伯 · 史图亚特（Jeb Stuart）和约翰 · 李尔本（John Lilburne)。多年后我才知道，当时待在安亚堡的我，其实正在享受大多数人无法想像的自由。FBI 干员不曾再来找我。我没有在任何领域内成功，所以也没有恒产，不过我仍然不做任何承诺。我没有过去纪录可辩护。我取得永久居留权后，并没有申请公民权。在技术上来说，我没有国家。这种无所依归的状态有时让人觉得非常寂寞，然而，超然的态度却让我多少能客观检视自己的生命，希望这种客观将来能让我有资格成为当代中国的史学家。

我逐渐明白，中国的内战就像17世纪的英国内战和19世纪的美国内战一样，在第一声枪响出现前，命运就早已决定了。中国的内战不同于美国，比较像英国，因为在20世纪的前半段，中国受到空前的外国压力，同时内在的问题是出在社会结构或体质，无法用中庸之道来解决。

为什么不行呢？这是马歇尔将军和杜鲁门总统问过的问题，也是我们扪心自问的问题。就常理来说，蒋介石最在意自己的领袖角色，如果去除党内贪污反动的势力，对他只有好处，没有坏处。另一方面，共产党如果可以置身更高的利益之上，就应该减少自己的极端色彩。第三势力就可以受邀来“扩大政府的基础”——借用马歇尔的话。也就是说，中国大可以在自由派的根基上迈向战后重建的道路，中国没有理由做不到。

在提出这个问题后，又隔了数千里的空间和多年的时间，我开始有了解答：中国的现实面落后理论层次的理想面。精确来说，中国并没有准备好迎接议会制度。顾名思义，自由派必须引进渐进的立法，以扩大公民权，或是让弱势者也享有经济的特权。因此必须要有选民存在，能够支持这些计划，并且能用法律和经济手段来加以施行。这又必须牵涉到可以测量和协调的数字图表。只要中国有一点点可能足以发展这样的机制，内战就绝对不会发生。当我说到社会因素不足时，我不必太努力就可以找到证据。读者这时一定受够了落后五码的唐，但田汉的南国艺术学院和范长江的国新社呢？如果有足以管理的社会关系，为什么他们得用自己的钱空手创造自己的关系呢？为什么田伯伯必须放弃现代剧场，转而接触帮派和地下组织呢？为什么怀着民族主义立场的《大公报》要在租界港口和香港殖民地维持财务的基地呢？为什么所有的省报都是由政客、前军阀或国民党自己所操纵呢？为什么林彪能在军队里顺利清除都市的影响力呢？更令人好奇的是，共产党的逃亡者面临普天之下的各种选择时，为何向国民党将领朋友寻求庇护呢？

说来奇怪，到安亚堡我才初次读到，列宁有一次形容孙中山“天真如处子”。这故事如果在中国刊登，未免失之唐突无礼。但该评语确切揭露，中国历史上最伟大的自由派分子之所以失败，是因为他像范长江一样，相信自己的劝说能力足以填补本质上的组织漏洞。

同样地，在1957年的一个下雨天，我在密西根的远东图书馆发现，毛泽东政府的林业部长罗隆基被打成右派分子。罗是民主同盟的重要成员，数年前积极主张国民党的自由派改革，结果被当成左派。当时民主同盟被视为进步的组织，被美国媒体厚赞为中国的希望。民主同盟名声大噪，部分原因在于两名成员的牺牲。这两名西南联大的教授由于立场倾向共产党，在光天化日之下被国民党秘密警察派出的刺客枪杀于昆明。杜鲁门因此很激动，认为蒋介石本人应该负责。在一片刺激和混乱中，中国的内战更被视为道德的竞赛。很少人注意到，多克·巴内特（Doak Barnett）博士曾警告，民主同盟令人失望。这个组织的成员都是理想色彩浓厚、诚心诚意的人，虽然怨气冲天，但毫无解决问题的逻辑。在巴内特博士访问的成员中，没有一位能对问题提出前后一致的解决之道。原来民主同盟不过是知识分子的结盟，没有真正植根于中国社会。被谋杀的教授之一是诗人闻一多，他和持有哥伦比亚大学博士学位的罗隆基一样，都在美国受教育，念过芝加哥艺术研究所和科罗拉多学院。他们的生活并没有延伸到学术圈和出版界以外的地方，但是由于他们的背景使然，特别讨好那些以概念方法来了解中国的美国观察家。他们都说同样的语言，因此在这些不幸的中国学者身上看到了自己。但说来矛盾，这些中国学者批评美国、赞美苏联时特别有劲，因此许多国民党官员受够他们的偏心和嘲讽，称他们是“罗隆斯基”和“闻一多夫”。

对于为言论自由已付出惨痛代价的不幸个人，为什么我还如此忍心苛责呢？原因还是我们在讨论历史的全面真实。如果把罗隆基和闻一多的故事放在适当的历史角度来看时，我们必须说，他们的鼓吹提供不干预政策的道德借口，因此会得到美国的欣赏，但对中国的奋斗并没有太大的贡献。林彪征召农民为军队，对于那些以同样方式在东北平原对抗林彪的人来说，这些人的影响是负面的。更重要的是，如果以为民主联盟或其他次级团体是内战之外的选择，这样的错觉必须被消除。他们并不是。同情言论自由的烈士是一回事，严肃检验他们的言论内容又是另一回事。除非把其间差异弄清楚，我们将无法看清中国内战残酷无情的性质——这是人类历史上最暴力的内战。

了解这点后，我才能继续证实，在加入国共争斗的人士中，只有少数人视之为有利可图的良机，或是以自愿的热情投入。令人产生严重幻觉的是，有很长一段时间，选择似乎操在我们手中。但大门砰地关上时，个人只能默默接受他们在历史上扮演的角色，而多数人是由个性和偶然际遇来决定站在哪一边。在通常的情况下，全然投入后才会产生意识形态的修辞，“主义”永远可以被操纵和延伸。个人走投无路及面临控告时，其信念才会加强。共同的主题就是无路可逃。在我所认识的共产党人中，只有毛泽东的老师徐特立喜欢战争行为。1938年，他常在傍晚到《抗战日报》的办公室，讨论共产党在江西的初期进展。他描述共产党如何处决被俘的国民党师长张辉瓒将军时，眉飞色舞，脸上浮现满意的微笑。除此之外，我还没碰到不和我们一样关怀人类的共产党员。

以我的室友廖沫沙为例，在政治议题上，他有时非常顽固好斗。我从军校毕业后，我们又重逢，话题转到我在军校学到什么。我说，为了要攻陷有壕沟保护的位置，步兵营必须给自己三个小时的时间：步兵班必须克服敌军轻型武器的有效射程，也就是两千码的距离，而意外情况可能随时发生，拖延是无法避免的，从敌军抢来的地点必须重新安排以利我方守卫，军队要休息和补充装备。如果上述种种作业无法在白天内完成，情况将令人不安。他不为所动。但我谈到作战时太重视程序，好像照着食谱做菜。“太有破坏力了，”沫沙说：“几千名像你这样的年轻人居然用多年的时间来学这些东西。”我那一刻就了解，他先是个人道主义者，才是革命分子。

我不需要哲乐将军来提醒我，内战会拆散家庭。沫沙的岳父熊觐玎先生是《新华日报》的经理部长，也是共产党员。但他的儿子，也就是沫沙的妻舅熊笑三少将，则效忠国民党。我最后一次听到他的消息时，他统率蒋介石第两百师的精锐部队。

个人转换政党的例子不计其数。我向十四师报到时，我们的参谋长梁铁豹上校就曾经是共产党人士。陈烈中将也是，十四师就隶属于他率领的五十四军之下。我到印度时，驻印军的委员是盛岳少校。他不只是前共产党员，还是所谓的“二十八名布尔什维克党人”其中之一。这一小群学生曾在苏联受训，是早期中国共产党的凝聚核心。

即使是对特务产生僵化印象（让人想到德国的盖世太保），也不能道尽所有相关人员的特色。在新四军事件后，我曾见过一些特务佩服和尊敬他们所监视的共产党人士。他们知道，这些人都是有个性、有毅力的人物。

将这些因素都纳入考量后，我们不禁好奇：为何会如此呢？为何会发生处决囚犯、活埋囚犯、无数的折磨与报复、当街暗杀异议人士、驱使无数的农民兵到机关枪射程内的野蛮战术呢？

对于内战时的滔天大罪，我们可能无法辩解、合理化、补偿或甚至道歉。如果假装一切都没发生，就怠忽了历史学家的职责。历史学家只能想像，在野蛮残暴的背后，是下级官吏的恐惧、害怕、愤怒和紧张，他们必须执行或回应劳力密集型态的革命。这是人类社会的彻底重整，是空前的经验。

不过，就技术层次来看，不难将内战相关事件解释为正在成形的历史。如果去除情感的牵绊，我们可以轻易看出，历史出现了僵局，而内战正是突破。一切都已形诸文字，念历史的学生只要摆脱传统架构，例如以二十年为小循环，一个朝代为大循环，经济和法律分开的学科区隔等等。内战是大熔炉，本质上一定有一些长期因素在背景运作，而这些相冲突的因素并没有刚好落在我们的学院分工之中。有了这个概念后，我慢慢发展出自己解读历史的方法。多年后，我和英国汉学家李约瑟合作时，我们开始标示出中国历史的“技术诠释”论。

中国在20世纪初面临的问题太过复杂，还涉及太多层面，无法一项一项列举并比，等待一套综合的解决方案。通尼（R.H.Tawney）在半世纪前（1932年）综合许多当代学者的意见，提出这些问题令人困扰的面向。首先，前端的需求非常惊人。人口必须加以控制，必须提倡公众卫生和大众教育，以免工业化重蹈西方国家的覆辙，制造出一群身心皆病的贫民。在正常的情况下，农业发展将强迫人民储蓄，成为工业化的财源。但在中国，农业人口本身就面临很大的压力。通尼检视过这个事实：在中国，一块土地有承租者及拥有者，因此就分成优先权与殿后权。如果一律将承租减少百分之二十五，并不是实际的解决方案，因为忽略了佃农问题的地区差异和内在复杂程度。资金的缺乏更是扰人的问题，农地信用需求只能靠政府资金来纾解，但中国政府没钱。新兴产业必须依赖政府扶持，没有能力提供多余的收入去服务腹地。外国人也帮不上忙。替中国着想，并不是外资银行和制造商的设立前提，这些机构是为了利用中国的弱点才成立的。地理问题更使得中国的困境雪上加霜，沿海区域和外国贸易的好处远大于和遥远内陆交易。反过来说，现代运输工具无法及于内陆，原因是无利可图。无论如何，商业只有利于社会的现代层面，后者也是强势的一方。商人如果有较充裕的资本，消息较灵通，组织较严密，那么较不开发地区的佃农生产者受害更大。在其他国家，产业劳工的生产力提高，可以拉高农人的工资。在中国，农业劳工的收入微薄，产业劳工的薪水连带遭殃。经济欠缺突破，政治又不稳定。总之，这些问题和工业化的努力相关，但反而造成工业化的失败，甚至完全避开工业化。问题盘根错节，即使协调呼应的大计划也无能为力，还没有一套经济法则可以适用于所有区域的所有部门。

我在安亚堡学习历史多年以后，阅读这些文字时，不再觉得这是一长串抱怨名单。历史产生了拥塞，长久以来中国一直承受两套不相容体制的苦果，但又没有从任何一方得到好处。

基本上来说，中国以土地为主的经济是帝制时期的产物。至少数百年以来，土地向来切分成小规模，以利自耕农的运作。村民又对亲人邻居买卖、承租及抵押他们的小块土地，也常常以超高的利率互借土地，并以极低的工资雇用帮手。社会流动性低更使这套机制长盛不衰。在每一个地区，行政主管必须依照当地习俗来认可所有权，否则他无能力也无权威来介入牵涉到大多数人的商业交易。大地主和遥领地主确实存在，但他们是特例，不是常例。由于缺乏投资管道，地产在两三代后通常会分裂。在帝制时期的中国，内陆贸易依现代标准简直微不足道，原因之一是以乡间市集为中心的当地社区长久以来都能自给自足，另一原因是缺乏符合现代法律惯例的法庭制度，无法借以认可商业法律。朝廷的宣令呼应古老传统，将政府的功能界定成让人民免于饥饿。提高全国生活水准的目标被视为没有用，甚至不恰当。税收通常很少，因为是从许多小自耕农身上征收来的，而且目的也不在提供额外的服务。明朝或清朝政府都没有货币工具，政府不鼓励管理不到的经济活动。在很多情况下，政策几乎等于压抑国家经济中较前进的部门，以便和较落后的部门同步。一致性可以降低区域间的不平衡。

在这种情况下，现代西方在经济推动下产生治国政策，中国却长期实施类似文化导向的政治形态。中国之所以能维持低效率、自我管制、不多元化的经济，主要是享有非竞争的地位。这个体制自然而然的结果就是，和外国的接触必须小心过滤，以免破坏微妙的平衡。

中国从鸦片战争到清朝灭亡期间，政治史上的突出特色就是朝廷努力抗拒西方的影响。1842 年签订南京条约时，中国文化导向的政体和非竞争性的地位就此注定毁灭。但中国人民和满清官吏不可能承认全盘皆输，他们只试图减少伤害，希望可以把漏洞补满。必须要到二十年后的另一场羞辱，一些注重军事的巡抚才提倡“自强运动”。老实说，这只是范围十分有限的模仿运动。当时认为中国应受到国际法的约束，加强沿海防线，改善特定地区的运输和交通。除此之外，中国文化和政治制度都不能触及。拒绝跨越更大胆的一步固然突显中国人的保守性格，同时也反映出中国文明适应新环境的技术困难。

其后数十年，枪炮船舰成为自强运动领袖的目标，运动也制造出军械库和造船厂。但如果没有民间产业、相配合的国家经济、社会习俗、民间管理，以及最重要的公民，现代化的军事设施就无法发挥功效。在中国这样庞大的国家，后果更是明显，许多地方都出现脱节的现象。1894 年中国海军在黄海败于日本，完全彰显出三十年来改革的肤浅。下一批改革者希望将西方化延伸到政府制度，为时已晚。他们的目标定在君主立宪、预算控制、内阁制度和西方式的教育。他们不过宣扬上述企图而已，但就足以构成对当权者的威胁。光绪皇帝支持改革者时，他简直是投下反对自己的一票。中国君王的权威来自王位的神秘特质，借此产生官僚本身无法具备的逻辑。在皇帝具约束力的仲裁之下，小自村落的不合理似乎都获得解决。因为要管理庞大的帝国，又没有现代科技的协助，才会产生这样的惯例。但是，如果皇帝放弃这个功能，等于不和官僚协商就自行逊位。难怪光绪的朝臣支持皇太后，结束 1898 年的这场“百日维新”。反动势力回扑，皇帝遭到软禁，动力持续前进，庇护两年后的义和团之乱。这时大众才了解，王位本身就代表改革者想要去之而后快的所有事物。在这样的前提下，1912 年中华民国诞生，离鸦片战争结束已经七十年，但正面的改革仍然不多。

对中国来说，民国是军阀主义和无政府主义的同义词。现在回顾起来，一点都不意外。就背景来说，激进的变化几乎没有经过妥善计划。从重新调适到改革到革命，并不是一个阶段成功后才进入下个阶段。相反地，由于前一个处方没有效，下一个就必须更强更剧烈，其间没有吸收冲击的任何措施。其中没有过渡之计，因为没有一个计划奏效。在大破坏之前，不可能进行任何有秩序的建设。中国在这七十年内所增添的西方元素通常微薄零散，有时甚至彼此冲突。中国宣称是民国，但一堆村落的组合不能算是国家，社会价值不是法律。自制和互相尊重如果还受到重视，也不能取代经济。现代国家的功能必须来自熟而生巧的惯例，各组成要素都要各就各位，共同发挥效能，而且要适当维护。宣言并不能取代上述种种组织上的细节。

所谓的“五四运动”是在 20 世纪初期出现的知识运动。这个运动在 1919 年受到极大的注意，主要是因为抗议凡尔赛和约所发起的一次示威活动，反对牺牲中国来奖励日本成为第一次世界大战的战胜国。发起这次运动的作家、编辑和教师劝告中国的年轻一代，只有政府改革是不够的，中国社会必须先重整，但在此之前，每个人的思考方式必须要先改变。实际上，五四运动并没有解决任何问题，只有指出问题的本质和严重程度。五四运动领袖提倡的“科学民主”定义暧昧模糊，有时恰当，有时让人误解，完全视处境而定。五四运动让中国受教育的精英分子深切反省，但也只影响到一小撮人口而已。五四运动更有自觉地引进西方思潮和制度，在一个上层结构已经崩陷，而下层结构严重衰退的国家，最后一刻才大幅接受西方文化，却同时引发许多的希望和沮丧。五四运动的知识价值被充分认同，但很少人停下来想想，它也引发了全国情绪的宣泄。之前提到的民主联盟领袖罗隆基和闻一多就是五四运动的大将，两人从美国回来后，就在新月社一起工作，这个组织希望透过诗歌来表达爱国情操。罗是《北京晨报》的编辑，常在报纸上刊登新月社的作品。这运动也可以视为民初狂飙运动的一部分。

五四运动最具体的成果就是，在其鼓动下，无数年轻的男女成为政治活跃分子。中国共产党成立，旧的国民党也重新充满活力。1926年以后，中国的政治舞台属于这两大敌对政党，核心则是武装部队。他们两度结盟，再两度拆伙，最后终结于四年的内战。即使如此复杂，整个过程可以被形容成：在没有议会制度的情况下，五四运动要求开庭时，双方进行延长的武装辩论。

重述历史至此，我开始领悟，为何我必须在生命中见识如此多的奇人异事，面临如此多的暴力。我恰巧出生在中国政治的最低点，以及人心惶惶的最高点。但在无穷危机下的生命也有一个好处：让我能窥见成形的历史，据以证实和补充我所阅读的内容。

在中国，我们提到“军阀”时，通常觉得不安。出现这个名词象征我们政治上的不成熟，使外国有所借口入侵。而今在太平洋的另一端，经过一段时日的深刻内省后，我开始认为，我们没有必要引以为耻。当军阀的存在有其必要时，用道德的重炮轰击并非澄清真相的好方法。

就背景因素来说，1911 年的革命终结一套过时的政治秩序。在此之前，这套政治秩序是透过道德劝说和典章仪礼来完成其功能。这些抽象事物被废除或被搁置不顾，但革命分子什么都没得到。西方形态的现代国家靠商业原则运作。我们说“人人都具备不可剥夺的权利”

或“每个人的家是自己的城堡”时，概念可以被转成具体事物，从而衍生出一连串连贯的思维，从信仰自由到公民自由到财产权，再到以货币控制和税赋制度来管理公众事务。无论称之为资本主义、民主的形式之一或只是运作的货币经济，在个人与个人之间必须有服务及商品出于自愿的可交换性，而且能够维持民法的运作。否则，公众事务将缺乏可整体有系统处理的本质，或者，正如我在之前数次提过的，并没有中间阶层可以掌控的足够社会因素。不幸的是，从1926年到1950年期间的中国正符合后面的描述。

通尼教授出版论中国的书时，我正在念中学。当时非军系的领袖很少能清楚了解乡村的状况。后来洛克菲勒基金会赞助两趟田野调查，由南开大学和金陵大学主持。受过现代教育的精英甚至很难和农业人口交谈，鲁迅在短篇小说和中篇小说中，沉痛而哀伤地刻画出这种文化的差距。在本质上，以传统方式管理的土地税，只能勉强维持传统型态的地方政府，成本也很低，因为行政的功能不过是维护古代的社会秩序。无论村民享有何种社会正义，都必须受到社会习俗的约束，其中包括服从权威，具体化成简单的公式就是女性听从男性的命令，年轻人模仿长者，农民遵照读书人的指示。整个运作都不值得保存到现代。朝廷来的命令一旦瓦解，没有其他措施可以凝聚村落社群。个人的军事力量成为唯一选择，并设法控制和省一样大规模的领土。这就是军阀背后的逻辑。

以我的家乡湖南省为例。名义上来说，1926年蒋介石北伐时，已肃清了湖南的军阀。但蒋介石的军队离开后，湖南省再度成为新军阀和共产党势力的必争之地，何键将军赢了，后来担任省主席，一直到抗日战争为止。省的武装部队有四个师，很巧妙地编列在国民党的军队中，实际上却是私人的军队，很有自主性。其中一个师长是何键的女婿，另一个师不曾离开在湘西的根据地，因为该区的另外一大势力是贺龙，就是那位替张发奎的铁军包抄敌军的将领。贺龙后来成为人民解放军的元帅，当时他可以说是“赤色军阀”。何键的私人军队财源，部分来自于政府监督的鸦片交易。这位积极进取的省主席甚至雄心勃勃，想打造私人的空军，从美国购买一些战斗机。飞机抵达东海岸时，被蒋介石的国民党政府拦截，只放行四架，成为何键的空中巡逻单位。湖南有七十六个县，和省政府之间并没有常设的中级机构。即使某些县之间靠现代化的公路和电话相连，但内政也无异于我们所知的明清地方政府。何键积极举发共产党人士，提倡儒家理念，自始至终尽忠爱国。在他省主席任内，湖南赢得“模范省”之名，和阎锡山的山西省和桂系的广西并列。

若干西方人称蒋介石为“另一个军阀”，虽然是贬抑的说法，但却没有完全脱离现实。无可否认的是，蒋介石在长江流域下游维持了“他自己的”地理基地。他的政治资本就是军队，他的管理非常个人化。他君临其他军阀的方式，就像董事会中持股最多的股东下达企业决策。他深知自己的力量，也愿意承认别人的优点。但对他的批评即使不算错，仍然不公平，因为稍微不踏实的方法根本不可行，这点还没有人指出来过。通尼的书出版时，蒋介石号称已当权了五年。五年后，他动员全中国抵抗日本。这样看来，他大多数的重要决策是由时间和局势决定的。和外界的评论者相比，从内部观察的我们较能看清情势。但不论蒋介石的言论，或是他的属下追随者的言论，都不足以为他的行动辩护。最好的方式是将一切放在历史的大环境中，就可以从中看出，如果指责他下决定是为了自己的短期私利，这样的说法并不合逻辑。

一个明显的例子是，看他在1937年如何指挥军队抗日。在上海附近，他率领他所能掌控的最好部队，并且要他们死守。其中部分来自于各省的军队，但大部分是外国人所说的“蒋家军”，就是由黄埔军官指挥的第一线部队。军队面临地面、海上及空中轰炸，又挤在一个很小的区域内，因此蒙受重大损失，无论就人员或无法再补充的装备而言。史迪威将军因此引用这件愚行，证明蒋缺乏军事领导的能力，虽然这也不算错。这个罪名还跟着蒋很多年，不过我们必须了解，在这个例子中，蒋的考虑远超过战略需要。他必须向西方强权证明，中国决心打一场生死之战。更重要的是，他需要一些牺牲，来巩固他新接总指挥官的名义及实质。在国民党半数以上的部队里，组成分子属于军阀、准军阀和前军阀。在此之前，他们只是被动地服从总指挥官，要不是潜藏敌意，就是公开反抗。此外，在1937年，中国并没有能力和日本作战。一旦开启战事，就必须宣扬一个理念：在困境时，必须抛弃逻辑、精心策划、甚至自保的念头，以达成超越传统的突破方式。成本虽然很高，但蒋介石绝对要展示他的意志，不能逃避。这虽然是发表就职演说最昂贵的方式，但讯息仍相当有效。张发奎并不是一个容易吩咐的人，但他仍然毫无怨言地接受自己的角色。四川帮尤其全力付出，投入第一师师长王铭章将军的手下。后来王将军战死沙场。只有在这种情况下，蒋介石才能逮捕山东省主席韩复榘，并将以处决，因为战争开始数星期后，韩却仍希望能和日本达成协议，保持中立。

同样的，在多数西方观察家对蒋介石和国民党的批评中，虽然有许多事实，却很少有发人深省的见解。例如，只会一味指控“贪污和无能”，还通常引为这个议题的最终结论。一旦存了这种想法，学历史的学生就以为所有的真相尽在掌握之中。他们其实并不了解，这项指控只导出组织不足的结果，但组织不足其实是历史的产物，指控并没有触及根本的原因。为何其间的差异如此重要呢？身为历史学家，无论是对蒋友善、敌视或中立，都需要发掘出他崛起和衰败的背后因素。至于他多没效率，之前已明白陈列种种因素，不必再多做解释。一群依赖村落社区的各省强人组成松散的联盟，其表现绝对无法通过现代工业社会的标准。如果可以，日本就不可能发动侵略。古巴或夏威夷都不曾有能力侵犯美国本土。在国家经济支撑好社会架构之前，政治组织不可能先发展出运作上的效率。因此，如果极力降低蒋介石不屈不挠的努力抗战精神，就很容易误解整段的当代中国历史。

在50年代末期，我对喀尔文教派的命运预定说很是认真，甚至定期上教堂，到安亚堡的第一长老教会。我也大量阅读马丁·路德和伊拉斯谟斯之间的辩论，主题是命运预定论和自由意志。我的概念起先很模糊，但后来愈来愈清晰，我开始了解到，在动荡不安时，为何宗教教义特别重要。国家或社会进行重组时，个人也会被迫从基础和基层做起，重建自己的思想和信念，以符合时势所趋。不过，我的宗教信念却很奇怪，无可避免会纠结着东方哲学。在我流离失所、对自己充满怀疑时，犹太—基督原罪教义所散发的吸引力，一定大过在其他时期。其实这也相当合理。

我因为连带关系而成为政治难民。在50年代，我到台湾是很不实际的。我应该认为自己很幸运，当时随着朱将军在台北时，没有被扣留。如果他被逮捕，国民党高层没有理由让我回东京去。既然我被放行，没有理由不善用机会。另一方面，姑且不论我对共产党的观感如何，我也不能回到中国大陆。那里新颁布处罚“战犯”的法令，所有曾经待过国民党国防部二厅（情报厅）的人，一律不能保释。该法显然是针对战场上的特务，他们总是宣称自己属于二厅，以获得战斗人员的地位。事实上，这些特务都有他们自己的指挥管道。在二厅办公室的正规官员中，很少有人能知道特务如何运作，更不要说是在外国的联络办事处了。但没关系，我曾在办事处服务过，因此理论上曾在该厅待过数个月，从1948年年末到1949年年初。

我于1964年离开安亚堡时，不可能知道即将发生的“文化大革命”将分裂共产党，牺牲我朋友的生命：田伯伯（下狱）、范长江（到河南强迫服劳役）和陈侬非（我不知他的下落）。从“文革”中生还，在法庭上控诉“四人帮”罪行的证人中，廖沫沙是我唯一认识的人。但现在说这些都太早。

我一直都很喜欢美国。除了物质上的舒适和便利外，美国生活对我有一种新鲜感。除了光鲜亮丽外，美国还有一种充满冒险的活泼朝气，是我无法在中国看到的。（同样的，对有些美国人而言，中国有另一种形式的多元化，显然这是异性相吸的原理。）如果中国不发生内战，我也许仍会找机会去美国一游。但在情感上，我无法觉得完全自在。就我记忆所及，美国一直是白人的国家，到50年代为止，也别无其他可能。

虽然很安全又生活得相当舒服，我还是对自己的未来并不确定。内战和相关事件仍然困扰我，有时我从噩梦中惊醒，仍然不停喘气，想着处决囚犯、烽烟四起、残垣断壁的景象。我知道自己曾踏进联合阵线的接缝地带，亲眼见到进行中的内战，而且介入已相当深，但我仍然全身而退。这样难道错了吗？我放弃了任何运动吗？但又是哪一个呢？我应该待在东北，最后和郑将军的幕僚群一起被俘吗？我应该站在中国的一边，和田海男一起参加朝鲜战争，以在雷温乌兹要塞所学和美国同学作战？我应该一开始就抛弃在军中发展的念头，就可以帮范长江制作文告和传单？老实说，有些选择太没有吸引力，让我想都不敢想。不过，我虽然逃避开想逃避的事，却觉得寂寞和无所适从。我的生命毫无牵绊、毫无目标，难道我就以这样奇怪的方式放弃我的人生？难怪在中国的田伯伯、在密西根的教师和同学都认为，我做了错事。我享有自由，我拥有许多人想像不到的自由，我也拥有此刻自己不需要的自由。不过，这却是流亡者的自由，是没有影子的人所拥有的自由。

有了命运预定说，一切都很合理。如果该理论被放置于一切的前端，就和宿命论没有差别。如果个人公开承认人完全不可能做出自由选择，等于是早就心存失败者的态度。但如果该理论被放在后部，就可能开启接近神秘主义和心理学的领域。命运预定说可以维持一个人的自我，但又使他保持谦卑。我们必须自己做决定，同时我们必须承认，下决定时，也会引发一些无可避免的事，早在先前就已注定好。在生命中，我们似乎遇到无数做决定的机会。但后来再回顾时，每一转折其实都只有一座桥，选择缩小到要不要走过去。个人的倾向也已由若干因素来决定，无法由自己全然控制。在印度教—佛教的术语中，这就是“因缘”，也就是一连串的因果关系。在中国古代称之为“道”。道家甚至拒绝区别部分与全体两者的差别。

对我来说，命运预定说很有用，可以在中国当代环境之下维持历史主义。在外表上来说，1926年到1950年时期的中国似乎有无限的选择。我们可以留在18世纪；我们也可以直接跳到21世纪。我们可以一直当中国人；我们也可以完全扬弃文化传承。但一旦我们开始接触现实，肩负起责任时，所有的美梦和幻影都会消失。这时才会发现，不但选择是有限的，而且每一种选择都已过度使用。为了让中国能够在这个时代生存，必须有一套通行的公式。这套公式必须可以适用于北部，也可以适用于南部；可以适用于军事强人，同时也可以适用于知识分子。虽然不可能请农民来投下同意票，但也不能超过他们的最高容忍限度。这套公式必须能与时俱进，否则绝对承受不住空前的外在压力。而且，它还必须由遭遇瓶颈的现行机构来发布。写到此处，我停下来问自己一个问题：凭我一个大一肄业生和军校毕业生，为何可以和许多将军对谈，和许多文人来往？即使再自负，我也不能说自己有何特殊优点。事实真相是，在中国，高等教育是稀罕的事。受过教育的年轻人到前线去，无论是在武装部队或文工单位，更是少之又少。我们在内陆城市旅行或集合时，并没有太多相关设施。就我自己的经验来看，我可以想像中国领导人面临的组织缺失及技术困难。

由于有种种限制，可行的行动事实上只减少成两种，其一是国民党或说是蒋介石的方式，也就是说，倾全力打造一个上层结构。公开接纳所有人的确是其政策，但接纳进来后，必须依赖秘密警察来确保内部的安全；其二是共产党或说是毛泽东的方式，也就是说，重建村落单位，回到基础和基本的层次，为创造一个一致的下层结构，必须将文化上的粗俗视为美德。首先要宣扬，艺术和哲学必须为大众服务。随着运动的逐渐推展，必须更依赖原始性。努力推崇“高贵的野蛮人”的典范时，就必须敌视和都市化有关的任何事。

这两大运动彼此完全相反，但就技术面来说，两者又必须在时间上重叠。前者不能吸纳后者时，就被后者所取代。在过渡时期两者共存的这种需求，一定是成立联合阵线的理由。通盘考虑所有的因素后，我们更深信历史不可抗拒的力量。虽然有许多选择的幻觉，但对中国而说，终究只有一个问题，一个解答。已经进行一个世纪的延长奋斗，势必持续。因此，从顶层的领导者到底层的个人，我们每次认为正在计划、组织、协调、全力以赴、替运动增添些许原创力、完全根据良知行事时，我们事实上是在重新调整自己的视野，将道德凭借融入可以采取的行动中，这样可以完整保有自己的人格和个性，同时以清醒的良知扮演历史中的指定角色。

有了这番认识，我才能继续提到国民党的历史地位，但不需要站在防卫的立场。同时我可以将共产党完全视为历史的产物，不需要表示赞同或不赞同。我已经踏上行使历史家特权的道路了。

没有特定地点：只不过是历史学家的反省

我如果宣称自己天生注定成为当代中国史学家，未免太过狂妄自大。不妨换一种说法：命运独惠我许多机会，可以站在中间阶层，从不同角度观察内战的进展。命运同时让我重述内战的前奏与后续。在有所领悟之前，我已经得天独厚，能成为观察者，而不是实行者，我应该心存感激。我自然而然会扩大自己的视野，以更深刻的思考，来完成身份的转换，从国民党军官的小角色，到不受拘束的记者，最后到历史学家。但在我离开安亚堡之前，我仍然不知道，接受命运预定说的同时，我也甩掉了中国文化要求集体化的最后一丝负担，开始独立思考，就像在四百五十年前的宗教改革期间，怀着同样信念的人也采取相同的做法。

我的朋友和同事必须吞下内战终结及其后的苦果，相较之下，我永远无法逃脱机会主义者的批评。但直到今天，种种机会的组合如何运作，我还无法理解其奥妙。我必须详细检视自己，确定哪一部分是机遇，哪一部分是我自己有意识的安排。首先我要说的是，我的那些狂热朋友让自己卷入中国政治漩涡的核心，但我年龄却比他们小。外表看起来，这样说很是奇怪，因为通常卤莽才是年轻人的特色，不是成熟年龄的象征。但在这个例子中，五四运动的时机造就了一切的差别。中国最激进的年龄层约比我大十到二十岁。我成长时，煽动文宣和街头抗议的冲击已大为降低。也因此，在我的同辈中，领袖及烈士都比较少。我到作战部队的前线去碰运气，没想到前线却是学习政治教训最安全的地方。我很快就学到，如果中间地带没有体制上的联结，鼓吹更好的绩效是不可能的。这种领悟一定降低了我对崇高的预期。接受现实的我，从此以后也就减弱我的野心。在其后数年，我就找舒服的工作，好让自己有更多机动性，因此我不曾以不留退路的方式全心投人。但第三个因素可能才是决定性的。在整个求学时代，我一直在父亲的羽翼之下。在我的冲动背后，总是有他谨慎态度的影子，无论我是否察觉。

在我详细阐明之前，我要讲一段轶闻：

许多学历史的学生以为，蒋介石是孙中山旗下的军事指挥官。但这并非事实。孙中山于 1925 年 3 月 12 日逝世于北京时，他在广东的军事将领一直是许崇智。蒋是黄埔军校的校长，同时也是许将军的参谋长。孙去世后，广东的国民党政府闹派系分裂。一般认为蒋走的是中间路线，因此能团结国民党，进而北伐。左派的廖仲恺被暗杀时，右派的胡汉民据说和刺客还保持联系，于是蒋赶走他。接下来蒋就赶走许将军，因为许同样也涉案。许恰巧私德不检，他在广东沉迷赌博，常和风尘女郎来往。未来的委员长先摆平他的部属后，再邀许将军共进晚餐。觥筹交错之际，蒋建议将军可以到上海休息三个月，由身为参谋长的他在广东清理门户。将军得知属下都已同意后，仍想替自己开脱：他至少需要几天工夫来处理家中私事，之后才能离开。这时蒋介石明确告诉他，许夫人和子女已在码头的船上等他。许崇智在城里享乐时，他的参谋长就已安排好要放逐他，而且先从他的家人着手。许将军震惊之余，晚餐后立即搭船到上海，从此不再回来。他应当很有风度地接受整件事，因为依照当时军阀的惯例，在最后一道菜还没端出前，他很可能就被带到后院枪毙。这场不流血的政变让蒋介石登上国民党总指挥官的宝座，并统领大军北伐。

我不知道这故事是否已形诸文字，我觉得有必要。这一时期的专家应该可以证实或驳斥意义如此重大的事件。我把它写下来等待专家的证实，因为我认为我的来源相当可信。告诉我这个故事的父亲，也曾当过许崇智将军的参谋长，尤其是在许当旧十四师的师长时（和我后来在云南服务的新十四师不同）。在蒋介石之前，我父亲黄震白和许崇智已认识了很多年。

我父亲的故事属于这个时点。他以间接但有效的方式灌输我，革命修辞和行动是有所差别的。就某方面来说，我的历史观来自他的教导。

我的父亲来自湖南一个家道中落的地主家庭，这样的背景正适合中国革命分子。他旅行到贵州、云南和中南半岛，从海丰搭船到广东，最后到了福州。在20世纪初，这名年近三十、常在饥饿边缘的孤单流浪汉，加入秘密会社“同盟会”，也就是国民党的前身。

在满清末年，同盟会的革命党人拟出一套策略，企图影响新成立的陆军和海军。他们从海外筹资，党人带着整袋白银和成捆钞票，进入军营或登上军舰，和军队接触。有时密使会被抓到，很快就被处决，甚至没有人会提他的名字。同时陆军或海军的人员就把钱财纳入私囊，什么事都不做。同盟会于是将策略改成渗透，或派人进入军队。父亲就是如此，他在福建进入省立的军校念书，当时的校长是一位旅长许崇智将军，和父亲的年龄差不多。父亲成绩优秀，不仅第一名毕业，从许将军手中领到一枚黄金奖章，而且还劝他加入同盟会。武昌起义时，南部各省立刻宣布独立，不受北京清朝政府管辖。许将军扮演重要角色，将福建省交到革命党人的手中。父亲当时已经从军校毕业，立刻成为许将军的参谋长。在当时这一点都不奇怪，因为现代陆军还在萌芽期，各省强人只听自己的命令，中国开始踏上军阀之路。

革命党人宣布成立共和国后不久，就面临袁世凯图谋将自己的总统身份改成皇帝。“二次革命”于是诞生，但革命失败，同盟会领袖逃到日本。我在东京时，一位海外分支机构的资深国民党员戴愧生先生，从马尼拉侨界到东京进行短暂拜访。他是父亲的老战友，也是在日本党员的老同事。他告诉我，我父亲在旧国民党内的资历有多深。这组织显然未能摆脱地下社会的特色，即使在流亡期间，党员仍然很在意阶层。

当时会产生称帝的企图，代表民国体制造成尴尬处境。在这方面法兰克·古德诺（Frank Goodnow）博士说对了。他评估中国此时还没准备好迎接共和制度。但帝制本身就是尚未准备就绪的根本原因，如何能成为解决之道呢？革命党人在提倡自由民主数十年后，难道要向这个愤世嫉俗的人磕头吗？对这个刚宣誓当民国第一任总统并立誓保卫民国的人，难道要对他奉承说：“皇上圣明，臣等愚见不及一二”？

孙先生的党人，也就是自称“中华革命党”的这群人，被迫有所因应。父亲返回湖南后，旋即遭到逮捕，原来当局悬赏捉他。他在友人暗中帮助之下，在千钧一发之际逃脱。我的一位堂兄就没这么幸运了，他被送到北京去，拥护帝制人士把他放在铁床上，下置炭炉，要他招出秘密情报，要他叛党，他就在被火烧的情况下被折磨至死。但云南起义和舆论获得最后胜利，袁世凯被迫取消称帝计划，羞愤而死，时为1916年。许崇智将军重回岗位，先在福建，后来到广东。父亲也重当参谋长。

但袁世凯之死并没有带给中国和平，只是象征开启了十年的无政府状态。次年，中华民国分成北部和南部。当时的大元帅孙中山首先提出“北伐”的概念，如果当时加以实行，就可以算是“三次革命”。但他的广东政府也是南部各军阀抢夺的目标，单是清除这些军阀就可以构成“四次革命”。这时我父亲觉得已受够革命了，他回到湖南，和母亲结婚，次年我出生。戴愧生先生确定，这时他劝我父亲回来完成未竟的任务，但并没有说服成功。他并不知道，他的战友已变成顾家的男人。事隔多年，他在东京碰到昔日战友的儿子，但这个儿子已经三十二岁，正要展开自己的流亡之路。

我童年时，就已意识到父亲比同学的父母老很多。但我并不知道，父亲和我相隔的这四十岁，代表整个家庭跳过了一代，也让我直接接触中国追求现代化过程的延长奋斗，这场奋斗在他之前就已展开，在我这一生恐怕还不会结束。情势如此，却带来一些不便。父亲提早退休，第一个付出的代价便是贫穷。全家不曾饿过，但我们少有特殊享受，简单的正餐外更少有点心。长沙街头贩卖着番薯、烤花生、烤玉米和韭菜盒子，阵阵香气一再提醒我，我从童年一直饿到青少年。中学开始上英文课时，我好盼望能拥有生平的第一枝钢笔，但我们家的预算只容我带一枝墨水笔，再加一罐墨水！下雨时，同学在鞋子上加橡胶套鞋，闪亮又时髦。我却笨拙地踏着木屐，发出恼人的声音，令我无地自容。我抱怨上述情事时，父亲会告诉我他年少时的故事。但我的小小心愿没有得到满足，一点都不相信我们家的困苦和中国的命运有任何关系。

父亲显然对许崇智将军的评价不高，但他的这位长官兼“教师”由衷信任他、提拔他，因此在传统的忠诚及他的自尊驱使下，他不可能去蒋介石的南京政府谋职，而说起来在旧国民党的阶层中，蒋还在他之下。他同时还考虑到，他离开党也很多年了。在湖南，他接受地方政府零星的工作，不但薪资少，还得忍受素质能力不如他的长官的羞辱。但他没有其他选择。母亲常告诉我和弟弟：父亲牺牲很多，他希望我们日子过得好一些。我们应该专心学业，准备上大学。父亲希望我们当工程师，或是靠建设性的工作来体面赚钱，不要当政客或军人，更绝对不要当革命党人。

对紧张和过度担心的父母来说，20年代末和30年代初的长沙绝非居住的好地方。在“白色恐怖”时期，三天两头就出现公开处决共产党人的场面。甚至很难避开街上的行刑队伍，因为太过寻常了。通常队伍前会响起尖锐的号角声，士兵亮出枪尖上的刺刀，大叫：“杀！”囚犯的手被反绑，在推挤之下走过街道，有的面如死灰，有的脸色潮红，大吼大叫，表达不满及反抗。他们甚至无法有尊严地死。

传统的死刑令是把一小片纸贴在竹片上，挂在犯人的脖子，纸片上用黑笔写着犯人的名字，但上面用红笔重重画上一笔，象征依法结束犯人的性命。在队伍中总有光脚的小孩穿梭奔跑，兴奋地咧开嘴，将整件事当成玩乐嬉闹的场合。不论犯人是恐怖分子，或是理论上赞成阶级斗争的书呆子，在执行死刑时都没有差别。显然有些年轻男女是受到牵连才丧生。有时也看得到青少年。

公开行刑的恐怖深深震撼了小学时的我。父母不准我太接近执刑的现场。但有一个叫做邵先慧（音译）的同学比较大胆，他先看过后，再转述将他吓坏的经验：他想看清楚一些，于是爬到附近的树上。第一个犯人被砍头时，脖子一下子就消失了，原本是肩膀的地方喷出一堆血。同学说，他被吓坏了，紧紧抱着树干，闭上眼睛，后来才发现自己的指甲抓着树皮。他不记得自己如何从树上爬下来。

在1930年，毛泽东的第二任太太被处决，杨开慧是我三舅母的亲戚。三舅母目前住在常州，透过她，我们了解这个事件的一些细节。法官判死刑时，会让犯人选择枪毙或砍头。她选择前者，因为她不想让头颅被挂在公共场合示众。在毛泽东被宣布是公众敌人时，他的妻子留在家中，拒绝逃跑，因为她认为自己并没有涉人政治，不应为丈夫的行为负责。她的审判只是形式，甚至连死刑都不是由法官宣判，而是由省主席何键直接下令。刽子手并没有让她迅速死亡，她身负枪伤，倒在地上挣扎。后来处理遗体的人发现，她手指甲里全是泥土。

三舅母的弟弟向钧，也被当成共产党员处决。行刑前一星期，我父亲去狱中看他，劝他请求宽恕，才不致送命，但他断然拒绝。他死时，只有二十出头。他的死在我们家投下阴影，父母亲提到他时，都会降低音量。

我念中学时，我们的学生代表大会蠢蠢欲动。代表大会虽然和共产党没有直接关系，却要求撤换省主席任命的校长，并质疑军训课的存在，这也触及省主席的权威。父亲要我置身事外，我不听，他居然亲自跑到学校，看我是否成为活跃分子，让我又羞又气。我气急败坏，因为父亲再也找不到在同学前羞辱耻笑我的更好方法。等我稍微冷静一些后，父亲才对我解释，激进主义很少出自个人信念，通常是来自社会压力。在大众压力下，可能做出事后头脑清楚时会后悔的许多事。我了解他为人父母的焦虑，但我并没有被安抚。青少年不可能自满于当老爹的婴儿。

多年后我才开始体会他话中的要点。由于省主席何键的干预，这场学生抗议失败的一塌糊涂。校长仍然留任，必修的军训课仍然照旧。在这起不成功的事件中，高喊大罢课和示威最大声的四十五名同学，全都被退学。由于拿不到转学许可，他们无法进入湖南省任何一所公立或私立学校。我不知道他们的下落如何，如果有些人变成共产党员或是立场左倾，我也不觉得讶异，因为在当时是很常见的事。就这点来说，共产党结合了敌对或不满国民党政权的人，一开始不见得和马克思主义有关。只要想到这一点，我们就应该聪明地想到，校长的撤换、以及军训课的时段和长度，虽然顶多不过是地方的事，但仍和全中国的政治之间存有可疑的关系。连蒋介石都没有办法进行全面改变，因此我们就应该谨言慎行，因为稍微介入可能演变成认真投入，连自己都不自觉。

因此，我们应该当懦夫，乖乖接受命运的安排？不，父亲向我保证，他只是希望我们不要成为不折不扣的傻子。说也奇怪，他要我们谨慎的根本思想，和毛泽东激进行动的根本思想几乎没有差别：革命是丑陋的字眼。革命是对自己的同胞宣战，因此不值得欢欣鼓舞，也不值得夸耀称赞。但父亲的讯息不同于别人的煽动造反。父亲的想法自然而然会导致以下的结论：要尽可能避免革命的发生，如果避免不了，个人应注意其缺失和诡诈之处。以父亲在民初的亲身经验来说，革命党人失败就成为烈士，但革命党人的领袖成功时就可能变成军阀。除了许将军以外，父亲还非常瞧不起黄兴。黄兴也是湖南人，但不是我们的亲戚。1911 年 4 月，离武昌起义只有几个月，同盟会攻占广东巡抚衙门，黄兴成为英雄。虽然他有借口，但圈内人知道，起义失败时，他逃离现场，追随者却被逮捕，随后成为烈士。

一个对革命持这么负面看法的人，必须证明自己曾尽心努力过，才能巩固他的立场。我知道父亲不是懦夫，但我希望能从别人口中得知。我青少年时，他会看着报纸的人名，指出他还在国民党的早期朋友。我清楚记得戴愧生这个名字。（字面上是“活在羞愧中”，反映当时革命党人的情怀。）因此，约十五年后，戴先生进来办公室，需要在东京的交通工具时，我在安排妥当后胆怯地问他，是否还记得黄震白。“黄震白，当然！”他大叫。后来我请他和几位朋友吃晚餐。能够从他那里听到先父青年时期的事迹，实在很欣慰。但我知道，体力的勇敢绝对不是我们家族的特征。父亲一定努力证明过，在逆境时他如何正直可靠，就好像我辛苦证明自己不是战场上的懦夫一样。

想起父亲，不觉勾起伤心的回忆。1936 年，我获得南开大学减免学费的奖学金。当时他一定认为，多年心愿就要达成，眼看儿子可以走向不同于自己的人生道路。但次年对日本开战，全国一片混乱，他的梦想也被戳破。然而，战事发展成全面的战争时，他虽然不安，却更高傲，送走两个志愿从军的儿子。“这场战争我们绝对不能输。”他以复杂的情绪说。他来不及知道珍珠港事变，更不用说抗日胜利和中华人民共和国。庆幸的是，弟弟从国民党军队的交辎学校毕业，从军三年，最后又回到学校，完成大学学业，经过一连串的长期奋斗后，从斯丹福大学获得机械工程的博士学位。父亲至少有个儿子实践他的梦想。

父亲如何影响我成为历史学家呢？他让我自觉到，我是幸存者，不是烈士。这样的背景让我看清，局势中何者可为，何者不可为，我不需要去对抗早已发生的事。在安亚堡居住多年后，我又去除了自己的一项坏习惯，不再对历史的呈现方式生气，因为此举不会增进知识，只会增加史学的破洞。我虽然不是百分之百的怀疑论者，但我仍然学到，要想像公众人物背后的动机（包括同行的历史学家），而不是完全赞同他们的声明，纳米尔或毕尔德（Beard）应该也采取同样的态度。实证主义自然有其缺失，如果应用得太狭隘，可能过早认同偏向“力量即公理”及“最适者生存”的信念。命运预定说的教义，或说是我自己的版本，提供了解决之道。中国的内战不只是信仰或恩宠，不只是救赎或诅咒，而应该被认定是现代史上惊人且空前的事件之一，其过程牵涉许多意外和料想不到的曲折。但是，内战结束时，许多条件再也无法还原。这些条件再掺杂平凡正常的因素，一起驱策中国踏上不归路。起初，整个发展似乎显得离奇古怪，难以理解，包括红旗下的中国，但随着时间演变，那些意想不到的特色全变得较为可信，比较可以和中国的过去并存。这些在在使我们相信，这就是成形中的历史。拥有亿万人口的国家其力量无法抗拒，这些行动就肩负起这个力量，试图突破一百多年来的僵局，因此将超越一个人的聪明才智、一个社会阶层的利益，以及任何政党的口号。

这个解决之道已经注定好了，凌驾于我们的道德判断之上。

身为历史学家的我，同意西方作者的共识：国民党的运动失败了。但我觉得，不应该只强调其负面。在历史的长期发展中，国民党的运动可以算是壮观的失败，在最终的失败前，毕竟经过辛勤的努力，打造出许多成就。在古老的下层结构和现代化国家的要求之间，存在极大的差异，终究无法加以填补。

蒋介石的政府，是第一个给予中国人民方向感和希望的政府。它现代化的外观受到其他国家的重视，以至于愿意与它谈判，废除大多数的不平等条约，结束中国一百多年来的羞辱和奴役。他的政府是第一个现代中国的政府，动员全国抵抗一个一流强权的全面入侵，而且最后还能胜利告终。这个政府的成功大多出于人类的意志，而不是组织的效率。经过八年抗战后，这种意志无法再持续，组织更受到质疑，让它毫无自保的能力。它甚至无法保护自己的威望。因此其失败更显得一发不可收拾，甚至足以成为整个国民党运动的特征。

国民党政府从中国过去所承袭的最大障碍，就是政府财政。皇帝的命令在于维持全国的安宁与平衡。帝制中国没有能力动员整个国家一致投入战争，也无法和组织动员能力如此良好的敌国进行经济竞争。因此，为这些目的而筹资，成为民国的严重问题，无论由谁来掌权都一样。1911 年的革命成为头条新闻时，孙中山正在美国旅行。他没有赶着回国，反而到英国去寻求贷款，这时他还没就任民国的临时总统。袁世凯与共和分子的第一场争吵，起因于向国外的银行财团借钱。表面看来，1917 年中国分裂成南北两边，似乎是因为辩论是否该对德国宣战。事实上，以北方军阀为代表的派系想利用对德国宣战，取得日本西原的贷款。孙中山宣布背弃西方强权，并在 1923 年新年前夕拟定亲苏联的政策，原来他打算以南部沿海税收的盈余支撑广东政府的财政，但美国等六个强权却发动海军示威，计划因此失败。美国等国希望用税收来偿还中国的对外贷款，支付以前的战败赔款，而且应该送到北京，以维持海关的独立完整。

在对日抗战之前的十年，国民党的南京政府达成关税自主，设置中央银行，岁入来源是沿海关税、盐税和统税（即消费税），并透过发行公债来消除赤字。对于这些财政措施，赞成的批评家认为很进步，反对者则评为倒退，但他们却都被国民党的现代化外观所骗，以为一旦有政策，就一定有替代方案，选择时必须反映政府追求的经济目标。但事实上，国民党政府没有选择或替代方案，财政措施都是以求生存所需的元素组成的。有了财政措施，等于是向前迈开一大步，让全世界知道，现代政府可以靠国内融资生存。无论是希望或幻觉，大有助于蒋介石的南京政府建立可信度，让他赢得西方强权的同情，引起日本军国主义分子的忧心。帮助蒋投入战争的最有力财政工具，就是将银元国家化，以不可买回的纸钞作为法币，1935 年末实施，一年半后，卢沟桥就响起了第一声枪响。

国民党政府被赶往内地后，所有岁入顿时化为乌有。即使让通货膨胀也无法达到希望的效果。中国内陆到底有多落后，可以如此形容：不但血量不足，更糟的是，连血管都没有。多年后，伊朗国王也面临类似的问题，由于欠缺分配管道，国家财富只累积在上层阶级，不但没有实质利益，反而造成为难的处境。国民党和蒋介石必须在战时面临更为严重的瘫痪后果，却又不曾拥有消化不了的财富。随着法币数量的增加，乡村地区开始回到以物易物，或是非法的银元交易，至少可以降低部分的通膨压力。纸币数量多，流通地区又少，让城市生活更难以忍受，暴利和贪污就此横行。

问题可能在于，蒋介石为何敢在这种情况下宣布抗战？答案是他别无选择。如果再对日本让步一次，十年来的辛苦就会付之东流。除非他对日本摊牌，回应日本的挑战，否则他就必须面临国内控制不了的纷争。没有一个个人可以长期稳住一群军阀、前军阀、准军阀，让他们保持微妙的平衡，更不要说共产党鼓噪着要抗日。一向精于算计的蒋介石，此时也顾不得了那么多，只能大胆应战。一般不建议使用这种同归于尽的手段，但有时它也能开启新局。

实际上，蒋介石预期西方国家来救援。战事刚开始时，他在公开的演说中宣称，正在进行的“不只是日本和中国之间的问题，而是日本和全世界之间的问题。”我持有的当时一本宣传手册指出，十八个月内，国际局势应该将有利于中国。事实上珍珠港事变爆发时，离卢沟桥事变已经过了四年又五个月。根据第一次世界大战的经验，1937 年时的我们都以为，战争可能要持续四年。但战争却打了八年，一定超越大家的想像。美国人看到蒋介石在战争最后阶段“搭胜利的便车”，势必很难对他产生敬意。但对跟随他投入战争，分享他的命运的我们而言，又是完全不一样的看法了。我们的行动当然让我们很羞愧：先贸然投入，再靠山姆大叔来救我们脱困。但对蒋或对我们而言，另一个选择就是投降，在大东亚共荣圈中当兵。多年后，身为美国人和历史学家的我，仍然无法相信，蒋希望美国参战来帮助我们，他的评价居然低于立场相同的丘吉尔。中国最不名誉之处在于，等到美国参战时，中国的武装部队已经没有多少战斗能力。中国已经成为士气低落的国家。

为维持庞大的军队、公务人员及其家人，国民党政府在内陆省份实施“田赋征实”（以实物纳土地税），至于如何进行，几乎没有留下记录。就我们所知，其过程不可能井然有序。从背景因素来说，税籍不过是一堆混乱的旧资料，几乎没有两个县采用同样的编排标准。有些地区明白承认，原始资料是明朝时留下来的。征税时通常算出谷物有多少担，折合成银两后，再换成为法币的元及分。基本税率很低，但有无数的附加税捐，每个地区都不一样。而且，佃农还进一步划分他们的小块土地，加以出售或抵押，但没有同时移转纳税义务。这些习惯行之有年，唯一的结论就是，许多纳税人仅能糊口，税后所得要分配给地主、承租户、佃农和债主，人人只分到一点钱。这些背景因素造成土地税收一开始就很微薄。虽然回归以实物纳税，但无法避免在无数情况下税负忽然大幅增加。地方官吏和村长不知用何种公式定出地区的配额，这种方法无异要求用中世纪的制度来承担现代战争的主要财政负担，悲剧的下场一定很常见。白修德报道，河南有一次发生饥荒，国民党军队仍然向人民征收食物，使饥荒更加恶化。情势使然，类似的情况一定曾发生过。

美国加入太平洋战事后，华府赠予中国三亿美元，以稳定通货。部分的钱用来在美国购买黄金，再运过“驼峰”，在中国市场出售，换成法币。这个措施的好处是可以抑制通货膨胀，但很少人提到。不过，美国大众却常被提醒，这批贵重金属落入和国民党关系密切的有钱人手里，最后转入美国投机市场，并在西半球购置不动产。重庆国民参政会中的部分成员大为震惊，竟天真建议，请美国列出这些人的姓名及资产，以便课税。但见识较广的同事告诉他们，这种请求绝对得不到西方民主国家的尊重。

为什么国民党不能像共产党一样，积极运用乡村的资源？下一章会有完整的回答，部分原因和共产党的本质有关。但简单的说，中国土地持有制度是过去数百年来法律和社会制度的产物，符合当时封闭和不具竞争的地位，问题大到无法片面改革。如果没有重整村落，就无法在行政上扩大税收。在抗日期间，共产党算是部分成功，原因在于他们可以不必靠上层结构来运作。他们的核心干部并非官僚，征兵和赋税不必符合以都市中心为网络的组织要求。由于这层关系，共产党的战争行动必须有选择性，而且要零星。然而，其特殊的动员方式已和国民党产生冲突，因为后者必须守着“法治”的纲领，才能维持内在的凝聚力以求生存。

我随着朱世明将军到台北时，更加肯定我原先的想法：蒋介石必须包容身边的各种元素和人物。如果蒋介石比实际上能做主，他可以逮捕朱将军，或是让他继续当国民党的外交官。让一个自己信任的副手被吼出办公室，又私下表达对他的个人关怀，这样毫无逻辑可言。这次事件的意义必须对照蒋的个性来看：他并非没有决心的人。孙中山去世后，他在广东的作为充分证明他善于采取迅速的行动，不论是否有父亲告诉我的许崇智这一段故事。1927 年 4 月，他突袭共产党，再度展现他的敏捷。即使是毛泽东，回忆起与蒋在江西的五次对战中时，也只差没公开称赞他，在起初的挫败后，还能迅速集结军队，继续作战。上海之战并非失误，而是一次赌博。也就是说，局势需要蒋采取行动时，他不曾犹豫过。

蒋介石最大的敌人来自后方。为求继续作战，他必须团结一群各省强人和政客。由于他不曾完全掌权，因此不可能有更大的决策力。他接掌政权时，中国还没有经济或财政基础，不足以像现代世界统一的国家一样行动。一般认为他无意改革，但其实刚好相反，国民党政府在他统领之下开始许多革新的计划。在抗战前，农村信用机构和合作社都已设立，乡村改造学校已准备就绪。国民党的中央政治学校下设农乡管理系，我的朋友范长江一度就学。在战争期间，也采取类似的措施。在湖南的南岳，甚至还有一个游击训练班，除传授机动战争的战术外，还设有乡村动员的课程。这些努力全都一败涂地，原因很熟悉：在中层阶级没有足够的社会关系，无法据以建立有效的指挥管道，而在乡村地区，整体的下层结构近乎明代时的架构，不像20世纪应有的组织。

蒋为求心安，安抚以前敌人，疏远他的朋友和追随者时，无法得到外国观察家的尊敬。我从《史迪威文件》首次得知，即使他的妻子和妻舅，也被他视为只能信任一半的政治伙伴。难怪史迪威不屑地形容他是“花生米”。

我起初尊敬蒋介石，也许正如郭沫若所说的，因为我是他的“忠诚信徒”。但随着时间进展，崇拜转成同情的了解。身为历史学家的我最后终于看到，对于国民党运动和其领导人蒋介石来说，命运赋予他们的行动范围相当有限。

书写这些段落时，我完全清楚，蒋介石很容易被抨击，不太容易替他辩护。我无法替他1927年4月12日在上海的行动辩解，当时他没有预警就逮捕共产党员和劳工工会分子，随后将这些人加以处决。我看不出他的恐怖统治有何智慧，连左派作家都被诅咒成一般的罪犯。即使我看出他维持秘密警察有其技术上的需要，我还是无法认同这群缺乏思考能力的人所犯下的残暴恶行，我也提不出蒋不应负责的证据。但这些都无法阻止我澄清蒋介石的历史地位。他跨出大胆的步伐，正吻合历史向前进的脉动。因此，即使失败了，国民党并非一无是处，更绝非只是退化的象征。也因为这些原因，许多中国的饱学之士虽然没有政治的野心或兴趣，却愿意替蒋介石的国民党贡献心力。

我认真思索，得到以下感想：与其说蒋介石在领导公共事务时投注自己的性格，以求自己的满足，不如说他准备好迎接注定的命运之约，以求领导公共事务。我初次看到他是在 1939 年。在成都中央军校，我们听到“我们的校长”要来时，整个学校一片骚动。我们把整个学校里里外外翻了一遍，四处擦擦洗洗，给每个器具上油，预期他会来检查。但最兴奋的是，我们即将有机会和传奇般的伟大人物面对面。我们全都知道，蒋介石有一度和帮会扯上关系。即使是我们的政治部主任邓文仪少将，身为亲近蒋的弟子，都不讳言，他曾在上海股市中赚了一票。在我们的印象中，蒋是大胆无畏的英俊年轻人。这样的印象大半来自经常被刊登的一张照片，拍摄时间是黄埔军校成立时，照片中的他摆出很帅的姿势，整理他的手套，似乎象征他随时准备行动。这时我们也已读过王柏龄将军的回忆录。他在书中揭露，蒋不仅以个人信用借钱来维持军校，而且还亲自设计国民党的军服，包括非常僵硬的环孔，让帽子向上翘，展现革命军人的精神。他有一度甚至想让第一期生在三个月内毕业，认为再稍微拖延，中国就没有机会重生。到此时为止，依我们的标准而言，他具备伟大名将的种种条件：敏捷坚定，爱冒险，有想像力。即使只是名义上，但能当他的学生就让人心满意足了。

等到我们见到本人，失望到了极点，简直无法以文字描述于万一。虽然教官事先警告，校长来时，如果谁弄乱了队形，就是犯了严重的过错，一定会遭到禁闭的处分，但校长致辞时，一些学生倾斜身体，希望能看清楚演讲人，后排的学生则踮着脚尖。但他们的热诚并没有得到报偿。蒋介石的态度既不敏捷，也不坚定，他动作缓慢又刻意。他的演说既无冒险精神，也欠缺想像力，只有枯燥无趣。我们期望是军人对军人间的谈话，像关起门来讨论当今局势，或是多少提到他过去的光荣历史，但这些期望全落空。他花了一个多小时告诉我们，要娴熟基本工夫，只要熟练基本战术即可，如果费心去思考战争的信念、概念，甚至战略，都是浪费时间。如此这般，我们仰赖领导我们赢得孤注一掷的战争，进而改写历史的人，谈话竟然像是教练班长一样寻常。他还老远从重庆来讲这些东西！在和他同地位的战时领袖中，没有人像他一样发表如此无趣的演讲，不过也没有像他一样身兼所有军校的校长。

等到我们要朗诵“军人读训”时，他又亲自当起教练班长。不过，他却缺乏教练班长的体力和压迫感。“我念一则时，”他轻声说：“不要和我同时念。等我念完后，你们再复述一次。”他如此讲究细节，追求完美！但是国语的“服从为负责之本”在他浓厚的浙江口音下却成了“屋层外无炸资崩”。后来我们就以嘲笑和模仿可怜的校长为乐。我可不愿当蒋介石的公关人员，即使是最能干的新闻官打造出的公众形象，他本人都可以轻易摧毁。

又有一次，站在讲台上的蒋突然发现，身为军校董事的戴季陶居然站在台下的听众中。他停下演讲，请戴和他一起站在台上，但戴客气婉拒。邀请愈来愈急迫，但戴非常谦虚，以同样的决心拒绝。其后数分钟，我们听到麦克风传来我们的校长蒋介石的声音："嗯嗯，请，请!"戴的声音没有连到麦克风，但从延长的悬疑气氛中，我们可以推测出正在进行某些对话。这场谦虚的拉锯战终于结束，戴顺从请求，走到台上，蒋才又继续演说。站在听众中的我心中怀疑，这些就是我所崇拜的人物吗？如果在数千名顶着钢盔、站在太阳下的军校生之前，都无法避免虚华不实的形式主义，在处理更重大的事件时，他们的优先顺序只会更值得质疑。

多年后，我读到司徒雷登（John Leighton Stuart）的有趣记载。司徒雷登博士曾任燕京大学的校长及美国驻中国大使，他知道抗战胜利后，蒋介石丧失了中国年轻一代的向心力。他于是去见蒋，建议他采用对年轻人更有诉求的计划。他建议，蒋可以启动任何"危险"的计划，点燃学生和年轻知识分子"喜欢冒险的热情"，让他们转而成为他的"自愿宣传者"。整个故事显然很矛盾，因为司徒雷登博士是传教士般的教育人员，理论上应当教导人和平生活，而他建议的对象不仅领导全国投入历史上风险最高的豪赌中，而且自己在一生中指挥一场又一场的军事战役，从不间断。平静安宁绝非他生命的特色。

这些事件的不可解，以及整个蒋介石现象的谜题，只能放在更大的参考架构中，才得以就技术方面来解释。我要重申，公平地说，蒋应该被视为历史的产物，而非操纵一切的人物。就某一方面来说，我在成都见到的他，不再是数年前在广东创设黄埔军校时的他。蒋设立现代化政府的外观后，也替自己创造出最尴尬的处境。他无法制造出让政府系统运作的下层结构，只能让一切维持现状。战争爆发前，在南京政府掌控下，国家经济的现代层面或许还有希望扩大成相当的规模。但1937年战争开打，一切的可能就此被打碎。司徒雷登提出建议时，蒋已经变得更绝望，因为在八年的求生奋斗后，内战竟接踵而来。

至此一切都很清楚：中国的命运系于乡村改造所产生的突破。这个主题虽然常被讨论，却可以证实一个例证丰富的解释，解决长久以来的指控，因为直到现在，国民党和蒋介石仍被指责在这方面有所疏失。

正如蒋廷黻对费正清博士所形容的，国民党对中国内陆的认识还不够。蒋廷黻的意思一定是指某些地方有盲点，而不是指所有地方，因为学术单位在田野调查后，已出版中国沿海及内陆省份的土地利用采样资料。内陆普遍都很贫穷；某些地方的佃农问题特别严重；数百年来都没有进行全国土地普查或全面的土地改革：这些都是早已为人熟知的事实。但问题如何解决，解决方案如何普遍适用于各式各样不同的情况，都还有待观察。如果贸然采取行动，破坏微妙的平衡，反而会增加额外的问题。后来共产党倾全力解决问题，打算一劳永逸时，村落却浮现一些问题，连毛泽东都觉得意外，而毛泽东无疑是这方面的专家。就背景因素来说，中国的土地问题从来不可能采取截然划分法：一边是地主阶级，贪婪、高压、富有，一边是佃农阶级，卑微勤劳，却遭到不当的剥削。这两方其实可能是邻居或亲戚。在极端的例子中，地主可能更穷，比不上隔壁兼差的佃农和承租户，而无论如何，租金收入是地主不可或缺的生计来源。除收取租金外，土地的剥削还可以有其他种形式，如以不合理的高利率贷款，或是支付低于维生水准的工资。一律降低租金既不公正，又没有效果，而且非常难以执行。这些复杂情况不但外国观察家不知道，一味要求改革的中国知识分子也不清楚。国民党失败后，芭芭拉·杰克森（Barbara Jackson）主张，蒋介石的政府只需调降部分租金，就可以保住政权。她并不了解，国民党确实做过这样的努力。以下就是实际发生过的例子：

1945 年夏末，日本突然投降。在重庆的国民党政府遵照传统，宣布所有占领区的土地税停征一年。这个通令如何生效，没有人知道。也没有人能预期到，这次免税和未来事件的发展密切相关。两年后，已迁回南京的中央政府面临压力，必须进行至少象征性的改革，因此下令将佃租调降百分之二十五，适用于 1945 年曾经享有免税的地区。理论上，这会降低共产党的宣传效果，对于因为通令而影响收入的家庭，也不会增加他们的负担。这项方案似乎成功了一阵子，降租计划生效。但数星期后，争议随之而起。据知在政府监督比较不力的地区，有些粗野的地主要求佃农付全额的租金。起初抗命行为只出现在个别的例子中，但后来消息开始传开，地主和佃农很快就划分阵营，接着就爆发武装冲突。在湖南省的至少两三起例子中，传出有人因此丧生。有些佃农原先已保留百分之二十五的佃租，后来吓住了，就自动与地主讲和，把该部分的租金再补交给地主。报道出现在中文报纸，但据我所知，外国媒体却加以忽视。国民党政府既震撼又惊愕，却保持沉默，蒋介石也没有任何指示。

这起事件的发展清楚显示，中国的内地古老原始，如批评家描述的一样可悲，但却具备自然的平衡，很可能抗拒任何改变。至少在这个例子中，蒋介石不能被指责为不愿改革，他没有改革的工具，也没有足够的权力。

其实无需替蒋介石辩解。他编造出一只纸老虎，但人人都信以为真，预期他的创造物能有真老虎的功用，这样的期待本身就是历史加诸他的最大赞辞。他有时被批评成无法无天。但法律是社会的强制行为，除非守法多半能符合日常的社会行为，否则徒有法规不足以执行。事实上，无法无天是蒋介石的问题根源，而不是他的特权。无论是他的兵役法或法定货币法案，违法情况都很普遍。这些法案都领先时代。

但蒋介石并非独裁者，他甚至不具备成为独裁者的能力。1945 年 5 月，国民党六中全会在重庆召开，当时史迪威事件的影响力已经减弱，对日抗战显然即将结束。代表在听完政府部门的简报后，要选出两个中央委员会。过去委员会的名单就像中国名人录，包括各行各业有成就的人士，但并没有军人在内。这些人事业有成，让当权者有广召天下英才的权威感，兼容并蓄的政策符合“扩大政府基础”的目标。但这一次，有相当数目的黄埔将领并不满意，因为名单已成为平衡各界人士的工具，于是他们决定打破模式。陈诚和张治中将军都支持这个运动。他们两人曾任职于黄埔，被认为在专业上很有才干，政治上很进步。投票前几天的一场茶会上，“干部会议”人数超过一百人，大多数是黄埔军官和其同袍，陈和张两人在会上致辞。他们对蒋介石的忠心毋庸置疑，数年后陈诚为蒋在台湾的“副总统”，张治中则是国共谈判时国民党的代表之一，谈判不成，张还被毛泽东扣留在北京。当时还没有计划要反叛，但他们的行动如果成功，太多“蒋系人马”将走到幕前，让其他势力不安。不论真假，此举将代表清党或是成立以蒋为首的军事执政团。有政治家气度的蒋制止了这次行动，还私下申诫策划的人。选举时，身为国民党总裁的他，向代表“建议”候选人名单，但代表可以全数赞同，或是投票选出自己的人选。不过，即使面临来自蒋的压力，代表仍否决五名名单上的人选，其中四位是前军阀，一位代表少数民族。蒋于是采取补救措施，要五位和他渊源较深的人婉拒委员的地位（其中一位是秘密警察首脑戴笠），身为总裁的他，再用名单上的五个人来填补空缺。这个动议通过。斯丹福大学胡佛研究所保存整件事的始末，学者可以进行研究。如果有人认为国民党的民主实验很荒谬，不妨看看数十年后类似的举动：左派人士称为“民主协商”。这些事件背后的基本原因在于，没有人认真建立选民制，而议会制度则受到权力人士的玩弄。要以秘密投票的方式选出最高领导人，在中国并不切实际。

机制尚未就绪，其元素没有适当运作，没有定期维护。在这样的情况下，蒋在发号施令前必须先容纳异己，在有所要求前必须先宽恕别人。说来讽刺，他因此更像独裁者，而且显得既拙劣又无能。有时他过度拥抱联合势力，让自己显得陈腐、笨拙、平庸又没创意。为维持中立的角色，他必须毫无色彩。有时他又把自己化成零件，在组织关系脆弱的地方施展个人的色彩。他有时会干涉部属的内部作业，希望自己的示范作用可以扩大。这个坏习惯离间了他和史迪威的关系，不但被批评者引述，而且有时也被友善的评论家提到。胡适公开要他不管枝微末节。芙列达·尤特里（Freda Utley）则说，他有“农民心态”。

蒋介石的演说索然无味，不但是在成都以我们为听众的场合，而且还在抗战胜利后不久的上海，我也在场亲眼目睹。这个通商港埠在他睽违八年后欢迎他回来，地点就在前各国租界的跑马场上，照理应该是个欢欣鼓舞的场合，尤其他年少时在这个城市待了很久，经过外国统治后，中国的主权又得以完全恢复，大半原因出在他的努力奋斗，但他一点也没提到这些事。相反地，为扮演全国精神领袖的角色，他提到振兴道德，讲到礼节和公理。

不过，同情他的观察家会说，这些方法反映出当时的确切情况：更有系统的管理要不就很困难，不然就不可行，因此蒋介石必须有时候代表抽象的整体，有时化为小零件。在他的敌人中，很少人了解，他们自己的方法也和他类似。田汉——对我来说是田伯伯——无法找到善用艺术家才能的更有效方法时，只好要他们去画武昌市的城墙，让无法沟通的讯息具有象征和仪典的意味。郭沫若一心想当中国的歌德和拜伦，但从政后却不再出版任何值得阅读的文字，无法超越早期的作品《女神》。他写诗颂扬中外政治领袖，却像是不经大脑之作，既无诚意又杂乱无章。如果我能再看到密西根大学的浩伊教授，我可能会对他说，在蒋介石时代，中国社会的中间阶层缺乏可管理性，这确实可以用文字来表达。就像我在仓库当收货员一样笨拙，我必须把装着冷气机和电动除草机的箱子层层相叠，但又没有带子或把手可以使力。

我大有理由可以相信，蒋介石的方法不是来自他的本能，他的镇定也并非真正的性格。和戴季陶比赛完美礼仪的那个人，一定不是认为中国撑不过六个月的那个人。此外，一个精明到会去投机股票债券的人，不可能在没有充分理由的情况下购买每一档股票，而后一直保持这个奇怪的投资组合。对一个结识罪恶之城帮会人物的人来说，不可能去宣传美德本身就是奖赏。统合后的各种资料证明，蒋介石所面临的问题太过沉重，已经永远重塑他的性格，迫使他尽一切行动来使中国团结，无法依自己的选择行事。他很可能腐化，因为中国本身就已腐化。他不重组织，因为如果他强施命令，可能引发内部争议，而且严重到足以使国家再度分裂。他的沉闷无趣很适合他受苦英雄的角色。孔子曾说，君子寡言。要成为和蒋同一类型的君子，必须建筑在互惠和被动包容的原则上，因此也就缺乏对现代世界的吸引力。更不用说，蒋再也不曾以很帅的姿势拍照。和外国访客合照时，他会习惯性地挤出笑容。但和中国同事及部属合照时，他总显得僵硬严肃。他让妻子追求知名度，打造光鲜亮丽的世界，在家打扑克牌当消遣，他自己则过着无趣无味的生活。希特勒会对副官说笑话，斯大林半夜会小饮一番，中国的蒋介石却总是自我克制，不曾有这些小小的分心和缺失。他的诚心让司徒雷登信服。他虽然是毫无光彩可言的表演家，却赢得往大处着想人士的赞许，如约瑟夫 · 亚索普（Joseph Alsop）和亨利 · 鲁斯（Henry Luce）。即使他的死对头周恩来都必须承认，他很爱国。

蒋介石内心其实很情绪化，有时他的自制也会失效。在重庆，有一次他的副官处长（译注：正式职衔是“侍从室第一组组长”）陈希曾请辞。依西方说法，陈是他的表兄弟，但依中国算法，陈是他的外甥。蒋介石非常生气，当场掀翻桌子，最后陈哭着打消辞意。就蒋的立场来看，他已经把奉化县的所有亲戚都安插在政府部门里。战争造成货币贬值，陈的薪水几乎缩水成零，生活很不方便，以他的职务关系和影响力，他可以轻易在战时的首都开创赚钱的事业。但蒋认为他在此时居然想到弃自己而去，简直就是忘恩负义。这个事件同时势必也触及蒋本身的失败感，因为他期望人人都应该将责任和义务置于个人私利之上，包括他自己的副官在内。

在前面提到的国民党六中全会，有一个问题引发总裁蒋介石的长篇大论。有一位王姓代表想了解，方先觉中将是在何种情况下投降日本。方是第十军的军长，在强势的敌军围攻衡阳四十九天以后，终于举白旗投降。他被俘虏，但后来趁机逃跑，设法回到重庆向蒋介石报告。据蒋介石的侍从秘书曹圣芬转述，在该次会面中，方说已尽全力，战役是败在应该要轮班的纵队身上，但方再也不肯透露细节。没有人提过这个事实：在战争的最后一两年，很少将军能得到执行任务所需的恰当工具。身为总司令的蒋介石压力一定更大，因为他找不到人诉苦。他冷不防被问到这个问题，于是向王姓代表和在场听众倾泄他的真正情绪，问他们是否了解到，他们能够舒适平安，要归功于率领着营养不良的士兵、带着不足装备上战场的人。如果有不可能的任务，应该责怪谁呢？是在最恶劣环境下仍然撑下去的人？还是坐在后面批评他们做得不够好的人？

总之，说蒋介石政府的特色是腐化无能，并没有触及问题的深处。这个问题古老而脆弱，其底线在民国出现之前的数百年。这些情况对蒋的行为模式有决定性的影响。1937 年，他带领中国打一场没有计划的战争，就好像禅宗一样，以美感和本能去面对问题，依赖灵感的忽然涌现，而非精心的策划算计。他在大方向中摸索，让后果来决定细节。每当他缺乏执行工作的工具时，他就用决心来填补。幸运的是，对手也采取同样的态度，因为日本人并没有长期的计划。其后的僵局制造出适合美国介入的时空，最后优势终于转向中国这一边。

内战是抗日战争的必要延续。部队已经部署在战场上。接收日军曾占领的城市时，更决定了国民党军队的战略性地位。在抗战胜利前，好战者已采取了无可撤退的步骤。对共产党来说，此刻正是绝佳机会，应该趁机完成未完成的革命。虽然国民党军队在内战初期采取军事攻势，但其实打的是保卫战，从头到尾都应该保持被动的角色。国民党再度没有拟定作战计划。国民党短期目标是开发铁路沿线，让经济大概回到 1937 年之前的状况，但这个目标未曾达成。在这场战争中，消耗才是重点，后续的动员相当重要，但国民党军队却无法改善这些方面。党所拥有的一切，都已在前线了。

美国的调停行动只招惹太平洋两岸的怨言。对美国的人民来说，蒋介石贪得无厌、冥顽不灵。他对美国的建议充耳不闻，却急着伸手向美国求助，接受援助时并没有表达谢意，经手后又没有任何成果。对于站在国民党这边的我们而言，美国总是责备得多，帮助得少，而且常常看不到问题的真正本质所在。

事实上，误解无处不在，包括亲身经历战争的我们，都无法解读其真实意义。中国文化传承中，最矛盾特别的因素之一是虚有其表的能力。我自己不断重读古籍，才了解其中运作之道。简单地说，你无法评估环境时，不妨大胆假设。情势不利于你时，就将你的信念伸张到不合理的极限，希望奇迹会发生。难以解释一个讯息时，就用夸张的方式加以缩减。这些做法当然会把信仰和一厢情愿混淆不清。不过，在信息传播困难、不可能达成共识的国家中，这些做法自有其目的。在战争期间更是如此，因为没有人确信一定会胜利。多年后，我检视自己在成都的经验时才意识到，这样的力量已影响了我们，虽然我们并不自知。以蒋介石的例子来说，我们发现对他本人很失望后，依然拥抱着这个传奇。我们上床前会嘲笑他的浙江口音，但次日早上，我们提到“我们的校长”时，敬畏之情丝毫未减。在不知不觉中，我们想到蒋介石时，想到的是他扮演的历史角色，他代表的想法和概念，有别于蒋介石本人。根据我和黄埔将领之间的谈话，我确信他们也有同样的态度。因此，保证或事先的承诺就非常重要。只有西方国家一心揭发丑闻的新闻记者，才会以戳破我们的神话为乐。他们指责我们自我欺骗时，多数的国人可能认为他们蓄意无动于衷，有时又怀着没有必要的敌意。以诗人和哲学家为代表的东方，与以逻辑学家和数学家为代表的西方，两者之间的争议可能没完没了。

在一番回顾后，我愿意承认，国民党无法整顿社会关系来支撑军队，结果让美国的大量援助变得不切实际。但这个原因不同于杜鲁门政府停止援助的说法，他们觉得原因出在中国无法形成联合阵线。这个争论显示，西方倾向用议会制来解决问题，希望中国实施议会制，让自由派分子和少数党可以扮演关键角色。这项假定必须基于下列前提：议题可以在确定范围后加以辩论；选票可以被调查出来；多数决定可以形成。这些无疑都是美国调停时的辞藻。美国武断决定，国共争斗的问题已经摊开来，政策的不同可以靠谈判来解决，但事实真相却是：一方想借美援来修补屋顶，另一方却想从底部摧毁所有结构。这样的争论不只是发生在前议会制度时期，而且还是前宪政时期。

即使是蒋介石的政府有多民主这个问题，也比多数观察家当时所了解的还要微妙。对站在国民党这边的人来说，蒋介石一直很包容异己。只有一心想排除所有人的人士，才会被他驱除。事实上，他将不同背景的人引进政府，包括知名学者和他以前的敌人。但此处就是共产党的论点所在。我们可以用印度的印度教徒和回教徒间的争议，来做为对比说明。印度教可以被赞为精神升华的最高级形式宗教，但也被贬为支持迷信的最低级形式。印度教徒对各式各样的信仰一视同仁，都愿意接纳，因此自认宽大为怀。但是在敌人的眼中，他们并没有贯彻自己的信念，也没有要求别人，所谓的包容不过是假装宽大，却牺牲了绝对真理。有些回教徒更觉得，单是承认印度教的领导权，就等于是放弃自己宗教的基本教义，让自己的宗教在一开始便沦为次要地位，而后就会完全不受重视。我们的共产党友人就是以类似的态度来面对我们。我们聚集这么多教师、银行家、地理学家、政客、前军阀等，只不过是为了彼此保证不采取危险和激烈的举动，他们看不出其中有何优点或智慧可言。如果我们不能去除各省强人，我们就是军阀体系的一部分；如果我们不能改善农民的生活，我们就是保护地主的权益。这样的态度又激起我们的反感，认为他们太没有弹性，简直是以高压来威胁我们。

党派的争吵实际上反映历史的僵局，内战势必不可免，多年后的我们才了解这一点，但交战当时却看不清楚。关键问题在于土地改革，其他不过是其次。问题在于要不要进行改革，如果将这棘手的问题搁置一旁，我们就永远不可能从上而下来重建中国。国民党军队虽然被西方标准视为落伍，却已经超越中国村落所能充分支援的最大限度，因此必须重整后者。但这样的提议说来容易，做起来难，因为一旦启动后，就没有办法在中间任何时点制止，必须从头到尾整顿，依人头为基准，重新分配所有农地给耕种者。这个问题非常复杂，任何妥协不是不可行，就是在管理上不切实际。如果没有内战，一切可能显得简单容易。多年来，我们只是认为毛泽东太过强烈，一心想着分化，而他的“主义”太过吹毛求疵，太武断，但我们并不了解，他的所有基础工作都是为了最后的摊牌而做准备。我想，我在共产党的友人事先并不知道这一点。不过，由于先前的承诺，他们还是继续坚守阵营。

实际上，这场土地改革的细节到多年后才为外界所知。但在内战时，关于过程的零星报道已足以让胆大者心寒。我不能像艾格妮丝·

史沫特莱（Agnes Smedley）宣称，就阶级而言，所有的受害者都是罪有应得。我也无法说，所有的受害者都是无辜的，而且改革可以不必流血。我也不能像威廉·辛顿（William Hinton）建议下一代，长痛不如短痛，为结束长期的痛苦，可以容许短期的残暴。假装一切都没发生过，在书内完全不提这件事，又有违我历史学家的角色，我的故事将难以理解。如果哀悼在动荡中的罹难者，又显得我只是假惺惺。面临这样的困境，我只能采取最难但也可能是最简单的方法，就是请命运来承担我们良知的重担，如此我才能接受事实。虽然无法精确地统计，但估计改革过程中约有三百到五百万人丧生，他们大多数是中小规模的地主，大多数是被活活打死。

我没有参与此一运动，我既非参与者，也非旁观者，我甚至没有在旁挥舞着阶级斗争的旗子。但我无法完全置身事外。和我这一代大多数的中国人一样，我的良心无法平安，即使我不在现场。多年来我一直知道土地问题的存在，任何一点一滴的消息都指出僵局所在，需要有人去打破。我既然逃离现场，就无法做出道德判断。在这场无异于战争的土地改革中，无论发生什么事，我都没有能力去宽恕或谴责。这不能和屠杀犹太人相提并论，应该比较接近广岛的原子弹爆炸，是人类社会的污点。如果要提到责任的问题，应该由我们全体来承担。多年后的现在，我只想驳斥下列说法：站在国民党这边的我们都希望保持现状，因此阻挡改革之路。其实，大多数的人就像我自己一样，只是抱着我们的幻想和一厢情愿，希望可以延后摊牌的时刻，找到不会引起痛苦的公式。我们缺乏的是一心一意的念头和坚强的心智，并无法预知到，当时一定要打破僵局，无论花什么成本，无论用什么方法，不管传统或非传统。两大政党最大的不同在于一个基本的学院派观念：不相信农民的暴动能救赎这个国家。

将国民党和“布尔乔亚”画上等号（左派人士常如此形容），并不是指国民党人拥有股票和债券。除了极少数的人以外，事实上他们都没有。包括蒋介石在内的国民党将领，出身背景和大多数的共产党领袖都一样，除少数人以外，他们的财产还不足以多到要用生命去捍卫，更不要说是席卷全国的内战。然而，在国民党这一方，都市的气息比较浓厚。“容忍”的精神可以延伸成放纵任性。如果我们无法免于物质的欲望，至少我们拥有幻想的自由。受中产阶级文化的影响，我们意识到共产党分化高压的威胁，因此一定要抗拒甚至压抑。我们并不知道，在回应挑战时，我们促进了内战大熔炉的诞生，这正是导致共产党有所突破的环境。

我们希望能靠大笔美援解决困难，而美梦果然成真。满怀憧憬甚至不是始于蒋介石，而是从孙中山开始。国民党的遗产可以追溯到他写的一本书，其中计划在十年内兴建七万五千英里长的铁路，在沿海没听过的地方兴建新港口，以取代香港、上海及大连。这样庞大的工程又注重“机器密集”，当然需要外国的资金。孙中山并没有周详考虑到，一个国家要达到现代化，进口物资不能只是结果，而必须充当手段，让接受一方的社会回应挑战，培养组织能力，将外来事物恰当融入政治体。即使在一切顺利的承平时期，国家经济中现代化层面所产生的好处，也要经过很久的时间才能传到内陆。抗战胜利后的中国显然没有如此从容的环境。相反地，东亚大陆当时出现权力真空，中国必须尽快重整自己，而且尽量减少外力的影响。这些状况让我必须说，命运是干涉一切的因素。

我花了一段时间才说服自己，国民党军队当时的问题在于“头重脚轻”。现代化设备大规模涌入，只会增加上层的重量，底层大众更难予以支持，军队显得更像是外来力量来对抗中国社会。这个二分法所造成的结构失败，将大于所谓的贪污无能等温和的谴责。继国民党的失败之后，也看到同样的情况发生在其他国家。为了抵抗和国家下层结构无法相安的外来因素，越南和伊朗的反对势力诉诸不同的“主义”以遂其目的。

毛泽东的革命在本书称之为“劳力密集”，一度显得迂回曲折、异想天开，甚至连他的党人也轻视这位未来的党主席。因此，我们当时忽略其功效，也许不能算是太离谱。内战爆发后才完全看到他的手法更直接、更有重点、更务实，因此在解决中国问题时，比其他所能想像出的方法更完备，更自足。一旦付出代价，就不能否认他计划中的优点。赞扬他土地改革的作家常说，平等精神、人道诉求与他的土地改革息息相关。事实上，提到道德时，可以针对主题进行各式各样的辩论。问题在于，革命本身就是重新修改道德标准。如果不同意上述的话，至少我们可以接受这个明白的事实：透过土地改革，毛泽东和共产党赋予中国一个全新的下层结构。从此税可以征收，国家资源比较容易管理，国家行政的中间阶层比较容易和被管理者沟通，不像以前从满清宫廷派来的大官。在这方面，革命让中国产生某种新力量和新个性，这是蒋介石政府无法做到的。下层结构还在原型阶段，显然未来需要修正。在此同时，这个惊天动地事件所激起的狂热——人类有史以来规模最大的财产重分配和集体化——似乎一直持续，直到“文化大革命”为止。这时历史学家提及上述事件时，可以持肯定的态度，不至于有情绪上的不确定。

国共争斗的时期虽然显得长，实际上只是鸦片战争启动历史事件以来的其中一环。在现代中国历史的所有层面中，都贯穿一个基本议题，就是中国由文化主导的政治体必须转化成现代国家，其基本要求为可以从经济上管理公共事务。在蒋介石以前，这个问题甚至还没有被国人所了解。在毛泽东掌权后数年，中国人口还是只能约略概算管理，显示转化成现代国家的路还很漫长。但即使不耐烦也无济于事，要更改影响十亿人口的结构，本来就不是一件容易事，何况这个结构有四百年以上的历史。转变不是小小的调适而已，问题能够持续这么久，正可以说明其本质有多严重。

内战将人际间的冲突放大千万倍。这个经验有许多层次：感情与理性，迫近与遥远，内与外，战前与战后。然而，在三分之一个世纪以后，我看到的是在历史长期的延续下敌对双方的直线进展，而不是交锋当时似乎毫无妥协余地的歧见。例如，如果不是在蒋介石高举国家统一旗帜的遮蔽下，我看不出毛泽东何以能进行农村改造。即使在书写历史时，只有当国民党所经历的困难完全浮现，而各种替代方案又已用尽时，共产党的激进措施才会显得有意义。

身为历史学家的我相信，蒋介石和毛泽东都是伟人。他们都独树一帜，用自己的方式去处理历史加诸他们身上的最艰困处境，从而展现本身非凡的长才。他们的勇气虽然方式不一，但都代表中国的心智和力量。但这类型的勇气都是一面倒的固执，毫无吸引我们的个人性格和特质。事实上，如果去除他们历史上的伟大地位，传记作家可以简单形容他们：一个僵硬死板，另一个掩不住土气。这些和他们掌控的媒介有很大关系。一方在过时的社会价值中努力挤出最后一滴可用之物，另一方则采取“辩证的即兴创作”，因此常常利用人类的邪恶天性，企图打造出理想的社会。

剑桥，麻省

我的大历史观点在美国麻省的剑桥碰到严重考验。这件事让我至今仍无法释怀，不过也让我坚定意志，决定继续固守我的立场。和十二年后的今天相比，当时的我还不清楚事件的真正意义。我必须从我的角度来说明这件事，原因不只是因为这是我回忆录中重要的一章，而且还因为牵涉到与美国研究中国的权威学者意见相左。我非常崇拜他，也相当感激他，虽然道出这件事的始末可能会引起更多的不愉快。

我在中国时，并不熟悉费正清这个名字。身为国民党下级军官的我，接触的都是学界以外的人。但我成为密西根大学历史系学生时，就常常听到他的大名。我的博士论文指导老师费维恺和余英时教授都是费正清的学生。在此之前，从大学时的指定作业、杂志文章、书评，透过与教师同学之间的正式或非正式谈话等等方式，我就已了解并拜读过他的著作。如果有人要认真研究中国问题，却忽略费正清这个开路先锋，我觉得是不可能的事。

我也不能否认，我自己的史观是建立在费正清打造的大架构上。有时我扪心自问：如果剔除费正清先发展出来的概念，我不确定自己的文章中还剩多少内容。他的划时代巨著《美国与中国》（*The United States and China*）让我大开眼界，尤其是1948年的初版。透过费正清的作品，我才学到将中国国家和社会视为和西方完全不同的体系。中国的意识形态已经过时，政府运作比现代西方国家肤浅。中国人民的性格内向又不具竞争性，为了与非中国文化共存，不论对象是以前的蛮夷或是后来的现代殖民强权，中国总是试着建立一个孤立的缓冲区，有时还透过外国人的帮助，如此一来就可以过滤双方的接触，减少不安的冲击。如果没有哈佛许多学子敬称的“费公”，我无法想像自己如何发展出一套连贯的中国历史主题，不论是传统或现代史。此外，在我分析中国事务时，我也尝试让物质生活与当时盛行的思想相互交织，这无疑也是受到费正清的影响。

我们意见的差异源于一个信念：在判断外国文化——以中国传统为例——时，我们必须保留道德判断，直到充分考量所有的技术层次问题为止。说也奇怪，道德是人类事务的绝对标准，但就历史层面来看，道德却既抽象又随情境而变化。在大历史中，道德标准如何适用于特定例子，必须视时间和局势而定。我们虽然厌恶为达目的不择手段的做法，但又不能用道德来要求历史人物达成不可能的任务。也就是说，原则上道德判断必须在可行性层面**之前**，但就优先顺序而言，又必须置于时空背景**之后**。

我不曾直接和费正清博士讨论这个主题，我和他的意见相左却导源于此。十二年前我还无法理解其微妙之处，但我却顽固违背他的期望，当然令他不快，我却也没有因此而高兴。当时我在他赞助之下撰写明代政府财政的专书，可以说是以荒谬的制度为研究主题。在撰写过程中浮现一个问题：我们应该深入挖掘并思考这套荒谬制度背后的逻辑？或是运用今日的经济学知识直接抨击其荒谬？当时还不清楚的是，如果循后者的途径，我们就会将技术问题转变成道德问题。中央集权化管理已超越所需的技术支援，这个基本议题暂且不论，我们可能发现无数的明代官员都贪污无能。基本上这虽然不算错，但特别强调也无助于我们的知识。如果这项发现应用于当代中国，更可能造成严重的扭曲。我们将无视于背景因素，看不到中国领导人继承无法运作的制度，只会指责他们模仿祖先，贪污无能到无可救药的地步。

将道德判断置于技术层面之前，是美国外交事务常有意外挫败的主因之一，尤其是美国外交官事实上并没有恶意。已故的史迪威将军在他的日记中透露对中国精神的称赞。他在战时目睹，由于情势所逼，一整连的士兵必须推动一长串的载货火车。远远看去，这个长方形的物体就像有无数只脚的蜈蚣缓缓移动。他说，有这样的精神，中国一定可以打败日本。将军似乎因这个实例而想到，中国必须以人力来弥补技术上的差距。但是，面临绝境的蒋介石必须牺牲中国最好的军队（有些是西方特派员所说的“蒋家军”），以宣传这样的精神，达到赢取西方支持的目的，基本上是以战略物资的形式来支援。史迪威却几乎把蒋视为不道德的人物，更在中国人面前挑战他的领导权，因此打击他自己所盛赞的精神。无论是结交朋友或想影响他人，运用这种方式并不可能奏效。

费正清博士并不喜欢别人提到“美国帝国主义”。身为已归化公民的我，也不太乐意见到这个不名誉的标签，因为简直暗示我出于自由意志而选择坏人的阵营。但痛苦的事实是，在今日的世界，帝国主义一词却被开发中国家广泛使用。开发中国家极力保卫自己国家的权益，其程度超过我们愿意承认的地步。如果以污蔑之名加诸他们，这种过度反应并无法有效解决问题，而且我们那些在海外不受拘束的机构是否怀有高尚的道德，我们也无法肯定。举例来说，所谓的自由贸易，就是美国企业可以只付低廉的工资，让那些未开发国家的顶尖人才沦为买办阶层，或是借电话和电报出清一个国家内主要商品的存货，因为控股公司在美国拥有账面资产而有恃无恐。种种可能性导致许多国家抗拒美国的影响，这对我们应该是警讯，要我们不能要求其他国家一味模仿我们，违背他们自己较佳的判断力，警惕我们不能未经全盘思考就批评他人，即使是过去的历史也不行。

这些误解可以透过大历史轻易解决。必须记住的是，在经济发展史上，美国是特例，不是典型。在独立宣言前夕，英属殖民地的这群人已经采纳了母国的法律制度，设法使农业配合刚萌芽的工业和商业（见其后的英国章节）。在其后的岁月，美国扩大其组织能力，将国家经济的所有部门都置于同样的货币管理之下，并应用到广大的国土上，其间很少受到外国势力的干涉。然而，这并非说美国从此一帆风顺，不用经过挣扎奋斗。在新的共和国体制建立后不久，就爆发谢斯叛乱（Shays's Rebellion）和威士忌叛乱（Whiskey Rebellion），都因税制而起。强制禁运引爆1812年战争，关税纷争导致卡虎废法（Calhoun's Nullification），废奴和各州权利法（State Rights）将国家精英送上战场打内战。所争论的议题包括钱、种族、银行、移民法、累进税制、信用破产、劳工工会、州际贸易、福利和各式各样的社会立法。不过，也因为有这些争议，美国才能成为已开发国家，并且是全球最先进的国家。由于进行改革、重新调适及协调，美国经济鼓励最先进的部门继续精进。开发中国家之所以未开发，是因为并没有做好上述或类似的准备，原因不难想见是出于深藏于地理历史中的因素，以致国家无法采用明显易见的选择。如果没有考虑这些背景因素，直接以美国来比较，等于暗示赢家道德优越，而输家不理性又笨拙。因此，到海外狂热促销美国主义的热心人士常无功而返，在某些极端例子中，他们反而像是成熟听众面前的无知狂童。

虽说如此，但这番话已超越了我与费正清博士的争议。此处描述的粗心并非他的性格。事实上，他有时也会对无暇深思的同胞发表类似的诉求。此外，就引起争论的那本书来说，我仍然我行我素，最后书并非由哈佛出版。我在此处添加上一段说明，原因是经过反省及清晰的思考后，我开始了解到，十二年前意见不同的内涵远超过我当时的理解。不安的处境让我重新检视自己的地位，让我清楚意识到，20世纪的中国领导者必须面临技术的困难。这个领悟并没有让我丧失信心，反而有助于历史的长期合理性，因而强化我的乐观心态，这和费正清博士的充满希望并不矛盾。

在费正清面前或背后，我常自认是他的门生。即使我不敢猜测我是否达成他的期望，我还是自我安慰：高徒不一定要永远同意名师的意见。费正清自己就和他的老师蒋廷黻博士相左过，但直到今天他对蒋还是十分敬爱。他的爱徒之一白修德和赞助人哈利·鲁斯之间，意见更是分歧得厉害。白修德的回忆录显示，两人之间仍是彼此敬爱。

站在我的观点，卡在我和恩师之间的，是学术圈和部分出版社的习惯。我们都是受害人，有必要予以揭露。

我决定写一本明代税制和政府财政的专书，当时是1966年，也就是我和格尔结婚的那一年。以我的博士研究而言，出书是很合逻辑的延续工作，而且也是相当自然的连锁反应。我以“明代之漕运”为博士论文的题目，自然而然累积当时政府后勤作业的资料，写了一篇文章，收入贺凯编的论文集中，预定由哥伦比亚大学出版社出版。但这不过是讨论明代财政运作的起点而已，我的好奇心已经被激发，想去迎接挑战。关于该主题有许多丰富的资料，但都散置各处，彼此混淆矛盾，其中有大块领域没有被研究过，还夹杂许多错误的资料，其荒唐夸张之处会让读者发笑。除非厘清这团混乱，否则帝制末期的中国仍将继续陷于臆测与谬误中。

这时情势有了新发展：明代完整的官方历史一般称之为《明实录》，当时已从手抄本印制成书，在台北出版，价格相当合理。这是明代朝廷每日的记载，记下重要大事，登录所达成的重大决定，通常以摘录的方式收纳重要文献。如果下定决心从头看到尾，将内容和其他来源的资料相比较，应该可以重建出相当精确的当时情势。就我而言，以我的准备工夫，应该还可以勾勒出明代的财政运作，写成一本专书。但这是很重大的决定。我买《明实录》就花掉我一个月的薪水，全集共计一百三十三册，外加二十九册附录。我花了两年半时间从头到尾浏览一次，并做笔记。在这段期间内，我得到全美学术团体联谊会六个月的研究经费，另外四个半月则参加富路德（Carrington Goodrich）博士主持的《明代名人传》（*Dictionary of Ming Biography*）研究计划，让我继续接触《明实录》。我搬到纽普兹后，纽约州立大学研究基金会和密西根大学中国研究所都支付我连续两年暑假的花费。在学期中，我设法从例行工作中挤出时间来阅读史料。阅读《明实录》的前面部分时，都是在深夜，当时还睡在摇篮的小婴儿杰夫，每晚吵醒我们。阅读《明实录》的后面部分时，是在休京拉公寓四周的高大松树下，小儿就在一旁骑脚踏车。

1969 年夏天，我们到波士顿。在母校教了三年书的余英时，刚在贝尔蒙（Belmont）买房子。我拜访他时，带着我的笔记本和研究资料。我对他说，我对明代政府财政的研究已经到可以出书的阶段，而且内容应该不会太差。我是用中文记笔记，但要写成英文草稿应该不至于太麻烦。但财务的问题浮现了。我请教他，哪里可以找到支持我计划的出资机构。他大致看过我的资料后，热心告诉我，可以在哈佛这里试试看，东亚研究所会有一些资金赞助我这类的计划。如果我写出申请书，他可以送到研究所所长费正清那里。我于是写了一封长达四页的信，信也送到了。但审核还需要一番工夫。费正清博士几乎当场就同意，但计划草案还要经过委员会的会议，满足所有相关科系的要求，并和其他申请计划一并衡量，以便编入研究所下一年的预算中。当时我很少去想这些事，并不了解如此一来，对给予我友善协助和鼓励的人来说，我一开始就增加他们的困扰。圣诞节前两周，我收到费正清博士传来的好消息，我的计划核准了。1970 年 2 月，他又告诉我，研究所已拨出一万美元的研究费，涵盖当年夏天和其后的学期。研究所还提供我研究资源，让我依计划写出专书，并收入《哈佛东亚研究丛书》。一切不可能更理想了。

肯特大学事件后，美国校园动荡不安，但1970年夏天的哈佛却是出奇地风平浪静，各式各样的夜间节目和活动照旧进行。哈佛大学最忙碌的地方首推职业介绍处，学生和其他人士来此寻找就业机会，无论是临时或永久的工作。校园内外我们唯一观察到的奇怪景象是，一群年轻人把头发剃得像某些宗教派别，身穿黄色和白色袍子，手持小铃发出“轻轻轻”的声音，站在哈佛广场向人劝募。大多数路人舔着手上的冰淇淋，显然很欣赏免费的娱乐，但很少有人赞助这项灵魂拯救计划。

我们暑假在奥浦兰路（Upland Road）租房子住，走到剑桥街的办公室有些远，但幸好公车很多。我原先以为，我们暂居哈佛会让格尔生活孤单，让她怀念起住家附近的年轻家庭主妇每天来串门子。但她却适应得很好。她希望我写出专书来，每个人都写书的。通常在晴天时，她会推着坐在婴儿车里的杰夫，一路推到哈佛广场。她会逛逛附近的小巷子，欣赏丹麦和瑞士设计的商品。有时我们也会在附近的三明治店里吃午餐。

在我送到研究所的研究计划中，我已略述明代财政管理的大致情况，描述笔调多少较为活泼。当时我还没有认真思考应该发展什么模式或形式，以便呈现详细的资料给西方读者看。中国人提到官方的机构组织时，通常会依事件先后顺序排列，例如第一年发生什么事，第二年做了什么调适等等，重点是在该特定机构的内涵而非其原义。如果提到推动一切的法规时，所谓的基本法规通常表达追求理想中的完美境界，但太过乌托邦，太过简约，无法等同实际状况。在阅读《明实录》的两三年中，我完全沉浸于中国文化与文献的影响，并不担心超现实自由架构和机械般的精确之间的天壤之别。16 世纪明代官僚的心态，有别于当代社会科学家式的历史学者。因为这点轻忽，我必须卖力弥补。

不过，我的第一章草稿相当不错。这一章概述和财政管理相关的明代政府机构。我花了 6 月整整一个月和 7 月的一部分来写这一章。中国政府机构总是门面堂皇。我的列举方式依照组织图表，保留其逻辑的顺序。即使提到机构功能时常常离题，但也都还列于各机构的标题下，叙述纵然有些笨重，但大致上仍不妨碍阅读。这就好像预告肯塔基赛马一样。参赛马匹可能参加过各式各样的比赛，有些出了意外，有些可能有奇特的际遇，但叙述者总可以从标杆所在位置一一介绍，就可以完成任务。赛马场次表就会提供所需的形式。

结果我交出第一章的草稿时，费正清博士相当赞许："你写得好，既正确又明了。"他将这一部分视为"相当杰出的开场概论"。一切令人满意。他的耐心让我印象深刻，我拼错 gazetteer（相当于中国的方志）十次，他就用红色铅笔订正十次。我搞不清楚 material（物资）究竟是一般名词、集合名词或抽象名词时，字尾的单复数也就跟着漫无章法，他会指出上下文中的正确用法给我看。在哈佛，他的子弟称他为费公，大学部学生称他约翰王。他无疑是亚洲研究领域的权威，但他的作品却一丝不苟。每件事都要按步骤来，没有理所当然这回事。至于撰写博士论文的学生，他鼓励他们以二十年为研究范围，处理题材时才比较顺手。最好能在较短的时间范围内交待清楚所有的事件，其成果还可以和其他时期互为参照发明，胜过一开始野心勃勃，选择很大的范围，结果却漏洞百出。这个方法暗示，大历史一定要架构于小历史之上。

但是我开始进行第二章时，糟了，我发现自己不但无法遵照他的指示，而且素材也没办法转成我希望的形式。起初我想讨论整个明代的财政运作，但在费正清博士的建议之下，我把期间缩短到 16 世纪。不过缩小范围却毫无帮助。我想讨论的机构常常分分合合。我似乎迷失在宽广的布拉马普特拉河（The Brakmaputra River），无数的沙洲和水道纵横交错，却无法形成明确的模式。我从局部着手时，描述顿时变得含糊笼统；我转而以编年方式呈现史实时，结果也看不出清楚的逻辑。7 月一天一天过去，我开始慌张，我的进度已经落后。我自问，我在这个主题花了这么多年的时间，难道就无法以清晰易懂的方式来描述税制吗？我可不能去责怪文化或语言。我一定要把问题看成实在的物品，用手牢牢抓住，用膝盖顶，用脚踢，如果还不成，就用牙齿去咬。我一定要想清楚。如果我可以用中文表达出来，一定就可以翻译成英文，即使是逐字翻译也要做成，一开始也可以忽略句型文法，甚至拼字。这势必是一场肉搏战。

《明实录》中有一组年度的财政资料。应收物品包括谷物、纸钞、白银、盐等十来项东西，并没有符合一致的财政标准。有时出现重复登记，有些项目以原始形式登记了一次，换算成其他项目后又登记一次。有些项目列入应收款项，有些事实上是登记成仓库存货。有一天下午我忽然想到，这组资料可以当成一个起点，演绎成符合社会科学家胃口的成果，这组资料应该可以用图表来呈现。我因此接连两天不进办公室。我在房东太太的书房中找到一把比例尺，手边没有划好方格的现成纸张，于是花了几个小时的工夫，就着笔记本上的虚线划出更多直线。我打算用图表显示：明代的政府财政非常奇怪，虽然缺乏整体的系统，但低层的地方会计用各种方式动手脚，让整体看起来很有秩序。最显著的例子就是官方的马匹。明代开国时，政府从大草原和外国收集了一些马匹。在满足军队的需求后，剩余的马匹就用来繁殖。约四万匹种马转包给一般民家饲养，养马的人家可以不用缴税，但必须养好马匹，有病时请兽医，负责马匹的生育，不能动用政府的钱。不久后的15世纪初期，官方“统计数字”显示，这一类别下的马匹数量已达数百万之谱。具体画在纸上时，每年的数量曲线几成直线，有一飞冲天之势，显示原始的资料并不是来自于一匹一匹地清点，而是从每年固定的繁殖率累进而来。虽然没有直接的证据，但这番逻辑上的推理却可以从许多其他的辅佐资料得到证实。首先，朝廷的检查人员每三年才会到乡间一趟，去检查和烙印官方马匹，因此每年的数目不可能得自于他们的报告。其次，中国当时的乡村经济不可能支撑如此庞大的马匹数目，而且全集中在北方的一小块区域内。到了一百五十年后的16世纪末期，政府决定把这些种马的价值换算成现金，结果发现马匹数量大概在十万匹左右，根本不是数百万。我们从这次事件中学到，在帝制中国的末期，一个重要的财政政策居然可以衍生自一个简单的数学公式，不必考虑所有的相关因素。政策的实施全赖政府当局往下施压，因为官僚体制和一般大众之间缺乏法律和经济的联系，无法确保实施一套更上轨道的税制。

我用类似的方法处理同一组会计资料中的其他项目，我无法找出更好的形式。我必须依照明代官僚技术上的窜改方式，才能解释他们所谓“统计”的本质。我也必须引用间接证据来证实我的立论。我匆忙把这番研究修饰成第二章，三天后送到费正清博士的办公室。这真是个严重错误。

稿件退回时，显然费正清刚开始的热切完全不见了。“我已经无法再给你任何有用的建议。”在他办公室外灯光昏暗的走道上，我看着摘要，心中充满深沉的失败感。他在评语末尾表示，他下一件要做的事是把我所有的草稿送到“该领域的专家”，应该是位经济学家，让他进行公正的评估，也许还能提供专业的建议。如果费正清对我的方法表示失望，这个专家的批评则和屠杀相去不远。他先说，任何像我这样大范围的研究计划，都应该建立在扎实的数字上，必须从人口和土地数据开始。我的草稿甚至还差得很远，无法让读者产生信心。即使是费正清认可的第一章都写错了：黄零星地发表意见，但不曾建立任何踏实的结论。专家有何建议？黄可以大幅缩小研究范围，或是翻译综合日本学者在这方面的研究，也不无贡献。总之，他不应该再进行任何明代财政的量化研究。我觉得我好像被当掉大二的基础课程。

但是，我检查自己的草稿时，必须承认读起来不太容易，也不自在。文章不再像赛马场次表，反而像桥牌专栏。事实上，亚伦·垂斯科特（Alan Truscott）就像替我捉刀的人。桌上已经有这么多张方块，因此，坐在西边的玩家手中的黑牌就不能超过五张。如果叫牌的人吃掉黑桃，积分还会增加。另一方面，为了要让十二出场，他一定要再给自己一次机会。不过如果这回不成功，再三轮就可以大赚回来，因为东西家可能联手勉强满贯一次。每一个动作都牵连下个动作，但给读者的资料少得很，如果读者毫无基础知识，一定迷失在比赛的逻辑之中。总之，这就是漏洞百出的大范围作品。

我想这时和费正清博士谈谈可能有好处。我应该和他好好长谈一番，把我的困难告诉他，向他解释我想达成的目标。我想说服他，我想做的事其实做得到。一切已经在我脑海中，话都已经到舌尖了。如果可以用合乎逻辑的方式清楚写出，来吸引西方读者的注意力就好了！但费公不在，他周末到新罕布夏去了。他希望我能写出自己的想法。这不是好的替代方式，因为我已经试过却无法成功。

除了我自己以外，我还能怪谁呢？费正清博士花在我身上的时间已经够久了，还有一些急迫的事等待他去处理。他的桌上堆着研究生和其他学者的文稿，总共有多少份？我算不清楚，但至少有二十份。那年夏天他还要准备出版《美国与中国》的第三版，一次修订一两页。更重要的是，他早已告诉我，我匆匆忙忙抓了太多资料，应该缩小我的研究范围。他不是早就说过了吗？我当时并不知道，研究所处理我的研究计划时，甚至还不是经过他的直接管辖，所有相关领域或部门都要照顾到。

无论如何，我独自面对自己的苦恼。那个周末格尔带着杰夫开车去纽约。她的父母从田纳西一路开车过来玩。她希望他们先在纽普兹休息一下，再到剑桥，逛逛哈佛大学和波士顿。我被单独留下来，心情低落。我痛恨自己制造出的问题，万分沮丧的我捶着桌子，但也于事无补。我很担忧。我要写明代财政管理专书的消息已经传开，目前已进退维谷。我回到奥浦兰路的房子。为了让主卧室有干净的床单给岳父母用，我睡在房东太太儿子的小床上。我从各个地方发现他的名字叫艾列克斯，他有一架模型飞机，从床上方的天花板上垂下来，是第二次大战期间的喷火式机种。我也参加了二次大战，在军中待得太久，让我在专业上落后这么多。我一定是在错误的时刻选错地方写错书。我的自信第一次无影无踪，害怕自己永远完成不了预定的计划。

第二天，又是很热的一天。又一天溜走了。为了打破失败感、挫折感和自怨自艾，我一定要找到解决问题的方法，但我找不到解决之道。一刹那间我好希望自己和内人儿子回纽普兹住一星期。但我也知道自己没有时间，已经是 8 月中旬了，我的进度落后。

第三天是星期天。我走到哈佛广场，带回周日版的《波士顿环球报》和《纽约时报》，无意识地翻着报纸，记不起来自己看了什么。最后所有报纸散置在餐桌、椅子和地板上，盖住一杯牛奶，还形成路障。我到处找有用的事做，于是拿着脏衣服和一罐洗衣剂，但洗衣机就是不肯动。（后来发现：我按错键，也找不到把手。）我还要喂房东太太的猫，它饿得一直对我喵喵叫，极为恼人，但是我就是找不到猫食罐头。最后在厨房水槽下面找到罐头后，又看不到开罐器了。（电动开罐器就在我正前方，固定在墙上，和视线同高度。）对一个心烦意乱的人来说，整个世界似乎就要分崩离析，或说一切都联合来谋害他。

下午并没有转凉，但屋内也没有比户外舒服。我决定出去走走，去哪里？哈佛广场。否则还能去哪里？广场上的行人少多了。我还是不断想着明代的财政管理，我知道得如此之多，又如此之少。自己研究这个主题已经很多年，发表过数篇文章，可是眼前却无法将脑海中的想法具体化，写成可以一读的文稿。然而，文稿和一本专书正是我必须制造出来的产物。我已经拿了哈佛东亚研究所的一万美元研究费，一本专书是我的保证，我的承诺，我的荣誉和我的生存方式。

我不想回到空无一人的家里，于是继续走向查理河，从波林士顿街（Boylston Street）转入宿舍间的小巷，一直走到纪念驰道（Memorial Drive）。河上吹来一阵凉风，却不能吹走心中的郁思。我一直走，看着车子从旁呼啸而过，就穿越马路，继续往下走。等我走到陈家餐馆（Joyce Chan's）时早已筋疲力竭，饿倒是不饿，只是渴极了。我穿过停车场，走进餐厅，通过摆设黄包车的走道。引我入座的老板娘有些困惑。在河畔这么高级的餐厅中，她一定很少看到单独用餐的客人。

我眼前放着菜单，无法决定要点什么。我轮番灌冰水又喝热茶，热汗很快就浮现在额头上，一路流到脖子。我忽然感受到室内冷气的一阵冰凉，但多多少少让我暂时忘却明代的财政。

在8月下旬，我终于找到费正清博士，在他进餐厅前拦住他。我必须请他帮我一个大忙，因此心中很是忐忑不安。

我们在奥浦兰路的租屋再十天就要到期，但在剑桥找不到可以只住到年底的房子。我们四处询问，但每间房或公寓都至少要租一整年。同时我们还是不能放弃在纽普兹的双层楼公寓，如果我们搬走，冬天要回学校教书时就会很麻烦。东亚研究所可以让我带一部分的工作到纽普兹完成吗？依我的计划，我可以每个月开车到剑桥，在汽车旅馆住两星期，使用哈佛的燕京图书馆，并和研究所保持接触。纽普兹离剑桥两百二十英里，车程约四小时。

费正清静静看了我几秒钟。他的眼光停在我的衬衫上，这是一双苦读无数书页而备受折磨的眼睛。不过，和他发自喉咙深处的男中音一样，他的柔和眼神传达了他性格温和、不与人争的神态。他的和平主义是否来自于他常被侮辱，有时甚至是被才干低于他的人所欺负？我不知道。但我似乎觉得，他为人敏感体贴，对同事忠实，一定会和他必须做的团体决策不时产生冲突。树大招风，他的公职生涯一定让他愈来愈谨言慎行。我的请求也会影响到他身为研究所所长的官方职责，而所里聚集各式各样的人物，绝对不是容易管理的单位。这无疑是他沉思片刻的缘由，不过他很快就决定顺应我的心愿。我提出要在家里做大部分的工作，他的回应是："相当合理。"他又说："你写封信来，告诉我你想做的事。"两天后我接到他的回信："我收到你 8 月 31 日的信。你提到要花一半的时间在家里，以加快工作的进度，我看不出反对的必要。此事当然不合常例，但我不确定有无禁令。无论如何，我们很愿意帮你创造最好的工作环境，很乐意体恤你的处境。"

结果我并没有完全兑现书面的保证，9月我回到剑桥，待了十天。之后我去的频率减少，待的天数也缩短。似乎没有人在乎。我在家工作成果更令人满意，更不用说省了汽车旅馆的开支。不过我在9月、10月、11月及12月都到剑桥一趟，每次都送一章草稿的影本到费正清博士的办公室。最后两章是在新年后邮寄给他的。也就是说，我每个月都完成一章，连续五个月不间断。

我突然文思泉涌，绝非因为纽普兹地灵人杰。在9月第一周，格尔的父母来剑桥看我们时，我就已经克服我的失败感和挫折感。整体来说，我并没有离题太远。明代的财政管理不只是早于现代西方的政治经济科学，而且还带有特定的神秘特质，很难呈现给西方读者。中国农业官僚制度衍生出一套管理的艺术，受不了的人常予以道德谴责，但其技术问题还没有得到全面的探讨。我的确遭遇重大的难题。

新的起点必须源自以下的了解：明代官吏进行管理时，**欠缺**所需的重要统计数字。他们所拥有的土地资料和人口数据，不过是粗略的估计。如果16世纪的中国官员具备现代社会科学家的数据处理能力，中国其后四百年的历史就会大不相同。这些都只能在逻辑上理解。让我举个假设性的例子：

假设美国必须在类似的情况下向人民征收土地税。首先整个领土必须置于单一的管理之下，纽普兹、纽约和剑桥的市长都由华盛顿的中央政府同时任命。市长不是律师或会计师，而是散文家和诗人。由于他们熟悉柏拉图和莎士比亚，所以彼此才时相往来。共同的文化背景让他们在封建社会中担任政府所有的职务，而且职务可以彼此互换。市长任期只有三年，因此没有人可以成为所管辖地区的专家。此外，区域的人口多达二十五万人，大多不识字。而且，从剑桥递送公文到纽普兹，需要花一个月的时间。我们可以想像，即使可以确定美国的总人数和总耕地面积，和赋税管理也毫不相干。就技术上来说，管理绝对不可能发展出相配合的精确程度。在这样的情况下，掌握情势的唯一方法就是从智识的建构开始：宇宙是个单一的整体，公正贯穿其间。一切都处于平衡状态，一切都在天子的掌握中。有了智识上的共识，就可以设定通行全国的税制标准，但无可避免要从工整的数学程序开始，不考虑任何外在因素。必须先有等号，才有数字；先考虑形式，才想到实质。中国统治者过去宣布各式各样的财政法规，将土地划成正方形，以完整的耕地面积进行分配，村落中的户数刚好为一百户，全都如出一辙。政府根据事先拟定的区域配额来制定法律，如果情况允许就可以执行，法规无法执行时，就准许例外或法外施恩。整套方法可以说是“趋近观念”。

从现代西方人的观点来看，没有必要将道德和实际混为一谈，关键在于：这样的体制效率低到令人难以忍受。当法律从上往下施压，而不是由下而上自愿配合时，其运作很难避免压制色彩。然而，如果认为官吏宣导的慈善与好意全都是骗人的，那就大错特错了。在组织上来说，只有他们能制衡自己。他们的自制和互敬程度不一，显示农业官僚体系的双重性格。在这种情形下，税制不只是经济制度，也是文化制度。

至于费正清教授推荐的专家，他所提倡的数字上管理属于一个完全不同的时代。即使在西方世界，在数字上管理也比中国的明代晚得多，其完全发展也不过是晚近的事。情况可以说明如下：在现代萌芽期的货币管理之下，商业交易逐渐多边化。如果连一头骡子都必须向邻居征用，你的磨坊的运作就可能受影响，连带波及到其他村落的食物处理过程。因此，公平成为人人关注的议题。在公众的强制下，所有的商业交易都必须置于法律的管辖之下。制度一旦成熟，政府运作可以依靠民间的商业交易，或是与之并行不悖，最后终究接受商业惯例所服膺的法律程序。所有电路全线通行，一切放诸四海而皆准。在这种情况下，有效的稽核才可行。这个趋势持续扩大时，即使是逃税和私下的不法交易都可以从银行账户中侦测出来。但上述一切都需要数十年、数百年的时间来发展，必须始于保护财产权，确定分工的模式，其间经历无数的智识与社会的再调适。在20世纪的中国乡村社区内，商业仍是双向往来，更不用提16世纪了。在澄清我的研究主题前，如果贸然将现代社会科学套用到主题上，我的角色将从财政史学家转变成财政改革者。

如此一来我的问题已经确立。手上还有一堆西方人不熟悉的资料，我认为对诠释中国现代史相当重要，不想予以增添或删减。但是我到目前为止所呈现的不过是一堆混乱，如何说服其他人，甚至是我自己：这些资料值得一提？

住在奥浦兰路的最后一星期中，我大幅重整我的思路。我帮格尔打包，减少去办公室的时间，还经常陷于沉思。我不确定新的念头何时出现，但一个新的起点已经成形。

严格来说，我们现在所谓的政府财政，在明代并没有对等的组织。当时只有“文化财政”，可以加以扭曲、翻转、缩减及操纵，以达成政府经济直辖领域之外的特定目的。只要不舍弃制度的基本特色，就不需要精确管理。因此，历史虽然充满例外和修正，但不曾真正彻底重整，看起来就像是一连串依年代先后排列的事件。我努力把素材挤进符合学术出版规范的模式时，零零星星的资料拒绝被挤入架构中，我也无法完全掌控。现在我必须一开始就接受它是有机体，功能必须先于解剖。我应该要读者先看到行动，再阅读技术上的细节。导论中应该放入一个特定的案例，稍后再解释术语。部分结语必须往前挪，不必全放在每一章的终结。叙述和分析之间没有严格的划分，行文可以夹叙夹议。我试过几回。如果第一次谈得不够多，应该毫不犹豫再说一次。总之，这是借用新闻报道的技巧来写制度史。

新方法奏效，我似乎已打破僵局。一旦克服笨拙的感觉，整理紊乱的线头显得容易多了。过去数年来我写下成堆的笔记，累积的素材足以驱使我继续写下去。

我很清楚，我和费正清博士推荐的专家之间，仍存在尚未解决的歧见。我对格尔说：“我们先把草稿写出来再说。如果我的作品可以自成一格，费正清会原谅我带给他的所有困扰。如果我写不出来，所有的争执会显得糟上十倍。”9 月，研究所转给我该专家的另一封评论信，他继续把我的作品说得一无是处。费正清在附函中表示，他充当批评家和我之间的调停者，或像是很有耐心的主管，希望两个爱吵架的下属可以彼此相让。我必须挪出时间回信，替我的立场辩护。幸运的是，我从此再也没有收到这位评论人的消息了。

从这时起，工作速度成为最重要的考量。为了每个月能写出一章，我忙着构思、打字、修订、自行编辑，每天工作十二个小时，每周工作七天。我不看电影，不出游，不外食，每天轮流以咖啡和中国茶来提神，午餐和晚餐都是由格尔亲手送达。几个月下来，她完全没有办法使用餐桌，因为已经变成我的工作台，放置打字机、索引卡、成堆的书和纸张。我没有时间和杰夫玩。他坐立难安时，格尔就带他出去，省得我分心。真好，当时每加仑汽油只要三十五美分。她常去邻近的购物中心，为了避免不必要的接触，我们尽量远离纽普兹市中心。除了我们的隔壁邻居以外，我们认识的人大多以为我们还在剑桥。我延后所有的例行活动，甚至包括看牙和理发在内。我的工作服是睡衣外罩浴袍，夜深和衣而睡，累到懒得脱下来。日子总是过得很快。早上我开始打字时，很怕惊动邻居。不知不觉间，字纸篓已有三、四页不要的纸，斜阳已照到庭院，附近的儿童放学回家，嬉闹之声不绝于耳。

从那时起，我开始替费正清博士不安。我造成他的困扰，是否我也有错呢？当然，他对我向来大方仁慈。在我到剑桥前，严重低估这项计划的工作量。根据西方社会科学学者的惯例，零星的资料必须先整理成单篇文章，发表在学术刊物上。例如，我对官方马匹的研究就可以扩大成这样的文章。如果附带图表和许多注释，也许还可以算是井然有序的历史题目，符合学术架构。写出六篇这类的文章后，我也许可以发表成一篇专论。在没有出版数本书之前，不应该尝试一般题材的学术论文。有时一位教授生平著作不过总结于一本选集，也就是针对一个特定题目而发表的短篇文章和论文。想在一本书内涵盖明代赋税及政府财政的所有层面，我一定跳过了许多步骤。

在中国的研究领域中，汉学和中国历史学者之间还有一层默契。由于在中国出生和受教育的学者理应熟悉古文，应该可以处理文字上的细节。一般相信，最后的综合分析应该由更了解西方文化的学者来处理比较有优势。这个背景的差异足以说明为何将这领域一分为二。美国学者更重视他们的专业分科，经济历史学家绝不应该谈法律学，在研究中国官僚已小有进展的学者也不应该贸然踏入经济的领域，让我们尊重彼此的专长。推到极致，水管工人就不应该去拉扯电线开关。在我闭关苦读的前些年里，我一定忽略了学术圈中的一些基本规则。

然而，我冒着不知谦虚或卤莽躁进的恶名，决定坚守岗位。如果我低估计划工作量算是犯了错，弥补错误的最简单方法就是继续前进，不是向后撤退。把汉学当成翻译局，让别人来写历史的做法，我可从来不相信。在语言文化如此举足轻重的领域，一开始根本就不应该让语言不够格的人进来当权威。我也不相信大历史应该衍生自小历史，研究一个机构的机能时，整体是否由拆散的部分相加而成，非常令人怀疑。我之所以投入明代赋税与政府财政的主题，不消说还心怀使命感。研究发现已经让我得知，中国为何无法适应现代。这些解释还可以让我大大解除照本宣科的乏味，让我可以告诉学生，为什么孙中山错了，蒋介石错了，毛泽东也错了。在这方面我已记录我的想法，写成数封信给费正清博士。因此所有的主张都系乎我的能力：我必须加以充实完备，写成可以出版的文稿。

然而，每个月写一章仍然是相当费力的事。到1970年底为止，格尔和我都不得闲。我如果没有在工作，也是四处奔波。只要完成一章，我就外出影印。我一得空便直奔哈佛，第一趟行程是在9月，为节省时间，我从普吉西搭飞机去。我住在哈佛教职员俱乐部，费用比汽车旅馆划算。到第二次和第三次，我请格尔开车载我到奥本尼，在赫逊河畔的伦斯勒（Rensselaer）搭火车到波士顿，再换地铁到哈佛广场。在剑桥，没有人问我关于研究计划的事。我11月到剑桥时，费正清博士还邀请我去他在温索普街（Winthrop Street）的家中参加晚间聚会。不过这纯粹是社交场合，我在会上告诉他，我曾在国民党的军队中待了几年。没有会议时，我通常到研究所去卸下草稿影本，到哈佛的燕京图书馆借书，在剑桥再住上两三天，然后就提着袋子冲到哈佛广场的地铁站。回程时我已经在想着下一章的内容。

印象最深刻的是12月那一次的哈佛行，我开车载家人同行。我的那一章草稿前一晚才完成，也就是12月22日星期二。我仍然很担心，自己已经一整个月没去哈佛，因此急着在圣诞假期前送过去，让自己及时出现，如果有人问起，也可以对东亚研究所有所交待。但是12月23日这一天，我花太多时间在草稿上做最后修订，影印及编排也花不少时间，等到要出发时，已经过了中午。我们到纽约高速公路波克夏（Berkshire）这一段时，早已是下午三四点。邻近田野的天空忽然完全看不见，大风雪瞬间骤降，等我们发现时，已经困守车内。我把方向盘紧紧握在胸前，脚趾轻踏离合器，一心只想着如何不使汽车翻覆，可能没想到要努力前进。在挡风玻璃前的漫天风雪间，我只看到前车的尾灯，两车相距不超过二十英尺。高速公路的左线车道并没有车子行驶，没多久就形成雪坡。气氛紧张，杰夫也学格尔不发一言。我们慢慢前进，车子偶尔还会打滑，时速不超过二十英里。在麻省公路上终于看到第一辆铲雪车。这是我生平最艰辛的开车经验，奋斗了两个半小时后，我很高兴终于可以在路边的一家霍华强森（Howard Johnson）餐馆休息。意外的是，餐桌旁空无一人，其他的驾驶人都排队等着打电话。轮到讲电话的人则告诉亲友，会迟到五个小时、六个小时或是八个小时。

经过充分的休息后，我们决定继续往前开，这个时候再折回去已经没有意义，反正都已经穿过山区。但我们后来发现，在麻省平地失控的车辆，多于在纽约山区地带。我们到达剑桥时，已经是午夜十二点多了。哈佛广场后方的行路汽车旅馆（Treadway Motor House）已经客满，我们的预约失效。但在大众大道（Mass Avenue）的假日旅馆还只有半满，我们松了一口气，真是欣慰！

第二天是12月24日星期四，阳光灿烂，但道路四周积雪及膝。在哈佛广场附近，我们看到一位老太太对一名年轻人说："小弟弟，你可以帮助我过马路吗？"那位年轻人近看原来不过是青少年，这时显得有些不好意思，于是扶着她过马路。

在圣诞节前一天，我不应该预期研究所会有人，事实上也没有。

一七三七街的大门开着，但里面空无一人。研究所办公室的大门深锁，我把文稿影本放在外头的桌上，附带一盒巧克力，感谢曾帮我许多小忙的秘书人员。回到假日旅馆后，我们的圣诞夜就待在房间内看电视，这也是我们头一回一起看彩色电视。

圣诞节当天，我们开车回纽普兹。开上高速公路两、三英里后，我们跟在一辆灰色欧洲车的后方。车主一定是从波士顿以北的地区开来的，因为车顶已经积了厚厚的一层雪，甚至在一夜间凝结成冰。我们都开得很快，前车车顶的冰雪块因此脱落，飞向我们。格尔大叫："小心!"同时身子往前挡住杰夫。不过为时已晚，我刚好开在冰雪飞弹的弹道上，这块白色的物体长三英尺，宽一英尺，不知有多厚，忽然响起轻脆的"忽忽"，原本清澈透明的挡风玻璃变成巨大的蜘蛛网。幸好雪块没有看起来那么结实，撞上挡风玻璃后就消失了。我从左方较大的一块玻璃勉强看到前方路况。严格来说，继续开这辆车一点也不安全，但拜现代科技之助，玻璃虽破却仍然没有碎裂，而且我们运气很不错，这天恰巧是万里无云的晴天。我们在五个小时左右开了两百二十英里，没有碰到大麻烦。但是我不曾认出肇事车辆的车型或车牌，也许车主知道出事了，冰雪块打到我们后，他立即换了车道，一下子就不见了。我们的车子就像海战后局部受损的战舰，无法及时进行有效的追击。

1971 年 1 月，我邮寄一章文稿到研究所。我知道费正清博士到南美旅行，觉得没必要去剑桥。2 月，学期开始，我又回到学校教书。最后一章草稿也是邮寄的。费正清寄来一封日期为 1971 年 2 月 16 日的信，表示他已收到，他在信中写道："我们目前有些忙。"由信中语气显示，研究所应该会很快联络我，也许就在数星期内。

但从此研究所久无音讯。4月时，我已浮躁难安。春假时我说服格尔和我再去剑桥一趟，了解事情的真相。这次车子开到纽约高速公路上时，机械出了问题。车速不断减慢，显然是汽缸无法点火。情况非常危险，尤其是所有车辆时速都在七十英里或以上。我们的车子甚至可能完全停着不动。在塔卡尼克大道（Taconic Parkway），我设法离开高速公路，慢慢开到附近的维修站。起初我们以为问题不过出在火花塞或电路，因此去餐馆享受悠闲的中餐后，以为可以顺利上路。但我回到维修站后，经理摇摇头。问题出在活塞。在引擎彻底翻修前，绝对不能开这辆车。他出价五十美元把车子拖到普吉西，我们可以坐在拖曳的大卡车中。我们别无选择，只好接受。几天后，普吉西的福特经销处告诉我们，汽缸和引擎都没问题。原来我们没有让车子停在车库，反而在户外长期承受滚烫和冰冻天气的轮番折磨，部分电线已经腐烂。"也许这就是征兆，"格尔说："我们根本不应该去那里。"回想起来，她的宿命论调不无道理。

我无法直接找到人，于是打长途电话给余英时，请他帮我询问文稿下落如何，他的回电不是太乐观。他去见费正清博士。费说，由于我的研究属于经济学的领域，于是他们的经济学专家杜艾特·柏金斯（Dwight Perkins）博士有决定权。余去问柏金斯，他又说我的文稿包含一些有用的资料，但却有"很多结构上的问题"，需要大幅修改。但他没说如何修改，也没说他何时会处理。

我忧心忡忡。像哈佛这种知名学府设置区域研究的指导小组时，如果是以跨学科的委员会形式，就必须尊重专家的意见，研究所当然不能出版委员认为可笑的作品。我还得知，将研究经费拨给我这种外人，不完全是出于无私的理由。获得研究经费的学者可以得到财务支援，利用哈佛的资源，而哈佛教职员在指导外来研究者时，也可以获得不同面向的经验，更不用说著作出版时，功劳会归于他们。基本上我一点也不反对这样的安排，因为对我也有好处。我不曾想过去哈佛挑战任教教授的权威。但研究所要柏金斯指导我，却对双方都没有好处。

柏金斯自己的主要著作是研究当代中国的市场管制，我对这个主题不熟，相当尊重他的专业。但他认为帝制时期的中国也可以用计量经济学来解释，正和我自己的经验相冲突。我第一天到费正清博士的办公室时就说，如果我们可以确定明代管理者写下数字时的依据何在，就算我们运气好。要找到两套具有比较价值的不同数字已经够难，更不用说是可以用统计学来处理的两套数字。但对柏金斯来说，如果没有附带指数或不能进行回归分析，就是“印象派”，这个标签多少带着不屑的意味。两个意见和性情完全相异的人很难共事。我问费正清，他是否可以把我的研究归类成一般历史，不是经济历史。也就是说，明代政府财政如果不属于经济学的范畴，我就可以请教班杰明·史华慈（Benjamin Schwarts）或杨联陞，而不是柏金斯。但建议没有被接受。不过我也了解，费正清博士一定有他的难处。

使问题更复杂的是，我已经看完一百三十三册的《明实录》。这个资料来源和我研究主题的相关程度，只有我自己了解。当然我要小心翼翼，不能假装自己是专家，所以其他没看过的人要闭嘴听我说。然而，每当我提出异议指出，在我特殊研究领域的对照之下，别人的劝告并不实际，我就会被视为高傲自大。我别无选择，只好引用更多资料来证明，这反而显得我更傲慢。我曾两次到柏金斯博士的办公室去拜会，都受到热诚的接待。如果我们有时间先认识，以从容和私下的方式来处理我们的问题，或许还有一点点机会化解歧异。然而，以研究所排定的步骤来看，我必须面对不具名的评论人，让我仿佛和自己对打拳击一样。纸上的辩论永远不可能缩小意见的差距，反而只会扩大。

上一回和不具名的评论人打交道，是为我的大运河立场辩护。我在文稿中提到，对振兴明、清的经济而言，大运河作用很小。评论人的批评非常强烈，他将大运河比成现代的铁路干线，要我考虑其正面效益，不要只谈负面。对他而言，大运河在经济上“扮演重大的功能”。事实上，帝制末期时的大运河包括湖泊、急流和满布沙洲的水道，到北方更借用两条天然河流的河道，冬天时都会结冰。运河和黄河、长江交接时，只有政府船只可以通过闸门。其他船只都必须先卸货，靠绞盘拉抬。1548 年，一个日本外交使节团在运河入口等了十六天，由五只船组成的船队才得以从长江转到运河。在运河的中段，不到两百英里的距离内出现三十八个闸门。这些闸门只有十二英尺宽，必须常常开开关关以适应水位。在 1643 年，水位只有一英尺高。即使在满清极盛时期，西方观察家注意到，水位也不超过四英尺高。从南部来的谷物需要用一万两千艘船来运送，来回一趟通常要花一整年的时间，包括冬季运河结冰时。如果将这些船从头排到尾，总长度相当于从长江到运河北部终点的十分之一长。如此费力运来的补给品，基本上是供养一大群从事仪礼等不具生产功能的官吏。种种证据显示，如果我专注于运河对国家经济的正面影响，我就是和现实脱节。我必须如此下结论：明代放弃公海上的运输，转而由内陆运送补给，只会加强农业官僚对中国经济的控制，对国家经济本身却只有负面的影响。如果大运河扮演一丝一毫的铁道功能，中国经济史就会迥异于我们今日所读，尤其还加上四百多年来的累进效果。

我不知道谁是那位不具名的批评家。我只知道，我们的争论消失于通讯中。校外的评论人确实存在。我到剑桥时，大家都知道，有一份思想史的文稿被哈佛东亚研究所积压三年之久，原因就是校外权威人士的强烈批评。最后作者运气不错，评论人忽然去世，让他的出版再无障碍。还有其他类似的故事，点点滴滴令我背脊起了一阵寒意。

我多希望在我还没领到研究经费前，研究所就规定我必须和指导我的专家谈一谈，如此一来我必定会三思后才到哈佛！现在我连这种想法也说不出口，我不但领走一万美元，而且钱也花掉了。我自己的准备工夫该怎么办呢？说到准备工作，我已经花了数年的研究时间，而且还动用其他的财务支援，更不用提内人的牺牲。我也希望，柏金斯教授可以解除指导我的负担。我们意见不合，这绝不会增添他生命中的乐趣或舒适。

然而，他批评我文稿不够工整，需要重整，真是个坏征兆。在正常的情况下，批评不过是要求完美而已。由于他的专长是计量经济学，我知道双方的基本差异在于处理主题的手法不同。柏金斯要求研究生交论文时，必须有数字资料，而且可以从数字中引出结论。哈佛的学生时有怨言。尤其对我而言，明代的税制是个多面向的问题。其他人当然可以从不同的角度着手，但对我来说，要把难以驯服的动物抓进笼中，目前的组织方式是唯一方法。在经过生死搏斗后，我不喜欢听到没有卷起袖子和我一起努力的人指责我，笼子的设计不够美观，铁栏的间隔不够整齐等等。我有我的缺点。先接受别人不公正的意见，后来再试图影响批评者，这不合我湖南人的脾气。

更令人不安的是，文稿可能从此不见天日。自我重整思绪以来，已经过了八个月，每个月我都把副本交到研究所。1 月时我写给费正清博士一封信，请求研究所“整体评估作品内容，决定计划的状况”。到 2 月我又写信，保证接到通知二十四小时内马上到剑桥，以回答相关的问题。但研究所毫无回应，我只好请余英时替我去了解状况。但是，虽然有回应，但也是含糊笼统，相当负面。为什么柏金斯博士不通知我，他可以接受部分素材，但整体需要翻修？此外，余英时替我询问后，剑桥还是没有片言只字的回答。如今当然人人都很忙，而且很难要人去做一件违背个人信念和任务的小事。

我应该去别的地方试试我的文稿吗？英时不曾公开鼓励我去做，但他也没说这样不行。他曾说过，东亚研究所曾经遇到领走研究经费却不交成果的例子。如果没错，我也可以用不同的眼光来看研究所：把它当成慈善机构。研究所希望领取研究经费的人将成果收入《哈佛东亚研究丛书》，但这只是光荣和恩典，不是相对的义务。这样说来，我设法安排其他地方出版我的著作就完全不算背信。出书绝对好过无声无息消失的研究经费。

暑假到了，哈佛仍然杳无音讯。我将第一章的影本寄给英国的崔瑞德教授，询问他出版的可能性。我数年前在一场研讨会中遇到崔教授，他是很认真的汉学家，但让我印象深刻的却是他的乐天开朗，和他的娃娃脸很相称。他此时的职位是剑桥大学的中文教授，也是《剑桥中国史》的两位编辑之一（费正清是另一位）。他的回答相当肯定，他说，虽然他不能代表剑桥大学出版社发言，但他们看到全部的文稿后，一定很乐意考虑出版。他还恭维我，说他自己从第一章草稿学到很多东西。我将他的评论视为我在学术圈所能得到的最高肯定，因为他以研究传统中国的财政管理出名。事实上，费正清推荐的那位专家建议我，要以崔的《唐代财政史》（*Financial Administration under the T'ang Dynasty*）为范本。我认为这个建议不切实际，因为崔在书中宣称，他的目的是概述唐代管理者遇到财政问题的理论面，不但唐代比我的研究主题早了近一千年，而且我要揭露的是管理的实务面。唐代管理的整齐明确植基于组织上的简约，这点很合西方读者的口味。这方面我绝对无法复制。在千年前的帝国，中国的经济基础是五谷杂粮文化，但千年后的16世纪，中国却深陷于生产稻米的复杂机制中。我曾提出这些不同点，但却没有用。崔瑞德教授应该是解决争议的最合格权威。

我立刻将草稿其他章节的影本寄到剑桥，这次的反应更具鼓舞作用。崔瑞德说，他和剑桥大学出版社总编辑麦可·布莱克（Michael Black）已经接手这项计划。他们同意，文稿无需重写，段落文字不必删除更动，只要“稍事润饰”即可，也就是请人修订语法和句子结构。他的结论是，这项工作在英国进行即可，不必在美国处理。

这绝对比我从哈佛得到的回应好太多。才不过两个多月，他们已经读过文稿、加以评估、决定编辑方向。在崔教授的最后来信中，他签名的另外一边有一行短句：“附本：麦可·布莱克”，也就是说，我的请求已变成承诺。不过崔瑞德警告我，如果想让这本书被接纳，必须经过剑桥大学出版社特别评议会正式核准。

到目前为止，我尚未以完整的形式，将注释纳入文稿中。我在每一页左边的空白做记号，标明注释所在位置。大多数中文作品只用中文写出，没有翻成英文。崔瑞德表示，除非妥善加上批注，并增补参考书目，文稿就不算完整，出版社的特别评议会就不可能考虑。通知于8月时寄到，我刚教完暑期课程的一门课。当时大学印刷厂的影印机故障，整个纽普兹别无其他影印设备。我决定在蜡纸上打出所有的注释、附录和参考书目，再用油印机油印。这个工作比想像中复杂。我的书共有一千三百七十则注释，大多数的注释有两三项引文，有一个注释就有十七则引文。每张蜡纸上可以打十二到十五个注释，外加其他附录，很快我就发现自己打了近一百五十张蜡纸。威妥玛式拼音是中文音译的标准系统，是相当特别的发明，融合数种欧洲语言的发音，但中文拼音却没有科学根据，或多或少是由威妥玛（Thomas Wade）和贺伯特·翟理斯（Herbert Giles）任意决定的。但一旦被目录学家采用，就出现在所有的书籍和卡片目录上，成为无可取代的系统。（也因此，中华人民共和国今日所提倡的汉语拼音系统，虽然受到媒体和若干的现代出版社所采用，但在相当依赖书目的作品方面，却无法取代威妥玛式。本书也基于相同理由采用威妥玛式。）对我来说，一个中文字应该拼成 tseng 或 tsun，是个深奥的谜，ying 和 yin 有时很难分辨。一个从威妥玛式拼音开始学中文的外国人，中文音译的功力恐怕都比我高。我必须常翻字典，检查拼音，速度因而放慢不少。（最后我还是免不了十来个错，但评论人全都注意到了，无一遗漏。）校对也很困难，必须把蜡纸举高对着光，因此一天完成不超过二十张。誊打花了一星期的时间。油印每天誊打的内容时，已经很晚了，办公室空无一人。我操作机器，格尔负责装订整理。大学的警卫好几次看到灯光，听到噪音，他把总钥匙插入锁孔，没通知就忽然闯入，离开时也同样迅速，进出之间嘀咕着介于抱歉和抱怨的话。但是，至少有一个人能欣赏我们的辛苦和努力，崔瑞德教授两周后回信，说增订补遗的工作又快又有效率，他很快收到，深为感动。

我们能做的都做了，现在只能等剑桥大学出版社的消息。我已告知余英时我在英国方面的联络，但都还没对哈佛东亚研究所提这件事。我想，等书妥善出版，获得肯定后，费正清博士肯定会谅解。也许到时我可以对他解释，哈佛教授和我之间的歧异大到无法折衷，唯一能做的就是给双方机会，看有什么后果。不过，我还需要一点时间，才能公开提出这个建议。研究所忽略我的时间愈久，我的立场就愈有道理。我想我可以等到次年的 2 月，离我交出最后一章草稿刚好一整年，离交出第一章则是十九个月，这时我就可以写信给研究所，请求撤回文稿，不会良心不安。没想到，到了10月——再四个月就一整年——费正清博士来了一封信，询问进度如何。研究所是否还欠我一份评估？到底是谁在等谁？这封信让我有些担心。

直到今天，想到1971年10月的这件事，心头仍觉不安。这不是进退两难的问题，而是不知如何面对费正清博士。在决策方面，我当时立场坚定，现在也不后悔。在他来信前，我已经决定书要交给剑桥出版，不交给哈佛。但他对待我如此有风度，我却只能负面回应，既感为难，更觉不安。数年后，我再度让自己丢脸，恐怕也不会增进他的好感。当时我必须表达我和他意见相异之处，虽然先前已经告知他。平心而论，费正清博士是史界的奇才。我对他的感觉复杂多变。不过，在许多反应和感受之下，只要每次想到他对我和家人的仁慈，想到我那次在餐厅门口拦住他，请他准我在纽普兹工作，想到我的请求让他想了数秒钟，我的心中就会浮现一丝懊悔。

1971年10月，我只写了三页的信给他。我没有提到崔瑞德和剑桥大学出版社，只告诉他，我的文稿已交给另一家出版社评估出版的可能，而截至当时的反应相当鼓舞士气。一名编辑和一位专家已读过草稿，都同意保持内容的原状。我还没收到肯定的答复，但他们热心到开始估算成本，寻求出版的可能。我在信中说，我对他个人深表感激，但我发现无法采行他推荐专家的意见。在该专家举出的十四项建议中，我只能接受一项，而且还十分勉强。实际上，我简直是在请求费正清解除我对研究所的义务。如果目前的情况持续下去，信中直陈要点，“只会延长所有相关人士的痛苦，迁延多年也无法产生任何有建设性的成果”。另一方面，如果他让我继续和这家没有提到名字的出版社交涉，可能有两种结果。一是也许他们决定不出书。在这种情况下，我的文稿就是大失败，专家说对了，我们也可以省力气。二是草稿可能有微弱的机会“像野菊花般盛开”，如此一来，“纵使移出你的庭园之外，你也会觉得高兴”。我提醒他，我是他的“徒孙”，因为我在密西根大学修读博士学位时，他的学生费维恺和余英时教授就是我的指导教授。

这封信投入信箱时，我如释重负。我原以为费正清要不就准我假释，要不就因厌恶而不再理我。不可思议的是，他的回信再度出乎我意料之外。他信上说，看完我的信，了解我的行动后，他和柏金斯商量过。既然我的文稿已经交给另一家出版社，他们也不愿反对。不过，如果我的书稿不被接受，他希望我能再和他们谈谈。至少可以抽出一部分以“合乎时尚”的方式出版，也许题为《明代财政论文集》(*Essays on Ming Finance*)。无论如何，这实在宽宏大量到了极点。这个提议令人难以抗拒，我回信说，如果我被拒绝，我一定愿意试着与哈佛重新合作。

严格来说，我的话不够坦白。把我的书缩水以编入《哈佛东亚研究丛书》，让我有很大的疑虑。我交出的书稿有五个图解和地图，二十六个表格。内容的绝大部分在讨论土地税和盐税，各章节点出税制的架构和管理方式。此外，草稿中包含二十六种杂项收入，包括捐官、和尚道士的特许以及将劳役折合罚金等。文中讨论为何采矿和商业税少得可怜，描述税如何征收及运送、铜币如何铸造、粮船如何打造等。支出的章节详述军饷如何供应、控制用水计划如何管理、兴建宫殿如何筹资等等。总之，本书的长处在于完备详尽，没有理由加以删减。如果省略部分章节，组织架构就会崩溃。事实上，费正清建议的书名《明代财政论文集》还出于我自己的用语。不具名的评论人一直说我的文稿不像单篇专论，像是未完成的论文，气恼的我对费正清博士说，这些章节可以说是未完成的论文，因为所有的历史文献，甚至像《国富论》或《资本论》都可以说是未完成的论文，完全看角度而定。但这不代表我同意将“未完成的论文”等字印在书的封面，也不代表我乐意看到新书名的内容分割碎裂。在此之前我对费正清博士一直很坦白，但他的这封信诚挚动人，害我无法粗鲁地说，要我的书缩水付印绝不可能。我对他说，如果我的文稿被拒绝，我会立刻转回哈佛找他和柏金斯博士，这样算是对他说谎吗？虽然文稿后来没有被拒绝，但我这番虚伪的保证不会让我的鼻子变长吗？

我与费正清博士通信后，发现和剑桥大学出版社的合作不如预期顺利。崔瑞德教授写信通知我，我的文稿错过出版社特别评议会的例行月会。之后他又带来坏消息：由于我的文稿字数不少，图表数字众多，估算后的成本太高，他们正在寻找降低印刷成本的新方法。虽然出版没有喊停的意思，但仍然等了好几个月。1972 年 2 月，我确定举家迁往英国，跟随李约瑟博士工作一年。我打越洋电话给崔瑞德，电话声“叮咚、叮咚”响了几次后，终于听到他的声音。我告知这个消息后，他以保证的语气说：“那很好，你可以在这里校对你的稿子。”

不过，书的进度仍然没有大突破。

我和剑桥大学出版社签约，是在1972年11月，这时我到剑桥已经三个月。书稿的“稍事润饰”非常耗时间，虽然没有删任何一个句子，也没有移动任何一个段落。编订好的文稿送到印刷厂时，刚好碰到1973年和1974年的阿拉伯石油禁运，能源短缺，英国全国工时减半。后来又发现其中有一些中文的罕见字，无法在英国付印，于是从香港订字型，寄来时又发现部首错了。因此，我的书丧失在“队伍”中的位置，也就是在印刷厂的印书顺序名单上不断往后挪。等到《十六世纪明代中国之财政与税收》出版时，已经是1974年的年底，离我完成文稿已超过三年半。

这本书可以算是成功，也可以算是失败。从现代的观点来看，它不是这个主题最好的一本书，也不是最坏的一本书，甚至不是较好或较坏的书。到今日为止，它还是所有语言（包括中文在内）同类型中的唯一一本。此书出版七年后，出版社将价格从每本二十五美元调高到五十五美元。结果只卖出八百五十本。我建议出版社，将仓库中印好但还没装订的书页改成平装本出售，但没有得到回应。在台湾，这本书的盗版每本只卖四美元。

书评家对这本书已经够慷慨大度，专业期刊已经给予够多的肯定，我无法要求更多了。在荷兰、英国、香港和美国，书评称赞这本书“有原创力”、“光芒四射”、“勇气十足”、“值得赞赏的开路之作”、“历史典籍”，甚至“经典之作”。正如某位书评家所说，我应该觉得好评足以弥补我“投注的所有辛苦”。我以不寻常的手法切入主题，没有引来任何抗议，但即使是技术上的缺失也没有逃过批评。

十年后的今天回顾，我对这本书并没有完全满意。首先，有些表格中的数字是徒手算出来的，有些则是用手操作的机器。如果可以拥有今日高中生的晶体管计算器，效果会更加精确。其次，我当时仍然觉得，学术出版品应该专注于专业的范围内，因此不敢宣称，书中引用的数项因素和现代中国历史息息相关。1980 年，加州大学洛杉矶分校的黄宗智（和我没有亲戚关系）教授到中国，花了一年的时间研究 18 世纪和 19 世纪的农村经济相关档案。他的初步报告显示，农业帮手通常来自于社会背景类似的农民家庭，但致富的原因不在拥有大片田产；家庭间的借贷是村落间的重要商业活动，尤其是亲朋好友间；征税都是由上往下施压，不是由下而上自愿配合，因此地方官员总会和村落的小官吏起冲突；无论是哪里，大地主都很稀罕，但很多小自耕农却没有自己的土地。如果我早十年可以看到这份报告，我的立场将更形强化。我会更加肯定指出，农业官僚管理的种种后果早在两三百年前就已出现，而且是中国现代化的核心障碍。同样的情况持续到 20 世纪，一再出现在下列学者的研究中：约翰·洛辛·巴克（John Lossing Buck）、多艾克·巴内特（Doak Barnett）、马丁·杨（Martin C.Yang）、悉德尼·甘宝（Sidney Gamble）和威廉·辛顿，尤其是辛顿。

中央集权的政府决定直接从个别的自耕农征税时，为了本身的利益，必须维持纳税人口的数量。政府唯一要做的事，就是将法律机制纳入传统的架构中。地方官掌理的诉讼案基本上是家族间的小纠纷，地方习俗和社会价值大大减弱财产权的观念。我撰写《十六世纪明代中国之财政与税收》时，虽然费正清博士推荐的专家提出建议，但我觉得没有必要去分析财政与货币政策，以了解两者对经济的影响。我列举政府岁入来源，这些来源的相对收入及管理支出的过程。在相当长的一段时间内，这些模式一再重复，让我对当时的国家经济有相当精确的认识，尤其是其服务水准。在美国独立宣言前夕之际写作的亚当·斯密，对中国有相当正确的观察。他说，中国数百年来达到文明的高峰，但再也无法突破，一定是由于结构的因素，国家的法律妨碍财富的累积。不过，所谓的妨碍倒不一定是出于积极的禁止。对中国这样一个土地广袤而海岸线较短的国家，民法中并没有商业法，政府运作又排除商业因素，这些原因就足以阻碍资本的形成。少数的有钱阶级不论是土地或流动资产多，不论致富原因是在朝为官或财运特别好，都没有办法持久，因为他们无法以有秩序的方式进行多边交易。政府本身也没有促进投资的收入或服务措施。

明、清的上述条件有助于长时期的稳定和文化凝聚，却牺牲中国的长期经济利益。平等精神虽然盛行，但全国却迈向土地日稀，人口过多。更糟的是，公众生活中很少出现法律和商业的联系，无法用来推行现代化活动。等到中国丧失非竞争地位，所有的弱点全都暴露于外。革命分子必须套用马克思主义来改造整个社会，不但为时已晚，而且相当矛盾。中国实施马克思主义的原因很简单，不是因为中国够成熟，已经符合《共产党宣言》的时间表，而是因为村落单位残存的互相依赖条件逐渐瓦解，让中国缩短全面整顿的时间，战时动员和其后的改造就是新的开始。毛泽东的崛起不在于他能力过人，而是因为他有办法掌握自然经济运动的趋势。

不过，直到1971年之前，我仍然认为明清两代的制度包含着荒谬的成分，尤其在中国前几个朝代财政上采取行动主义的衬托之下，宋代就是一个例子。但是，等到我检视之前各朝代（包括宋代）的失败原因后，我才了解到，明代财政管理虽然在我们眼中显得愚昧短视，放在历史的全貌来看，却更正了前人的错误。因此，我们回溯历史时会感到讶异，因为许多荒谬的情况往前追溯时，都是当时开始合理化的里程碑。就人类历史长期的合理性而言，我们认为是绝对真理的事，可能逐步降成相对真理。

然而，如此长的纵深已超越我著作的范畴。《十六世纪明代中国之财政与税收》可以算是失败之作，原因是没有达到作者的有限目标。目录学家照例把这本书编入名单中，学术刊物会援用对琐碎项目的结论。除了他们和书评家以外，我怀疑这本书是否有实际的读者。前阵子伍渥德（C.Vann Woodward）在《纽约时报书评》中指出，学术界人士出版作品，不过是为了和同行沟通。伍渥德教授所指涉的无疑是研究美国和欧洲的历史学家，但研究中国领域的学者可不然。他们竞相自称为某一个没听过领域的专家，忙得不肯注意综合领域的发展。将别人的主题引入自己的作品中，还会被视为自贬身价，显示作者低人一等。学者也不必去注意偏离自己研究主题一百年以上的领域，所以我的书激不起任何涟漪。据我所知，没有一本教科书的作者认真思索过，我所提出的社经状况对现代中国有无影响，而许多不可思议的事继续出现在教科书中。自从《十六世纪明代中国之财政与税收》出版以来，我已收到许多博士候选人的来信和长途电话，询问特定问题。他们的指导教授认定我是知道答案的专家。无一例外的是，答案全在书中。最近有一位研究生问完她所读的相关问题后，对我解释，由于她是治思想史的学生，所以没有看过我的书。我非常想提醒她，帝制末期的财政管理不只是政治经济，也是思想的产物，当相关的技术指标一再出现时，她应该可以察觉其含义。但最后我还是没说出口。除非我的讯息能普遍传布，否则如果只传达给她，可能让这位年轻学者承担不应有的重担，而她还必须努力奋斗以获得肯定，而且一定是透过前人不曾挖掘的题目，那还用说。

剑桥，英国

英国的剑桥是个特别的地方。

他们总会告诉你，这一部分的建筑兴建于伊莉莎白时代，相当于中国的明代，那堵墙的时间还要早两百年，接近于元代。这些故事都只能听一部分。没错，许多建筑的确像旧版画中的图案，像是霍蒙德（Homond）地图的细部。但原来的建筑不可能完整保存这么多年。如果结构没有翻修过，大多数的砖墙一定更新过，甚至更新多次。直到今日，工人还在这个地方的墙上打洞，埋水管或电线，在那个地方整修大门。晴天时，你会看到他们在换修国王学院墙垛上的水泥碉塔，连上方与天际交接的叶饰和下方的缩尺山形雨遮都一并更新。无疑地，每个碉塔都一样，因为不管他们做什么，都会遵照原有的设计，连最小的细节也不放过。时间一久，新的碉塔也会融入旧塔苍黄苔绿的色调中。如此一来，他们可以一点一滴、一日又一日地更新整个大学城，将中世纪的气氛保存到20世纪及未来。

1972年秋天，我们抵达剑桥不久后就听说，为了供应彼得市（Peterborough）和列斯特（Leicester）砖窑的材料，东安格里亚大片地区的上层土经年累月以来已被刮走一大层。也就是说，在这个任何地点距海不过百英里的国家里，一切都要保守因应。老旧建筑不能断然拆除，任意代之以摩天楼。因此，事事都必须彼此兼容，原则上要避免极端的改变。修道路时，就像外科手术一样，一开始只能凿开几平方英尺的路面。补完路面后，蒸汽压路机发出“冲冲冲”的声音，来回压到路面分不出新旧为止。大多数的街道上铺鹅卵石。在圣约翰学院前，街道回转，险如发针。起先我以为连开车都很难，但双层巴士却通行其间。我要亲眼看到才敢相信，巴士仿如庞然大物行驶峡湾之间，两旁都有商家，但司机从容悠哉，车轮连人行道边都没擦到。这时我已察觉，在美国生活多年已加快我的生活步调，我们不太习惯这里的从容不迫。一篇文章指出，在剑桥的商业区，汽车时速通常为十二英里。在美国城市就不可能。如果美国的驾驶速度如此慢，后方的喇叭声一定不绝于耳，有些人可能还会大叫：“老兄，快点走行不行？我们可没有时间等你一整天。”

但这里是英国，生活中还有许多不慌不忙的优雅层面。开车接近圆环（英国人称为 roundabout）时，是相当愉悦的经验，一定会看到园丁在工作。他们几乎整修每一英寸地表，每个月都布置新的花。在靠近约夏 · 泰勒（Joshua Taylor）的小店里，可以用合理的价位修理便宜的手表和照相机。格尔太阳眼镜的框架坏了，是在离凯思学院不远处修好的。在美国，他们一定会叫她直接把眼镜丢进垃圾筒。在短街（Short Street）后方，一家商店挂着招牌保证只要“你等一下”，他们就会修好假牙。在我们住的桑葚空地（Mulberry Close）的后街，我们看到一名垃圾工人拆解一辆车。他把零件浸在煤油桶中，洗得干干净净，再用手中的工具拉直部分零件，最后再全部装回去。这样水准的工匠技艺，在过去二十年的美国已经看不太到了。

“抱歉，我们的经济很原始。”房东太太指点我们如何使用暖气设备时，向我们道歉。她可以不必这么谦虚，因为我半辈子所经历的生活条件更有资格被称为原始。至于暖气设备，格尔不觉得不方便，反而觉得有趣。暖气设备分成两套装置。蓄热器在非巅峰时刻插电，以利用较便宜的费率。蓄热器内部的油料和耐火砖可以吸收能源，晚上天气变冷时再散发热气。另一套装置则在壁炉下方的有盖水槽，大小相当于大茶壶。水不用自己装，而是用电动泵抽水。打开壁炉架附近的开关，等“哗哗哗”的声音减弱时，水槽也差不多满了。再来就点燃壁炉中的煤，但不是用火柴点，而是用一根长约两英尺的铁棒，铁棒另一头是弹性的铁线，连到瓦斯管。点燃后发出喷火的声音时，再插入煤堆约十五分钟，如果出现蓝色火焰，表示煤炭已经点燃。此时就可以将铁棒上的火熄灭，放置一旁。除了楼下会感受到壁炉的温暖以外，水槽的热气还可以透过和意大利面差不多粗细的管子，接到楼上卧室的迷你散热器，多少散发一些暖意。在英国寒冷的冬夜里，以这两套装置种种零件组合来说，虽然不是最有效的方式，但也达成了保暖的目的。

我们和大多数的美国家庭一样，刚住进来不免有些怨言。家中的电冰箱似乎太小，尺寸差不多等于床头儿。我们每天必须推着菜篮车一、两次，到附近的杂货店去采购。杰夫当时五岁，就读米尔顿路上的“幼儿学校”。校方不提供校车，也不鼓励儿童在学校吃中餐。理论上母亲们每天要接送子女四趟，除非能找到年龄较大的学童陪着上下学。游客必须准备好面临观光的不便之处：剑桥的店家白天并不是随时开着。有好几次我们逛街逛到错过午餐。在下午两点半到黄昏之间，没有一家餐馆会营业。大多数小店中午也都休息，他们拉下窗户内侧的窗帘，挂上“外出午餐”（Outspan）的通知。当然了，星期日绝对不做生意。

但另一方面，邮差每天骑脚踏车送两次邮件，如果有挂号信，就再送一次。地方上的邮局就是邻近的烟草糖果店，几乎都在步行的距离之内。行人仍然享受相当大的行动自由，遇到斑马线时，车辆都必须礼让。我们太常听说中国有很多脚踏车，但是还没有人写文章介绍剑桥的脚踏车和摩托车。这里有各式各样的单车骑士，包括身穿运动外套、头戴比赛用头盔的祖母级骑士。工人利用这种两轮的运输工具运载各种想像到的物品：工具箱、梯子、甚至木材。有一次我们还目瞪口呆，看着一个单车骑士载着一大片玻璃。

无可怀疑的是，英国人的性格在此处显露无遗，至于是哪种性格，我们也说不清。看看出租车司机吧。我们所搭过的出租车中，没有一位司机会先开口引起话题。如果你从奥伯瑞路（Aubury Road）搭到川平顿路（Trumpington Road），打算不发一言，司机先生绝对没意见。他会静静地开车，绝不破坏双方的缄默。但是如果你决定聊聊，你会发现他和全世界任何地方的出租车司机一样健谈。你只要洗耳恭听，让他滔滔不绝，听他不时省略、拉长、甚至含糊带过句子中的音节。对所有的司机来说，五便士还是叫做一先令，一英镑叫做“女王”，因为纸钞上印着伊莉莎白女王的头像。

在这个地方，礼节无所不在，很多小地方都看得出来。举例来说，离我们两条街远有一家肉店，老板自称“你的家庭肉商”。但这绝非不实广告，他的行动足以证明。他个子不高，灰色的头发梳得整整齐齐，衣着总是干净俐落，身穿白衬衫，打领带，系着一条沾有血迹的围裙。即使买得再少，他一点都不嫌烦。他会替你切一块只有四分之一磅的牛肉，无论切丁切丝，悉听尊便。他工作时总是全神贯注，技艺高超。他的感谢自然而然流露，毫不勉强。你开口买肉、他递肉给你、你付他钱、他找你零钱，每个步骤他都要谢你一次。为了避免单调，他还多次低语“非常感激”。

“真好!”我们印象深刻。

对美国游客来说，英国是个旅游的好地方：气候温和；多样化的文化活动让生活更多彩多姿；对非语言学家来说，没有语言障碍。而且，我们观察到，剑桥现代化的舒适程度只比美国差一级，但价位却合理很多。最重要的，我们遇见的每个人都是气定神闲，彬彬有礼，知足又从容。得到以上结论的同时，我们让自己变成特别的观察家：美国观光客。

我接到李约瑟博士邀请参加他的《中国科学与文明》计划时，是1967年7月。当时格尔和我新婚未满一年，小儿杰夫只有两周大。我们正要从白原（White Plains）的老玛玛罗内克大道（Old Mamaroneck Avenue）搬到纽普兹，因为我刚获得州立大学历史系副教授的教职。

在过去两年，我一个接一个认识美国顶尖的汉学家，速度快如连锁反应。起初我结识贺凯教授，他介绍我认识哥伦比亚大学的狄百瑞（William Theodore de Bary）教授。我参加他们的明代学术研讨会，每次都写一篇文章登在会后的论文集中。狄百瑞又安排我参与富路德博士的《明代名人传》计划，为时一学期。到了夏天，我参与的部分完工，我期望重回教职，完全没想到这时会接获从英国剑桥来的邀请。

李约瑟的信装在不起眼的信封内，没有写寄信人的地址，凯思学院的淡红色邮戳也不明显。乍看之下以为是大量邮寄的广告信函，但等我打开，看到第二页寄信人的签名，立刻飞快看完全信，非常兴奋，不禁对格尔宣布："有人邀请我们去剑桥！"

"现在？"她问。

"三到五年后。"

在这封信中，身为皇家学院院士、英国学士院院士、凯思学院院长、《中国科学与文明》作者的李约瑟博士说，他从富路德博士处得知我的姓名和地址。他还客气地问我是否听过他的系列丛书和计划。他正在着手第四卷的第三部分，接下来的数卷会花上数年工夫。但1970年后，他应该会认真计划写最后一卷。他的问题是：中国很早就将自然科学的知识应用于人类的需求，比西方还要早一千四百年，但为何没有比欧洲早发展出现代科学呢？在社会和经济的背景因素中，一定可以找到答案的线索。他问："我正在想，也许在进行最后一卷时，不知你有无可能来这里加入合作者的工作？"

我回信中答称，我能获邀加入他的计划，深感荣幸。我当然很高兴有这个机会，很乐意成为被考量的人选。他其实可以不必介绍自己和自己的计划，他博学多闻，作品质量皆惊人，已经成为我们领域中学术的代名词，在这一行里人尽皆知。我随手引用几段《中国科学与文明》中我最欣赏的段落，因为其中对中国思想和中国文化有深刻的见解，我也常在学生前引述。但在他认真考虑我的参与之前，应该对我再多认识一些。原来李约瑟博士曾担任英国大使馆在重庆时的科学参赞，在第二次世界大战期间对中国有第一手的了解。国共内战后，他在道义上继续支持中华人民共和国，并指出社会主义路线是中国的最大希望。他公开宣称自己是“左派分子”，英国参加朝鲜战争时，他也公开反对。他参加的一个国际委员会证实，美军曾在朝鲜战争时进行细菌战，英美两国政府一度很不欢迎他。就我所知，这些争议都已随风而逝。我自己早就学会接受发生在中国的事，但我的国民党背景不会让他为难吗？在我以前谋职和申请研究经费的过程中，我的政治经历从来不成问题。但我想李约瑟博士应该知道我的背景。所以我告诉他，我曾在蒋介石的军队中担任军官，而且为期不算短，我也是美国陆军参谋大学的毕业生。我吐露这些事实后，又自承我可以在短时间内浏览中国的古文典籍，勾勒其要点，但是生性鲁莽，极度专注细节并非我的长处。

我在纽普兹接到李约瑟博士的回信，笔调轻松愉快，显然已接纳我的告白，我的国民党背景一点也不会困扰他。至于我的急性子，他很有风度地说，他做研究时也是一样的。几天后我又收到一大包印刷品，其中包括他投稿登在杂志上的抽印本、演说、书评，以及一本《中国科学与文明》的内容简介。他对我简介他的研究手法、他的风格和他的史观。我们就此持续了好长一阵子的通信，直到我在1972年秋天踏上剑桥的鹅卵石街道为止，离接到他的第一封信已超过五年。

借通信交换意见不无帮助。但让我相信“院长”——我和李约瑟博士熟识后，我们家人都如此称呼他——和我在很多方面看法相同的关键因素是《翻身》[1]这本书，作者是威廉·辛顿。本书平装本的封面上有李约瑟博士的推荐辞，对象是给那些想了解中国革命的人。自从平装本问世以来，我就要求修当代中国历史的研究生和大学生，在翻开教科书前，要看完这本书。

威廉·辛顿是一名牵引车的技师，在第二次世界大战后被联合国救援重建组织（Relief and Rehabilitation Administration）派到中国来。国共内战爆发，牵引车的零件和汽油的供应中断，辛顿被困在共产党控制的地区内。他改到华北大学（译按：正式名称为华北联合大学）教英文，这是一个和共产党有关的“游击队组织”。1948年春天和夏天，中国的内战进入最关键时刻，大学实际上已经停课，教师和学生被编组成访问团，到共产党占领的重要村落，和地方党工相处，注意和指导已经进行一段时间的土地改革。身为观察员的辛顿先生，前

[1] 译注：本书中译本，由北京出版社1980年出版，作者名译作“韩丁”。据该书1966年作者序言，书中所述“长弓村”中文名实为“张庄”。

往一个他称为“长弓”的村落。《翻身》融合他的长篇访谈和个人回忆，并收录他注意到的报告、指示和其他文件。这本书依时间先后顺序排列，但不时穿插着倒叙，内容相当多，超过六百页。本书涵盖的期间是从抗战胜利到1948年，前后约三年，接近内战的总持续时间。

长弓村拥有“两百多户人家”，“人口共一千人”。村落在山西境内，位于中国旱灾和饥荒密集地区的核心，贫穷和艰困的生活构成村落背景的重要因素。长弓的最大地主不过拥有二十三英亩的地。中国农村最典型的商业交易成为本村的例行公事：农民将规模已经够小的土地当成借贷的担保。高利贷盛行。邻居亲戚彼此雇用当短期的帮手。长弓的基本问题和其他无数的村落一样，在于人口过多，而可分配的土地和天然资源不足，但整个地区仍必须自给自足。村民因此没有选择，只能遵照古老的传统，就是剥削弱者，除非自己愿意等着被剥削。有钱人其实不是太富有，但穷人根本毫无稍事喘息的余裕，稍微不小心，下场就可能是饥饿和死亡。书中的描写让我想起孙中山先生的意见：中国的问题在于普遍贫穷，不在贫富不均。中国的有钱人还不一定比得上西方的中产阶级。

但是，《翻身》中的一些段落也让我惊觉自己的无动于衷，这也是国民党的毛病，甚至孙中山也不例外。问题在于，贫富严重不均时，例如在许多已开发国家，其实并不是太严重的问题，前提是穷人的生存不致受威胁。但如果贫富的差距就是生死之别，即使是贫富差距不那么明显，也会构成最严重的问题，亟需立即改革。我们国民党这边的人大可以说：长弓的一切不是我们的错，千百年来向来就是如此，完全是共产党小题大作，以利他们掌权。事实上，他们持续战争行为时，我们的国家经济被破坏，全国永远没有重建的机会，而他们竟然还把全部责任推到我们身上！村民不曾听过我们上述的辩白，即使有，也绝不会同情我们。只要我们象征“法治”，就是支持现状，因此就是站在剥削者和压迫者的这一边。我们所提出的现代西方生活水准，对他们毫无意义，这里毕竟是中国的山西。“快淹死的人有暴力倾向，”辛顿警告。他证实“人们提到过去，没有不哭泣的。”

1938 年，长弓村落入日军之手。七年后的抗战胜利日当天，村落是由一连日军支持的“伪军”所看守，被共产党非正规部队轻易解除武装。在《翻身》中，国民党军队从头到尾都没有接近村落，但在每一章节中，由于美国帝国主义分子的撑腰，蒋介石和军阀省主席阎锡山的高大黑影简直无所不在，呼之欲出。国民党即将展开报复的威胁，无论是真是假，刚好形成迫切需要的压力，推动土地改革计划。

辛顿描写共产党时，夹杂党派的热切，但他风格不失坦白幽默。他不遗余力，描述被派去当运动尖兵的农民领袖贪得无厌，心胸褊狭。他也不隐藏某些党工冷血无情，总是高唱官方路线，带着神圣不可侵犯的权威语调，一举一动有无数的教条当后盾，但实际上立场却摇摆不定。但全书最动人之处在于，受过教育的年轻人在投入这个大熔炉时，所进行的自我探索。他们和村落里拥有土地的剥削者同一阶级，眼看着这些人被清算，但在他们参与的同一运动中，他们的父母很可能在别的省被清算，甚至火烧皮肤，被强迫说出隐藏的资产，更不用说有无数人被活活打死，或是被迫自杀。书中有一个年轻人因此发疯，其他人则彻夜难眠。

这些年轻人为何让自己身陷其境，需要简短说明一番：就学理上来说，中国一百多年来的问题在于从传统社会转变成现代国家。但问题没这么简单。传统社会是文化导向，现代国家却一定要由经济学词汇来主导。两者之间毫无关连，无法有过渡期。

毛泽东和共产党能做什么呢？严格来说，他们的任务必须为非历史性，必须超越中国的历史经验。但他们都是务实的革命分子，一定会从现有的材料和工具着手，不可能从想像和幻梦出发。在中国，有一群蠢蠢欲动的年轻男女，因为战争而流离失所，对国民党和美国产生幻灭，忧心祖国在世人眼中的悲惨地位，愿意尽一切力量来改变这一切。中国还有许多只能成群管理的不识字农民，可以诱之以小利，但必须除去初期的胆怯心理。这些状况造就了激进思想。

当你想移开厚重难以撼动的物体时，你需要杠杆。当科学家进行实验时，他们会控制环境，将触媒加入试管中，尝试加速、减缓或逆转所观察的自然过程。革命分子迎接最大胆的挑战，将他们的生命投入形形色色的社会实验试管，为什么不能动用人为的方式呢？

激进思想并非神秘古怪、不可捉摸之物，它提供革命分子所需的杠杆和化学触媒，就从历史书写开始。在40年代，一些激进历史学家大胆重新诠释中国历史，其中以侯外庐、范文澜和翦伯赞最为有名。起初他们的意见分歧，后来逐渐形成共识，将整个帝制时期到鸦片战争归为封建时期。不过，其间有一例外。在明代末期，曾出现类似“萌芽的资本主义”。这个本土的资本主义不曾茁壮，更不曾开花结果，原因是封建势力反扑和外国势力干涉的双重阻碍。真正的转折点是鸦片战争，将中国导入“半封建、半殖民”时期。他们的企图很明显，打算把中国历史的动态循环转变成马克思的直线进展。根据他们的理论，所有的国家都必须经历阶梯式的发展，从奴隶社会到封建主义，到资本主义，最后到社会主义。但新史观如何和共产党策略结合（包括辛顿书中提到的土地改革计划），当时还没有这么清楚。

读者要记住，在第二次大战结束前，中国之再生必须系于农村改造的态势已逐渐明显，虽然在国民党这一方的我们仍然拒绝接受其必然性。回顾过去，土地问题已经变得盘根错节，严重到必须诉诸最后手段，也就是全面禁止私人拥有土地，而单单这一点就足以引发全面的大整肃。但对共产党而言，要推动如此剧烈的改变，必须先激起农民渴求土地的胃口，革命初期才可以动员活跃的多数。阶级斗争就是杠杆。同时必须启发爱国心切的年轻人，让他们担起运动的领袖角色。历史直线进展这个意识形态的胶囊就是化学触媒。他们会运用意志力去相信，只要奋力一击，中国就可以赶上西方，中产阶级的阶段发展可以完全略过。中国在四百年前早已尝试过萌芽期的资本主义，此时不需要再从零开始。

以革命主张的标准而言，这套主张相当有效。所有的国内敌人都可以被称为封建余毒。为了避免革命受到外国的干涉——可能来自于人道关怀、对国际法的不同解释或是真正的利益冲突——历史学家把所有的可能全放在一起，全视之为殖民主义者的阴谋侵略，既邪恶又多管闲事。辛顿曾任教的华北大学校长范文澜，写了一本教科书，指出美国是最明显的殖民主义强权，原因不在其实际的行为，而在于具备庞大的侵略潜力。如此已截然划分战线。虽然《翻身》中宣称的危险和风险可营造紧张的气氛，但本书也可被视为在隔离病房中进行外科手术。

中国的土地问题一旦成为纯粹的内政问题，阶级斗争的主题就更具正当性。以前是普遍贫穷，现在可以强调贫富不均。村落内种种商业行为——已进行了千百年的交易行为——全都可以说是“封建剥削”，毫无辩论的余地。大多数在抗日期间加入共产党阵营的年轻人，例如王适方（即本书前面提到的“王上校”），并不清楚革命主张将带领他们走向何处。内战爆发第一阵枪响时，他们可以重新经历老共产党员二十年前的生活，正如毛主席所说：革命是肮脏的事，革命分子必须用手去掌握严酷的现实。

我持续和李约瑟博士保持通信。1970 年，第一个“警戒日期”来临时，他寄来一封信：“请牢牢记住我们的约定，你将来此地研究中国科技发展的经济与社会背景。”同年 2 月，我收到一本他的最新著作《大滴定》，这时我已相当清楚院长的史观。他称唯心派的史学家为“主观论者”，唯物派的史学家为“现象论者”。他认为自己大半时间是现象论者，但常提醒自己不要轻信任何思想学派。别人曾建议他，不要把中国科学视为现代科学的“失败原型”，而应认真考虑阴阳五行等理论是否可以构成独立系统。他对我透露，他会听取建议，但只能到一定程度。

我完全同意院长的意见。在我们这个年代，知识必须受限于容器和商标。无论去哪里，我们都必须标明自己是唯心论者或唯物论者，是主观论者或现象论者，是进步或保守，是人文或社会学家。就像在法院里作证的证人一样，答案只能为是或不是。整套的观念本身就是学术界不成熟的表现，显示在完全评估主题的内容前就已预做归类。劳伦斯·史东（Lawrence Stone）研究英国内战文献时曾批评："假设不断繁殖，超越对事实的研究。"他不知道，在中国这一领域，我们往往必须受限于事先预设的模型，方法论和学理比知识的内容更重要。

李约瑟也研究过英国内战。在《大滴定》中他引述剑桥史学家贺伯特·巴特菲尔德（Herbert Butterfield）这位"主观论者"的意见，说英国在17世纪的冲突是典型的"矛盾——僵局"，而后形成综合。不过这种辩证的公式无关马克思。当时的大熔炉包括商人的中产阶级、次要的乡村士绅、贵族阶级、英国国教教会人士、掘地派等提倡社会主义国家的分子，以及信仰清教徒的共和派。这些团体都提出特定的观念和主张，有助于最后的和解。巧合的是，李约瑟写这篇文章是在1944年。篇名的注解指出，他写这篇文章时，滇缅公路上发生山崩，让他困在云南的一个小镇。当时我离他不会太远，我在雷多公路上，同样受阻于大雨、泥泞及日军十八师团和五十六师团的残余部队。

但更让我们确定信念相同的是威廉·辛顿的《翻身》，显示我们可以直探历史本质，忽略外表的标签。这本书是由书评月刊出版社（Monthly Review Press）出版。辛顿不完全算是马克思主义或激进主义分子，虽然他替中国共产党说话，但在处理事实的细节时，他不曾扭曲事件，也没有选择性地掩盖部分证据来支持他的论点。因此我可以很心安地以他的书为教材，虽然他是站在左派阵营内部的观点写作，而我一度是国民党的军官，在特定议题上有时必须在学生前反驳他的论点。他的书显然不是邪不胜正的简单故事，而许多左派文学却常掉入这种陷阱。本书也不像浅薄的亲国民党故事，只是不断重申共产党是靠狡诈诡计赢得政权，虽然这话不无可信之处，但长期来说却站不住脚。

“翻身”可以指好运降临时运不济的人，使他脱离贫穷和恶名。“翻身”也可以指正义终获伸张。总体来说，它可以贴切描述被革命所成功解放的人民，以充满象征意味的口语来表达。

抗战胜利后不久，翻身的过程发生在长弓的弱势人民身上，但当时还没有清楚的体认。一夜之间共产党的地下人员忽然成为村里的统治势力。在这群出身贫农阶级的当地年轻人中，最活跃的是个二十岁的文盲青年，辛顿称之为“公安”。区干事兼村主席甚至没有名字，大家叫他“黄狗郭”。一名副主席当了一辈子的雇工，据知染有梅毒。另外一名副主席偶尔当当土匪。这一群人的书记曾经在日本的药店工作。他们无疑是“社会渣滓”，可能打破所有纪录，成为长弓历来最不受人尊敬的村民代表，但却符合毛泽东群众运动的精神与性格。1927年，毛泽东就体认到他的运动是“痞子的运动”。为了使其后的革命能大胆贯彻、无可妥协，“由贫农领导绝对必要”。我们甚至可以想见，传统的名望和旧社会秩序息息相关，正是革命分子除之而后快的对象。利用“流离失所的无产阶级”作为运动先锋的逻辑，正是革命的深度及广度所在。正面及负面不只逆转，群众的公分母还必须来自文化水准最差的人，否则多数决就不可能真心诚意。

然而，虽然看似随性，共产党部署人员时却经过深思熟虑。所有的举动都已事先算计过，其标准策略屡试不爽，应用于当地的时点也拿捏得当。从共产党掌权到1945年年底为止，长弓的革命委员会（此刻自称为村政府）就忙着“扫除叛徒运动”，目的在于巩固农民领导的权威，动员村民进行即将到临的阶级斗争。他们挑选一些汉奸接受公开审问，其中有的就被当场处决。

1946年新年，长弓展开“算账”运动，鼓励房客、佃农债务人、雇工等人揭发曾经剥削他们的人。“双方以前都同意”不能被当成借口，平反冤屈没有时间表。为扩大参与层面，男男女女都被告知，除非他们和被指控对象算清旧账，否则无法获得“优点”，就无法瓜分被没收的财产。起初暴力行为只限于活跃分子，但后来胆子放大的村民开始自行执法。至少六个村民被活活打死，或是伤势过重致死。有些人自杀，有些人被赶出家门，不准带任何食物，因而饿死。这时运动已经获得大多数人的支持，参与者已经无法回头。如果暴动无可避免被压制，国民党一定借法治之名进行报复。

“算账”运动结束时，村落中四分之一的可耕地和半数的房屋被没收。清算地主和富农后没收了谷物、牲畜、农地用具、贵重物品和家具。这些都归为“奋斗成果”，重新分配给报复心重的农民。劳力和资本空前结合，创造村落的暂时繁荣，提振穷人的士气。随后共产党在长弓村设置支部，约三十名农民加入，其中七名是女性。在1946年年中，透过压力和劝说，这个支部征召二十名自愿者加入共产党的军队，也就是人民解放军的前身。自愿从军者占全村人口的百分之二。

又过了一年半，之间党只透过地方单位施展间接而匿名的控制，命令秘密下达地方。虽然地方核心干部成员可能升官或转往其他单位，但基本上仍保存粗犷农民的本土色彩。共产党的首要目标仍是打赢内战。需要扩大动员规模时，村落发起“打倒落水狗”的运动，“所有已被斗倒的人的其他家人都要接受公众审问”。这时的口号是“勇敢做每件事”及遵行“贫农路线”。

乍看之下，上述一切的确都很诡异。村民被煽动报复只比他们稍微幸运的对象，被煽动对抗实行数百年的社会制度，却不明白自己在共产党拟定的剧本中扮演何种角色。但整个过程也可以从许多不同的角度来观察。

毛泽东的成功可以归功于他有能力打破沟通障碍，他能劝诱城市青年执行乡村改革计划，让受过教育的精英分子和文盲群众对谈。他的讯息通过无线电发报机传达到中国各地，再透过口耳相传进一步传播，形成20世纪聪明机巧对抗16世纪组织的最佳实例。他的触角延伸到小村落时，被孤立的少数绝对没有机会赢。这也可以说是一次动员计划，迅速以中国西北来对抗东南。在旱灾饥馑频仍的地区，比较容易提供他所需的赤民统治和士兵的素材。

数十年后，历史学家可能必须深刻考量他的洞察力。在中国革命的情绪冲击背后，有其智识基础及经济现实。虽然也许过于夸张，但中国内陆土地剥削到锱铢必较的地步，的确类似某种形式的食人族。遇到天然灾害时，邻居和亲戚彼此反目，输家及其子女只有灭亡一途。即使当年我在上海放松自己时，也从杂志上了解不少悲惨的处境。如果这样还不够，我到美国后对费孝通教授的论调也很熟悉，他说，如果可耕地的面积不够，必须在地主和农田劳工之间做选择，只好选择后者，牺牲前者。还有马丁·杨博士对位于中国东岸的农村故乡提出建议，他预测，为更合理运用农业用地而进行改造，即使是采取私有制，都无法不诉诸暴力而达成。面临如此的处境，我们也许终于可以看到革命分子的观点，他们采取的是最后手段。现有文明正在解体中。他们可以说，他们正应用社会契约的理论，只是方式略有不同。为彻底清除过去的影响，每个人都必须先回到野蛮状态，然后才能谈高贵。

这个方法虽然有其正面意义，但在辛顿著作的前面章节却不如后面章节明显。可惜的是，无数读者着迷于这本不平凡的著作，通常能轻易看完前面两百页。当革命以感情层次呈现时，点燃的愤怒和同情自然会让读者一路读下去。但随着故事开展，读者就会感到吃力。我曾和一些声称已看过这本书的人谈话，如果有人只看完一半，我也不会吃惊，他们可能将因此错过作者最重要的讯息。

我们于1972年8月抵达剑桥时，时机再理想不过了。我的税制专论文稿已经完成，一年前送到剑桥大学出版社，我热切期待能看到书的出版过程。在美国，物价和薪资仍然在管制中，相对于采取浮动汇率的英镑而言，美元比较强势。每次英镑再贬值一些，我们的购买力也就稍微提升一些，正如格尔所说：“我们此处省下一毛，那里挣着五分。”同年稍早，尼克松在北京人民大会堂受到周恩来盛大国宴的款待，人民解放军的乐队在旁演奏美国民谣。中国终于开放了！尼克松在签署上海公报后凯旋回到美国，一般预期他会连任总统。李约瑟是中国长期友人，中国科学院又邀他访问，是中华人民共和国成立后的第四次访问。

当我们计划到剑桥与他合作一年时，我担心找不到愿意提供财务支援的机构。因此，我以措辞略微不同的两份申请书分别送到华盛顿的全美学术团体联谊会和国家科学基金会。为了将申请金额降到最低，我自动删除在英国的额外花费，只申请相当于我薪水的金额。在申请书中，我又说，我和家人的来回机票是由李约瑟博士计划的研究基金来支付，但事实上是他的版税收入。但后来发现我们的胆怯毫无必要，两个机构都全数批准我的申请。最后我必须通知国家科学基金，将重复的部分删除。

但我们到达英国时，李约瑟博士夫妇和他的长期合作人鲁桂珍博士正在中国，进行一个月访问行程的最后阶段。同时，我们在桑葚空地的租屋在8月的银行休假日（和美国9月的劳动节一样，都是在第一个星期一）前还没空租给我们。如果我们这十天都住在附早餐的民宿，就会非常奇怪，因为我们没有太多事可做。我从《剑桥晚报》的分类广告中，找到一个位于凯辛兰海滩（Kessingland Beach）的营区内拖车，每周八英镑。这笔租金非常划算，我们只需交钱领钥匙即可，拖车主人还告诉我们如何找到那辆车。拖车空空荡荡，但还有瓦斯，附带设备及餐具，勉强可以准备简单的餐点。

至于交通，包括从剑桥出发这一段，我们购买周票券，得以在东安格里亚无限次搭乘火车。我们就这样在迷你假期内到处观光。

这时最关键的因素就是气候。如果总是碰到雨，我们的假期将一片凄惨。由于时序已是8月下旬，营区拖车内的人并不多。我们谁也不认识，只带了一些随身物品。阵雨的确无法预测，真是典型的英国天气。幸运的是，在整个星期中，雨势不大，时间又短，我们还没真正担心时，雨就停了，我记不起有任何半天的游兴因此受阻。我们游览许多海滩、港口和地方上的小镇，在窄轨铁路的火车厢中临时起意，根据地图和旅游指南变更行程。

有好几天的清晨，格尔和杰夫还在睡梦中时，担心天气的我就已外出散步，观察天气。整片地方空无一人，营区的商店还没开放营业。兔子听到我的脚步声，在沾满晨露的草地上快速奔跑。云层通常显得阴暗沉重。但在东方远处的海平线上，云朵带着粉橘色的边，这就是希望之光，清晨的承诺。连续数天，黑云总会被吹走。天空清朗后，又是干爽舒适的一天。

我独自在沙滩上徘徊，不免沉思三十年前发生在这条海岸线的事。大雅茅斯（Great Yarmouth）、洛斯托夫得（Lowestoft）、依普斯维治（Ipswich）、菲力克斯托依（Felixtowe）和哈维治（Harwich）都是充满感情的地名，都会让英国皇家空军军官和德国潜水艇指挥官心跳加快。他们为赴命运之约，被派到这些水域来，执行猎人和被猎的任务。有多少青春飞扬的年轻人满怀天真的希望，却被这块布满浮油和子弹的水域所粉碎！在宁静的8月清晨，北海平静无辜，完全不像战士进行生死奋斗时所经历的残酷。他们的回忆仍然生动鲜明。在剑桥的书店中，有成堆成叠的战争书籍。我自己就买了两本平装书带回拖车。但战争文学总是有一定程度的自我欺骗。你阅读到英国顶尖战斗机飞行员的回忆录时，你会希望他好运连连，肃清天空中德国佬的轰炸机和驾驶梅瑟施密特战机的狂徒。但如果读到德国潜水艇指挥官的传记，你会希望他弹无虚发，直接命中在护航舰旁难以发现的载货船，不管他们是谁。就本质上来说，军人不必深刻思考，他们只需执行命令。他们的故事具有娱乐或放松的效果，因为他们让领袖去面对良知的冲突。今日的读者可以自在阅读他们的事迹，沉醉在他们的冒险故事时，当然自己不必跳伞降落波涛汹涌的英伦海峡，也不必在暴风雪中驶进北极圈，进入一个没有天堂地狱之别，没有日夜之分的国度。我还没有看过一个前英国飞行官描写自己坐在机舱里汗湿前额，扣扳机的手发抖，为的是执行丘吉尔的命令，驱逐德军的救援势力，以免他们救走在水中挣扎的德国飞行员。我们应该感激丘吉尔爵士在回忆录中直言无讳指出，英国承当不起宽宏大量的后果：让那些被击落的飞行员再度有机会闪电袭击英国城邦及人民。

无论如何，丘吉尔是命运之子，他也意识到自己在历史上的地位。只要看看他著作的书名：《命运的枢纽》（*The Hinge of Fate*）、《他们的最佳时刻》（*Their Finest Hour*）及《终结》（*Closing the Ring*）。短短数字，却铿锵有力，掷地作响，其中总是包含时间的元素，总是有邂逅的感觉。即使凡人如我们，今日恐怕无从逃避这些力量，无论我们是否打算操纵他们，在这个日益缩小的世界中，他们总是节节逼进。听起来太复杂？但是一个荒凉的海滩正是沉思和清理思绪的理想地方，一边是起起伏伏的温柔海浪，另一边则是陷入湿地的足迹。因此，我独自走在凯辛兰海滩这个位于北海的工人夏日胜地时，想到不远处的海平线三十年前一再被烽火所染红，不禁也开始细数自己的足迹。

想想看，同一场战争扰乱这片水域，也使我的世界天旋地转，生命就此改观。过去三十年来，我常远行，先越过东海到日本，再越过太平洋到美国，现在又越过大西洋到英国，离中国共一万两千英里，目的是为了协助知名英国作者进行他的撰写中国历史计划，而这件工程也占了他快三十年的时间。三十年！这一切都不可置信。三十年前的我，会强烈否认这种可能。当时我二十四岁，有一绺头发常不听使唤，垂到前额。我已厌倦在重庆卫戍司令部当差的日子，很想离开中国，也许去印度或缅甸，都是英国的属地。但英国本身太过遥远，是在另一个星球上。

我还没有对任何人透露：如果我挖掘记忆的深处，英国根本不是友善的国家，而是头号大敌。在我进小学的成长阶段，日本不是中国的天字号敌人，大不列颠——对我们来说是英国——才是。我出生于1918年。三年后，华盛顿会议降低了二十一条的影响。其后十年，日本的外交事务是由滨口雄幸、若槻礼次郎和币原喜重郎（我在东京遇到，见“安亚堡，密西根”）等和平派人士处理。军事侵略是日本现代历史的特色，但他们希望向世人展示迥异的一面，可是1931年发生“九一八事变”，他们的努力再度破灭。在那十年间，英国似乎是带头不停阻挠我们自决的殖民强权。在学校中，我们学到英国是全世界最强大的国家，但同时也是最爱侵略的国家。在任何世界地图上，我们看到成块大陆、附带的半岛和大大小小的岛屿都涂成粉红色，这些全都是英国的属地。英国人有一个特别恶劣的坏习惯，就是把拥有古文明的国家降格成殖民地和保护国，印度、美索不达米亚和埃及都是，即使希腊和波斯不算在内。更不用说，我们的现代中国历史始于鸦片战争的教训，其道德责任没有争辩的余地。悲哀的是，当时加诸在我们身上的不平等条约，成为一百年来无法摆脱的羞辱桎梏。

1925 年发生“五卅惨案”。当天上海租界一位名叫艾佛森（Everson）的英国警官，下令对示威的中国人民开枪，杀了十一名中国人。后来刊登在杂志的照片显示，几名受害者倒在街上流血而死，但死不瞑目。但更令人沮丧的是，当这个案子送到上海的法院时，艾佛森居然不是被告，而是检方的证人。他作证指控枪杀后当场被逮捕的示威者，他们还以违法被起诉。

英国当时不但是我们民族美梦的主要阻力，而且还因先进而引起我们的妒忌。在每个现代城市中，英国租界总是最整齐最繁荣的地区。为了创造殖民地的气氛，他们会引进包着头巾、留着胡须的锡克人，全都高头大马，担任警察的工作。在他们银行大楼的石阶尽头，总有铜狮坐镇。他们的百货公司内陈列着最现代的物品，散发化学成分的宜人芳香，没有中国街道上惯有的醋、酱油和桐油的味道。他们的仓库和码头都标明着斗大的字：太古洋行、怡和等。在长江江面上任何快速的现代货轮，烟筒等漆成橘红色，顶端镶黑边，挂着英国国旗，看起来像中文的“米”。看到衣衫褴褛的苦力扛着成捆成箱的货品在甲板上装货，不禁会想问：是否他们因此富有，而我们因此穷困？如果不是，为何他们开着炮艇在我们的内陆水道巡逻？事实上，蒋介石进行北伐，引爆中国群众与海上入侵者的冲突。每当他们觉得自己的国民和财产受威胁时，就会命令炮艇朝中国城市人口密集区随意扫射。其他国家也牵涉在内，但在每起事例中至少有一艘英国船涉案。

日本占领东北，局势才因此改观。我们开始一步步走向对日抗战之路时，对大不列颠的印象才从敌人变成善意的中立角色，再变成遥远的盟邦。当我们的命脉转到雷多公路时，我们才开始真心觉得与英国休戚与共。在蓝伽的营区岁月以后，我才开始接触英国陆军军官，之后在雷温乌兹和南京又认识了一些，但真正熟悉的并不多。不过由于当时的职业使然，彼此都存留固定僵化的印象。如果当时有人问我对英国的认知，我会说，以一个小国来说，他们有相当伟大的军事传统。他们有许多兵团，叫做国王兵团、女王兵团、兰开斯特郡兵团、得文郡兵团、近卫步兵第一团、燧发枪团等等。每一团都有自己的制服，不但纽扣的数目不同，甚至连纽扣的设计也不同。而且，他们还有许多胡髭很工整的上尉，再配上他们方正的下巴，简直就像《笨拙》（*Punch*）杂志上的插画人物。他们还有许多顶上日益稀疏的自负中校，四处张扬自己是军事奇才，人人都相信，蒙哥马利将军做不到的事，自己可以轻易接手完成。我实在搞不清楚，这么一个小国家，如何找到这么多鹰钩鼻的中校。

到安亚堡以后，我才有机会从容深入研究英国和联合王国的历史。我头一次发现，原来英国根本不是一个小国家。英国和俄罗斯或中国相比虽然小，但却远大于威尼斯、荷兰这两个现代史之初英国常打交道的国家。也许英国的简约规模是很重要的因素，让历史上制度的发展更形明显。诸如英国内战、克伦威尔、复辟等史实，如果读上十至十二次，每次阅读的作者都具备不同的背景和性情——有的强调宪政的延续受到考验，有的专注于成形的阶级斗争，有的猛烈攻击前人的著作，被攻击者最后不得不抱怨自己“体无完肤”——就会开始学习如何吸收基本史实，如何形成自己的理论，虽然后者不免有风险。

但胆小绝非了解事物的途径，为深入认识一个国家和一个民族，你理当有若干第一手资料，可以有助于形成自己的见解。经过更多的观察后，看法可能因此改变。我以前非常厌恶风笛的声音，或许是因为尖锐的声调让我回想起在上海静安寺路上行军的英军，或许是如泣如诉的声音让人联想起电影中英国军人在国旗号召下，准备出发枪杀中东和中亚的当地居民。但等我开始熟悉苏格兰高地的景观，看到山丘上一望无际的羊齿植物在秋风中沙沙作响，这时才了解到，风笛簧片的振动与发源地的自然节奏相呼应。说也奇怪，从此以后，我就因为风笛的感情特质而学会欣赏其音乐。

念过这么多莎士比亚和亨利八世故乡的事迹后，还是有必要到这里来认识寻常百姓。他们一再为天气道歉，似乎错在他们。他们算零钱时算到半便士。他们的外食是炸鱼和薯条。他们安静悠闲，粗鲁似乎与多礼的个性不合。我们担心异国通婚的我们会受到歧视，但这种事从来没发生过。许多老太太原本不苟言笑，但看到小杰夫这个美亚混血儿后自然笑逐颜开，尤其是他学会用英国腔要“冰淇淋”或“巧克力”时。

这一切的背后是个不可解的问题：这么一个文明守秩序、亲切善良的民族怎么可能被煽动去征服大半个地球，羞辱一半以上的种族，直到英国成为帝国主义的同义词为止?

对于这个大问题，即使尝试解答也会引发诸多争议。但是，由于问题有很多种回答方法，让人有机会扩展胸襟或是加重偏见。如果你想强调英国是侵略好战的民族，有很多证据可以举证。伦敦本身可以说是战争博物馆，你可以看到纳尔逊的锚和威灵顿的锻铁门栏，还有特拉法加广场和滑铁卢桥，有圣堂骑士修道院和海军拱门。每场战争结束后的确都设置纪念碑。如果你仔细阅读观光指南，还可以找到朝鲜战争纪念碑。身为外国人的我们很难记得，在现代之前，英国常受到国外势力的侵略。我们也很难想到，从宗教改革以来，英国一直担心邻国的入侵：西班牙人、荷兰人、法国人和德国人。英国是个以贸易维生的岛国，很难保持孤立，迟早会卷入欧陆事务，或在海外与欧陆强权起冲突。在两次世界大战时，英国起先都希望能维持现状，保持军事力量的平衡，但最后都为求生存而作战。伦敦这个战争博物馆也是盟军中最常被轰炸的城市。

然而，英国在第二次世界大战前称霸长达两个世纪，是世界史上特殊的案例。虽然令人心醉神迷，但这样的丰功伟业不太可能再重演。我只能推断，英国结束长达一个世纪的动荡后，在斯图亚特王朝的末期无意间开启通向现代发展的秘密之门，这一切纯属碰巧，而非刻意。一般认为，在光荣革命与紧接的王位继承法案之后，宗教议题不再成为争论焦点，而英格兰银行设立与国家债务形成，更使国王无法任意课税。但不只如此，1692 年的土地税更是重要的财政改革。1693 年矿业皇家法案施行，矿区挖到贵重金属时，所有权不再属于王室，对矿业是个重大的鼓励，而今回顾，这更是对工业革命重要地区的必要法规。此外，约翰·霍特（John Holt）被任命为法院院长，他把用于商业惯例的衡平法应用到习惯法的法庭上。在背景因素方面，英国的土地持有权已逐渐现代化，因此英国早期累积的资本就可以直接承载土地财富，也就是羊毛这个向来是外销项目的主要商品。农业因此能和货币经济同步。更多的圈地法案、收费公路的兴建、依地区不同而栽种商业作物等等，一切都上轨道。这些步骤及对外贸易共同推动一致而强大的运动。英国富商没有理由和欧陆富商一样成为城市中的精英阶级，他们成功融入拥有土地的乡绅阶级，财富得以交换。即使社会阶级因写作目的不同而有不同的归类方式，但就整体来说可以分成上层的上流社会、下层的守法公民，及中间一群靠自己本事享受有限流动性的冒险家——官吏。整个国家已转换成一个大企业，其简约及扎实足以构成有效率的城邦，但又有相当规模的土地经济和丰富的中古传统做后盾。陆军和海军的威望空前提高，不仅是因为国家需要武装部队，也因为他们的结构能融入新社会。英国因而长期超越对手，其他国家无法达成英国的组织整合状态。

英国人建造帝国时，也曾遭遇一些小意外，但他们记取教训，精益求精，却没有扬弃基本的形态。两个世纪以来，一切运作都很顺畅完美。海外扩张增加贸易量，国内改革又适时增加社会接纳累积财富的能力。把这种前所未有的状态称作“帝国主义”或“资本主义”，只能说对了一部分。这些泛泛的标签无法涵盖英国人的独特性格：信仰英国国教、土地与海洋并重、对身份很敏感、具备创新能力又服膺传统、有能力采取大胆举动但大致能按部就班和坚忍不拔，因此能把信仰苏格兰长老教派的兄弟一起拖进冒险中，连风笛也没忘记。

英国人靠风笛和炮艇征服世界。但英国人不像日本人必须发明“共荣圈”，也不像德国人必须想出“生存空间”才能进行扩张计划，他们打造帝国的过程并没有事先规划，而是自然而然发生的。起初英国人必须为生存而奋斗。以贸易立国的英国人迅速发现，在激烈的竞争中，设立海外前哨站对他们有利，从这个基础出发后，加上英国人具备一流的组织能力，又能掌握科技的优势，因此能压倒贸易路线上的许多国家。这些国家的组织不足以形成有效的抵抗，甚至因结构问题而无法快速适应现代的挑战。结果就是世界地图上产生许多大块和小块的粉红地区，但整个过程缓慢而渐进，即使在扩张的极盛时期，大多数的英国人仍深信自己只是服从国际法。他们的行为一点都不好战，只不过是在现有的国际秩序架构中寻求正义的必要方法。英国殖民地管辖者处理当地居民事务时，不也是以人道关怀的精神秉公处理吗？在许多方面不是胜过本土的印度土王、埃及军司令官或满清官吏吗？这种态度屡见于英国的国会辩论中，后来就出现“鲜明命运”（Manifest Destiny）的蛊惑说法。

然而，这种论调却不能说服地图上粉红色地区的人民，所谓的世界秩序并没有他们的参与。当然，历史向来偏袒组织较好、较能适应现代科技的一方，无关正义。艾佛森警官下令开枪时，就和印度安瑞萨尔（Amritsar）戴尔（Dyer）将军的命令一样，都宣示大英帝国已达到最高水准。在大众传播的时代，被压迫的民族如果还没有掌握足以反击的科技，总是可以诉诸意识形态。这也是今日的世界局势。在第二次世界大战末期，丘吉尔爵士拒绝成为“将国王陛下之帝国加以清算的首相”，但有人愿意。大不列颠应该感谢艾德礼先生，他使英国子民免于承受法国在越南与阿尔及利亚、荷兰在东印度的痛苦经验。丘吉尔的传人艾登却不幸在苏伊士运河事件中扮演违背潮流的角色，最后烧到自己。

但是，1972 年的英国仍然苦恼不堪，需要重新调适，走出过去的殖民时代。报纸报道，爱尔兰共和军抗议英军在伦敦德瑞（London-derry）一带枪杀天主教徒，还扬言报复。曾在殖民地陆军里官拜中士的阿敏，要求英国“取回”在殖民时期进入乌干达的数千名亚洲人。冰岛单方面宣布领海离海岸五十英里，英国拖网船进入该海域，冰岛海岸防卫船执行命令，剪掉英国船的渔网，嘲笑英国炮艇。在英国，争辩最激烈的话题当然首推是否加入欧洲经济共同体，也就是我们所说的共同市场。就我们的观点来看，如果你必须从意大利进口水果，向丹麦买腌熏肉，加入组织当然对你有利。但许多英国人遥想当年光荣的孤立时代，担心会因此丧失独特的认同感。有些人还担心，隆隆作响的欧陆笨重卡车将横行英国安静的街道上。

今日，奠基于“白人负担”和“鲜明命运”的世界秩序已一去不复返，但世界仍然分裂，东方与西方之间形成清楚的界线。有的拥有一切，有的一无所有。国家被分为资本主义和共产主义，归类成已开发及开发中。换个不同的说法，有些国家组织已调适完毕，可以掌握现代科技的优势，但有些国家则还没做到。对后者而言，意识形态是动员的最有效方法。缺点在于，意识形态只是一套哲学，某种一般的概念，通常只不过是一个牵涉到许多包装的口号，初期可以用来动员革命分子执行任务，如解除外来的枷锁，或推翻古老政权。其一般性和模糊化正可以确保最广泛的参与层次，足以进行破坏工作，不需要精确详细的计划。但一旦完成破坏的工作，重获自由的国家必须面对实际的问题，也就是重新改造自己，以适应今日的世界。基本的困难在于，没有一个国家可以弹性到随心所欲改变自己。特定的背景基础因素如气候、地理、人口密度、土地生产力、贸易路线等等，再加上人民顺应这些状况的生活习惯，构成我们泛称的“文化”，无法轻易妥协。“协调一致的改变”只不过是模糊概念。上层结构移动而下层无法因应时，其断裂就会引发暴力。必须经过相当时日的尝试错误，才能达成最后的解决之道。以 17 世纪的英国为例，查理国王被处决后，不确定的时期长达四十年。法国在大革命以后，也经历数十年的拿破仑战争、波旁王朝和拿破仑家族的复辟、共和国和公社阶段。

在这方面，这些国家在追求国家重建的路上，并没有从李约瑟的作品中找到立即的建议，学到何者该做，何者不该做。但李约瑟强调，科技的发展需要特定的有利社会环境，就长期的历史观点而言，有些社会经济状况使某些国家比其他国家更有影响力也更先进，在某些时期特别明显。由此观之，他所处理的又是共通的问题。另一方面，他认为，领先的国家不应自满于自己的地位，情况可能改变。毋庸赘述的是，在今日一些比较开发的国家，科技的好处基本上回馈到经济，两者的进步一旦变成强制性的地步，可能离人性愈来愈远，正如通尼曾提出的警告，我们可能在过程中沦为奴隶，不再是主人。如何驾驭此一变化，成为普遍关注的焦点。李约瑟建议，人人都应该仔细研究中国仍在领先局面时的经验。

对许多读者来说，中国人被认定发明丝、纸、火药、指南针、雕版印刷和活字印刷。在这份名单上，李约瑟博士又增添了弩、马镫、水钟、纵舵、节块施工拱桥、防漏水的舱壁、纵帆式的航海技术、生铁、鼓风炉等等。只要《中国科学与文明》的作者继续扩充，名单也就愈来愈长。近年来，他的惊人发现已让若干西方学者感到不安。更何况李约瑟博士的文风炫丽华艳，他的书一点都不枯燥无聊。他讨论郑和到非洲时，想像这个宦官出身的舰队司令从船舱凝视大海的场景。在严肃探究自然科学时，他会忍不住在注释中加进个人的回忆，甚至问候失散多年的朋友。书评家虽然畏于其广博，惊于其原创，却不免怀疑起作者的方法论，尤其是将应用科技与科学混为一谈时。

其实这些批评家并没有整体评估院长的作品。如果我们综合考量他的所有著作，不禁想像出一个威严的巨灵挥舞学术纪律，作为必要工具，但不打算用来画地自限。思想家李约瑟借此扩大哲学和科学的定义。他一直认为，在有机会听取其他民族的意见前，不应将传统西方标准视为最终标杆。除了他自己投注诸多心血的中国领域以外，他强烈觉得应该有人对其他领域也下类似的工夫，印度文明就是很好的起点。

但这并不意味中国人或印度人是一切的权威。正好相反，李约瑟会批评中国事务，有时还非常严格。他曾批评，中国传统派论断历史时坚守不变的标准，也就是加以“褒贬”。他认为原因出在中国人没有一套学术标准去区分伦理与物理（他认为这是自然法和自然规律之间的分际），科学因而停留在中世纪阶段，和西方的现代科学大不相同。至于《易经》这部今日西方人仍相当着迷的占卜经典，他认为是“自然珍奇的归档系统”，因为此书将特定属性归诸一些类型的象征之下，借长短相间、正负交错和阴阳组合衍生出归类系统，但两套变数之间的关联并没有太多科学基础，就像把 active 归成 A，把 zealous 归成 Z 一样。此书的迷人之处在于，其中引用的抽象概念就其附着、传播、分裂和突破的层次来看，显示有一种普遍力量会随周期而移动，可以设计出一套宇宙体系来监测。这些在在提醒我们，无论我们采取什么动作，时机很重要。这位研究科学的历史学家虽然给予本书极高的评价，却没有停止批评分析，还指出中国诗意心灵造成文字方面的限制。李约瑟博士认为，朱熹的二元论与其说是不正确，不如说像是依照爱因斯坦的理论而架构出世界观，却不了解牛顿地心引力和星球运动的研究，因此缺乏数学假设。但他推测，透过莱布尼兹的介绍，朱熏的思考方式可能会影响西方的思想家。

李约瑟呈现中国的发明时，运用许多考古证据及从古书复制的插画。他的私人图书馆现在改隶东亚科学史信托（East Asian History of Science Trust），是他以一人之力，倾数十年心血而成的独特收藏。批评家忽略强调一项特色：《中国科学与文明》这套书不仅文字明白流畅，插图也颇为可观。作者以木刻插图显示钓竿卷轮、火药地雷、现代桥梁的伸缩缝（像两个反转的 L 钩在一起）、将回转运动改为简谐运动的装置（像活塞杆原理的逆转）等，在历史记载运用于西方之前千百年，已在中国使用。但他同意，近视眼镜可能是从意大利传到中国。他最大胆的主张是，欧洲药剂学到 19 世纪末期才赶上中国。无论是否有如此大胆的声明，部分批评家仍不肯退让。自然科学知识经验如此丰富的民族，为何在近代的经济生活和公共事务的表现如此之差？实际应用和理论融和之间，为何产生如此巨大的鸿沟？

我觉得自己很幸运，可以和作者建立私人交情。世界上有很多不可思议的事，科学可以说从系统性怀疑的习惯演变而来。李约瑟五年来写给我的信显示，他对上述的矛盾也同样困惑。借着自问贴切的问题，他已准备好要提出自己的解答。

李约瑟生于 1900 年。我见到他本人时，他已七十一岁，刚被凯思学院票选连任院长。他原先是生化学家，在 1936 年遇见鲁桂珍及她父亲前，早已靠一部包含许多册的胚胎学著作建立名声，也荣获皇家学院的院士。多年后，他的妻子桃乐西也因研究肌肉收缩而获得院士的头衔。但他兴趣之所以转移到中国事务，鲁氏父女有决定性的影响。

他靠自修学会说中文、阅读中文古籍。1942 年，外交家兼日本史学家乔治 · 桑松（George Sansom）爵士建议英国政府，派遣科学使节团到中国，以鼓舞中国知识分子的士气。李约瑟博士在皇家学院提名下率领使节团。后来他成为英国大使馆在重庆时期的科学参赞，成为中国陆军军医署及其他单位的顾问，积极参与他们的事务，并曾多次搭卡车旅行，车上还载运散置的活塞环和弯曲的连杆。和靠演绎法起家的汉学家相比，经历过这些情况的合格自然科学家有无比的优势。李约瑟不受限于任何预设的想法，也没有选择性的视野，可以在行程中看到许多精巧的发明，不但中国政府官员看不到，而且一心模仿西方的现代科学家也无从得知。经过长期观察，社会能否适应科学的问题因此浮现。在李约瑟的许多文章和演讲中，他认为中国的官僚式管理既是奇迹，也是耻辱。他一再提到，中国从来没有城邦的历史经验。城邦制度的特色在于商人掌权，因此首脑和人手、劳心和劳力、管理者和工匠间的距离就会缩短。我读到这些段落时，感到非常高兴。就我自己的观察，中国缺乏有效的货币管理，没有足够的“连结环扣”来串连上层结构和下层结构。我的观察正符合院长的立论。

至于李约瑟博士身为“左派分子”，必须稍作解释。首先，他是家中的独子，父亲对社会阶级抱持正统的维多利亚观点。当我抵达凯思学院时，他父亲的照片仍放在 K－2 研究室壁炉架上，身着英国红十字的制服，职位相当于上校，以麻醉专家的身份在第一次世界大战中服役。虽然李约瑟博士十分孝顺，但父子间的代沟非常深。只有体会两次大战间英国的社会气氛，才能更了解这一切。此外，剑桥无时不自觉到身为自由主义和社会良知堡垒的地位。我决定到剑桥时，告诉一位牛津毕业的英国学者，这位友人以半嘲讽的语气说："那也不错，是次佳的选择!"当时我并不知道，这两所大学自古以来的彼此竞争，竟然持续到今日。牛津可说是王室的城镇，剑桥却意识到自己和议会的历史渊源。剑桥也自傲于历史上的杰出校友，例如培根、哈维、牛顿、达尔文、凯恩斯和罗素，全都具备创新精神，不然也有一定程度的不随流俗。李约瑟就是在这样的气氛下长大。在30年代，他们家和一群活跃于政治的科学家时有往来。我非常怀疑他们是否曾相信"科学至上"。科学是改善人类生活的工具，在这方面取得领导地位的顶尖科学家，当然可以就公众事务发表议论。李约瑟也不曾选择保持缄默。我第一次见到院长本人时，他对帝国主义仍然愤愤不平。

即使在70年代的英国，社会阶级仍不容轻忽。我的房东太太说英国经济很原始时，只是开玩笑，毕竟英国制造全世界最好的航空引擎、跑车和各种电子产品。英国也生产许多一流品质的消费品，包括羊毛衣饰、威士忌、烟草、饼干和糖果等。伦敦仍然是全球的金融中心，黄金市场和保险业获利惊人。乡间有许多宅邸和公园，由于维修得当，仍然壮观气派，不过有些因为经济考量而交由公众信托。问题在于财富的分配，依20世纪的大量生产标准来看，这个问题益形严重。由于英国人工充足又廉价，个人服务仍然很便宜，美国游客因而享受到种种便利。另外一项衡量社会不平等的标准是教育制度。大多数的英国有钱家庭会把子女送到私立学校或请家教，以准备人生的重大考试。这项"十一岁特考"是十一岁生日以后考的试，以决定儿童未来要念的学校。GCE（一般教育证书）考试分成普通（O）、进阶（A）及奖学金（S）三个层次。除非青少年能通过这些关卡，否则绝对进不了大学。公立学校分成“两派”，文法学校调教精英，“中等现代”学校则教导十多岁的青少年学习职业技巧。改革派人士建议废除这种二分法，却引发抗议风潮。反对者在全国性的大报上主张，如果所有的儿童都“过度教育”，国家将欠缺劳动力。这些议题和主张不会让知识分子心安，他们可能寻求激烈的解决之道。结果，英国的左派分子和其他国家的激进分子可能大不相同。依我们的标准来看，他们比较像是现在的费边派社会主义分子。

然而，李约瑟博士虽然喜欢谈论马克思的阶级斗争，本身却不是马克思信徒。他对中华人民共和国的情感也许比多数人想像的复杂。他还不至于天真到认可所有的作为，而且有时很不高兴别人的论断。这些人认为，一旦李约瑟替中国说话，立场就应该始终一致，甚至应该替红卫兵的行为辩护。在他的演说和文章中，有两点很明显：他认为中国人是值得尊敬的民族，应该在世界上占有一席之地。他还坚信，中国为求脱离停滞状态而达成现代化，社会主义路线不但是最好方法，而且是唯一办法。关于第一点，很少人不同意。但他很早宣布第二点时，当时并没有太多人具备宽阔的视野，可以分享他的智慧。我们花了好些时间才了解个中因由。

我无法说院长和我每次意见都相同，但我们对中华人民共和国都有由衷的情感和期许。他在著作中宣称，共产党的接管是个幸运事件，因为新中国也许可以避免西方在工业革命初期所犯的所有错误。

在19世纪初，小女孩被绑在大箱里到地底运送煤矿；小男孩超时工作，导致眼力受损，身体变形；据马克思说，伦敦的面包师傅一天工作十六个小时。一思及此，你或许想同意他的说法。但我虽已勉强承认，共产党在中国的胜利是军事上的成就，我的思考方式却不相同。我认为，在20世纪中叶，我们应该可以表现得更好。

然而，我和院长共事，发现良心负担大为减轻，因而觉得欣慰不已。能亲近如此杰出的人物，真是一项殊荣。在我一生中，我第一次觉得，不论我做什么，成果都很正面、很有建设性。回忆数年前，我必须和学生讨论共产党占据中国时，心中不免进退维谷。如果指控共产党靠诈欺诡计获胜，无异畏首畏尾，掩饰自己逃离战场的怯懦，隐瞒自己寻求现代舒适生活的自私。但如果照本宣科，称赞毛泽东的胜利纯粹是正义战胜邪恶，又觉得像生吞金鱼，而且还保证余生的每天都要多吞一尾。身为皇家学院院士、英国学士院院士、虔诚基督教徒的李约瑟能肯定我的想法，让我既喜悦又兴奋。我认为，我们可以强调历史事件在技术上的必然性。中国今日实施的集体主义有其历史根源，其形式或性格可能略有不同，其名称可能是马克思派、激进或其他，但就其本质来说，事件的过程已由历史决定，早已超越我们的肯定或否定。

众所皆知，在毛泽东之前，中国的乡村组织历史久远。用最简单的方式解释，无论哪个年代，整个乡间的组织结构都是为了配合中央集权的官僚式管理。每十户人家组成一个小单位，每十个小单位再组成一个村落。这些单位领袖的产生方式不能算是任命，也不能算选举。他们被迫当差，无法也无能执行逾越传统的任务。他们代表人民，因此不能伸张自己的权利，甚至也不能要求平反冤屈。领导的原则在于集体负责，也就是说，不管是他们自己，或是被管辖的人，只要有逃漏税或怠忽职守的情事，这些领袖都必须向政府官吏负责。整个安排是为了符合管理的方便，没有永久的法源依据。所征收的税因此不能太多，更说明地方政府缺乏深度，在个别案件中可能很高压，但大体来说软弱无能。如果称这些为“封建制度”可以说是名称错误，颠倒事实真相。明显的是，如果这些单位领袖像地方长官或地主管家一样能干又有效率，具有权威及实权，现代中国历史绝对会有不同的风貌。事实上，中国的体系将自己局限在最简单的官僚式管理，鼓励小规模的生产方式，但对谁都没有太多好处。我在税制书稿中强调此一特色，认为这是中国普遍贫穷的主要原因。我很高兴院长赞同这一点，这番了解埋下日后我们合写文章的基础。

在威廉·辛顿的《翻身》中，我们可以看到毛泽东的运动针对这种局势。这不能形容成“夺权”，因为根本没有什么权力可言，只能说是在情势允许之下在乡村创造权力基础。打击一些小地主和中级佃农，可以被视为分裂中国广大农民的手段，以便打开空间，让共产党的再造得以启动。这项计划既然已经过非常努力，又已牺牲到相当程度，外加知识青年在情感冲击下而参与，就不能再画地自限为短暂的解决方案，而应定位为持久的成就。身为前国民党军官的我认为，我们毫无争辩余地，因为对毛的计划我们无法予以阻止或修正，也提不出另外的可行方案。这本书对李约瑟博士的现代中国观有相当重要的影响，也影响身为历史学家的我。因此我还要再探讨一次。

在国共内战期间，两个美国人密切注意时事的进展，得以写出相当于现场报道的书籍。杰克·贝尔登（Jack Belden）的《中国撼动世界》（*China Shakes the World*）和当时美国记者的许多特稿没有太大差异，观察层面尚未脱离情感面。作者对国民党诸多抱怨，包括蒋介石的军队有一次将骑兵当步兵使用。每个美国大学生都说错在蒋介石，但贝尔登并没有提出可信的解释，说明蒋为何犯下许多无意义而奇怪的错误。由于我的国民党背景，我的解释显然是不可信的辩白。幸好，我们从辛顿的著作看到敌对阵营内部人士的观点。

但《翻身》并没有得到应有的重视。许多美国读者读到“蒋介石和美国帝国主义者”几次后就觉得受够了，他们并不了解，本书见证如何在向来原始管理的庞大农业社会中建立下层结构，在这方面的价值就无可比拟。如果置之不理，讨论“共产党占据中国”时就会像大傻瓜，好比不知军用航空的存在就妄言现代战事一样。书内的资料对我的工作尤其有用，因为触及我想探讨的社会经济背景。

我们可以从 1947 年底的长弓谈起，当时地方仍然由社会渣滓控制。但在过去几个月内，共产党的内部阵线面临挫败，由村民的不满即可见一斑。财富充公已殃及中级佃农，没有更多的斗争成果来满足贪得无厌的穷人。村民已厌倦开会。村落干部透过“翻身”而成为大人物，却不知检点自己的行为。他们占用没收来的财产和税负，骚扰村民，有时还对妇女为所欲为。

但幕后的共产党不曾放松警戒。1947年年底，包括四个省的邻近区域当局召开会议，讨论和土地改革相关的议题，参加代表达一千七百人，会期长达八十五天。没错，一千七百人和八十五天！会后党组织派访问团到村落。至于长弓所在的县内，有十一个村落受到抽查。在本书第一段，我们得知作者参加的访问团就是十一个之一。华北大学是长弓附近最机动的单位，由教师和学生组成的访问团中，还包括代表当地人口的干部，但村落中的干部不在其中。这个访问团有权力管理村落事务，让一切上轨道。

访问团抵达后不久，迅速逮捕数名村落干部。包括村支部在内的所有现行组织一律停止运作。在过渡期间，访问团本身就充当村政府兼监察机构，监视进一步的斗争和改造。

团员有三大要务。首先是完成和矫正土地改革。村落中的地主心态已连根拔起，无法复原。但整个农民人口仍应区分成富、中及贫的等级，被指定的富农应将部分田产分给贫农。其次是组织永久的村落政府。三是训练及检讨当地支部的党员。

理论上，这次任务应该相当简单。事实上，一石似乎不但可以击中二鸟，而且应该可以击中三鸟。访问团只要将村中的一些人家指定成贫农，组成“贫穷联盟”的核心，只有成员拥有投票的特权。其他人必须到小组前陈情，当然无不希望被归成赤贫，因为贫穷已经被视为美德、荣誉和特权。如果有一户被列为“贫农”，就可以成为联盟的一员，所推举的代表有权参加小组会议，听取其他人家的陈情。但联盟原始核心自然希望成员人数愈少愈好。不过，访问团对小组的决定也有相当的影响。案子就这样由“普罗独裁”和“民主中央集权”共同决定。

一旦完成分类，贫农联盟就成为核心，和其他农民家庭共同组成农民联会，形成村代表会议的基础。农民联会和村代表会议都有机会重审农民联会完成的分类，之后村代表会议就可以选出一个永久的村政府。这时共产党首开政党政治的先例，将党员交由全村人口来评断。每一个支部的党员必须出现在村民的公开大会上，而且不只一次，必须出席三次。除非这名党员被大众投票肯定，否则就会被党开除。党员举止如果受到村民的质疑，就可能被送到感化所去。整个过程完成后，必须向县级的大会报告，由党书记决定认可与否。党中央当局无法接受的行动路线一定会被批评成“左派极端主义”或“右派机会主义”。

实际上，财产的最后分配依照“科学公式”。村民已全是自耕农，开始学习马克思的劳动价值理论。每一户人家要算出剥削所得（例如雇用短期帮手所产生的利润）占总收入的比重，如果到达一定的百分比，这户人家就被归类成富农，财产充公。这种削平财产的举动仍然遵照着阶级斗争的教义。幸运的是，1948 年 7 月，也就是《翻身》一书结尾时，人民解放军的胜利已经在望。华北大学的相关人员撤离长弓。共产党的政策不再是“对剥削阶级施予无情的重击”，而是疗伤及强化体质，追求更有效的生产，“极端贫农路线”已被扬弃。夏天时，党报刊登专文，毛泽东表示要修正“偏差左派”。

在长弓，管理体系产生新领袖。这位新领袖的家人在早期土地改革中备受攻击，兄弟也被打死。他实施“爱、保护、教育和团结”的政策，多分一些土地给不足以谋生的家庭，劝无法充分有效运用土地的家庭缴出盈余。农业合作社和公社尚未成立，但过渡期间的工作可以先从互助合作队着手。在局势有所转变之下，辛顿先生可以用乐观的语气替他的书做结论：被动而无知的中国农民也可以受到鼓舞，成为主动打造新世界的推动力量。

辛顿先生鲜明的狂热为我所不及，我只希望能有他忍受“主义”的能耐，因为我最多只能接受应该为事实的情况。但是我有和书中不同类型人物打交道的经验，因此我可以说，除了上述两点以外，作者的描述并无不可置信或扭曲之处。如此的解决之道也许并非我们所愿，但在特定情势下却显得很合理。我从学术研究观点证实，毛泽东的计划已够格成为重大突破，将文化导向的社会转成可以在经济上管理的社会，即使如辛顿所说，任务尚未完成。至于本书描写过程中的道德责任，显然我们的意见大不相同。此处的关键在于，只要一触及人类生活和人性，就不再是社会问题，而是神学问题，因此会牵涉我们的良知。虽然说不破则不立，不打破蛋就不能煎蛋卷，这种话说来容易，但当你视受害者为个人，他们是你的同胞，脸上有痣或眉毛倒竖，呆滞悲哀的眼神偶尔会瞥向你，这时你就无法明确下结论。这一定很难受，否则辛顿为何花上六百多页描述村落里的事件，又引用马克·吐温和法国大革命呢？在我的任教班级，我建议学生除了将《翻身》视为中国现代史的教材外，也可以视为20世纪人类道德处境的教材。

中国三十多年前爆发内战时，许多思想家开始思考，事件应被视为偶然的发展？或是历史长期发展的必然结果？三十多年后的今天，种种情况清楚显示，我们只能以扩大的纵深加以观察。我认为，我们没有理由不把这一切视为历史的技术调适，而且已在中国进行一百多年。我想我们不必坚守内战时好战分子的论调，他们必须加强教义上的偏见，才能捍卫自己的行动路线，因此只能采取短打的做法。也就是说，翻身在中国并不是普通的阶级斗争，而是填补真空的笨拙手法，或说是弥补中国文化传承严重不足之处所投注的艰辛努力。

更难的是评断毛泽东的人格。传统中国史家的“褒贬”手法此处无法适用，因为他有许多生涯。历史学家还必须记住，他的妹妹、两个弟弟、一个妻子和一个儿子都因为他而横死，更不用说另一个妻子还在狱中。（译按：黄仁宇开始写回忆录时，江青还在狱中。）我可以毫不犹豫地说，毛泽东是个伟人，有超强的行动能力和远大的视野。但我不确定他是好人或坏人，是慈悲还是奸诈。就好像我们看古代的名将一样，例如恺撒和拿破仑，我们可能崇拜他，也可能替他难过，但绝不可能视他为普遍的榜样。他是非凡的人物，在异常的时代以极端的手段去对抗反常的局势。

我抵达剑桥不久后，向李约瑟博士透露部分的感想。“不用担心，”他向我保证：“我们的看法相去不远。”

但李约瑟的情绪起起落落。他在不同的场合对我说：“我只希望还有五十年！”他显得不快乐，有些郁郁寡欢。我这辈子已浪费很多时间，累积可观的失败纪录，因此对我而言，他的不满足完全没有必要。在李约瑟七十一年的生命中，他已成为杰出的自然科学家、备受敬重的社会科学家、伟大的历史学家、环游世界的旅行家，而且还是外国奇异文化的诠释家，起先是名副其实的“参赞”，后来是亲善大使，最后更登峰造极，称霸这个领域。他在求学时代甚至没有学中文，现在却是研究中国领域最多产的作家，他没有理由觉得自己做得还不够。甚至没有人预期到他会有目前的成就。

但李约瑟停不下来。

他从1948年开始就投入《中国科学与文明》的计划。因此，当我1972年出现在他的研究室时，这项计划已进行快四分之一个世纪，但正如鲁桂珍博士告诉我：“我们还只做了一半。”

当这项计划宣布时，内容简介指出，全系列共七卷。这个承诺仍然有效。前三卷出版时，完全符合简介的描述，每一卷就是一本书。但第四卷付梓时，由于超过两千页，必须分成三本书，最后一本更厚达九百多页。更复杂的是正在进行中的第五卷，很可能需要印成六本书，才能容纳所有材料。作者必须向读者致歉，说他的作品“成某种形式的等比级数扩增”。但故事还没完。在将印成第五卷的六部分中，第二部分已付印，紧接着的三个部分也在着手中。但第一部分和第六部分却还在最初的计划阶段。也就是说，第五卷的出书顺序颠倒。作者宣称，紧要关头顾不得逻辑，他再度请读者接受他“道家自然的散漫和惊喜”。

但随遇而安的诉求却不能用在作者身上，有时他显得不够安静沉着。在此同时，还有一些书评家怀疑，李约瑟博士是否能在生前完成这项计划。事实上，提出这个问题的人完全没有抓住重点。如果李约瑟愿意，他大可以把工作交给别人，自己可以放松，享受他的黄金岁月。但对他来说，这项计划是享受，也是放松。虽然偶尔也会有焦虑的时刻，但并不常发生，而且为期也不长。就好像他担任凯思学院的院长一样。他必须主持院务会议，参加仪礼宴会，花去不少宝贵时间，有时他不免抱怨两句，但他显然乐在其中。李约瑟是我认识的人中最善于社交的人之一，他喜欢与人为伍。

正如《中国科学与文明》第一卷的前言所透露，李约瑟博士进行这项计划时，依赖的是他的经验和所受训练——语言学、技术、历史和哲学——的总和。一开始他就保证要牺牲个人，全力投入。草率的作家可能以为这部巨著是翻译上的持久努力。对于他所投注的心力而言，这绝非公允的论断。西方人士习惯从字母变化中衍生出字的排列组合，但语言工具一旦转成表意文字后，两种类型的语言之间没有刚好对等的句子或段落。多半在鲁桂珍的协助下，李约瑟必须从头开始，先确定中国作家的原始概念，回溯他们的逻辑所在，才能拼凑出其根据，这时他才能以现代科学的眼光来评估该理论，有时还必须补入自己的知识。我只能想像，头几个案例一定很艰难。但一旦打破僵局，他可以轻易以同样的技巧施用于其他案例及人类知识的其他层面，其兴奋就像一个人独自在整个大海里游泳一样。因此每项工作都是挑战的经验，每天的探索都是新的学习过程。作者扩大和丰富自己内涵的速度比读者还快。李约瑟很有风度，并没有修改内容简介，仿佛把它当成具有约束力的合约。同时他又像举重选手一样，总是负荷过重，因为这是他满足自己不断成长的好奇心的唯一方法，也是胜过自己——他唯一的竞争者——的唯一方法。有愿意配合的出版社和现成的读者支持他，他的焦虑是艾瑞克·霍夫（Eric Hoffer）在《真诚的信徒》（*True Believer*）中所说的，无尽的机会让人感到挫折。

李约瑟的计划一开始像是家庭工业。“德尔菲，”他说到他妻子：“就我所知，是唯一看完我写的每个字的人。”这句话提醒我们，就丈夫的生产力而言，妻子的奉献程度值得激赏，尤其是想到李约瑟作品的厚度不是以英寸来计算，而是以英尺、甚至以码来衡量，所需要的家人支持和热心已超过普通的水准。她的妹妹穆瑞儿·莫以尔（Muriel Moyle）随时待命，准备编排索引。鲁桂珍更不只是姊妹而已。虽然李约瑟有数名约定的打字员——由朋友和同事的妻子兼职担任——但他不时会自己打出一份目录，立刻可以送交排版。有一天鲁桂珍告诉我，院长和彼得·薄璧吉（Peter Burbidge）在一起。薄璧吉是剑桥大学出版社的印务经理，李约瑟称他是“另一个我”。两人从一叠照片中挑出下一卷书的插图，李约瑟当场撰写图说，薄璧吉将图片和名单带回自己的办公室，就这样跳过整个编辑群。他们事事自己动手，对在美国进行集体研究计划的人而言，真是一大挑战。在美国，研究计划会养一组打字人员，办公室的讯息要靠对讲机来传递。直到近几年，内部作业的生产方式才稍有改变，例如让何丙郁教授和纳森·席文（Nathan Sivin）教授撰写相当分量的炼金术章节，我自己的部分也属于例外之列。但院长几年前就借书信往返替我的任务热身，我推断他将这项计划视为个人风格的一部分，就像他最喜欢的领带或是他头上戴的贝雷帽一样（他有四分之一的法国血统）。

李约瑟长得方方正正，宽肩阔胸，恰好搭配长腿和超大尺寸的脚。如果没有他的满头华发，他的高大身材也不会让人印象如此深刻。他的银发不但有画龙点睛之妙，而且让他有时令人望而生畏，有时光彩夺目，完全视他何时工作何时休闲而定。

我开始在 K－1 看书时，不免对他产生敬畏，他的存在带来专心一致所产生的压迫和紧张感。这情况只能以下列方式比喻：在奥伯瑞路的那一端便是剑桥大学城的尽头，但路上没有任何告示。路的一边是相连的红砖屋，另一边种着成排的白杨树，再过去即是开阔的麦田，景色的转换十分突然，毫无过渡地带。李约瑟的情绪变化也同样快速。他开始工作后，就全神贯注，全力以赴，每一分钟都很重要。他专心过度，显得严厉冷峻，全无笑容，连悠闲打招呼的时间也没有，一天中唯一的休闲是在固定的下午茶时间。和他工作习惯并称的是他的节俭和有条不紊。他会把桌上纸张没有用过的部分剪下，存成零碎纸片，没有用的信翻到背面再利用。复写纸即使已放进打字机上使用多次，也都整齐放回盒子中，丝毫没有皱折。他的铅笔无论是黑色或彩色，全都一起放在桌上或书架旁，方便随时取用，但其中没有一枝破损，没有一枝会掉到地上或夹进书中。书籍当然更是整整齐齐放在书架上，每一本书都有自己的永久固定位置。

“这是维多利亚时代的纪律，”鲁桂珍博士如此辩解。也许是吧，但纪律不会让我的日子更好过。多年来我已养成一些坏习惯。我喜欢在身旁放个杯子，看书时不断喝茶。看了一阵子之后，会自动把椅子往后推，双脚就自然而然搁在桌上。我还喜欢在房间内踱步。我需要思考深思时，总会想离开研究室，到市场坡（Market Hill）去看小贩卖花椰菜和瓷器。也许我最恶劣的习惯就是浪费纸张，这是我少年时在中国就养成的恶习，尽管当时物资缺乏。现在人处富足之邦，只要一篇文章的第一个句子看不顺眼，就很有冲动想把纸揉成一团，沿着抛物线丢进字纸篓。在制造出一张完美的纸张前，这个过程可能会重复数次。但在李约瑟的研究室内，我必须完全压抑住这个冲动。我怀着妒忌的心情看着他在打字机上构思演讲稿或文章，仿佛他是大厨根据牢记于心的食谱来做菜，又像是钢琴家熟极而流弹着最喜欢的协奏曲。过程非得快速不可。他的字纸篓总是干干净净，我不明白他为何还多此一举放置字纸篓。

幸好我们的研究室之间有一段距离。在平常的日子里，李约瑟博士用的是凯思学院院长室里的书房，和K－1、K－2隔着草坪呈对角线相望。K－2放置医学相关书籍和参考资料，由鲁桂珍博士使用。李约瑟每天来和她讨论，有时一谈就好几个小时。对门就是K－1，放置一般参考资料、社会和经济史书籍，通常只有我在使用。李约瑟一天会进来一两次查阅资料，总是希望我们彼此忽略对方的存在。我书桌一旁有另一张桌子，但他很少坐下来。

李约瑟博士担任院长的职责大半属于仪式典礼性质，这个地位本身即含有象征的影响力。每当他不在时，侧门总要立刻上锁，而正门也关闭，只在大门上开一小门。我只能想像，此等惯例一定是沿袭自中世纪，当时年轻的大学生吵吵闹闹，一旦采取防止滋事的步骤后就形成惯例，其间没有人出面建议废除或修正。但从不同的角度视之，遵照现有习俗的习惯也有其目的，清楚显示权威何在。同样的，教职员和学生遵行的许多惯例也不一定毫无功能，这些惯例确定了井然有序和纪律。我一开始就觉得这一切非常有趣，但受邀参加各种场合时还是担心自己会出错。美国学术单位缺乏传统，向来为英国学者所鄙。有一位凯思的研究员就对我说：“你们就是我们所说的——速食大学。”

李约瑟博士多次邀我在学院餐厅用餐，我是唯一没有穿袍服的人。但身为院长贵宾的我却坐在他右席，上菜都比别人早。院长以拉丁文说完祈祷文后，全体在烛光下用餐。我们和教师坐在主桌，享用烤牛肉和葡萄酒。大学生离我们十英尺远，菜色不及我们，而且只能喝水。用完甜点后，所有主桌的人鱼贯离开，到吸烟室喝咖啡和烈酒，开始社交时间。我必须紧跟着李约瑟博士行动，其他人再跟着我。

我们从美国大学毕业时，校长照例在毕业典礼宣布授予我们特权。多年来我一直对这种空洞的承诺感到不解。在剑桥，我终于了解，特权的确存在。身为院长的李约瑟博士后来让我有权使用学院的自助餐厅，这有别于正式的学院餐厅。然而，院长之下的学监却正式行文，授予我这项特权。我每一学期还可以免费用餐一次，没有时间限制。而且，庶务长还替我设了一个记账户头。顺带一提，庶务长在美国无疑应被称为管财务的副校长，这位庶务长是退休的空军副元帅，相当于美国空军的中将。十年来，我仍然每年收到凯思学院的年报，受邀参加校友的年度聚餐。我可以把自己当成是这个学术单位的一分子，虽然只是边际分子。

李约瑟毫不考虑就使用他的大特权，也就是只有他能踩凯思学院的草坪。他从院长室到侧门旁的 K－1 时，总是大踏步穿过草地。由于他这种时刻都不打算与人对谈，跟在他后方的我确实不知如何是好。因此我决定跟着他踩草地，而不自己绕路而行。直到今日，我还不知道这样是对是错。不过，院方人员从来不曾指责过。不可思议的是，抗议竟然来自于观光客。一车又一车的游客来参观凯思学院时，眼睁睁看着我们践踏草坪。草地像地毯一样，又厚又光滑，刚刚修整过，没有一丝杂草，让人忍不住想踩上去，看看是什么感觉。导游必须加以制止。被责备的观光客就会指着我们两人一个高大、一个略矮的身影，在草坪上扬长而去，询问导游何谓不准践踏草坪。

我抱怨无法从大学图书馆借出书籍时，院长说：“我试试帮你弄一个等同文学硕士的地位。我想可以安排妥当。事实上，我想一定可以。花不了什么钱。”这件事如何做到，正如这个大学城成千上万的事如何做到一样，都已超越我的理解力。但不久后，校方发布公文，我在剑桥停留期间享有文学硕士的资格，一次可以从图书馆借出四本书。更惊人的是，在图书馆的借书处，没有人要求看我的身份证明或公文。单是我的话和借书单上标明的文学硕士资格就够了。

我就这样在种种便利与特权之下于 K－1 工作近一年。事实上，我在剑桥待了差两天就一年。原来在我们回美国前，我决定当美国公民。申请时至少要在美国住五年，在我离美前不知已超过多少倍。但我到剑桥就破坏连续性，因此回到美国后必须再住一年。然而，如果我离开美国的时间超过一年，我之前的纪录就无法算数，必须从头开始算，住满五年后才能提出申请。因此我向环球航空订位时，还预留四十八小时，以备班机延误时还有缓冲的时间，不致破坏我对移民局的申请计划。

在停留剑桥的一年间，我在周末带家人度假，到过巴黎、布鲁塞尔和阿姆斯特丹，也曾在短程旅行中去过约克、巴斯、温莎、牛津和巨石区。除此之外，我遵照李约瑟博士一周工作六天的行事历，少有例外。我到研究室的时间，早于他和鲁桂珍博士开始动工的时刻，但离开时也比他们停工时刻早得多，因此我独自吃中餐，也不和他们一起喝下午茶。有时候我待得比较晚，看到院长室书房的灯还亮着，显然他们工作到很晚。我对鲁桂珍博士提及此事，她显然想安慰我："我们没有在工作，我们在打牌。"但我不相信他们会在书房里玩扑克牌。这一年我也了解更多英国习俗：赠礼日，也就是圣诞节次日，是"绝绝对对的假日"。那天方圆半英里内唯一有食物的公共场合，就是玫瑰新月街的巧克力棒贩卖机。不过，元旦却根本不是假日，我知道的商店没有一家不营业。

这一年最令人惊慌的经验是，杰夫有一天晚上突然发高烧。第二天他发烧到华氏一百零四度，烧迟迟不肯退，他开始胡言乱语，把我们吓坏了。到晚上，我把他的小床移到我们的大床边。但是在市医院分部值勤的医生拒绝出诊。"给他服些阿司匹林药片，把他放在冷水里!”他对着电话吼叫。我们听从他的指示，不知道对或错。我把他放进冷水的那一瞬间，忽然觉得大错特错。我很恐慌地把他抱出水中，让包着湿毛巾的他紧紧靠在我胸前。他仍然烧得发烫，眼睛半睁半闭，两眼无神，无精打采。我们觉得十分无助，对社会主义医疗制度的信心全然崩溃。第三天，我在研究室对鲁桂珍说起这件事，我不知道她竟然对院长说明我们的困境。傍晚，分部突然来了一位医生出诊，但不是前一天值勤的那一位。最重要的是，这位医生告诉我们，症状显示是一种特殊的病毒，还没有开发出治疗的药，但只会有惊无险，一两天后就会自行痊愈。他并不明白，这个简单的诊断对我们是多大的安慰。白乐地（Brodie）医生刚好是凯思学院的校友，一直和李约瑟博士保持联络。杰夫转好时，我们带他去感谢院长。李约瑟博士弯下腰来以食指戳杰夫的鼻子好几次，也让杰夫戳他鼻子。从此以后，李约瑟成为杰夫的偶像。杰夫听到我们说到院长每两年出一本书，就把几张纸钉在一起，在纸上胡乱涂鸦，对我们宣布他也可以出书。他还向我保证，他有一天要像李约瑟博士一样，完全靠自学学会读中文和说中文。

格尔要在艾登布鲁克（Addenbrooke）医院开刀取出肾结石时，我们提早安排，希望完全脱离社会主义的医疗体系。手术是由最好的医生来执行，检查是透过最新的设备。在复原期间，她住在四间高级病房中的其中一间，“享受女王般的待遇”。但全部费用都由美国的医疗保险来支付，幸好我们出国时没有中断，结果我们一分钱都不用出。在这两个例子中，我们都受惠于地主国的医疗服务，有一次和当地的劳工阶级一样享受免费的服务，另一次则是进入上流阶层，自己完全不用出钱。在我们表达感谢之前，我要说，这两次事件让我们在英国社会阶级方面上了难忘的一课，显然还是上流阶层好得多。如果已开发中国家的福利社会都还不够好，很容易想像开发中国家会以较激进的方法解决问题。这也可以解释，为何一些受过医疗训练的人士有特别强烈的社会良知。

在内人康复阶段，李约瑟夫人还来探视。桃乐西·莫以尔·李约瑟是皇家学院院士，本身也有著作问世，当时约七十五六岁（比她丈夫大四岁），必须拄着拐杖走路。然而她仍然走完所有的阶梯，只为了表达夫妻两人的关心。在 K－1 的墙上有一张她年轻时的大幅木炭画，眼神和现在一样柔和。她曾告诉我们，她初到剑桥时，国王学院前那株比邻近最高建筑物还高的大树，当时才刚刚栽种而已。我们听说，她当时也是政治活跃分子。我们很想听她现身说法，了解她当时及现在对社会正义的看法，但我们没有机会与她进行较长的对话。她来病房探视格尔时，大部分时间都在替病人打气。她告诉格尔，他们第一次飞越非洲海岸时有多兴奋。她建议我们，下次去伦敦时，可以去逛逛雀尔西一带的小商店。从她的闲谈中，我们可以确定，这位身材娇小老太太体内的旺盛精神毫无衰退迹象。

我与她丈夫的来往真是很独特的经验。除了我们的通信以外，在剑桥时我们周六下午的谈话更增添交往的新面向。在下午两点，李约瑟博士会打电话请我到院长室，或是亲自过来 K－1。既然工作压力已放置一旁，他的严峻表情也跟着消失，有时还会流露可爱的孩子气。

他到 K－1 时，外套及贝雷帽已穿戴妥当，有时会立正向我敬礼，模仿教练班长。我们两人常常一起散步，很少不超过一个半小时，沿途会讨论一些主题。我们常常穿梭在剑河西岸的中庭和公园之间，有时他会停下来赞美花草，摸摸树叶，说出植物的拉丁学名。他的介绍丰富了我对剑桥当地历史的知识，他会指点出罗马古道的痕迹，讲一些这个大学城在内战时的轶事，当时克伦威尔就在附近的封廷登（Huntingdon）训练他的铁骑兵。但我们会面的主旨当然是中国的官僚体系，以及其对科技发展的影响。散步后仍无法有所突破时，我们会继续喝咖啡、吃点心，地点可能在大学中心，也可能在评议会办事处。

在讨论和阅读双管齐下后，我写出了两百多页的草稿，准备放入《中国科学与文明》第四十八节。从其中又摘成一万字的文章，由我们两人共同署名发表，已刊登在香港、罗马和旧金山的期刊，我还没看过已行刊载的东京期刊。部分与本书读者相关的重点将摘要如后。

寻找对历史的技术辩证

数年前有一个中国农业专家代表团拜访英国，主人带他们参观英国农村。农业专家看完机械、麦田、肥料、谷仓和马厩后，留下深刻的印象，但他们对农家现代化的舒适便利设备更是感兴趣。这时其中一人问："这一切都好得很。可你们的农民住哪里?"

这个天真的问题一提出，没多久中国人很无知的消息就四处传开。

但并没有太多西方人了解，自己的天真可以媲美中国人。我们看到书籍出版，专家在广播和电视上辩论，仿佛中国的领导人和农民之间已存在法律及商业的联系，让蒋介石和毛泽东可以有条有理处理国事，而中国之所以数十年混乱动荡，原因在于领导人无法无天。他们如此认定时，不仅忽略中国历史的真正本质，也昧于西方历史的一些细节。事后回想，那位中国农业专家提出的问题并不笨。西方人有理由可以知道，这个问题可以提供了解东西差异的关键之处。

在英国历史上，佃农的前身是农奴，也就是附属于田庄庄主的奴隶。在 14 世纪的黑死病之后，由于劳力短缺，他们设法解放自己。但是，大多数没有取得耕种土地的所有权，无法成为"自由农"（原注：事实上，"自由农"和"租地农"远比此处所讨论的复杂，但对一般读者而言，粗略的概念比精确的定义有用多了），也无法和地主重新签约界定彼此的关系，当不成“租地农”。大多数人成为“官册农”，有些像违建户，依原始的官方清册享有土地的权利。依不成文法的原则，土地不可以让与，但使用者的权利仍然受到承认。因此官册农的地位就成为数百年来的棘手问题。有些官册农仍对地主提供封建时代的义务，但义务上至兹事体大者，下至“盛夏的一朵玫瑰”等琐事。有些义务已转换成现金，在通货膨胀的时代，租金可能缩水成象征性的金额。地主和官册农的斗争持续进行。地主曾试图赶走官册农，或是强迫他们根据对当前物价的调适而签订有期限的租约。如果顺利调高租金，都是以“侵入罚金”的形式，是法律上的新名词。迟至 17 世纪初，爱德华·科克（Edward Coke）还宣称，如果官册农已善尽义务和服务，“就让地主皱眉头吧，官册农一点也不在乎，因为他知道自己安全了”。这声明本身证明当时弥漫的不确定气氛，否则身为法院院长的他没有必要发布这种声明。

不难想像，在英国内战前数十年，宗教议题、经济危机、国外事务的争论、国王和议会间的宪政僵局全都同时出现，土地租约问题更使情势益发复杂。问题不止于谁拥有课税权，或是谁拥有土地的何种权利。关键在于，没有人能确定实际状况。地主发现自己田庄的“所有权复杂到令人混淆”，有的企图在十二年内调高四次租金，有的一点都不调整。皇家土地的转让更证明局势有多混乱。在都铎王朝末期，这些土地就已开始出售，到斯图亚特王朝初期更加速进行。出售价格非常低，以致过去的历史学家常指责，这是某种形式的贪污，是送给王室亲信的礼物。不过最近的研究显示，田庄对土地的权利十分复杂，价格也受制于此。不动产的分类毫无秩序可言，有些土地并没有列在清册中。无论在何处，租约都不确定，更常常找不到主要的承租户。詹姆斯一世时，土地出价曾高达相当于一百年租金的金额。但有时即使将售价减成相当于七年租金，仍然无法吸引承购人。

在这些情况下，运载费和称重付费点燃查理一世时的内战。整个国家经历一场大动荡与混乱，五十多年后局势才完全稳定。但就全国而言，农地的利用愈来愈趋于合理化，和社会正义无关的这项运动持续步向正轨。在17世纪的相当时日里，不动产易手快速。较有企业精神的地主自然会重整田产，将部分土地以高价转售，巩固及保留其余的土地。内在的矛盾消失，持有大块土地的情况愈来愈普及，无法在经济上管理的土地就被清算出售。在自然经济的压力下，官册农这种制度愈来愈站不住脚。一些官册农成为自由农（为规避法律，有时土地以极低的租金出租六千年，但却收取高额的侵入罚金）。其他人被迫签有特定期限的租约，形式接近现代的租约，这些人就成为小佃农。

如果以上的演进力量还不够，圈地法案使土地的改革更为完整。即使都铎时期不喜欢圈地，怕造成人口减少，还立法禁止圈地，但潮流无可抵挡。这项运动不断进展，直到19世纪初为止，最早是为了方便养羊，后来的目的却转成提高作物的生产力。小地主不能使用公用地，再也无法维持他们的自耕农场。一小群的佃农受雇成为大田庄的帮佣，但其他人只好前往城市，成为新产业所需的廉价劳力。农耕技术的现代化更使佃农人数减少，大幅降低帮佣的人数，直到今日，佃农这个字眼已无法适用于英国乡间。

但比较少提到的是，随着经济的稳固，法律也历经改革。土地租约简化，农地单位扩大，农地使用更有效率时，现代法律才有可能适用于社会的土地部门。17 世纪末，普通法提倡的平等开始发酵。在光荣革命和约翰·霍特担任法院院长后，法院逐渐将牵涉到商人的诉讼视同商业惯例来处理。这些诉讼案很快就诞生一些前例。普通法不再受制于早期僵硬的封建习俗，商业化的农作因此受惠良多。农产品的行销摆脱地区性的限制，不动产的买卖和继承也能妥当处理，合约不再局限于狭窄的乡村模式，破产申请程序也能适用，土地财富因此和国家经济的较先进层面相互融和，乡村银行和保险公司的成立只是时间问题。国王特权不再是问题根源，整个国家开始可以在货币上管理。衡量这场改革初期成功的标杆是 1692 年颁布的新土地税法。以战时四先令对一镑的换算法，当时一年征收两百万英镑的税，打破以往有纪录可循的总岁入。后来财政扩张后，所收的税更多。

这次的成功值得大书特书，代价却是很多人受苦，不法之事横行，其结果也并非完全可以预见或算计。种种因素相结合产生罕见的压力，才造就这一切。因此我们必须把这一切归功于自然经济。不说别的，中国就没有经历这些过程。

美国人很容易忽略其中的差异。美国的历史始于移民新大陆，当时有特许公司、股份公司和宗教活动的公社。至于放弃租金、限定继承及长子继承法等残存的封建土地惯例，都还没有完全消除。南部的奴隶问题不算，在中部殖民地区的问题比其他区都明显。但边疆的存在使问题大为减轻，独立战争更解决了所有问题。美国独立后，公有土地公开出售，起先是以六百四十英亩为单位，后来单位再降到三百二十英亩及一百六十英亩。1862 年实施公地放领法，放任的土地政策更达于巅峰。法案规定移民居住和使用土地都必须满五年，比支出些许费用购买一百六十英亩的办法实际多了。因此，很少美国人会了解，土地的分割为何会影响国家的公共事务。也少有美国人能够回忆起非特许佃农和签约劳工。对美国公民而言，经营农场接近其他商业形态。佃农一词对美国人并没有太大意义，更不要说是中国式的佃农了。在中国，绝大部分的人口所追求的经济生活，并不在现代商业法的适用范围内，因此全国的事务不可能在货币上进行管理。

比较留心的读者此时应会发现，在讨论这些议题时，李约瑟博士和我遭遇表达上的难题。如果我们视历史为定论，只要对历史进行比较，任务就轻松得多。我们可以采取中国的观点，或是西方任何一个特定国家为范例，仔细检讨中国的情况。以上述段落为例，我们可以说，总之，英国在 1700 年已完成资本转换的工作，而中国仍远远落后。但这样的结论无法说明世界历史其后两百八十年的动态特性，此外我们还必须假定，所有的国家不但都必须经历资本主义的发展阶段，而且还必须经历英国曾经历的阶段。这种说法暗示一边的历史会吞噬另一边，我们如果加以背书，无异落入鲜明命运的陷阱，而历史事件早已淘汰这种不健全的世界史观。

李约瑟和我不希望比较历史，然而我们的研究仍将是一种比较，只不过终极目标是两边历史的融和。此外，院长曾经问：为何我们今日所知的现代科学不是发轫于中国，而是起源于欧洲？这使问题增添额外的层次，因为现代科学从不曾画地自限，因此无法用已知的词汇加以定义。如果全世界所有的科学家都同意，据今日所知，人类智慧已达顶点，那么科学将就此踏上末路。现代科学家基本上必须有开放的心灵：对已知的事物保持有系统的不轻信，但深信现在的不可知将来必定可以掌握。

接受这些信念和前提的我们很快发现，不只是院长形容的字母文化和表意文化之间有很大的鸿沟，而且我们很容易变成从研究“务实”面——也就是中国的社会及经济背景对科学的影响——转而研究抽象和哲学的课题，因而违背我们的初衷。

在K－1研究室的钢制橱柜中，有两个抽屉装着参考书目和零碎杂记，都是影响中国科技发展的社经背景资料，全都是李约瑟博士三十年来累积的成果。我到剑桥后，院长让我整理这些资料，看看是否能放入《中国科学与文明》。这些资料非常有趣，包括各种色调、颜色及尺寸的纸张。其中有登在学术刊物文章的抽印本，有写在油印通知函背后的手写字迹。有些是很久以前的书信，但有时也看到书名写在零碎纸张上，甚至餐厅的纸巾上。其中所提到的作家，有的享誉全球，有的名不见经传。有些资料非常重要，很有原创性，有些则很有争议性，甚至很轻浮琐碎。整个档案事实上反映收藏者的个性。李约瑟博士的座右铭是“无一遗漏”，他秉持同样的精神发现无数精巧的装置和机械应用，以展示中国内陆的科学知识，并且从常见及罕见的古书中发掘其他观察家忽视的事实。

不过，我必须承认，整体来说，这些资料的可用程度相当有限，我一开始的反应甚且更为负面。这些资料显得太不相关，太片断。例如有一封信是赖德懋（Owen Lattimore）的建议。他主张，中国的地理分布利于千篇一律，因为由地形可以得知，类似的农业社群可以适用于所有地区。这种立论有许多可议之处，事实上甚至可以说，由于中国的气候、天然障碍、土壤生产力、农作物的适应力及劳力要求有相当大的歧异，因此分开还比统一好。考古学家郑德坤则赞成完全客观。他建议李约瑟，去除所有的成见，先以十至二十个发明为例，分析当时的社经环境。这个建议完全不可行，因为我们虽然对纸和火药的发明有模糊的概念，但我们甚至不知道哪一群人首先发明纵舵，或是替骡套上马具是在哪一世纪，更不用说这些发明的背景环境。而且，如果我们太过注重特定发明，最后就会出版一本类似阿基米德洗澡或牛顿被苹果打到之类的故事。在李约瑟博士的相识友人中，以霍莫·达布斯（Homer Dubs）最为悲观。没有人了解，为何现代科学无法在中国发展。他直截了当说：你们要有常识一点，负面的问题无法得到正面的回答。他的态度让我想到中学时教科学的教师。有人可能可以证明鬼的存在，但没有人可以证明鬼不存在。只要有一个证据就可以得到肯定的答案，但为了证明否定的结果，必须反驳古往今来的所有可能性。

但于今回顾，这些学者虽然没有成为我们的开路先锋，但他们多多少少影响我们的思路，程度大过我们的认知。我认为，档案中唯一自成系统的就是魏复古（Karl A.Wittfogel）博士。

在研究中国的领域中，魏复古是个显赫人物。我在密西根当研究生时，主修中国研究的人都常常提到他，也许频繁到一个月至少提一次。他是《东方之专制》(*Oriental Despotism*）的作者。埃及、美索不达米亚、波斯、印度和中国的古文明到底出了什么问题？这本书会告诉你，这些文明全属于“水力社会”，农业生产必须依赖大规模的灌溉工程。大批的劳力必须施予严格的命令，以求顺利执行任务，因此专制势力的产生无法避免。如此衍生的组织技巧虽然不无利于经济之处，但只限于初期。这些社会的努力迟早会形成“管理效益递减法则”，也就是说，一开始投入的劳力愈多，效益会成比例增加。但其效益有其限度，等达到饱和点后，收获和劳力将不成比例。以科学术语来表达，这公式是个想像的弧线，但作者并没有解释这种现象何地、何时或如何发生，也没有说明效益如何测量。没有关系。在魏复古的字典中，水力社会和东方社会是同义词，不仅在政治上可鄙，在经济上也没有吸引力。这种社会道德败坏，不值一提。

魏复古将东方专制主义发展成一体系时，目的是为了避免马克思“亚细亚生产方式”所引起的混淆。但魏复古的“东方”包括在今日秘鲁的印加帝国，却将日本排除在外，因为日本的灌溉工程是片断零碎而非协调一致的，因此日本社会是“水利农业”而非“水力”，因此即使连封建时代的日本都“无法发展战争的艺术”。水力社会的特色也会影响艺术。他们的建筑只能产生笨拙的结构，称为“水力建筑物”，使用最多的材料，却只有最少的概念。东方的专制主义是过去式了吗？不见得，在今日仍相当活跃。今日世界有何危机？是马克思主义一列宁主义威胁西方世界吗？魏复古认为不是。问题的根源仍然在东方专制主义，因为苏联是俄国“在亚细亚的复活”，以工业基础充实其新专制主义，而中华人民共和国当然是“货真价实”的亚细亚复活。

魏复古和李约瑟的接触一开始很顺利。东方社会概念刚发展成历史研究，以德文发表成论文时，李约瑟在封面用中文写“宝贝的”，要夫人阅读。后来他和魏复古碰面。显然他们一度还算友善，虽然还不至于热络。但“东方专制”理论茁壮到绘声绘影，比迪士尼卡通还生动活泼时，李约瑟发表一篇批评，指责该书“否定事实”，后来作者要求当面解释，但被他所婉拒。

这事件对我也有深远的教育意义。无论信不信，我更能体会中国历史上道家的政治思想家。他们坚持，道德只能和自然合而为一。任何提倡善良和正义的分化行为，如同儒家常标榜的目标，都为他们所轻视和不屑，因为他们认为这不过是自利的行为，只是为了满足自己的骄傲和偏见。在机器时代，我们无法达成道家儿童般的纯真，但这教训仍然警告我们，不能单看表面就认可或抨击任何“主义”。在这个例子中，李约瑟和我都受不了中国的农业官僚，然而我们却不能完全忽略中国官员的双重性格，他们“阴”的一面总是和“阳”的一面背道而驰。这个主题出现在李约瑟驳斥一度是朋友的魏复古的书评中，后来也放入我融故事与传记为一炉的《万历十五年》。我们也因此将我们特有的史观称为“技术辩证”。所谓技术，就是不带意识形态的色彩。

但1972年年底将至，我们却只知道自己反对的方向，但还找不到《中国科学与文明》相关部分的确切方向。有一个星期六下午，我们边散步边进行讨论时，决定忽然自然而然冒出来。我们间的对话照例没有前言、分界、顺序或转折。

“院长，”我说：“为什么你说英国这里的天气很糟？现在已经11月底了，天气还是如此温暖明亮，世界上其他地方找不到的，你自己也知道。”

“这是异常的，”李约瑟回答：“但不会持续太久。”然后他的话题又转回《中国科学与文明》。“就我所知，”他说（大概是我遇见他后第四次这么说）：“文艺复兴、宗教改革和现代科学与资本主义的发展——这些都是一起出现的，整批地来。”

接近他让我获益良多。他这些年来常写信给我，此时让我有机会回馈。因此我说：“你的意思是，从15世纪到17世纪的西欧历史是独特的发展，是众多因素交织而成的产物。同样的，中国的历史也很独特。我们不可能靠四五个注释来证明中国历史是某种‘主义’，把它丢入普遍体系之类的大桶子，然后再拿出来，并宣布中国文明毕竟含有原本相反的特质。”

“我们不可以这样，”李约瑟博士说。当他变得很严肃时，说话照例很简洁。他头脑中的数百根思绪终于构成结论。我记得他在给我的信中强调，不能理所当然以为中国科学是西方模式的失败原型。

“院长，”我说：“我已经看过这两本谈官僚的书，恐怕对我们没有太大用处。他们提到西方世界的经验，说明不能只看到个别案例的优点。处理这些案例时，必须从类别、群组和类型着手，因为数量相当庞大。这种分析法的缺点在于范围太过狭小，作者欠缺历史的观点。至于另外那本中文书，前言说是受到你的启发，但事实上看不出来。作者的错误在于走到另一个极端。在他澄清中国官僚管理的本质前，就提出一个理论，说中国官僚主义的历史时点大概介于英国的都铎和汉诺威王朝中间。”

李约瑟博士接着告诉我这位作者的些许逸事，他们如何相遇，他的长相如何等等。最后他问我，我觉得如何呈现《中国科学与文明》第四十八节最理想。我告诉他，在他的卷二，他说中国科学思想本质上并不精确。中国思想家的缺点在于太早下结论，缺乏数理证明就立即跳到绝对真理。在政治—社会—经济历史中，情况也十分类似。中国的成就和问题一样，都在于“过早统一化”。帝国统一来得太早，政治上的中央集权也领先时代。如果我们以这样的心态读二十四史，也许可以整理出一组新资料，可以回答我们的疑问。为达成此目的，必须将自己的历史感发展到极致，不能受到其他学者的影响。事实上，这是李约瑟博士一辈子的写照，我当时看不出有其他可能，现在仍旧看不出来。

但要把念头转成实际的工作时，以上的建议很可能改变全书最后一卷的一部分，改成对全书本身的专门研究。一开始必须先谈土壤和气候，再来是中国两千年帝制的朝代顺序。为了符合他自己的想法，还必须重新定义西欧的资本主义，接着才能提到这些因素对科学发展的影响。当书付印时，这部分的草稿还没完成。不过，我仍然很高兴，最重要的资料都已在掌握中，受过院长指导下的某位学者一定能据此加以完成，不会遇到太大的难题。对李约瑟来说，这项庞大工程中的计划之所以能吸引他，完全在于其规模，因为李约瑟虽然喜欢剪下没利用到的纸片，但一生中的写作没有不是从大处着眼的。

李约瑟博士和我决定《中国科学与文明》第四十八节模式后的一年半，考古学出现重大的发现，《国家地理杂志》称之为“中国不可思议的发现”。在1974年春天，靠近现代西安的公社工人为提高生产力，把骊山的土壤挖得更深。他们偶然发掘出中国第一个皇帝下葬的地方，陵寝在这之前从未出土过。他们挖掘出“兵马俑”。陆续的考古工作发现，真人尺寸的陶俑士兵不下七千五百个，全都配备真正的兵器，战车是真的，但战马也是陶制的。这些兵马捍卫他们主人的遗体，也就是在公元前221年统一全中国的秦始皇。

当细节陆续公布时，即使是秦代历史的学者也大感震惊。这座地下陵寝的特色在于各方面的完善设计，连细节也很在意。士兵的造型似乎取材自活生生的人物，没有两个人一模一样。他们的脸部表情显示出无尽的个性。他们的发型都一样，但梳理的方式或多或少有所不同，胡须修剪得很整齐，缌带也都打好结。他们的帽子有点状图案，腰带上有金属环扣，从雕刻铠甲的样子，看得出是用皮带来当束带。鞋底还有止滑金属片。从步兵到骑兵，武器都不相同。骑兵肩上没有铠甲，以便在马背上行动自如。军官的装备更为考究。这些士兵或立正，或跪地拉弓，或驾马车，或随整体战术所需就个人战斗位置准备肉搏战。总之，整个场景创造出一整师的秦国步兵，侧翼是排成队形的战车和骑兵队，随时准备作战。如果现有的展示已经够壮观，专家猜测，在这一师的南侧可能有更多的战马、士兵和战车。或者，更壮观的是，所有兵马俑的各师队可能部署在始皇长眠之地的其他三个方位，也就是已发掘数量的四倍。

这种壮阔雄伟的景观自然会吸引大家对陵寝主人的兴趣。1974 年以来，已有数十万西方游客到西安去参观兵马俑。康涅狄格州历史书俱乐部已推出三本和秦始皇有关的书。专制的指控绝对无法避免。《国家地理杂志》中对秦始皇的报道图文并茂，有一则图说如下：

> 无论是在鞭子的挥舞或长矛的戳刺之下，新政权运用无情的武力巩固皇帝手中的绝对权力。他强征七十万人去建万里长城，以抵抗中亚来的游牧民族。这些劳力将旧有的山间要道连成长达一千五百英里的墙，成为地球上最长的要塞。为了防御内部的异议分子，皇帝下令焚烧引发争议的历史和哲学书籍，并且杀了四百六十名儒生，有些被活埋，有些据说竖立在土中，土深及颈，然后再砍头。

然而，虽然有考古证据和相关的中国文献记载，我们却不能导出道德谴责的结论。采取这样的立场并非表示我们对人类的受苦必须无动于衷，或是对道德应置之不理，或甚至是极端的手段有其必要。我认为对历史采取道德诠释并不恰当，无视于时空背景就贸然地问：“为何不依照我认为合理的方式出现?”身为历史学家的我们，关心的是更直接的问题：“为何以这种方式出现?”如此才能更接近问题的核心。以秦始皇的例子来说，在地下坟墓发现整个师的兵马俑，正足以显示其理性和非理性的一面。我们也许会哀叹，竟然在暴君遗体附近浪费这么多创造力和心血，其中牵涉到各式各样的迷信传闻，但我们无法不惊讶其组织能力，无论是艺术或实际生活方面。如果我们稍微放纵一下想像力，我们几乎可以想像出参与其中的哲学家、艺术家和工匠，外加巫人和随扈军官，因为要设计和执行如此浩大的工程，一定需要许多意见的交流和技术的整合。今日投入心血不够多的工程可能采取捷径，结果就会像俯视亚斯文水坝的巨大努比亚雕像，用尺寸来取代庞大数量；或是用复制的方式，像大流士听政所地毯上长列的步兵浮雕；或是像康士坦丁拱门，虽然很有风格，却略嫌粗糙。总之，即使在帝制的初期，中国就已脱离世界上其他古文明的模式。更明显的是，秦代的官方意识形态是“法家”，类似现代西方法学中的实证学派，将法令视为统治者的宣告，独立于传统道德和习俗之外。好奇的读者可能问：为什么这些事会发生？野蛮残暴为什么和开明教化并存？最重要的是，如果不是出于个人野心，中国人为什么会在国家形成初期就建立中央集权制度？秦俑的生动多变让我确信这绝对不是出自奴隶之手，有时反而让我想起在田伯伯指导下的武汉大型壁画。

如果西安的游客、历史书俱乐部和《国家地理杂志》的订户也都很好奇，提出类似的疑问，李约瑟博士一定很欣慰，因为在1972年那个异常温暖的 11 月天，也就是我们在剑河漫步后不久，我们试着对上述问题提出解答，结果是联署写成论文，其中有些已发表，有些尚未发表。我和院长达成协议，我可以自由使用和我研究相关的部分，但要注明原出处是来自准备放入《中国科学与文明》的部分章节。以下大号字段落即代表这个出处。但既然我已浓缩、重述及重新编排这些段落，又加入一些新概念，以下摘要的全部责任都在我一个人身上。

到目前为止，中国历史还带着早期统一的永久痕迹，而影响统一的主要因素则是大自然的力量

秦始皇于公元前 221 年统一中国后，在高山上竖立若干石碑，碑文见于史书的记载，内容为不断宣扬自己回应地理挑战的成就。

在这些地理挑战中，最重要的首推联合整治黄河。这里绝对不是重复魏复古的论调。治水在中国文明发展的重要地位，已经成为两千年来中国学者不断强调的主题。在 20 世纪，有数名专家穷尽一生之力，研究中国的水利工程历史。他们对黄河的兴趣集中在治水，而不是灌溉，更不用提勉强符合世界历史模式的大型灌溉工程。然而，这两项主题之间也有关联。人民需要一个能全盘处理水患问题的当局，因而造就中国这个国家的诞生。早在公元前 651 年，黄河畔的各诸侯国就召开会议，除其他事宜外，还保证不进行妨碍邻国的水利工程。孟子讨论治国之道时，治水就提过十次，显示当时问题的严重程度，而当时在秦始皇统一中国前不到一百年。

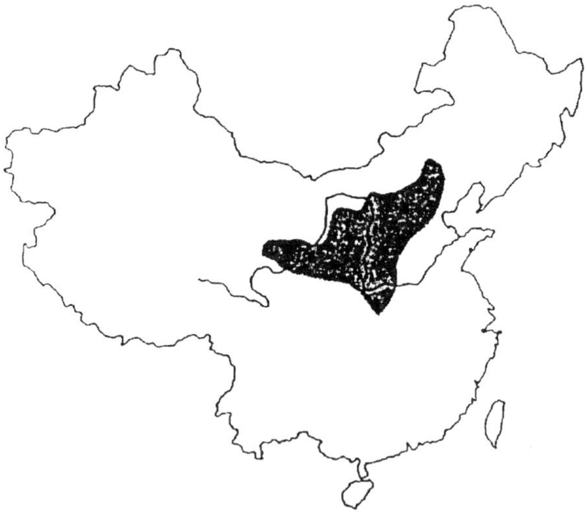

黄土地带

现代科学家指出，黄河必须通过大片黄土地区，风沙所沉淀的黄土厚度介于一百英尺到三百英尺之间，水流因此夹带大量的淤泥。在全世界主要的河流中，淤泥含量如果超过百分之四或百分之五，含量就算高了，而亚马逊河在夏季高达百分之十二，但黄河有纪录可循的淤泥含量竟高达百分之四十六，其中有一支流在夏季时含沙量居然达百分之六十三，简直不可思议。也因此，黄河常常会塞满河道，溢出堤防，造成难以计算的生命财产损失。只有一个统合所有资源、同等对待各方的中央集权政府，才能提供所需的安全保障，解除人们面临的常态威胁。大自然所加诸的要求，让中国注定早而持久的统一。

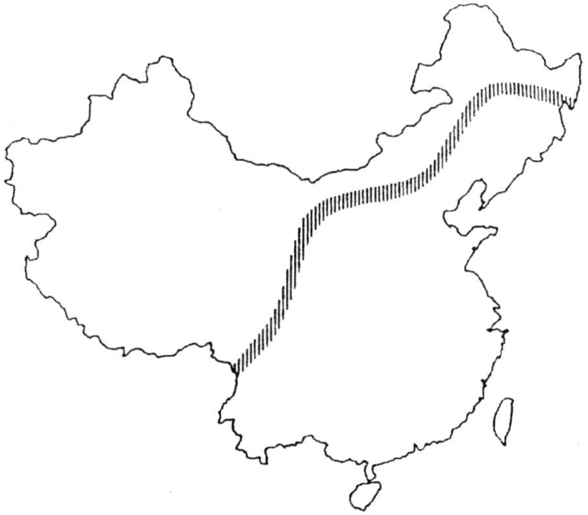

十五英寸等雨线

这项要求也因为其他因素而更形强化，因素之一就是亚洲的大陆型气候。翻开中国的气象地图，可以看到所谓的十五英寸等雨线，从东北东部内陆开始，穿过长城中部，弯向西南方，将中国内陆和青海、西藏划分成两边。在这条线东南方，每年雨量大致超过十五英寸，符合赖德懋的描述："中国农业兴盛，人口繁衍。"相反地，在这条线以西及以北，则被他形容成"在长达数千英里的地带，人们完全置农业于不顾，不直接依赖地表的作物，而是在作物与他们之间插入一个机制"。这是游牧民族的另一种说法。游牧民族随水草而居，畜牧经济无法转成农耕经济，反之亦然。

在中国，农业人口和塞外畜牧人口间的争斗持续两千年，留下许多家破人亡的记录，却没有太多温馨的回忆。这种争斗起源也相当早。早在公元前9世纪，亚述人的浮雕上就出现骑在马上的弓箭手。但后来才发展出“完全游牧”和骑兵战术，并逼近中国和亚洲内陆的接壤地带。到公元前3世纪，游牧民族入侵已成为严重问题，因此才会把北方各国分别建造的防御工事连成绵延不断的长城，秦始皇也因此留名青史。国防成为早期就建立中央集权政府的另一项强制性因素。边疆约略吻合十五英寸的等雨线，在整个帝制时期事故不断，成为世界地图上最长的边界线，对中国历史无疑也造成一定的影响。中国农业官僚管理制度的兴起，部分原因可以说是回应这种挑战。

风向图

救援饥荒灾民是任何朝代政府的重要功能，也是中国很早就统一的另一个原因，但到最近才澄清大部分的端倪。中国的降雨量如前所述受制于地形，但同样受季节限制。百分之八十的雨量都集中在夏季的三个月，期间主要的风向还会改变。农业因此相当不稳定，因为雨季时的雨像暴风雨一样，也就是说，从菲律宾海吹来的高湿度气流，必须由吹向东部和东北部的低气压中心先行冷却，才能降雨。无数人的生计因此必须依赖环境的两大变数同时发生。气流常常交会，在特定地区发挥威力时，就会产生洪水和泛滥。相反地，如果气流没有会合，就会产生极度的干燥和旱灾。可以理解的是，这两种天灾常常同时侵袭不同的地区。早期的历史学家并不了解气象机制，在二十四史里预先警告，每六年农作物会严重歉收，每十二年会出现大饥馑。在民国成立前，为期两千一百一十七年的历代记载中，就包括一千六百二十一起洪水和一千三百九十二起旱灾，严重到足以引起皇帝的关切。在帝制时期，平均每年发生一点四二起天灾。

有了这些资料，我们就可以用不同的眼光来研究先人的史料。在秦完成统一前五百年，中国处于长时期的自相残杀阶段。原先的一百多个国家逐渐减少成数十个，最后剩下十三个。在最后两百年间，还剩七个大国，后来其中的秦合并其他六国，完成统一。在世界历史上，还没有规模类似的中央集权运动。当时在各地称王的霸主一心只想提高个人权势，再加上阴谋和家族间的宿怨，似乎是民无宁日的主要原因。但我们无需怀疑，自然力量才是背后更具决定性的因素，包括连年旱灾水涝引发的饥饿和缺乏安全感。从古籍中我们可以发现：

好战者掠夺彼此的作物；破坏互助协议是引起武装侵略的原因；饥荒时停止发放食物会导致战争。这些事件会产生循环累积的效果。比较大的国家援助饥民时比较有效，自然有更多民众愿意追随，国家势力也可能愈来愈强大。因此，早期的统一有气候和地理因素的支持，而完成统一大业的秦始皇也以象征的方式承认这一点。在铁犁发明后，农业虽然不是唯一的谋生方式，却已取代渔猎，成为中国人民的主要谋生方式。中国必须靠中央集权才能生存。

回顾过去，公元前221年的统一事实上确立了无可逆转的趋势。中国曾受到异族征服，必须忍受分裂状态，有一次甚至长达三百五十年以上，但统一帝国的观念、秦代的统一文字、许多文献支持帝国统治以及人民的调适全都经过更长时间的酝酿。“本质派”认为文化凝聚力是中国帝制统一的最重要因素，但至少应以这些外在因素平衡他们的论调。如果汉学家一厢情愿认定，上述几项因素既然只影响历史，就不必再行探讨，这样的想法绝对有害无益。不到十年前，中国报章杂志仍然刊出多篇文章，讨论将黄河河水引入长江这项野心勃勃的工程，目的是重整全国的灌溉体系。白修德形容河南的饥馑是项决定性因素，让他怀疑蒋介石的天意依归，这在之前已经提过。《纽约时报》的罗森塔（A.M.Rosenthal）在最近的一次中国之旅时哀叹，将大草原的放牧区改为作物区的行为有多愚蠢，因为会对上层土造成无法弥补的伤害。这种动力虽然也反映出毛泽东一心执着于粮食的自给自足，但主要是呼应中国人两千多年来的徒劳无功，也就是想靠密集农耕解决边疆的问题。有KGB背景的维克多·路易斯（Victor Louis）

所写的书也触及这个问题，哈里森·索尔兹伯里（Harrison Salisbury）还写了一篇“有异议的导论”。至于边境的游牧民族，无论是在历史上被描绘成丝毫不尊敬文明世界的野蛮人，或是家乡被强权侵略的无助少数民族，等到不再构成对定居族群的威胁后，在中苏冲突下反而变成双方共同猜忌的对象。在此同时，中国的气候问题仍然存在。美国中央情报局搜集气象地理资料，不列入机密文件，可供学界参考。资料显示，数年前，在中华人民共和国的不同省份中，降雨量有时低于年平均量的百分之五十，有时又超过年平均量的百分之两百，这种现象不断重复，已成为固定模式。这些资料可以妥善利用，例如投机美国的谷物期货市场，或是借此证明，中国势力还不足坐大到成为强权。但本书要读者注意这些现象，却是为了不同的目的。无论任何时间，只要我们提到中国，就可能被亚洲大陆板块的动力所影响，因此不得不处理规模更大的问题，不管我们是否愿意或是否准备就绪。

对中国的官僚管理而言，意识形态向来很重要，不论是古代或现在

一旦历史学家采取“现象论者”的立场，就会很轻易发现，从孔子以降到毛泽东的形形色色“主义”，与其说是绝对真理，不如说是管理逻辑的形式，或是官僚机器所需的意识形态工具，用以弥补技术上的不足。我们可以想像，在纪元前的中国，由于受到外力的影响，必须采取中央集权制度来管理约六千万人口，因此要雇用多达十三万名

官吏。当时甚至还没发明纸，官员必须透过写在竹简上的字来沟通。中国整套的政治哲学可以说是受到环境压力而诞生。

也因此，中国思想家开始强调下列数点：

首先是对所有人进行伦理诉求，要求大家降低自我，减少个人及地区利益，支持全国的普遍利益。国家最关心的是所有民众最低限度的生存，而不是较高的生活水准。对同胞的责任比自己的权利重要。因此管理的基础虽然广大，但同质性相当高。

其次是将社会习俗当成自然法来遵行。几乎在所有阶段的帝制时期中，男性优越、尊敬长者、平民敬重读书人等都写入法规中，其优点就是地位有别得到普遍的认同，社会的赞同更强化王朝的统治。今日仍可感受到残存的效果。

第三点是强调以概要的手法处理大问题。如果将同样的管理模式应用到美国，密西根可以被视为另一个长方形的州，地图上的海岸线可能被画成直线，就和怀俄明州的边界一样直。从加州和蒙大拿州到华府的距离同样被规定为两千英里，威斯康辛和密苏里到华府则是一千英里。土地和人口资料都不是以确切数字登记，而是可以分类编组的一般概念。由简单算术公式导出的预设计划可以放入法规中，强迫人口和当地社群去调适，就像穿上统一设计、尺寸选择有限的成衣一样。李约瑟博士比较东西方数学时得到如下结论：欧洲的数学强调几何，中国的数学以算术和代数为主。此处也许需要稍做说明。我们今日掌握的几何知识是源于古埃及人。每年尼罗河泛滥以后，古埃及人都必须重新计算不动产的位置，因此必须非常注重精确的细节，但中国官僚却不必讲究精确。相反地，这些官僚面对问题时，是以抽象来思考庞大的数字，根据他们处理事务的特殊方式，只要沉思默想即可，不一定要具体描述。

中国政治哲学的第四个特点，和伪装能力有关。这个要素不但对西方观察家是绊脚石，对成长于这个文化传统下的我们也是一大困扰，因此有必要稍微解释。

在帝制时期，中国官僚的问题沉重到似乎无法负担，但他们却有一个独享的优势，是其他地方管理人员所没有的：中国的地位不具竞争力，不论内在或外在而言。当政治体成为天下独大的整体，无法解决的问题最后就会成为美学和神学问题，不再是经济或社会问题。因此，只要经过共识同意成为真的内容，就等于真实，没有必要引进客观标准。这个信念引入政治时，因人心的狡猾层面而大为兴盛。就本质上来说，通常处理大范围的人类事务时，在真实与激励观众相信的内容之间，很难划出清楚的界线。因此，牵涉仪式、神话、诉诸意志力、依据古人典范而立誓、铭记在心的国家崇拜信念、迷信和合理化机制等一连串教训和惯例，全保留在帝制中国的传统中，成为政府不可或缺的工具。在中国丧失非竞争性的地位之前，不能轻忽这种治国之道的半宗教性质。这样的环境无疑产生巨大的影响力，吓阻追求绝对真理的努力。正如利玛窦在16世纪的观察：中国有学问的人必须容忍大众信仰的虚假。在一张写实的画作中，明代的宫廷画家将皇帝画成近臣的两倍大。即使是今日的中国，也无法完全摆脱各式各样的虚伪。

此处的解释最无法说服西方的读者大众。“务实派”的学者有兴趣研究法规、人口资料和食物价格等，却常完全漠视思想史。他们并不知道，他们认为不相干的事，对本身的研究领域可能产生重大的影响。如果事先就拒绝相信，更可能产生很大的风险。相反地，这些学者的批评可能变得无关紧要，因为他们可能批评中国在某些方面失败，但实情却是中国无意踏入此一领域，或甚至蓄意规避。采行另一极端也有危险。在目前学院的分科情况下，中国思想家被归入哲学的范畴。为达到深度的要求，讨论通常都超越思想家着墨的实际议题。如果脱离社会甚至语言学的背景，很容易在荀子中读出柏拉图，从王阳明中看出尼采。但这种学术研究的价值非常令人怀疑。读者如果想借此掌握中国历史的本质，将会被严重误导。

现代中国成长与发展迟缓，官僚管理要负最多责任

严格来说，我们无法简单直接比较中国文官管理和西方政府，因为前者已实施两千年，后者的现代化才只是晚近的事。李约瑟博士开始着手分析时，必须始于中国官僚的双重性格，因为对科学的发展同时产生激励与禁止的作用。举例来说，7 世纪初期的盛唐是中国历史最光辉璀璨的朝代，而欧洲仍然处在最近仍被称为“黑暗时期”的阶段。雕版印刷不但是官僚沟通和传播思想的重要工具，而且也有利于凝聚一大群文官的共识，在东方的使用还比西方早一千年，说来也就不足为奇了。即使从孟子以来的政治经济范围狭小，但不见得显得落

伍，尤其和欧洲文艺复兴前的封闭思潮相比。

但我们如果想用今日的观点来严格审视中国文化，就无法避免以下的问题：在战争与和平的艺术上，中国竟然落后西欧。说来讽刺，失败的源头来自明显的成功。中国政府和社会无法适应环境这一特点，必须往上追溯自很早就完成统一大业。帝制中国政治上的统一不同于希腊各城邦、罗马帝国、封建时代的欧洲或甚至德川时代的日本。中国过度强调中央集体与单一的管理，地方机构和民间管理少有发展及成熟的机会。最后中国就像是潜水艇三明治，上层是巨大的官僚体制，底下则是庞大的农民人口，组织结构毫不复杂，无法与本身的规模相称。

虽然有相反的批评，但官吏对民生的关怀不能说不是真心诚意。在帝制历史中，我们看到积极而持续地提倡农业，几乎已成为永久的政策。在每一个朝代开国之初，帝制政府总是忙着从事农业重建工作。土地、种子及牲口都分配给流离失所的人民。新的灌溉工程动工，鼓励人民开垦。有时政府还倡导特殊的农耕技术和改进的农具。但毫无例外的是，目标都是扶持小自耕农，因为他们才构成帝制时代的同质经济基础。保护他们家园的努力有时成功，有时不然。同样的，廉价货币以铜币的形式出现，从纪元前就已开始，一直使用到20世纪。在宋代，每年通常铸印二十到三十亿枚硬币，有一次还创下五十亿枚的记录。但最后中国并没有发展出太多持久的商业技巧，也没有太多重要的商业法。无法累积资本持续成为趋势，再加上机制的缺乏，是中国人生活水准低落的主要原因。官僚管理依赖文化凝聚力来维持政治稳定，本身无法成为在本质上扩展国家经济的工具。我们不需要魏复古博士提出“管理效益递减法则”，二十四史中已有许多记载。

在20世纪70年代初期，我并没有立刻意识到，在英国研究中国历史有何意义。我认为搬到剑桥完全是就事论事的安排。有时我发现周遭的稀奇古怪很是可爱有趣。但我不曾察觉，这个有趣的地方不但修正我的史观，而且因此修正我的人生之路。

我记得，1972年初遇李约瑟博士时，他带我去吃晚餐。餐后抽抽雪茄的他带我参观院长室，我们谈了一回后，转到K－1研究室，他给我一串钥匙，简介他的归档方式和书籍在书架上的排列方式。等到谈话告一段落，已经接近晚上十一点，他陪我去市场坡等公车。我们互道晚安，我自然而然伸出手来想握手感谢他，但他却显得不太自在。

“我们这里一年只握一次手，”他嘟囔着道歉的话：“剑桥显得很正式，但其实一点也不正式，这就是它的魅力所在！”

后来我们和隔壁家的美国夫妇比尔·奇恩（Bill Keen）和莎莉·奇恩（Sally Keen）讨论这件事。他们比我们早来一年，他们也同意，英国人对握手的态度显然比我们认真。李约瑟的说法清楚显示，握手带有仪式的作用，不能漫不经心去做，身为院长的他也无意破例。

和许多外国游客一样，我们觉得这类习俗很有意思，有时感到困惑，有时甚至哑口无言。坐在K－1的我有时不禁想到，这个地方实在很奇怪。学院的内门又厚又宽，石阶因为多年使用而出现了细槽纹。

整座学院半像修道院，半像现代化的商业办公室。K－1 还有一个小房间，几乎没有转身的余地。一张宽不及三英尺的床当额外的书桌使用，置放一些新书和期刊的抽印本，空间还没填满。卧榻和周遭环境显示，早期修道士在此起居时，过着简陋的生活。在另一边，面临国王大道的楼面设有承溜口，承接屋顶的雨水，避免直接流到墙壁上。在屋顶上飘扬着凯思学院的院旗，旗上有黄、绿、黑三色的盾徽。但越过 K－1 后，走到院自治会秘书办公室中，可以看到电动打字机、对讲机和复印机。从建筑的一侧走到另一侧时，有时会觉得石阶仿佛带我穿越数百年。

有人会说，将对比加以混合就是剑桥的特色所在。就我的观察，此地炫耀招摇的明显迹象首推学院的晚宴。集合在食物之前，是所有人类社会的重要社交功能，剑桥恣意强调此一功能。在凯思的每一学年，每位研究员至少要有一次受邀参加院长的自助餐宴，他们的妻子也在受邀之列。每位大学生则在求学期间要被邀请一次。有时李约瑟博士和夫人花很长时间做最后的润色，将外来的访客列入来宾名单中，人数想必超过两百名。他对我解释，学院款待宾客的预算相当充分。自助餐宴每学期都办一次。此外，院长还举行正式的夜间派对，欢迎来访嘉宾。无论是自助餐宴或正式晚宴，食物都属一流。餐具全都纯银打造，餐盘印着学院徽章，金边闪闪发光。桌布刚浆洗过。葡萄酒的供应源源不绝，让我想起早年在东京的外交使节团。院长的管家同样穿着正式，像木头般笔直站着，宣布“晚餐已就绪”时，让人觉得一切都是为了完美的演出。

剑桥的气氛在黄昏时最容易感受到。教堂钟声响起，穿戴方帽长袍的研究员和大学生穿梭在巷弄中，急着赶路赴约，中世纪的氛围在薄暮时刻完全显露无遗。要欣赏剑桥的风格和水准，你还可以观察任何学院的门房。他们总是穿戴深蓝色的厚重哔叽西装，胡子刮得一干二净，全身修饰得一丝不苟，皮鞋闪闪发亮，简直就是自成一格。他们显得如此尊严气派，让你不禁迟疑，不敢开口请他们替你提行李或叫出租车。

但剑桥也有另一面。凯思学院有一名特别研究员，而且还相当资深，平日以小摩托车当交通工具。他到达学院时，头戴安全帽，脸上架着护目镜，工作手套直抵手肘，裤脚反折，让人很容易颠倒他的职位，把他当成仆役。我们把 K－1 和 K－2 纯粹当研究室使用时，也有人把类似设计的房间当套房用，吃住、工作和召见学生都在同一个地方。在观光客看不到的走道上，有时可以看到脏的床单和枕头套，等待女佣拿去送洗，有时则是空的咖啡壶、装着碎面包屑和蛋黄痕迹的盘子，等着被送回厨房。

即使摆阔，剑桥事实上还是受到不景气的冲击。教职人员的薪水和津贴无法随着通膨的速度调高。我们眼见教授穿着磨损的衣服，衬衫的领口都磨坏了。我们和任教职的邻居聊天，他们设法了解美国和加拿大的就业情况。有些学者已经搬走，他们并不是急着舍弃工作，以追求更高的薪水，而是在英国很难让他们达到收支平衡，尤其子女还就读私立学校。

如果这一切都显得矛盾混淆，我们还没探究到背后的组织架构呢。我们像许多外国游客一样，有许许多多的问题：何谓学院，何谓大学，两者有何关系等等。我刚到剑桥不久，就问过李约瑟博士："学院是什么?"

"基本上来说，" 院长只是简单回答："学院是宿舍。"

但这个答案只对了部分。学院不只是宿舍，还是基金会和财团法人。学院是自治体中的小自治体，拥有不动产及股票，研究员（有些还是终身任命）有权领取收入的"分红"。研究员是导师、是研究人员、也是行政人员，他们是大学的"主要劳力"。顶尖的人员则被称为"特别研究员"。学生并不是由大学给予入学许可，而是由学院筛选、面试和认可。许多相关资料都见于《剑桥大学手册》，我们到时已印行第六十二版。但印在纸上的一行铅字照例不会留下深刻印象。在凯思学院，我必须亲眼见到学生在办公室外等待面试的紧张模样，才了解实际的运作情况。

另一方面，就整合的机构而言，大学简直不存在。大学本身甚至没有大礼堂，大聚会就使用国王学院的礼拜堂。大学任命教授、设立学系、充实实验设备、举办综合演讲，以及管理图书馆和博物馆，但所有人员和单位都散置在大学城的各个角落。大学最重要的功能是维持一致的标准。学生可以经由和导师的讨论，选择大学开设的任何研究主题，但只有大学能决定学生是否能毕业。学生获得学位前，必须先通过大学主办的"优等考试"，内容和所选课程息息相关。所有课程和学分规定的问题就此定案。

如果游客多花一些时间研究剑桥的历史，就会发现，学院初设时，事实上无异于托钵修道会。有时学生穷到必须上街乞讨食物。但后来学生也一度非常富有，连当他们家教的特别研究员都因此很有钱。方帽长袍是今日学界的制服，但事实上代表的是现代改革，希望恢复古代修道会时的风格，因为其间学生曾蓄须、带长剑、穿军服，不一而足。剑桥也不是始终如此保守。它的现址是怀抱远见和雄心的人所创设的，其中包括亨利六世。工程的执行本身就是动人的故事。亨利六世在15世纪下令整修国王学院的用地时，无数房屋被拆除，干道要重新定位，通到剑河的路要重新规划，让商人可以在新指定的地点装货卸货。年轻有为的创办人主持破土大典后才八年，国王学院礼拜堂就已完工，目前仍然是栋崇高的建筑，发挥很大的作用，事实上还无法加以取代。后代的学者必须接受早期建筑设计的左右，因为先人宏观的视野难以轻易抹杀。

我于1972年到1973年卜居剑桥期间，三个学院——克莱尔（Clare）、国王（King's）及丘吉尔（Churchill）——已经决定让男女同班。这是比乍听之下更具革命性的举动，因为正如李约瑟博士所定义的，学院“基本上来说是宿舍”。在此之前，另外三个学院——葛顿（Girton）、纽翰（Newham）和新堂（New Hall）——已经决定只招收女生（现在仍是）。凯思学院投票决定仍只收男生。但在李约瑟博士担任院长的期间，院自治会开始有学生代表，是数百年来的空前创举。“我很担心，”院长对我透露改革后的第一次院务会议，“他们也许有不当的举止。但后来一切顺利，他们穿戴方帽长袍，相当自制。”这个一度被视为极端分子和左翼分子的人，居然说出这番话。

我们可以从中获得何种结论？这许多矛盾背后有何逻辑可言？为了概述局势起见，我们必须要先了解，和美国的大学院校相比，剑桥的自主程度高很多。剑桥历史悠久，因此有权追求大半由自己决定的方向，当然也不能过度强调这种理想状况，因为剑桥本身毕竟仍面临严重的问题，起因于规模的膨胀和财务吃紧。但其不成文法仍然有一定的影响力，规则在没有修改前一律有效。这种双重性质让剑桥可以务实到极点。过夜的游客将发现，我们在历史书中读过的许多文化因素全保留在此处，包括维多利亚时期的纪律，爱德华时期对阶级的自觉，有时又穿插着费边学社的社会主义路线。时期更早但无伤大雅的是许多中世纪的流风遗绪，马克思主义分子无疑会称之为封建残余，事实上也没错。

但英国的保守主义并没有一套严格的外框，反而存在于社群生活的关节纽带之间。保守主义之影响触及社群生活的外表，使其色调更为鲜明活泼。保守主义成为价值观的宝库，推动过渡时期圆满顺利。在这样的气氛下，学者所享有的行动自由相当充分，有时还大于美国的同行。这些规则即使显得随心所欲，但数量却少得出奇，而且通常对个人的影响并不大。剑桥的各学院还有一大优势：公共任务大都由大学来执行，各学院就可以发展各自的特色。由于有二十三个学院和更多的科系，无论有意无意，都不太可能达成任何形式的稳固控制，因此地方分权得以确保。不过，深思熟虑的观察家却了解，在这种情况下，各学院必须维持一定的古老形式，才不会发生认同危机。

抱怨无可避免会常出现。如果特别研究员身兼政府或产业的顾问，可能被批评为出售学术地位。如果他们不关心钱的问题，又会被指为生活在象牙塔中。但整体来说，英国学界设法让他们的研究单位像知识分子的共同辖区。从他们的观点来看，美国大学通常比较像工厂，太注重大量生产、规格化和创造可以交换的零件。英国的汉学家人数不及美国，但却没有公然表示关切：学习亚洲语言只是为了亚洲的战略价值、中国历史一定要依有利政府政策的方向去诠释。崔瑞德在剑桥担任中文教授时，他就成为整个领域的权威。他可以对大学生开讲语言课程，指导研究中国历史的博士班学生。即使他自己被公认为中国中古时期的专家，但他可以指导清代社会史的论文，甚至民初时期的军阀现象。教授是终身职，即使他的领域只有几名学生，也不必担心地位会岌岌可危。只要大学生能设法通过优等考试，就不必被迫听教授上课。就美国的观点而言，李约瑟博士的例子一定显得非比寻常。他接受的是生化学家的训练，大半辈子却忙着写中国历史的书。事实上，就我所知，还是20世纪单一个人所进行的最庞大工程。而他却从来不曾担任过剑桥的教授，也不曾待过剑桥的东方学系。

于今回顾，客居剑桥的这一年间，李约瑟的大胆对我有很深的影响。事实上其中毫无秘密可言。他的性格部分解释剑桥本身的矛盾：一个具有如此保守背景的大学城，居然可以产生如此多具备原创力的思想家。原因相当简单：学者照理应当加强自己的纪律，而且毫无疑问是属于传统类型的纪律，这样他们才能熟悉最基础的工夫，直到熟透为止，就可以逐渐发展不合常规的作为，借此打破传统，设定自己的标准，展望未来能有所突破。相对于美国汉学家的惯例而言，英国学者有遥遥领先的优势。美国学者虽开口闭口谈学术自由，但在大西洋这一岸的我们却深深觉得，绝对不能尝试前人没试过的事。在英国的制度中，你几乎可以尝试任何事，但不能与传统对立。不过，如果你言之有物，传统是可以修改的。

在剑桥研究历史的另一项微妙优势是，这个大学城本身就住在历史中。正如柏克（Burke）所说的，“一个由短暂零件组成的永恒实体”，这个大学社群比较愿意考虑时间的纵深。我后来向此地的几位朋友提到，中国两千年帝制时期可以当成一个单位来处理，没有人大吃一惊。李约瑟博士就已做过类似的事。他研究中国科技的各种层面，时间从公元前绵延到最近数百年，并已来回往复推究数次。他自己的二十四史中夹了各种颜色的纸片，是数十年来的钻研成果。

1972年冬，靠近年底的某一天，我们在剑河散步时，我终于向他建议，为了总结最后一卷的中国社会经济背景，他或许应该研究主要参考资料。我犹豫了一阵子才提出建议，因为多少有些冒进。到当时为止，我们一直处理次要参考资料，包括相关主题的一些已出版资料，以及他的朋友和同事提供的“线索”及建议。想法相当多，但没有一些包含足够的资料，足以证明中国数千年来为何和世界其他地区有如此大的差异。但我提到我们应重读二十四史时，他非常高兴。“那是唯一可以找到资料的地方，”他表示同意。

多年后，我才了解，这个决定影响我有多深。

中国的帝制时期从公元前221年到公元1911年，可以说是由八或九个主要朝代、数十个小朝代所组成。二十四史并不是一本论二十四个朝代的书，而是二十四本不同的著作，有些将数个朝代合并讨论，有些彼此间的年代重叠。最后一个王朝清代并没有包括在内。这些作者大体上受限于在现代之前的观点，但他们之间也有很大的差异。由于本书是已经编辑过的主要资料的合集，因此向来被中国历史学家视为基础中的基础。书的总厚度大到令人生畏。李约瑟的殿本可以塞满一辆轿车。我回美国后，买了一套现代重印版，共七万六千八百一十五页，分成两百三十三册。

我还没有从头到尾读毕二十四史，也不建议现代学者如此做。在早期史书中收纳天文学和数学的基本知识，但只强调现在很难站得住脚的主张：历史应该广纳所有知识（就技术上来说，现在绝对不可能做到）。史书中对无数贞洁妇女的描述，只会对研究特殊层面的社会历史学家有意义。史书中的词汇、参考书目和时间表呈现古代中国学者特别形态的有条不紊。对我们来说，这些材料只适合参考，不能研读。也就是说，相当部分的页数应该撕掉。

运用这一大堆资料时，还有另一条捷径。我常用的方式是将现代中西方学者的论文和摘要当成参考指南，其中通常会涵盖一两个朝代。他们的引文常常是很好的索引，带我进入二十四史的原文。我对明代的知识也让我保留一些自己的判断。我希望借此方式在绵延不断的海岸线上建立一些滩头堡，逐渐将据点相连结，持续往内陆推进。

此外，二十四史中还有十二篇所谓的《食货志》，指点出影响民众生计的政府财政。这些食货志的水准不一，其中还包括很多错误的描述。但据我所知，唯一研究这十二篇食货志的中国学者李剑农教授，曾出版一本选集，共分三册。他的方法是老派作风，没有系统，不过对后来的学者来说，仍可以省下不少功夫。在这十二篇食货志中，经过注释翻译的部分包括英文的四篇、法文的一篇及日文的一篇，崔瑞德教授的唐代管理专书算是其中之一，我自己的税制专书也可以算是属于这一类别，涵盖的明代刚好有和田清（Wada Sei）教授的日本翻译注译。我们可以把这些作品放在一起，仿佛在茂密的森林中开出一条小径，只要把现有的地点和路径相连即可。

在剑桥的其后八个月，我就进行这两件事：将滩头堡连成一线，并且在丛林中开出一条小径。研究报告放在李约瑟的档案中。但我回美国后，也重新检视对二十四史的研究发现，试着简化观察所得，以便将讯息传递给一般读者。我的心得包括一个很简单的概念：

> 中国由于很早就统一，已发展出一套特别的治国之道，将无数的佃农户置于朝廷的直接管辖之下。这个趋势持续两千多年。研究中国历史将有助于我们看出背后的强制性因素。然而，缺乏实质的中间阶层向来是根本上的弱点。中国政府和国家的道德色彩、理想的正义、沉湎于伪装等现象，都肇因于在数字上无法管理的局势。如果没有掌握这一点，我们也很可能误判中国近年来的发展。

在接下来的八到十页，我将依帝制各朝代顺序解释此一立论。由于我的个人经验（见下两章）及在《纽约时报》读到艾德温·麦克道威尔（Edwin McDowell）的《新闻检查可能采取间接的形式》（Censorship Can Take Indirect Forms），我必须和读者共同破除一些错误的念头，才能推广以上的概念，原因不只是在于意识形态，也在于技术层次。我的方式是直接引述古籍以建立主题，这已经引发许多汉学家的反对，他们认为应该坚守社会科学家的研究途径。

不消说，他们虽然建议我应该延后我的综合方式，但我深感不耐，我们的等待毫无意义。另一方面，我们握有相当重大的信息，需要直接呈现给读者大众，无论是在美国、中国、英国或其他地区。如果我们扣留这些资料，会有何种后果？一般大众对中国的了解将因此源于其他简化的概念。我们可能受到引导而相信，发生在中国的是一大阴谋，或是中国人民并不理性。我们已经看到，一些书报杂志和公开演讲的内容都来自于这些假设，事实上反映的是挫败主义。一旦接受中国是“神秘”或“谜题”，这些作者和演说者就不会再进一步深究这个国家和人民，只会依自己的个性和冲动来写作或演说。他们应该知道，没有一个国家可以保持半个世纪的不理性，即使某个社会因为已和全世界脱节太久，在特定时点可能显得非常笨拙。悲剧在于，伤害会加诸我们自己身上。我们对外国贴上诋毁的标签，对他们并没有太大的伤害，但我们可能从似是而非的假设中订定错误的政策，受的伤害反而更大。即使现在不必付出代价，迟早有一天要面对。

我的诠释方法可以说是“事件式”。如果我只提出一面倒的证据，预计会造成扭曲，这样的方式就不可行。但就目前的例子来看，并非如此。这些事件其实是主流历史中的突出事件，却被过去的历史学家所忽略，原因是他们并没有具备我们的后见之明，因此无法停在适当的段落，找寻更多的相关线索。就历史的诠释而言，没有比这些实际的史料更有效的工具。

毫无疑问的是，卜居剑桥这段期间，更强化我拓广中国历史架构的决心。事实上，我并不了解历史学家有何科学工具。在凯思学院的K－1工作时，我明白座位后方的墙壁已经历数世纪的兴建和修补。如果有必要解决争辩，不难想像可以移走一、两块砖，或至少刮除其成分，送到实验室进行分析。像我这样预计在此地停留一年，以便进行研究和提供咨询的个人，对这种建筑细节真的感兴趣吗？对我而言，只要了解剑桥的建筑是新旧砖石相叠就够了。或者，我应该完全不去管大学城的历史，等到介绍二十三所学院个别历史的完整书籍出版再说？当然不可能。我必须让自己随时能接纳重大讯息，因为这些知识可能会影响身为访问学者的我。在过程中，我必须提醒自己扩大自己的视野，准备吸收新经验，先前的信念也可能因此改变。如果我来此地前就已认定：剑桥保守（或进步），李约瑟随俗（或叛逆），我很可能只累积选择过的印象。如此一来，无论从砖墙中敲打出多少样本，无论我的红外线视力多么具穿透力，仍然可能得到扭曲的结论。

我观察帝制中国也是同样的方式。首先，我觉得对一般读者而言，从头到尾详述朝代史或只呈现罐装的抽象概念，都没有太大的帮助。读者需要知道中国历史中的特定事件，并了解与时事的关系。以下即简要概述我认为重要的特定事件。我必须承认，在我到剑桥之前，并没有太注意到其中的许多故事，当时我已经对数十万人次的大学生讲授过中国历史。因此，如果专家拒绝暂时搁置他们狭窄的兴趣，读者不可能期望从他们身上获得这些知识。当然选择重点反映作者本身的兴趣。因此我交待自己的背景，其中包括我的性情及冲动，仅供读者参考。

第一帝国确定中国历史的主调

在我对中国帝制史的概述中，为求方便起见，三个大段落可以被称为三个“帝国”，彼此之间有极大的差异，但又具备上述的共同特征。

从统一中国到汉代灭亡（公元前221年到公元220年）这段时期可被称为第一帝国。此时的官僚统治还没有脱离贵族的色彩。由地理位置要求所启动的中央集权动力，到西汉中期获得满足，全国隶属帝国的治理之下。政府所积极倡导的社会秩序，是以质朴简单和家庭凝聚力为基石。帝国毫不留情地执行权力，但创造出国家崇拜，认定儒家伦理合于自然科学的天理，两者都很可行。汉代就这样替中国创造出一个永久的机制，也就是说，人数庞大的农民由数目众多的开化官僚来管理。汉代实施“察举”制度，要求每两万人中选出一名“孝廉”。被提名的人和高官的子弟组成实习团，先当宫廷守卫，学习应对之道后，再分配到政府单位任职。

这个制度最大的弱点，在于国家机器无法规范、控制、抑止或甚至合法扶持乡下富人势力的成长。大地主最后集结成党派，更透过察举和宫廷保持内线联系。他们在乡间的影响力大增，侵蚀地方政府，逐渐撼动中央。在东汉前的权力真空期，这个现象更是严重。东汉末期，学问成为获取权力的公然手段。私人讲学吸引很多门徒，常常达数千人之众。朝廷设的太学更有三万学生入学。对国家来说，这并非福气，反而有些尴尬。

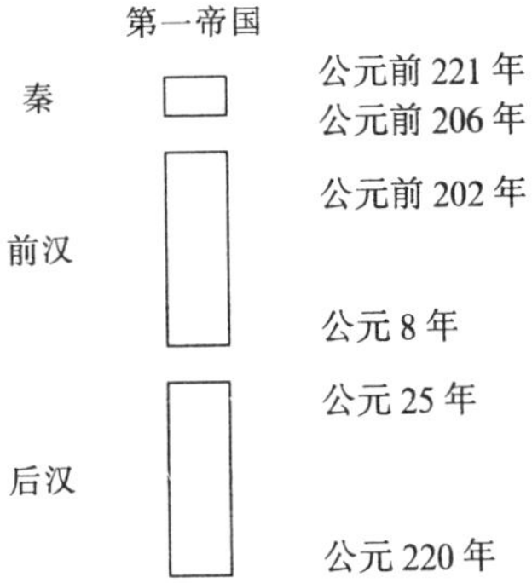

公元200年，发生了一场大战，开启长期的无政府状态和武装冲突。大战的其中一方是袁绍，企图以新兴的州郡力量称霸。他的七世祖袁良以易经专家起家，因此赚了一笔钱。他曾在朝廷担任太子舍人，后来将专业知识传授给孙子袁安。袁安由于具备学术地位和正直的名声，从县的地方官升到郡太守，后来担任朝廷大臣。从此以后，袁家没有一代不在朝中任高官，门生故吏遍天下。袁绍兴兵时，门客和属下据说组成近十万的大军，但数目恐有夸张之嫌。军粮必须动用一万辆车，从中国北方运送南下。大战的另一方是曹操，以王朝的保护者自居。曹操出身孝廉，养祖父显然是宦官，曾担任皇帝的中常侍。在这场战役中，袁绍的杂牌军溃败，但朝廷的秩序并没有恢复，反而瓦解。对政府的侵蚀早已进行很长的时间，一旦不再假装服从中央政府，一切全都解体。当时的组织和辅助单位也无法使地方自治正当化。无论如何，当时的问题包括大规模的天灾，以及边疆的防御线长达数千英里，由地方崛起、从学阀转成军阀的人士并没有能力处理。晋代曾打算复兴帝制，但为期甚短，中国自此陷入长期的分崩离析，期间长达三百五十年。

第二帝国尝试货币管理，但功败垂成

第二帝国包括隋、唐及宋朝（公元581年到1279年），并不是第一帝国的延续。在数百年的扰攘纷争后，入侵中国内部的游牧民族已经被汉化。中国文化的影响力并没有断绝，仍然保存在农业社群里。但帝制的复苏仍然面临无法超越的困境，帝国必须将庞大的农业人口置于中央集权的管辖之下，但又无法容纳中间阶层。许多不可能的任务是由鲜卑种的拓跋氏带头，最后拓跋一族成为隋唐的先驱。拓跋氏在长城以南建立农业基地，地点在今日的山西省。他们在游牧地带俘虏许多游牧民族，并有计划地消灭这些部落的首领，强迫其余的族人当农工。拓跋氏逐渐建立适合农业官僚管理的国家。他们军事势力扩展到中国北部时，就把制度应用到较广大的地区。他们雇用个别汉人当顾问，异族通婚自然而然产生。但新兴的国家必须防止游牧贵族和汉族精英势力窜升，后来隋代能在这方面成功，开国君主的精明干练是主要原因。他是混血儿，性格神秘，成功降低两种势力的影响。

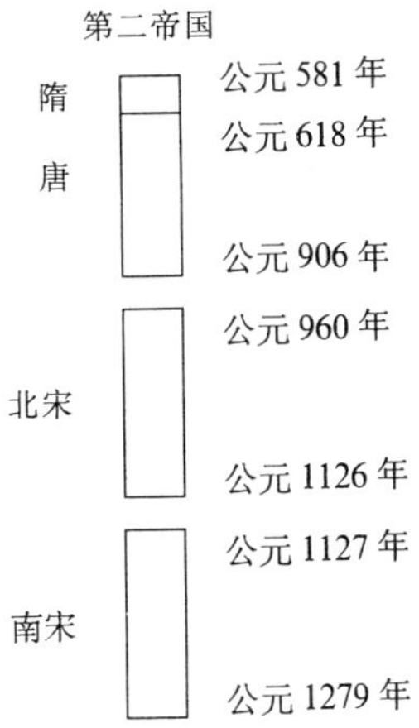

唐代中期以前的第二帝国可以说是结构严谨，也就是说，所有重要的法规据说都符合整齐的数学公式。例如，在拓跋氏统治时，所有户数都以五为单位，以利行政管理。农业土地号称是由国家拥有，由身强体壮的人轮番耕种，但这些人同时也要服军役和缴税。只要上层的官僚可以顺利解释制度，就不会强制底层严格遵守法令。现存文献显示，实际情况有很大的差异，官员极力调适内容来符合形式。在中国北部人口稀少、土地经济缺乏变化的情况下，这些法规还勉强可以执行。至公元780年，唐代才将早已不可行的土地分配计划宣告无效。其后私人拥有土地成为既定的事实。

然而，第二帝国时期却是中国文明辉煌灿烂的巅峰，创造力达于鼎盛。汉代实行察举制度，隋以科举考试取代，由于任何人都可以参加，因此有助于社会流动。再加上复制佛经的需求及中国古籍的普及，终于导致雕版印刷术的普遍使用。中国南方的发展造成农作物多样化、城市化的范围扩大及水路运输的空前利用。10 世纪末到 11 世纪初，人口中心已从北方移到南方。种植稻米有利小户人家，上述因素永久改变中国社会的性格。社会更为繁荣，也更为庶民化。

到了宋代，中国的农业官僚面临组织现代经济的能力考验，因为大量的现金和商品源源不绝流入政府的财库和仓库。宋的开国帝王是将军出身，决定驱除长城以南非汉族所建立的半汉化国家。宋代意识到本身掌握的经济实力，所征召的军队人数逼近一百万。政府积极提倡贸易，注重军事技术。官吏薪资之高，可说空前绝后。在许多方面，朝廷在公共事务扮演主动而非被动的角色。宋代似乎有能力创造中国历史的新局，甚至今日部分背景不同的历史学家都将 11 世纪之初形容成“中国早期的现代阶段”。

但开国君王的美梦没有实现，失去的疆土不曾收复。相反地，宋代和“蛮族”竞争时，反而被迫南迁。宋代三百多年历史的特色是，战场上一再惨败，又以最屈辱的条件议和。令人困惑的是，这种事居然发生在中国有史以来最富裕的朝代。除经营矿区和铸造金属货币以外，宋帝国还发行纸钞，规定盐、茶、香料及明矾由国营专利，将酿酒业视为特许业，控制内陆、边疆及水上交通，并掌握部分货运。和尚道士必须缴特许费用，徒刑可以易科罚金，这些都是行政收入。当代的资料宣称，其土地税收为唐代的七倍，其中包括谷物、贵重金属及纺织品，数目惊人。在11世纪，国库仓廪满溢，必须再加盖新建筑来容纳税收。今日美国大学生所使用的标准教科书指出，在1021年，宋代政府的岁入超过一亿五千万贯，一贯相当于一千枚铜钱。根据当时的汇率计算，相当于一千五百万到一千八百万盎司的黄金，换算成今日的币值，相当于六十多亿美元。其他地方看不到这样富足的政府财政。

现代教科书很大方地称呼当时为“进步经济”及“商业革命”，但这些标签全都贴错了。如果实情真是如此，世界历史绝对会大异于今日我们所读的内容。国库的数字来自无数地方单位及仓库的流水账加总，总数不可能达数十亿元之谱。没有一个民间单位有能力汇出上述资产的几分之一，因此国库的物品没有理由也不可能大批运送。在宋代，经济中的服务部门要不就完全欠缺，要不就严重不足。当时没有银行、保险公司、现代的商业法规、或是监督大规模商业及财务运作的司法程序。在20世纪，中国的统计和资料处理能力仍嫌不足，更不要说是11世纪。即使是现代学者啧啧称奇的运输和通讯状况，也只限于临水的大都市。如果那些读者深入内地，或是到大战开打的地区，可能会大感意外，就像我1941年到云南的十四师报到一样。

就本质上来说，这些设施不只是器具和传输设备而已，他们是经济和社会秩序的产物。在银行和法院的背后，是国家的法律体系，再其后则是社会习俗和宗教。因此，一群村落的聚合体无法充当货币管理的适当运作基础。

王安石变法的例子反映的不只是宋代的情况，还包括中国现代的问题。1069 年，王安石成为御前顾问。当时军队和官僚人员不断扩充，形成庞大的财政负担，面临这个不可能任务的王安石，建议将政府财政商业化。国库物资闲置无用，不如加以流通获利，如此国家岁入增加，但不必加税。

王安石“新政”中最引人争议的就是“青苗钱”。无论是宋代或后来的朝代，众多小自耕农都面临每年农耕时的贷款问题。他们通常向族人预支现金，但利息贵得离谱。王安石计划让政府在春季稻苗青绿时提供贷款给农民，秋收时农民再还贷款。借期六个月，利率百分之二十，依当时的乡村标准而言并不算高。

这个实验在各区的成果各不相同，但整体而言却是失败之举。当时缺乏服务单位，计划无法有效执行。个别农民无从申请贷款，政府无从调查申请人，担保品无从设立，欠债时也无法没收担保品。批评家指控，大多数的地方官就把钱全部发放给地方人民，不管他们需不需要。邻居基于连带责任，必须被迫彼此担保贷款，就像彼此担保税捐一样。青苗钱的来源是地方政府稳定食物价格的储备金，并非每区都有足够的现金。但所有地区都规定配额，必须缴纳一定的青苗钱利息。至少有一名官员向皇帝报告，大肆宣传的贷款其实并无其事。这位官员指责，钱并没有真正贷款出去，但人民还是要缴税，等于是在正常的税款外又额外加税。另外一个衡量这个计划成败的方式是政府财政的反应。如果成功提供贷款给农民，利率应该逐渐调降，不可能长期维持半年百分之二十的利率。情况不禁让人起疑，整个社会的农地盈余是否足以支撑此一计划。

新政的其他内容也同样行不通。在市易法中，将人民缴纳的物资重新出售，却无法吸引民间的商人。由于缺乏法院的保护，这些商人担心，政府代理人可能以公共利益之名行没收之实，以弥补预算的漏洞。官员必须亲自在城里买卖商品时，趸售商和零售商全都无法生存，最后再也没有公平价格这回事。因此新政白忙一场，在乡村里鼓吹货币经济，却抑制城市里货币的流通。

由于王安石和政府的关系，让儒家学者转而成银行家。为达到此一目的，他必须给予市镇特许状和使司法制度化，才能产生民间的对等单位，便于商业来往。但显然这些措施势必连根拔起帝制中国的根，也就是说，数千名识字的官员以他们的正义感和善意加诸千百万农民身上，以维持秩序。事实上，王安石并没有革命的眼光，无法跳过一千年的历史，但他仍然造成宋代官僚的分裂。新政先实施后再撤回，后来又再实施，结果导致在朝的官员分裂成派系，技术议题转变为道德问题。

宋人在12世纪初被赶往长江以南后，王朝所掌握的资源仍远多于北方的异族。在经济上较进步的国家无法动员本身，以打败经济较落后的国家，就此成为一种模式。由于印刷术发达而产生的流通票据，反而造成通货膨胀率节节上扬，财政运作愈来愈困窘，短缺和脱节成为常态。南宋种种情况不如人意，让我回想起在国民党军队的悲惨经验，两者原因相同。在乡间实施大规模的货币运作制度，却缺乏司法督察等城市才有的服务，后果可能惨不忍睹。相反地，北方入侵的国家满足于只及于基础的简约管理，因此可以依需要当场运送人力和食物供给，即使必须在显得落后的地区运作也无妨。女真族是例外。他们成立金这个异族王朝，占领北宋的首都后，反而崇拜起被消灭的对象。金也建立自己的农业官僚体系，模仿宋朝的财政制度。在金被蒙古人吞并前夕，其纸币的通货膨胀率创下六千万倍的历史纪录，连创立这套制度的汉人王朝也望尘莫及。

第三帝国的退缩符合历史模式

在大历史中，元代这个蒙古王朝只能算是第二帝国和第三帝国之间的过渡期间。元的行政体系缺乏一致，反映征服者的困境：既不愿完全遵照中国式的官僚管理系统，又找不出更好的方法来管理农民数量如此庞大的国家。史料显示，元朝一方面听从维吾尔族顾问的建议，努力掌握财政的实际面，另一方面又急于寻求汉人的合作，大幅降低税率，推行“农业第一”的政策。中国北方的管理方式显然和南方大不相同。税法的规定一再修改，无法符合实情。

第三帝国的主体包括明朝和清朝（1368 年到 1911 年），和前一时期相比，有非常显著的退缩。政府依赖意识形态的程度更胜以往。毫无疑问的是，官僚制度针对的是一般而非特定的管理。许多经济活动在宋朝达到高峰，此刻一一退却。明代发行纸币失败，其后五百年的政府因此缺乏货币管理工具。明代有意创造特定条件，让中国更加成为村落体的大聚合，清代虽加以修正，却不曾大幅修改这些条件。整个国家因此内向而不具竞争力。只要想到中国即将与西方产生冲突，就会觉得，中国此时退缩回简单一致，在时点上非常不智。局势需要进行调适时，官僚却最无法调适。希望他们能有大胆的创意时，他们却永远处在自满的状态中。

我大可以说，现代中国的所有痛苦完全起源于明代开国之初，因为当时将退缩的精神加以制度化。在税法和政府财政方面，明代帝国将自身限定在狭窄的范围中。16 世纪末和 17 世纪初，局势有所变化，需要一连串的预算调整，但明代却无法回应需求，导致改朝换代。但我如果将明清两代和第一帝国、第二帝国相比较，结论将大为不同。由于各朝代无法未卜先知，只能尽力避免前人的错误。接受历史的长期合理性之后，我更加相信，地理具有长期的力量，可以影响人类事务。

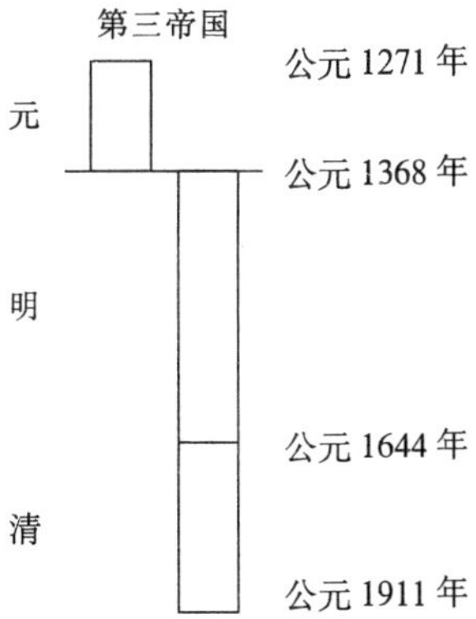

1973 年以后，我们又造访剑桥三次，分别在 1974 年秋、1975 年夏及 1978 年夏。1974 年是我留职留薪的休假年。我们几乎用光积蓄，将旅程扩展到欧陆，包括科隆、波昂、法兰克福、维也纳、萨尔斯堡、茵斯布鲁克、威尼斯、罗马、拿坡里、庞贝、日内瓦、里昂和巴黎，最后才回到英国。我们不曾后悔这次欧陆之行。旅行时，一定要抓住立即的机会，因为机会可能稍纵即逝。我们不知道这趟旅程对杰夫有何长期影响。但对我们自己来说，我们从这次经验中得到充分的教育机会。不久前富路德博士发表一篇文章表达他的不安。他说，许多年轻人研究中国，却不曾到泰山的阶梯去试脚力。我们看到莱因河畔的城堡时，才更加体会他的意思。“看，每两三英里就有一座城堡，”格尔说。也许没有那么多，但山上的城堡和城垛最能说明欧洲的封建制度。在这套制度中，地方分权扮演很重要的角色，牵涉到深厚的战士传统和私人形式的政府。虽然读过许多资料，但还是要亲眼目睹，才能确切想像出其运作方式。正如卡尔·史帝文生（Carl Stephenson）所说，谁控制山顶，谁就控制底下的山谷。欧洲因此和帝制中国大相径庭。在中国，中央集权是主调，公共部门是政府的重心，官吏建造庞大的城墙，打算以全部人口抵挡敌军的围城。他们攀登泰山以习惯“小天下”的感受。

在成堆的砖石前，很难主张某一方的道德比另一方优越。如果一定要谴责，对象应该是人类共有的好侵略天性和好战倾向。观光和大历史一样，可以穿透许多扭曲的诠释，带我们更接近历史的长期合理性。因此我们相当羡慕能亲眼见到西安兵马俑的人。这些人俑清楚透露，中国的中央集权完全不同于西欧的地方分权。由于两方都受限于地理和相关因素，其实没有一方有真正的选择自由。封建领主以城堡巩固地位时，同时也授予市民自治权。他们无法预知，我们今日所知的公民自由就此埋下种子。中立的观察家可能指出，到唐代或甚至宋代，中国统合的司法制度胜过封建欧洲各地零散的法庭。在当时的欧洲，国王和贵族间的僵局必须由法理学专家来仲裁，地牢及用严苛考验来判罪也是当时的产物。但现代的司法独立和陪审制度却脱胎于中古欧洲，而中国今日的法律制度在很多方面仍然近似唐代和宋代。如果历史是科学，和其他分支不同之处在于，历史直接牵涉到时间，只有天文学有类似的状况。

英国没有很多山让游客锻练脚力。便利的是，几乎所有的历史古迹都可以在半天内开车抵达。如果你参观雀兹渥斯屋（Chatsworth House）或隆利特屋（Longleat House），你可以亲眼观察昔日私人所控制的农业财产。在伦敦北方有一个小村圣阿尔班斯（St.Albans）。从历史上来说，这个小村可以说是埋葬英国庄园时代的地方。我们得知，在黑死病之后，整个地区人口大为减少，剩下的农奴就摧毁庄园纪录，因此得以解脱农奴的身份，重获自由，而且逃过惩罚。但今日整个区域都已都市化，小村庄几乎为大都会的一部分。剑桥西方约二十英里处，有一个村落圣尼欧兹（St.Neots）。这个地方特别之处在于，它可以算是英国现代内陆贸易的摇篮。在伊莉莎白时代，一位地方乡绅了解此地的重要战略位置。他清出一片地，设立谷物市场，开始向商人收取摊位税。事实上他无权征税。但市场就坐落在乌斯河（Ouse River）上，到邻近地区的交通十分便利，从贝德福郡（Bedfordshire）各地、封廷登及剑桥来的大麦农人照样付税金。最后这个冒牌货还把他的“权利”出租给下一个企业家，自己就退休了。这个案例证明，资本主义不需要经过阶级斗争也可以取代封建主义。在这个例子中，一位有远见的冒险家可以善用旧制度涵盖不到的空间，在其他人还没发现前捷足先登。这起事件还说明，私人管理如何侵入公共领域。李约瑟博士和我得知此一掌故后，他就载我到圣尼欧兹，两人仔细研究这个地方。院长站在乌斯河边，听任夏日的微风吹乱他略长的华发，动也不动。他站了很久，凝视着河水，陷入深思，仿佛等待另一艘谷物船开过来。

我们为何对西方的发展如此有兴趣？原因还是和我们对中国的兴趣有关。我们两次约略爬梳帝制中国历史，一次是为了土地租约，另一次则是货币管理，因而发现，中国非常强调大规模公共利益的基本项目，甚至仰赖简约设计和做假，完全不同于现代西方的体系。就历史背景而言，无需多做解释也可以了解，中国完全错过资本主义发展的所有阶段。但正如霍莫·达布斯的讽喻所显示，我们无法证明鬼并不存在。为了证明中国所欠缺的内容和过程，我们必须到资本主义兴起的地方研究其成长和发展。我们朝这个方向寻找资料以满足好奇心时，发现许多让我们迷惑之处。

如同墨利斯·陶蒲（Maurice Dobb）指出，在这个题材上的现有文献可分成三大派学说。一是马克思。资本主义取代封建主义。资本主义的生产模式正是差异所在。以前是农奴在农地里辛勤工作，但后来变成产业工人出卖劳力给工厂老板。第二派学说是以马克斯·韦伯和通尼为代表。资本主义的起源和宗教有关。新教激励资本主义者的精神，心理的提升又创造出新类型的文明。第三派学说没有特定的代表人，强调的是资本主义体系中的货币经济。陶蒲认为，最后一派最没有说服力，因为如果采纳上述定义，事实上可以包括最原始经济以外的其他所有经济体系。

李约瑟博士和我认真检视这些资料，翻阅所有可以看得到的相关书籍，但没有一个单一文献符合我们的需求。举例来说，马克思处理历史的方式太过格式化，甚至于后来的马克思主义学者都很难自圆其说，例如：现代中产阶级社会是“滋生于封建社会的废墟”。单是这个句子就让我们分心，无法专心研究介于圣阿尔班斯和圣尼欧兹事件的两百年史事。如果我们承认中产阶级社会取代“摇摇欲坠的封建社会”的确是“很快的发展”，同样无法解释雀兹渥斯屋和隆利特屋的前因后果。我在学生时代曾读过韦伯和通尼，发现他们很具启发性，这看法迄今不变。但历史的概念主题并非将突出事件加以摘要即可。新教对资本主义的形成无疑有所贡献，但新教并非资本主义的起因或独一无二的因素。资本主义早期的提倡者来自意大利的城邦，他们是天主教徒。另一方面，荷兰早期的喀尔文教徒有强烈的反资本主义倾向。也就是说，这两派学说都因为过度执着信念，而违背我们发现事实的目的。他们无法让我们的眼光踏实。他们在解说资本主义的历史源起前，就开始进行道德分析。因此，虽然陶蒲警告在先，我们还是要从第三派学说着手。由于我们已相当了解中国经济史，具备的优势大过先从西方经验起家的学者。我们知道，使用货币不一定导致货币经济。就像中国的宋朝，许多货币以双边流通而非多边流通，但并不具备货币经济的特色，更不用说将中国提升到资本主义的历史阶段。

这番寻找带来挫折又有趣的经验。例如，我发现许多马克思学者不曾读过《资本论》的第二部。如果他们读过，写出来的内容会大为不同。即使在剑桥，也很难找到《资本论》全三部的完整英文译本。后来我从当地书店买到一套，是从苏联进口的。我也觉得韦纳·桑巴特（Werner Sombart）很有意思。有时他像是画家霍加斯撰写内容一再重复的散文，有时又像萨克雷厌倦写小说，改行写起非小说。

在我们的时代，对这主题最有贡献的学者无疑是弗南德·布罗代尔（Fernand Braudel）。我特别欣赏他提出许多一针见血的总论，其中之一是“资本主义只有和国家合而为一时才能成功，这时资本主义就等于国家。”这句话就像锋利的刀刃，一举切开大部头的历史。（不过，布罗代尔教授对中国的相关情况理解错误，史景迁教授已于《纽约时报书评》中指出，但这和本文主题无关。）我对他的“总体历史”只有两点反对意见：首先，他详尽列出历史事件，却忽略时间的先后顺序。其次，他的重点放在欧陆，不同于我的观察。我认为资本主义起源于海洋文化。举例来说，即使根据布罗代尔的上述标准，资本主义在法国生根的时间也远落后于英国。

我们在这个主题断断续续努力数年后，决定发表研究成果。李约瑟博士和我再度联名发表专文，是篇简洁的两万字概论，注释有两百六十八则。为了准备这篇专文，我们参考八十二篇著作，其中大多数是专家写的专论，其中有许多分成多册。无可避免的是，这篇文章可能招致批评，说我们找来这么多次要参考资料，只不过是说明门外汉的观点。但如果此文可以达到填补知识鸿沟的目标，我很乐意被指责越界。以李约瑟对西方的认识，在发表文章前，他还是请多位这方面的专家来阅读草稿，其中有一位是计量经济学家。

在这篇文章中，我们开门见山地提出观察所得：资本主义是一种组织，一项运动，具体且无可逆转，有时间表可言，从世界地图上也可观察出前进路线。我们同意，为了让资本主义运作，社会必须体认到，财产权是绝对而至高无上的，凌驾皇室特权和传统的道德观。就技术上来说，资本主义牵涉到将商业法应用到农地的运作，以致全国经济的所有层面都能相互配合，结果导致整个国家都能在数字上进行管理。在种种条件之下，这个运动势必起源于近海的小国家，之后才拓展到大国、内陆国家和传统色彩较重的国家。

这个见解让我们观察到，意大利的城邦是现代资本主义的摇篮。威尼斯就是一个突出的例子。帝国和教廷的冲突造成权力真空，让威尼斯实际上已是独立王国。陆地上的农业收入向来不曾成为经济的主体。由于城市里的水是咸水，大规模的生产并不切实际，但相当有利于打造船只。城里的贵族纷纷领年金而退休，而奴隶和移民劳工可以解决劳力问题。威尼斯还能做什么？又能做什么呢？一位现代作家称威尼斯是“没有领土的城市……政府是股份公司，总督是董事长，议会是董事会，人民则是股东。”这个城邦不需要努力面对教会法庭、领主权利、商业同业公会、君权神授、不成文法或甚至议会代表制等问题。它只要遵循自然本能，就可以成为横行海上的商人。货币管理是特色，也是业务，而两者都需要资本主义化。但正由于缺乏生产基础，这样的资本主义无法持续。威尼斯注定只能称霸一时。

北方的文艺复兴取代意大利的文艺复兴时，荷兰也取代威尼斯，成为欧洲最先进的贸易国家。宗教在此地成为争议所在，西班牙的宗教大审判盛行，资本和技术劳工被迫流向尼德兰。尼德兰接受挑战，善加利用这一事实。除保险、银行和运输业以外，他们还长于冶金和布料产业。香料贸易的管理更接近于垄断的地位。农业部门和经济较为进步的部门之间产生利益冲突，必须靠邦联和地方自主权来加以化解。荷兰一地的人口就占全国三分之二，独立后更贡献全国岁入的四分之三。事实上，荷兰原本是独立的城市，和其他市镇结成永久的联盟。

现在我们可以清楚看出，国家愈大，农业的比重愈高，问题就愈复杂。紧接荷兰之后，英国也符合上述标准。英国的财富和土地息息相关。英国的出口产品中，有百分之七十五是羊毛。食物有时还要依赖进口。现代化肇始之初，国家必须进行重整，以便跟上时代的脚步。在地中海国家称霸的巅峰期，伦敦伦巴德街上的意大利银行家简直自成租界，意大利人享有治外法权。这些银行家提供羊毛生产所需的融资，预先借钱给生产羊毛的牧人，资金来源则是准备汇回罗马的什一税。到 13 世纪，英国才开始进行外贸。然而，数百年后，英国仍然落后荷兰人和德国人。直到 18 世纪，伦敦的保险公司才取代荷兰人，开始承保自己国家的船运。这些发展不免排挤古老的英国土地租约和传统的不成文法。传统不利现代商业交易，而且也是资本形成的障碍，成为国家问题无法解决的原因。

光荣革命以后，英国的资本主义和国家合而为一。条件所以成熟，是因为已经历数十年的动荡不安。英格兰银行于1694年成立，更是有力的证据，以布罗代尔的话来说，就是资本主义等于国家。国会通过法案后，英格兰银行拥有一千多名股东，其中国王和王后都以私人的身份投资。这些股东成为国家的债权人，银行未来的收入得自进口税和烈酒税，作为发行长期债的担保。银行有权创造和管理钞票信用。对于这样的机构，没有评价可以高于加尔布雷斯教授幽默的类比："在各方面来说，它之于钱就像圣彼得之于信仰。"

要说明私人资本在公共事务扮演何种角色，莫过于英格兰银行成立不久后执行的第一项重大任务：政府要求银行汇两千万英镑到法兰德斯给马伯罗（Marlborough）的军队。任务当然一点都不简单，不是开张支票，再到比利时兑现即可。当时没有对等的机构，银行也没有设置分行，可动用的现金甚至无法达成要求。所谓的"汇款"，就是由银行董事们亲自渡过英吉利海峡来执行。他们事实上抵达马伯罗的军队所在地，向全世界宣示，伦敦的商人押宝这场战争，以他们的性命身家来支持英国军队。其后五年，凭借说服和保证，他们和欧陆的无数公司达成协议，将这些公司的信用和资产转成战略物资。代理人被派到卡迪兹、马德里、来亨、里斯本、奥波多、日内瓦、威尼斯和阿姆斯特丹。事实上，新的银行法人组织欧洲的商人联盟，击败法国。

另外一项和这一连串事件有关的事实是，这时经济中的农业部门已整顿完毕，货币管理可以普及于全国。辉格党和托利党都拥有相当多的土地产权，由此即可见其一斑。英格兰银行被视为辉格党的组织，借银匠的进款和政府的计数账（相当于今日的短期公债）取得资金，托利党提出相抗衡的主张，提议成立“土地银行”，希望靠不动产取得资金，股东可以享受立即信用的便利，但仍然可以保有和使用不动产。这个提议没有成功，因为辉格党在下议院占多数，不乐意见到新的银行与英格兰银行竞争。这次事件仍然显示，抽象货币的概念正方兴未艾，同时农业持有和农场运作已经和其他商业行为地位相当。最后，不过才数十年后，制造信用的机制已经就定位，小地方、乡郡和苏格兰的银行数目不断繁衍，伦敦也出现私人银行。

总之，我们指出，促成资本主义的繁荣要件有三：

私人所有权的信用扩张，

不带人治色彩的管理，及

服务设施的整合。[1]

说的当然比做的容易。事实上，要实施这些条件时，一个国家的

〔1〕 译注：在《资本主义与二十一世纪》中，作者则是诠释成资本主义的“技术性格”，包括以下三点：一、资金的广泛流通，剩余之资本透过私人贷款方式，彼此往来；二、经理人才不顾人身关系的任用；三、技术上之支持因素通盘使用。

法律制度必须能够执行特定法规，以确保其实行。在达到这一目标前，全国上下人心必须有所改变，上到当局，下到公民，都必须要接纳新思想。更重要的是，农业生产和农产品的商业化必须进行重大调适，才能配合社会的资本主义运动。如果没有外来的压力或甚至暴力，很难达成上述的状态。阶级斗争和新教伦理并非毫不相关，只不过不是问题的主因。

就我所理解，资本主义的优越不在其道德价值，而在其技术优势。如果社会可以接受财产权绝对且至高无上，一切就可以加加减减，可以继承、转移及交付信托。因此，物质生活的所有层面，不论是私人或公共，就可以在数字上处理。财富的可交换性利于财富的累积，创造出动态的环境，随着经济成长和扩张，分工就像连锁反应和螺旋动作一样紧接而来。我可以举一个周遭环境的例子：

纽普兹位于开兹奇尔山脚。在20世纪70年代初期，食物价格飙涨，我们和邻居都试着在自家庭院中种青菜，但行动并没有很成功。土壤中有太多页岩碎片，投入许多心力和昂贵的肥料后，成果简直无利可图。这时我们才了解，为何村落外有成亩成亩的苹果树。这就是自然经济的力量。这些苹果园的主人向银行借钱，只要一通电话，挖地工具就送到门口。土壤分析和害虫防治都由专家在实验室中研究。只有果实需要用手采，在收成时就由一车一车运来的移民劳工来摘取。邻近公路和有效的卡车运载系统是整个作业不可或缺的一环。成堆成山的苹果必须尽速送走。在这方面，华盛顿和奥本尼的政府可以说是受到资本主义的影响，负责执行相关法规，以顺利推动和保护经济活动的所有层面。经济活动的基础是财产权的原则，不过有时必须衡量私人和公共利益孰轻孰重。在多元化的农业之下，纽普兹靠特殊产品而享受到好处。

如果在中国，又会如何呢？我深信，大部分的农地会用来种谷物。从开垦田地到从河流引水灌溉，在在需要许多人力，我可以想像出农耕的利润有多微薄，而小规模农作又抑制机械的使用。这也许可以解释中国为何人口过多又普遍贫穷。但许多书籍和文章不提出技术改善的建议，却反而指出，一方比较富裕是因为决定较为明智，在道德上比较优越。这些都使讨论回归本章的第一段。西方国家把农民藏到哪里去了？

摊开来说：纽普兹没有农民可以隐藏，但也不可用苹果园来引发道德议题。这个村落最早的开拓者是法国的休京拉教派，抵达的时间相当于英格兰银行在伦敦开张。他们发现整个地区都没有人居住，因为当时从赫逊河到德拉瓦河的这一块区域被称为“新凯撒省或纽泽西”，企图吸引宗教异议分子来开荒。中国当时已经进入历史上最后一个朝代，正值康熙帝在位。他是全世界有数的明君之一。西方旅行家在游记中已经提到，中国人口密度已经相当高，但康熙帝仍希望自己的领土充满更多子民，下令冻结人头税配额，以鼓励人口成长。政策规定每个地区都能生产自己所需的粮食，完全符合同质性和一致性的要求，这也是自然和习俗相互作用的结果。时至今日，已无从辩解这些行动。但难以想像的是，今日高谈“自由选择”、拥抱东西方的人士，竟然可以无视于这些相关的背景条件。他们认定中国所拥有的许多选择，其实只存在于他们的假设中。

在剑桥，我克服车辆靠左行驶的胆怯后，便常在周末租车去乡村旅行。林肯附近绿油油的田野都排成棋盘式的图形，为屈维廉（George Macaulay Trevelyan）所盛赞。我看到这番景象后，对田园般景致背后的组织逻辑留下更深刻的印象。为了创造这种整齐的风景，难怪当代人必须付出高昂的代价。在我卜居剑桥的同一年间，我再度收到家妹粹存从中国寄来的信件，在此之前的十年，双方音讯完全断绝。一年后，她搬到桂林，在寄来的部分明信片上可以看到，广西的稻田呈长条式排列，和我在英国乡村看到的景象有类似的感觉，虽然两边的地形不完全相同。之所以相似，是因为都必须合理化使用农业用地，作为经济现代化的第一步，不论所有权属于私有或公有。田地必须能丈量、能形成整合的单位，才能在法律及财政上予以计算。如果在 17、18 世纪没有完成这项任务，到 20 世纪仍必须完成。

1978 年，李约瑟博士将办公室搬到目前的剑桥布鲁克兰兹街。有一次我们又提到这个主题，当时还有两名研究生提姆 · 布鲁克（Tim Brook）和格雷哥利 · 布鲁（Gregory Blue）在场。我忽然说："公社是圈地。"我常乱说英文，这次也是，说的话传递讯息的本质，但常省略一些连接词。我的原意是，为了多元化和提升农业经济，中国人已发现，必须在农业公社下整合零碎的可耕地，效果和英国加强圈地法案一样。意外的是，院长此时的情绪也一样兴奋，立刻同意我的话。"公社是圈地，”他也如此说。

我们似乎都把这个主题当成数学公式，因为已经研究了很久的时间，因此一旦找到结论，发现头尾可以相连，就会感到莫大的高兴，其间牵涉到加加减减的机制再也不重要。在这方面，院长其实和我讲同样的语言。

新港，康涅狄格

就很多方面而言，1974 年是我一生中重要的转折点。其一是我想写的书《中国并不神秘》（*China Is Not a Mystery*），被一家主要的商业出版社所拒绝。编辑 K 先生先前曾通知我，文稿“已被数人读过”，数星期后再与我联络。这些话听起来很有鼓舞作用。我可以合理推测，书稿已受到多家出版社的好评，否则不会动用多位审稿人。如果他天天相处的同事尚未决定，他也不必写信给我。很可能一切手续都已完成，草稿已被送到我的同行处进行评估。如果来信的反应是肯定的，我的书就会印上这家出版社的标志。

但数星期过了，最后的决定却是否定的。K 先生还不怕麻烦地对我解释，他自己很喜欢这部书稿，而且“喜欢到极点”，认为这本书“以生动活泼而吸引人的方式，综合许多历史文化事实”，因此第一位审稿人表示反对时，他又找了第二位审稿人。等到第二个人也表示否定的立场时，在这种情况下，他只好“向权威的意见低头”。我很感激 K 提供的讯息。但是，他当时并不知道，而我自己也没料想到的是，他那封率直的信让我陷入多年的苦战。即使是我今日所从事的工作，也仍然和这场奋战有关。目前的这本书取材自没有出版的《中国并不神秘》，虽然两者风格和格式并不相同，但仍是 K 先生立即确定并欣赏的大历史手法。

出版《中国并不神秘》对我很重要，原因倒不在出书可以带来盛名，而在我需要出书给学生阅读。我在英国住了一年后，发现自己在课堂上的表现不及以往有效率，原因之一是我和教材间的意见差异愈来愈大。中国有十个主要朝代，至少十二个次要朝代，已经让学生晕头转向。然后我再告诉他们，所谓的动态循环理论只有相对的价值。这个理论主张，各朝代都是因为财政秩序上轨道而兴起，因为财政秩序走下坡而没落。但基本上来说，中国历代的“帝国”架构并不相同，运作的原则彼此差异，灭亡的原因也各不相同，绝对不是“有势力的家族维持免税状态，小人物负荷过重”这么简单的观念可以解释。一个国家不可能重蹈覆辙无数次。但困难之处在于我常常抵触教科书作者的观点。到了民国时代，我的立场更艰难。我只能劝学生，不要落入“我不太喜欢蒋介石，他太贪污”或“我也不赞成毛泽东，他太残忍”等窠臼。这些都是读者对历史不假思索的反应，并不是历史本身，而历史远远超越我们的喜欢或不喜欢。我对学生解释，为求了解国民党治理期间的贪污和共产党的坚忍性格，我们必须掌握事实：中国的现代化，牵涉到从文化导向的单位转型成在经济上可以处理的政治体，历史上没有前例可循。如果学生愿意，可以运用迪士尼的幻想力，先想像一尾鱼把自己变成一只松鼠，然后再变成一只鸟。动荡时期政权的移转，当然不能和哈定、格兰特或其他总统任内的阶段相比较。

比较理想的状况是我自己出一本教科书，但这需要多年的准备，而且我也不敢确保成果一定比现有的书来得好。基本上来说，问题牵涉到历史观。我最不满意教材的组织架构，史实的选择缺乏连贯性，虽然有许多故事，但没有头绪，反而让人分心。整体来说，这些材料并没有直接传达一个让人信服的主题。之所以产生这种现象，是因为作者并没有时间去研究主要参考资料并加以消化。如果能有望远镜般的视野，就可以补正这些缺失。因此，我预计将《中国并不神秘》当成辅助教材，而不是用来取代教科书。如此一来，也可以减轻我讲述史实的负担。我以短句的形式来写这本书，五万字的内容分成一百三十八段，从秦始皇统一帝国到当代为止。该书和本书一样采取技术诠释的方式，我认为其中的观点都超越党派之争。

正如我所担心的，书稿被退回后，其他家出版社也都没有兴趣。其中当然没有阴谋可言，但书的格式和内容都太不寻常，唯一的诉求对象是本身对题材也稍有涉猎的编辑，才能够肯定作者的研究方式，并且可以热心到独排众议，充分掌握出版社的资源来出版这本书。别人劝K先生放手不管时，我甚至找不到愿意稍加考虑的出版商。1975年年初，我又将文稿加以修正，同时我几乎把它当成我上课的演讲稿。我把草稿给富路德博士，他读完后指出两点技术上的错误，但仍然予以肯定。我又拿给德克·博德（Derk Bodde）博士看，他也认为应该出书。他们的认可让我更难忍受挫折感。如果没有出书，我无法向学生充分解释我对中国历史的诠释。我的讲课异于他们所阅读的内容时，初学者的他们很难抉择。我也担心，部分学生认同我的观点后，将来转到其他学校或到别处追求更高学位时，会遇到严重麻烦。

富路德天性慷慨，但他如果觉得一本书基本上立论薄弱时，并不会认可其出版。他对别人的确称赞多过批评，如果情况许可，他宁愿保持沉默，不愿主动提供意见。但如果情势要他直言，他不会退缩不负责，有时他也会发表非常负面的书评。我认识博德后，他已从宾州大学提前退休，到剑桥埋头于自己的著作。他对中国古籍的知识即使不是西方世界的唯一权威，无疑也一定是同行中的佼佼者。在他的无数著作中，有一本《北京日记》（*Peking Diary*），是他对 1949 年共产党占据大陆的亲眼见证，使他的学者生涯能近距离接触中国最近的发展。德克出于礼貌和谦虚，也跟着我称李约瑟博士为院长。在他和妻子嘉莉亚（Galia）坚持下，格尔和我都必须直接称呼他们的名字。但他清楚划分私人敬意和学术标准间的界线。他总是一针见血，如果心中有任何疑问，他会毫不犹豫地好奇发问，就像《六十分钟》中的麦克·华莱士（Mike Wallace）一样。他直言无讳，有时说话的力道很重，以致每个音节都加以强调。他告诉我，虽然他只看过书稿的前面数章，但他相信我的概念很对。如果编辑来请教他的意见，他会小心评估后再反应。

书稿被拒绝后，我又写信给 K。1975 年夏天，我第三度前往英国前夕，我鼓足勇气请他再考虑《中国并不神秘》。我强调，他的审稿人批评文稿“不平均”，其实是出自西方学者的弱点，不是我的错。由于目前的博士论文格式使然，学者任意选择一些主题作为他们的专长领域，让大块区域无人处理。如果有人尝试连结所有要素，就会被指责为将不熟悉的名词、过度探讨的领域、甚至陈腐过时的观念全混在一起。我告诉他，我试过把修正后的文稿传授给大学生，因此相信这本书是了解中国的有用工具。我求他再看一次修正过后的书稿。最后，我列出五位最知名的权威，他们的见识可能胜过他的审稿人。这五人是富路德，哥伦比亚大学的名誉教授；博德，宾州大学的名誉教授；亚瑟·莱特，耶鲁大学教授；崔瑞德，剑桥大学教授；比尔·简纳（Bill Jenner），里兹大学讲师。上述人士都享誉全球，可能只有简纳例外。但比尔曾住在共产党统治时期下的中国多年，曾将中国末代皇帝溥仪的自传翻译成英文，而且最近还着手英译《洛阳伽蓝记》，恐怕没有几个美国人读得懂这本 6 世纪时的中国古书。他比其他人都年轻，可以增加我名单的多样性。

K 先生的回答显示他对我作品的浓厚兴趣，但也透露他不看好我的计划。他没有直接回绝我，只表示他觉得继续追究没有太大意义。他完全了解我的感受，因为他自己“曾充分讨论过出书计划，并且也思考了一阵子”。问题在于，我提出的“杰出见解混杂可疑或备受质疑的观点”时，我自己并没有足够的威望足以让我的见解过关，我的综合与概论势必会引起尖酸刻薄的攻击，没有一家出版商能视若无睹，因为销售可能首当其冲。他承认再读我的修正版本并没有害处，但还是看不到被接受的可能。他还透露最令人吃惊的消息：其中一位审稿人正好名列我的五人名单上，而且那个人的意见是“强烈否定”。

这个讯息让我不敢置信。事已至此，我无法再退却。我的好奇心很难满足。既然 K 在来信中同意再看一次修正后的版本，我决定寄《中国并不神秘》的修正版给我名单上的每一个人，并附带一封信，对他们解释书稿的内容，如果我未来的出版商请教他们，请他们能直接回应。我又寄一份修正稿给 K，顺便告知此事。之后我就展开横跨大西洋之旅。

编辑 K 没有再采取任何行动。但有一个夏日清晨，一封从康涅狄格州新港的信寄到英国剑桥。亚瑟 · 莱特教授写信“招认”他是《中国并不神秘》初稿的“裁判”之一。他的反对理由是“在一些醒目出众的论点之后，紧接着近乎传统的观点”。这番评价让我惊愕莫名。老实说，我应该将这句话视为赞美，而不是视为不够资格出书的原因。事实上，这正是我尝试的方向，而且也是编辑为何一开始就感兴趣的原因。在我和 K 的通信中，我们恰好认定这是事实。亚瑟 · 莱特是耶鲁大学查尔斯 · 西蒙（Charles Seymour）讲座的历史教授，也是五本中国历史书籍的编辑，当然知道这是唯一能改进历史观的方法。就像撰写新传记时，不必更改研究对象的出生年月日，也不用改变子女的名字。

我只见过莱特教授两次，时间都不长，而且都在公开场合。有一次是在《明代名人传》计划的会议上，是在纽约举行，前一天刚好是亚洲研究协会的年会。另一次是他受邀到瓦萨学院演讲，会后接着欢迎会。我和他说话的时间总共不超过五分钟，但我深深觉得，他对我很友善。我在密西根大学的指导教授约翰 · 霍尔后来到耶鲁，他告诉我，莱特教授读过我的部分论文，这实在很不寻常。法兰克 · 奇尔曼（Frank Kierman）和费正清合编的《中国的战时作风》（*Chinese Ways in Warfare*）出版时，《亚洲研究期刊》的书评编辑很难找到书评者，毕竟这本书上起公元前，下至16世纪。莱特向编辑建议由我来写，后来果然是由我写书评。全美学术团体联谊会（ACLS）批准我随李约瑟研究的经费时，我知道莱特是委员之一，于是从英国寄了一张明信片给他，得到热诚的回信。我的税制专书卡在剑桥大学出版社时，他甚至建议，我把草稿寄给他，因为美隆基金会已经可以拨经费给大学出版社，资助像我这类著作的出版，因此我可以有其他选择。后来问题解决了，并没有劳驾他的协助（否则会破坏我对费正清博士的保证），但我仍然很感激他的好意。我申请古根汉研究经费写书（就是后来的《万历十五年》）时，还请他推荐，后来我也领到这笔经费。我欠亚瑟·莱特很多，他没有理由狙击或暗算我，没有必要。

但我如何解释他铲平了我的一项重要计划呢？这项计划赢得一位出色编辑和知名出版社的肯定，所牵涉的不只是我的作家身份，还有我的教师身份。我多次重读莱特教授的来信。他在信中建议我，删掉所有传统观点的段落，只留下挑战既成观念的主张，书名可以改成《中国历史：九十五点主张》（*Chinese History: Ninety-five Theses*），以“模仿马丁·路德”。这比我在哈佛的经验还要糟，因为当时我只不过被要求写出删掉量化研究后的财政史。但亚瑟·莱特应该更有见识才对！《中国并不神秘》的目标，在于说明从公元前221年到现在的一贯逻辑。如果删除年代先后或社会环境，整个结构就会崩垮，整体感消失，甚至他自己在提出上述建议后也紧接着问：“似乎不太可能？”

但他指出，仍然有改进的方法。“我希望我们能朝这方向努力，也许秋季时可以面对面讨论。”

我们在1975年9月的耶鲁之行是一次悲惨经验。我不应该带格尔和杰夫一起去。我原先以为，我们可以把握机会出外玩玩，因为以前也有类似的情况。但那天碰巧下雨。我和莱特教授约在研究生厅见面，接近约定时刻时，我把家人留在城西达比街（Derby Avenue）的一家汽车旅馆中。整排平房中的房间都很潮湿，从床单到枕头到床垫似乎全都是湿的。我把车开走后，格尔和杰夫坐困愁城，一边是汉堡店，另一边是福斯车辆经销店，停满省油的Rabbit车款，车价就贴在橱窗上。会谈失败后的不满，我们待在城里那半天的情绪因而更低落。

“强纳森很想见你，”亚瑟·莱特以随和的态度欢迎我：“可是他必须去纽约。”他说的是史景迁，我们只在电话上联络过。我的主人让我完全放松自在，使我觉得自己是个受欢迎的客人。但提到《中国并不神秘》的话题时，他的态度顽固依旧。在他先前的信函中，似乎仍然有达成妥协的勉强可能，但现在这扇门完全关闭。“你不会想出版那个，”他的口气从命令转换成要我自愿同意。他接着说：“你当然可以做得更好。”《中国并不神秘》不再具备醒目出众的主张，不再是中国历史领域的新马丁·路德。这次它无法出版的原因是低于水准之下。

“书稿出了什么问题?”他的回答是，总论应该“适可而止”，不能过火。例如，他即将出版的隋朝专书只涵盖四十年。我对他说，我想出的书性质并不相同。即使我没有进行大范围的研究，别人也会。我甚至大言不惭地告诉他，我至少还长期接触过主要研究资料，由我来做，总好过那些不曾进行原创研究的人。我提出这个意见时，立刻发现说了等于没说。亚瑟·莱特是位很有深度的学者。他不必我来告诉他，无论长时期或短时期，无论是四百年或四十年，都可以整理出概论来。他是个勤奋不懈的读者，知道中国历史领域中无数作者的优缺点。他随手就可以举出三四位，他对他们的评价和我自己的评价不相上下。

“莱特教授，”我提出最直接的问题：“你是否认为我对历史的诠释手法太具有民族优越感？是否太偏袒中国？”

这个问题碰触我们彼此的敏感区，无论称为民族优越感也罢，称为文化主义也罢。学者和知识分子之间有道心理鸿沟，就像政客和煽动家一样。如果你出生在北京，你一定是个骄傲的中国佬。如果你生在爱荷华或德文郡，你不必太费力就自然而然以为西方文化比异族优越。但事实上，谁能切断族群的脐带呢？有中国血统的历史学家当然会如此怀疑。我的问题反映出，自己急于澄清自己对族群效忠的类型及强度。我当然绝不可能否认效忠族群，但只希望能在无害而可以接受的范围中。

亚瑟·莱特没有直接回答我。不过，他没花多少时间就提出一个精确的评估。“没有像何那么糟，”他说。何就是何炳棣，芝加哥大学詹姆斯·威斯佛·汤普森（James Westfall Thompson）讲座的历史教授，他强调中国民族骄傲的立场已招惹批评，其中一部分还出现在学术期刊中。我非常感激莱特教授以坦白来回应我的卤莽。他不必给我一个如此精确的回答。他也不需要花时间如此注意我的问题。我感激他极力包容我。但就《中国并不神秘》而言，讨论已告终结，毫无妥协余地。我必须同意，是我自己不想出版。因此，也不必再对文稿有额外的建议。先前的决定不变，没有争辩或谈判的空间。

事实上，这一切不算太意外。莱特早已表达他的“强烈否定”立场，即使他想更改判决，也会自陷于尴尬的处境。即使他说：“对不起，我弄错了，毕竟黄的草稿好极了，你们应该出版”，出版社是否会持续进行出书计划也很可疑。的确非常值得怀疑。我还记得 K 编辑在信中指出，除了莱特教授外，还有另外一位审稿人。这位审稿人说，我处理的问题太大，我的权威还不够分量，只怕会引来攻击。既然攻击者“不一定全然公正无私”，如果他和 K 先生不谨慎，恐怕人人都会遭殃。在出发前往耶鲁前我已警告格尔，文稿起死回生的可能性极低。

在 1975 年那个下雨天，我觉得悲愤交加。因为我不是权威，所以无法出版一本我觉得重要的书。但如果没有出版具有影响力的书，我永远不可能成为权威！而所有的意义、所有的影响力、所有的卖点、所有的威望，全都不是由客观的标准来衡量，而是由长春藤名校内的不具名审稿人决定，而这些校舍的哥特式建筑和回廊也不过是矫饰的模仿品而已！

我难道没有提醒自己避开民族优越的倾向吗？即使在和学生讨论中国时，我也没有隐藏过去的不可告人之处：虱子、坏疽、人海战术的大屠杀、把人活活打死和活埋的残忍。我不曾否认国民党的贪污腐化，我只希望指出，贪污是失败的结果，不是原因。在讨论 19 世纪时的李泰国（Horatio Nelson Lay）和赫德（Robert Hart）被指派任职中国总税务司时，我指着坐在前排的学生："如果这个位置提供给我们，而且人选缩小到只有你们和我，我宁愿你们去做。你们之中不管是谁——丹尼尔、苏珊或史提夫——都会做得比我好。为什么？到19世纪末，你们已经有不带人治色彩的数百年管理经验。如果你们愿意，可以在中国清清白白从头开始。但是如果是我来做，我一定会考虑用我弟媳的舅舅或舅舅的弟媳。不要一直问我为什么！这就是我们社会下至村落阶层的运作模式。更可能的是，我所以能当上总税务司，是因为靠亲戚帮忙。如果你们强迫我切掉这些关系，我不但无法工作，而且也不能生存。这样清楚了吗？"显然不是很热衷于提倡中国的民族骄傲。

我的研究手法不同于其他的历史学家：我将中国现代史的底线再往前推数百年，而不是从鸦片战争前夕开始；讨论时事时，会牵涉到社会关系和思想史，这就是我说的大历史。其好处在于一百年来的弊端、恐怖及悲剧都可以解释成巨大转变的后果，是历史主宰的剧烈翻覆，打破太多关系，释放出太多无法控制的力量。只要我的目的是提供空间，以分析中国在西方冲击下的重新调适，我就不会极力缩小西方的力量和影响，毕竟我已经归化成美国人，会站在积极支持西方的立场。我对一般读者大众讲解上述的简单概念时，不需要出版许可。他们的知识水准只要不低于我教的大学生，就可以理解。

我从耶鲁大学回来时，又累又沮丧，回到汽车旅馆，发现格尔的情绪一样低落。她没有兴趣重游新港。雨已经停了，但天气仍然阴霾沉郁，这时室内的湿度已到难以容忍的地步。晚餐后我们就打道回府。宁可在晚上开车一百英里，至少可以在家里歇息，好过待在那里，什么事都没做，只会觉得更无助。

但到现在为止，我还没提到，那天我和莱特教授的会面持续了三个半小时。我在他的办公室待了很久。他带我去教职员俱乐部享用一顿悠闲的午餐，餐后我们又回到他的办公室谈了一个小时。《中国并不神秘》并不是我们的唯一话题。事实上，显然再谈下去也于事无补，于是就此结束这个主题，改谈其他，交换共同感兴趣的消息。在我道别前，他同意增加对李约瑟博士计划的拨款，我同意拜读他的《隋朝》草稿，并提出建议。之后我们定期通信。不到一年后，也就是1976年8月3日，我再度拜访他，这次是去他位于康涅狄格州吉尔佛（Gilford）的家。这次会面同样持续了三个半小时，同样也包括一顿悠闲的午餐。8月下旬，莱特太太，也就是玛雅·汪科维琪·威尔许（Marya Wankowicz Welch）女士，打电话通知我，她丈夫已死于心脏病。她说："他很喜欢你，知道你要来访时非常兴奋。"她提到的是我们最后一次会面，八天后他就去世了。我告诉她，这点我毫不怀疑。我们彼此有好感。但我常抱怨，亚瑟·莱特并没有公平处理我想出的书，因为他不曾完全说服我或出版商，封杀这项计划的原因何在。我如何解释其中的不一致呢？难道是我说谎吗？还是他说谎？还是我们彼此欺骗？

在美国研究中国的顶尖学者中，亚瑟·弗雷德烈克·莱特以善于筹募推动研究款项而闻名。费正清、史景迁、崔瑞德教授在《亚洲研究期刊》登出的讣闻中形容他是“古典学家兼企业家”。对反商的中国传统派人士来说，这样的说法谈不上是赞美。必须先概略知道我们这一行，才能更了解这句话。

精确来说，在美国的中国研究这整个领域可以算是萌芽的产业，真正的转折点是在朝鲜战争爆发时。一夜之间，原本一个冷门程度仅次于圣地和埃及学的领域，受重视的程度突然媲美化学和物理。在主要大学的研究所课程中，开始增添和中国相关的各式各样课程。二、三流大学和社区大学部也增加了中国研究课程。这股热潮加重协调的困难，同时也提供创造帝国的绝佳机会。莱特教授既是个一流的协调者，而且也是积极进取的帝国建造者。

中国研究既然是个新兴产业，自然需要资金。在第二次世界大战结束前，对中国研究资金贡献最大的首推洛克菲勒基金会，当时赞助的规模比后来小得多。协调学术权益的主要机构是美国太平洋关系研究所协会（American Council of the Institute of Pacific Relations）。战后的合纵联盟变得更复杂，但经费来源仍出奇的少。1958 年国防教育法案通过后，美国政府本身开始提供资金给一些大学，作为中国语言及相关研究之用。民间最大的资金赞助来源是福特基金会，赞助金额超过其他机构的总和。其他赞助机构包括卡内基公司、洛克菲勒基金会、美隆基金会及亨利 · 鲁斯基金会。这些基金会透过不同的管道将资金拨给受益对象，有些直接拨到大学，有些则是流到 ACLS 及社会科学研究协会（SSRC）等主办许多计划的单位。大专院校的图书馆设备和教职员出版品质等学术水准及声誉，自然是决定赞助顺序的考量依据。结果形成某种循环，营养愈丰富的学校，愈有机会享用大餐。

这样的背景当然引发受益学校的激烈竞争。但很少人注意到，对我们整体也形成很大的压力。我们身在快速成长的领域，必须展现水准和生产力，以证明仓促投资的金额有价值。这绝非资金从国库中满溢而出，会计只要快速付款证明其效率即可。在这种情况下，亚瑟·莱特贡献重大，他把自己当成学术圈和赞助机构之间的桥梁。他出身富裕家族，和波特兰的百货公司业关系深厚，具备先天的优势。熟知莱特的唐纳德·季林（Donald Gillin）对我说："我也不确定，但如果他不是百万富翁，也差不多接近了。"莱特熟悉基金会的管理人士，加上他无疑也具备相同的企业家精神，让他能洽谈出无数的经费，拨给研究中国的计划。他对《明代名人传》的贡献，富路德博士铭记于心。他一再组织研究中国文化传统的讨论会，十年内举办了数场，都是由福特基金会赞助。参与人受邀发表论文，讨论一个共同主题下的较小议题。团体讨论后，主席（常由他自己担任）会把论文集结成书。在大力倡导下，具备历史深度的中国文明研究显现进步的迹象。莱特成就斐然，成为极有效率的资金募集者。此外，他还能吸引金额较小的私人捐款。他掌理耶鲁大学的中国研究计划后，从福特基金会获得的赞助事实上只占整体金额的一小部分，一起获得赞助的学校还包括哈佛、密西根、哥伦比亚、加州大学、康乃尔和斯丹福等等。耶鲁中国研究计划的财政来源大半来自对等的基金会，其中有些是他自已筹募的匿名捐款人。

亚瑟·莱特具备积极的组织能力，和主要大学的顶尖中国学者维持联系，而且形成非正式的讨论会。他们的策略是出席研讨会及经费来源的委员会，并密切注意评论媒体。这样的手段无可避免会招致批评。我自己就曾听到“学术寡头垄断”的指控。但很少批评家愿意停下来想想，如果研究中国的历史学家无法形成共识，无法形成团体的凝聚力，会有什么后果？尤其和欧洲历史学家与美国历史学家相比，我们简直是侏儒。再想想，慈善单位捐款的初衷不过是基于一个专注的问题：“中国忽然构成军事威胁，恐吓自由世界，到底是怎么一回事？”也许可以用不同方法来处理这样的局势，但后果可能更糟。

研究当然需要钱。有人说学者不能用金钱收买，我可能是这一行最不可能说这句话的人。我们需要金钱来购买余暇，进行课外的研究，同时要养家，如果可能的话，甚至还设法让自己过得舒服一些。我之所以可以累积对中国的知识，有能力充实像样的藏书，可以到美国各地及国外旅行，全都是因为美国大众突然对中国事务产生兴趣。我感激为我写推荐函申请研究经费的人，我也感激贡献时间组织管理这些计划的人。

在亚瑟·莱特这个小团体背后抱怨的人通常以为，凭他们在中国领域的成就，应该受到这个小团体的礼遇。这种想法可能没错，但也可能错了。这个主张的基本弱点在于，根本没有这种特权存在。莱特他们不过是一些积极进取的教授自由形成的集合体，他们适时兴起，回应大众的需求。甚至还可以说，由于缺乏对公众的服务和进取精神，这些反对人士只会嚼舌根，不满的情绪满天飞，却缺乏行动力。我曾把我的著作和初稿的抽印本寄给这些人，但我怀疑他们是否会看。我也把同样的内容寄给亚瑟·莱特，他不但每一页都读，而且总是用各种方法将评语告诉我。我把我和李约瑟合写的第一篇文章寄给他，他影印后在研究生的课堂上讨论。

至于莱特对中国和中国文化的态度，有时被形容成批判或负面。专治思想史的他，特别驳斥中国人不理性的这种“神话”。在白乐日（Eitenne Balazs）的影响之下，他对中国的官僚管理没有几句好话。这两种观点我也赞成，只是略加修正而已。本书甚至出现类似的主张。整体来说，中国对问题的处理方式和西方大不相同。在概念形成的阶段，人人心胸开阔，为群体设想，但到运作阶段常转变成背叛。以乌托邦式的冲劲追求理想完美的境界，但动力无法持续时，常常转化成规模吓人的管理失当。可是，在下结论前，国家架构的壮观规模、所牵涉到的恢宏气派、许多人成全大我的坚忍和自愿牺牲、甚至太多人所遭遇的悲痛和绝望，这些层面即使没有精神上的诉求，至少也有感情上的呼唤。因此，无论是否出生于中国的学者，对中国文化的影响通常怀有暧昧矛盾的态度，喜欢或厌恶必须视情况而定。将一个够格的中国历史学家随意贴上亲中国或反中国的标签，其实并没有意义，因为这些人的意见会随个别情况而改变。举例来说，我有时觉得亚瑟·莱特甚至比我更正面乐观。我的基础研究始于明代财政的崩溃，整段历史可以概述如下：开始使用银元时，帝制中国进行的财政调适还不够。预算的明显增加最后导致改朝换代，异族统治——这个历史教训具备相当的镇静效果。另一方面，莱特的中国历史基础是隋朝和唐朝的大一统，开启其后持续的成长和扩张期，他乐于详述唐太宗这位少有忌讳的明君。我去耶鲁拜访莱特时，他指点我，隋文帝和查理曼大帝有相同之处。对两位皇帝的比较出现在他的遗着《隋朝》之中。

他回答我对于民族优越感的疑问，即使事后回想，也不会让我耿耿于怀。基本上来说，种族偏见的消失和国家主义的强硬路线，在西方世界中都还只是新近的发展，尚未完全成定局。琼安·辛顿（Joan Hinton）离开美国三十多年后，于不久前到瓦萨学院演讲。我问她，重新回到睽违多年的祖国后，是否能说出最正面和最负面的印象。她不假思索回答，美元贬值是最骇人的经验，种族歧视消失则是最振奋人心的现象。但对于住在美国的人而言，改变并非一夕之间的事。我获得美国的永久居留权，是在1956年，当时我曾保证一旦战争爆发，我愿意为美国大叔披上战袍。我确定这是最大限度，因为在一个以白人为主的国家中，当二等公民可一点都不好受。到1974年我才取得美国公民权。我在快二十年后才改变心意，因为住在美国的这数十年间，我的美国同胞已经修正对种族的观念。转折点很难找出来，只知道在此期间我深信，我可以归化成为美国人，同时维持中国人的族裔，不致削减任何一方的尊严。出国更加强了我的信念，因为别人看到我们一家人时，都会认定我是美国人。我无法否认，这些年来我在种族上和文化上一直意识到这些情绪。我也可能采取不必要的防御态度。

但在我当面质疑莱特近十年后的现在，我了解到，我和其他研究中国学者之间的鸿沟不在种族，而在意见严重差异。如果只是小小的差异，莱特教授只会建议我修剪部分句子，重写一些段落。但实情并非如此。

《中国并不神秘》开宗明义就指出，中国之所以如此发展，不在于毛泽东具备所有美德而蒋介石付之阙如，也不在于美国干涉过多或过少。最迫切的问题其实是土地稀少和人口过多，农地的不断切割和农民的负债累累，更使情况雪上加霜。文稿在列举两千多年的帝制史后指出，“封建主义”和“资本主义”是西方历史中的原型，但不存在于帝制时期的中国。中西两方遵循不同的方向，各自有不同的发展。中国发展出特有的组织架构，使城市无法管理乡村地区。书稿中强调，共产党能够成功，抗日战争是很重要的因素。侵略的日军席卷全国时，村落也必须承担起战争的重担。中国共产党就把本身转变成一个农民政党，大部分的措施都是回应自然经济的要求。

我撰写《中国并不神秘》时，林彪已经去世，“文化大革命”的疯狂已经平息，但毛泽东仍然主政，“四人帮”也依旧当权。我在书稿中指出，中国激进的左派主张即将走到尽头。除非中国领导人致力于经济发展，否则中国不但无法抵抗来自苏联和日本的威胁，而且也无法面对其他周边势力的压力。北京近年从贸易着手和西方开始接触，是个好迹象。我们谨慎希望，这可以代表东方和西方的开始交会，但双方平起平坐，没有附带条件。我在结论中打算呼吁读者，将中美贸易视为促进彼此了解的工具，暂时搁置哲学争辩。我当时写下：

> 但重要的是，交易必须基于纯粹商业的基础。任何从贸易中滋生的文化对话应该是互动而自然流露的。如果一方决定用贸易当杠杆，以影响另一方进行非自愿的调适，后果可能带来很大的伤害，没有太多正面的益处。甚至一方如果刻意努力影响另一方的想法，并以狂热的情绪推动，只会引来怨恨。

为何这本书的出版计划会引起反对，甚至造成在耶鲁时的尴尬处境？

虽然我的书理论上是通史，但和当前时事密切相关。情势使然，不得不如此。我所以成为历史学家，是因为自己颠沛流离，一切源于中国的动荡不安。但住在美国数十载后，我也了解到，处理公共事务时，尤其是牵涉到广土众民时，解决问题的方式极其有限，而政客所宣称的目标很少能符合实际采取的步骤。甚至舞台上的演员没有机会读到剧本，所作所为的意义必须等到尘埃落定后才能研判。例如，谁能预测到，第一次世界大战竟然引发连锁反应，导致欧洲的贵族王室全都下台？谁又能预测到，从某个观点来看，第二次世界大战可以算是对抗种族主义的圣战，行动一旦开展，种族平等的观念就超越原先预期，扩展到世界各地，并有助于消灭殖民主义？这些历史教训鼓励我要深度思考，我逐渐勇于对长时段的历史进行推论。

有一件事很明白：由于现代科技的进步，整个世界势必合而为一。你几乎可以说，自然经济顺利运作，已经变成无可抵挡的趋势。然而为何世界各地仍有抵抗的迹象？从历史学家的观点来看，零星的暴力事件都反映出剧烈的变动，在多数情况下是开发中国家内部进行重整以因应此趋势，有时对外抗争也企图修正此一潮流。此时中国正位于历史开展的关键地位。中国是全世界人口最多的国家，也经历最痛苦的改造。中国已产生一个下层结构，虽然还达不到西方的标准，但至少不再老旧。中国有信心重新被接纳，成为国际社会的一分子。但这不代表所有问题都已解决，我们仍然要思考数百年的历史背景：这是一个从前以亚洲内陆导向的古老文明第一次站起来，以平等的身份面对另一个因海上商业而发展出组织技巧的文明。

在这些情况下，我如果重新探讨意识形态的争辩，并没有太大意义。大多数的教条口号不过是动员时的手段，本身并没有固定的意义，很可能在后革命时代被修正。从技术的角度来看，即使是中国铁路的总长度和能源总产量，也都只是其次的问题。我在写《中国并不神秘》时认为，在中国的再造中，组织仍然是最重要的议题。虽然激进运动已经创造出一个粗糙但可行的国家秩序，乡村地区也可以进行成块管理，但就整体架构而言，所需的各种关系并没有各就各位。数目仍然很重要。数量仍比品质重要。作为组织原则的同质性和单一性仍然有很大的影响力。一个主要问题仍然存在：完整意义的货币经济仍然很难在中国运作。司法系统无法促进多边交易与现代商业惯例同步发展。但“文化大革命”业已证明，将精力导入意识形态之争，只会造成中国找不到出路，未来必须进行更多组织上的修正，但修正的确切内容和方式仍然是严重的问题。至于所谓的“中国的开放”，不只是西方强权给予外交承认而已，也不是签署一些贸易协议即可，而是应该透过长期的互动帮助中国达成安定。这一切都是前所未有的变局，在过程中无疑会产生许多尝试错误。我预期到读者会期望中国能有迅速的“改造”，因此在书稿中提出警告。讯息的主旨是，我们希望中国改变是一回事，但中国最后会变成什么样子又是另一回事。而且时间点也很重要。

身为历史学家的我，不可能对当前时事进行更仔细的讨论。不过，就我知识所及，我想强调，未来中国历史将和西方历史融合为一，总结过去一百五十年来的对抗。在这段时间的所有重大历史事件，我都加以排列整齐，仿佛他们是入侵军队的分遣队，准备就绪等待开始进攻的日期。所有长时期的社会制度和文化影响都已清楚显示，一个大的农业国家离海遥远，无法调适自己去面对截然不同的海洋文化。当时海洋文化兴盛繁荣，解决问题时并不要求平衡，所有组成因素的价值都可进行交换后，这个系统才能运作，讲究精确管理——也就是说，中国所欠缺的所有可控制性。

这样的诠释方法错了吗？事实上的确有问题。讨论时事时，我会回溯到两百年前。我还将蒋介石和毛泽东视为不过是历史的工具。我如此强调自然经济时，会造成一种印象，以为我在合理化中华人民共和国，甚至替他们辩护。我的技术诠释掩盖了所有的传统历史议题。至于西方民主对抗东方极权主义这个常见的主题，也因此被我搁置一旁。我重新检视中国历史时，无意间也触及美国的道德判断。我们批评邻居用光积蓄去购买露营用汽车、在屋顶上装置无用的太阳能板、让小孩在街上乱跑等等，这些批评事实上反映我们自己的智慧和价值观。我们无法只修正一方而不改变另一方。如果不去批评，也等于贬低我们自己的价值观。《中国并不神秘》探讨的是历史中无法削减的力量，无意进行攻击。但如果强调邻人某些机能性行为背后的逻辑，并把这种逻辑称为自然经济，其争议性可能大过我的预期。莱特教授个人如何看待我的作品，这点我们不曾讨论过。但我仍然觉得，即使是顾及一般大众的反应，他也不可能赞成文稿出版。然而，我在 1975 年 9 月去耶鲁拜会他时，并没有得到如此清楚的结论。

亚瑟·莱特和我彼此都口是心非吗？有时我的确如此认为。由于他的影响力，我还应该讨好他，因为我一直需要他对我友善。但仔细想来，现在我觉得我们之间的问题有很多层面，我们也因此发展出不同层次的关系。我告诉他，我仍然想出版这本书。他建议用抽印本的方式，我说那样不符合我的目标。“所以你还是想印成精装本?”他问我。我说，对。

但当时我仍不清楚，他对公众的义务可以让他有多少限度。我的不满主要是因为他虽然宣称有品质管制，但他不曾说服我：我的作品低于水准。如上所述，在美国的中国研究领域仍不成熟，有许多研究计划不过是加了注释的翻译而已。大多数的教科书，尤其是讨论 1800 年以前的时代，都以中国及日本教科书为蓝本，但这些书是五十年或更久以前写的。在我看来，由于结构不牢靠，捍卫者会更加担心修正主义。就像苹果推车已经做好了，但由于是临时拼凑成的，所以要更小心保护，以免翻覆。对我来说，这种防御性的态度不是行使领导权的明智方法。我一点都无意于颠覆。到目前为止，我最大的野心不过是在推车上放进一颗小苹果。

卖不掉的苹果退回后，我却发现，莱特非常有意思。即使他处理《中国并不神秘》时略嫌突兀，他的精力旺盛和虚怀若谷却让我留下深刻印象。有时他随意透露私生活时，洋溢着小男孩的气息。他提到他生命中的两个女人，也就是第一任和第二任莱特太太时，语气都同样充满爱意与关心，而且都称她们是“内人”。我必须注意谈话的上下文，才能确定他指的是哪一位。如果不是他个人的魅力，我想我在耶鲁的第一次拜访不会这么久，因为像我这么没有耐心的人，如果不是真心崇拜，问候的时间不可能长达三个半小时。亚瑟·莱特长我五岁。当时我以为，我们之间的歧见最后终究会化解。我离开耶鲁时很沮丧，但回到纽普兹后却存着梦想和希望，我很高兴莱特维持我们间畅通的沟通管道。后来我把这番感受告诉编辑 K。基于同样的理由，我很感激玛雅·莱特从电话中所透露的讯息。如果她丈夫不喜欢我，大可以客气敷衍我半小时就让我离开。他绝对不欠我一丝一毫。

一般认为莱特的政治观保守而具备精英倾向，但我没有测试探究的亲身经验。不过，我去耶鲁拜会他时，他告诉我他一年前去中国，看到上海的“种种进步”。后来他以悲哀的语气喃喃说着，为达到这种目的，“中国人民必须付出很大的代价”。

中国这个议题常造成家人间的意见分裂，莱特家也不例外。第一任莱特太太，也就是玛丽 · 克莱苞（Mary Clabaugh）女士，是半世纪前最令人倾心的才女之一。我在纽普兹的同事雨果 · 蒙斯特堡（Hugo Munsterberg）兴致高昂地描述哈佛男生（他自已也算在内）如何竞相追求这个才貌兼备的女孩。最后亚瑟 · 莱特赢得芳心。他们一起去中国，刚好碰上太平洋战争爆发，被日军扣留三年多。只有后来受教于玛丽但和亚瑟更熟悉的唐 · 季林，才能描述残忍的战争对这对敏感的年轻夫妻造成多大的心理伤害。抗日胜利后，他们仍继续在中国的冒险。据说他们在延安“买下共产党的文件档案”，事实上是保管人正要弃置许多文件资料时，他们及时抢救。这些资料目前保存在胡佛战争、革命暨和平研究所。约四分之一世纪前，《读者文摘》报道这次壮举。无论是在斯丹福或耶鲁，莱特夫妇都一起教授中国历史课程，丈夫教传统时期，妻子教现代史。不过，夫妻间的和谐并不是免于政治歧见的保证。在玛丽 · 莱特于 1970 年死于癌症前，她还染上酗酒的恶习。她会清早起床，开始称赞中国的“文化大革命”，甚至还说，如果“文化大革命”不成功，人类就没有希望可言。由于我已事先知道他的家庭悲剧，自然不会提起这个话题。

说也奇怪，我去耶鲁拜会莱特时，他主动提起玛丽。“她自知只有六个月的生命，”他说：“她说她一切都盘算打点好了。是不是这样，我实在是不知道。”听起来非常悲哀，我只能沉默以对。但没多久他又甩掉了阴郁的情绪，兴冲冲地对我说，明年夏天他要去欧洲，“带我内人去看牛津”，这时他指的是玛雅。

我建议，如果他去英国，应该去剑桥看看李约瑟博士。

对李约瑟博士来说，1975 年是关键的一年。到当时为止，美国政府仍然视他为“不受欢迎的人物”。也因此，他受邀至华盛顿大学演讲时，无法取得签证。后来参议员傅尔布莱特（William Fulbright）从中说项，禁令才得以解除。数家美国大学开始邀请他演讲。亚瑟·莱特告诉我，耶鲁先前打算邀请他在毕业典礼上致辞，但后来因签证问题而打消念头。不过，我的建议却是针对《中国科学与文明》的财务支持。这一年李约瑟博士已七十五岁，两度延长的凯思学院院长任期已经届满。但退休却造成写作计划的困难，因为先前的家计都是由凯思学院负责。剑桥大学出版社拨给他位于雪夫斯伯里街（Shaftesbury Avenue）的一栋小建筑，以收纳他的藏书，提供他和合作伙伴的工作空间，但他还是得负担水电及税捐等杂费。日用品、文具、邮资及购书全都是支出，而且还有交通运输费用。图书馆员必须支薪，部分合作伙伴也必须予以补贴。李约瑟博士照例对财务不闻不问，但鲁桂珍却十分忧心。到目前为止，他们都还没有四处寻求赞助捐款，不过也没有婉拒外来的捐款。伦敦的威尔康信托（Wellcome Trust）和代表亚特兰大可口可乐公司的席林洛（C.A.Shillinglaw）博士，都已采取赞助行动。我拜访亚瑟·莱特前，曾和鲁博士及彼得·薄璧吉（代表《中国科学与文明》背后的信托基金）通信，他们同意由我去找莱特，问他是否能为这项计划举办募款活动。

但其中还有一个尴尬的环节。数年前莱特曾为文评论《中国科学与文明》第二卷，登在《美国历史评论》上，他在文中质疑李约瑟博士对历史的目的论诠释方法。纳森·席文教授还在他的书中加以报道。由于有这层关系，请他来主持募款是否会很奇怪？在莱特先前担任 ACLS 的中国文明委员会主席期间，相当支持我申请经费去剑桥工作，当院长的合作者，显示他的书评不致妨碍他挺身而出，让计划获得应有的协助。

我的预测成真。莱特倾听我描述计划的工作状况，立即同意帮忙。在他其后寄给我的信中，还提到这件事，他说："非常谢谢你对于每日财务细节的描述。我原先也疑心到，但不了解有如此拮据。"然而他却立下附带条件：他坚持自己必须是不具名的协助者，所有的书信往来都透过我进行，不能直接和他联络。事实上这简直不可行，我猜他怕李约瑟会拒绝他的协助。数封书信往返后，所有疑虑终于消除，薄璧吉开始直接与他通信。但时间已浪费了三个月，一切开始推动时，已经接近年底。推行《中国科学与文明》的内容简介计划时毫无困难，但必须针对募款活动特别拟定现状报告，一定要在剑桥执行。报告寄到耶鲁时，已经是厚厚的一叠纸。这时发现其中有好几处有错，有数页必须寄回英国修改。英国文具纸张的规格很特别：比美国信纸长一些，但又比法定尺寸短一些、窄一些。铜版纸的材质和色调也很特别，在大西洋的此岸找不到完全符合的纸张。当文件最后准备就绪时，一系列的募款活动于春季展开。有一个基金会立刻宣称准备捐两万美元。莱特夫妇五月下旬访问欧洲，我收到他们从机场寄出的明信片。薄璧吉也从剑桥写信来，说他们和李约瑟博士见面，共进午餐。约两个月后，我去吉尔佛拜访亚瑟·莱特时，他很热心地讨论这项计划，并且保证秋天时积极推动财务支援计划。但八天后他就去世了。令人懊恼的是，德克·博德告诉我，既然莱特已经去世，该基金会的两万美元赞助从此没有下文。所以整个过程刚好可以用“徒劳无功”来形容。所幸，《中国科学与文明》及其知名的作者拥有足够的朋友和推崇者，计划不致流产。

还有另一项因素将亚瑟·莱特和我拉在一起：我计划“写16世纪末某一年发生在中国的事”，亚瑟不仅支持这项计划，而且也很热心参与。对我来说，在经历过制造失败品的可怕感觉后，这是唯一可以让我前瞻的计划。

我在秋天去耶鲁拜会他时，已经准备好在教书之余撰写一部分的草稿。我计划春季这一学期停止上课，全力写作，一直写到夏天。《万历十五年》的原意是和《中国并不神秘》相辅相成，一是探讨中国历史的纵切面，一是横切面。未出版的书稿是以直线描绘历史轮廓，以概论的方式显示两千年历史中的高峰和低谷。下一本书则是帝制晚期的横切面，引入详细、完整、充实的资料。较薄的时间切片让我有更大的空间，可以叙述传统中国国家和社会的内在运作情况。我打算利用一系列的传记素描来进行描绘的工作。考虑的因素在于，我们所说的“文化导向政体”牵涉到许多不同的特色，自然会将历史导向利于学科整合的研究方式。文化导向的原因出在法律体系并不具备独立的特色，无法展开多层次的分工，无法进行多边的商业交易。如果没有上述的组织原则，货币管理就不可能进行。这一切都要回归到我先前的主张，也就是说，如果要将司法和经济分析应用到这个主题上，结果将是徒劳无功，就像将对鸟的解剖学知识应用在鱼身上。

就某方面来说，我的方法遵循李约瑟博士的建议，也就是不要认定中国的一切尝试是“失败的西方原型”，而应该先发掘本身的逻辑和运作情况，再进行批评。描写生涯彼此交错的部分人士的言行举止，应该很能符合这个目标。亚瑟·莱特相当熟悉李约瑟和我的作品，又核准我向古根汉基金申请的研究经费，当然非常了解我的计划。他开始对我的计划产生兴趣，原因是他认为传记模式可以提供历史分析的肥沃土壤。组织架构建立于浪漫不切实际的哲学元素，但事实上一切都受到人为因素的影响、修正和妥协，在这种情况下，从个人的功迹和内在想法着手，远比研究机构更能有效呈现历史史实。然而，《万历十五年》不只是普通的传记集结而已，它还打算将一个时代几位人物的平生行谊全整合在一起。它将是综合传记，或说是一个时代的传记。

亚瑟提醒我，朱东润写的《张居正大传》是非常有用的参考资料。“那本书不是很有趣吗?”

我告诉他，就开山始祖的角度而言，朱东润的传记的确很独特。但如果就最近二十年来的发展而言，参考资料更广为流传，稀有书籍以显微胶卷及石版印摄影复制的形式保存及流传，我们拥有的优势胜过朱东润。如果还要再谈到同一主题，也许我们可以做得好一些，“因为我们有更多材料可以处理”。这种确定的口吻让他很高兴。他问我是否会碰到重大的问题。我告诉他，对我而言，基本领域不再是陌生的题材。参考资料已充分揭露朝廷仪式、宫廷生活、地方政府、边疆防御、军队战术、武器、补给系统、控制用水工程、税制和司法事宜、家庭工业的本质、城市商人的业务范围、官僚的生活、他们的哲学、甚至于他们的超自然信仰。我深信，这些元素全都交织在一起，即使植物科学也和政治生活密不可分。但最大的困难在于把这些事全挤在一年的时间之内。我坦承，原先向古根汉基金会申请的计划可能略为庞大了一些。

“不用担心，”他说：“你可以采用倒叙的手法。”他接着对我解释，古根汉基金会一旦核准经费，就再也不会干涉或批评申请人的作品。

“莱特教授，还有一个问题，”我说：“参考资料有很丰富的视觉材料，但却没有相对应的听觉材料。多么奇怪的事：你可以看到一切——建筑、大理石石阶、家具、乐器、香炉、服装，而且不只是衣帽外袍，还包括袜子和内衣——但是你就是无法知道他们彼此之间的对话情况。我可以引用和复制的对话并不太多。”

这个障碍显示出中国文化的影响。古文的起源是在兽骨上雕刻表意文字做占卜之用，因此简洁到极点。如果数百年前的对话曾经被记录，也只能以高度格式化的形式保存，言辞中已省略许多部分，因此读者很难抓住段落的语调。古人所说的话也许不可能太口语或太自然。而且，在文化从众的压力之下，中国作家即使在写回忆录或自传时，通常也会避免以个人的角度太贴近主题。在无数的情况下，我们可以推论出他们想说的话，但无法精确复制其内容。

“关于这一点，”莱特说：“你要非常小心。不久前有一位女性也面临你刚刚描述的处境，她于是直接把这些话放入引文中，并且承认对话是她自己的杜撰。她甚至区隔这两部分，一是可以考据的部分，一是她自己杜撰的部分。批评家不曾原谅她。重点在于，如果你想写小说，你就写小说。如果你想写历史，你就写历史。事情就是这样。”

这番对话决定《万历十五年》的基本原则。虽然亚瑟要我阅读《隋朝》的初稿章节，后来又寄给我大约一百页的文字，但我在技术顾问方面并没有发挥太多功能。可是，身为前辈和朋友的亚瑟·莱特教授，却忠实地阅读我寄给他的每一个字。1975 年 12 月初，我把《万历十五年》的初稿寄给他，以下的信透露出他的敏感，不论于公于私：

亲爱的雷，

我利用抱病在床（喉咙受病毒感染）的机会，拜读你的万历章节。动人之至！行文确实传达出宫廷生活的纹理丰富（以及种种异常之处）。我向来觉得，天子的最大负担不在工作和仪礼的繁重，而是要展现——永远在舞台前方的正中央——适当的形象，无论是对当时或后代子孙。这一切需要超人的特质，但我们却都只是普通人，很少具备这些特质。

我真心希望你的岳父早日康复，新的一年比即将逝去的一年少些艰苦，多些快乐。

收到薄璧吉来信时，我会告诉你。同时献上我最深的祝福。

你永远的朋友，

亚瑟

1975 年 12 月 18 日

但我的前辈朋友兼著作批评家莱特，却不曾想像我身为教师的处境。我在纽约州立大学纽普兹分校中所教的学生，对中国的看法早已根深柢固：中国是个保守的国家。中国人发明罗盘及火药，建造万里长城。但中国人是儒家信徒，所以希望一切都维持现状，没有求进步的观念。在近代，有一个坏人，是一个高压的军阀，有的学生念成“清介石”。为了挑战这个坏人，又出现一个好人，但不是每个学生都会拼他的名字，有些人称他是“哞主席”。自从纽普兹废除通识课程以后，亚洲研究不再是必修课程，一些学生选修我的课是因为他们自认为对内容已有足够的了解，因此很容易念好书，或是稍微努力一下就可以取得学分。遗憾的是，有些学生从来不曾超越此一水准。

FTE 使我们的处境更为艰难。我不知道谁在何时发明这套制度。类似的制度有不同的名称，但在纽普兹代表的是“全职教书等量单位”。运作方式如下：为计算方便起见，假设纽普兹有五千名全职学生，每个人都修满十五个学分，相乘后就是七万五千个学生—学分。假设纽普兹有两百五十个全职教师，理论上他们应该平分教书的负担，因此每位教师就要有三百个学生—学分。多数的课程是每星期上课三小时，学生在学期末可以获得三个学分。因此，在上述的假想情况下，可以算出每一位教师的平均负担，也就是开设的三或四门课共有一百名学生。在这种理想状况下，这位教师的 FTE 就是 1.0000。每位出席的学生占全部的 0.0100。在实务上，还有很多复杂的做法。半工半读的学生有不同的计算方式，研究生的 FTE 比重又高一些。一般课程是三学分，所以两学分的课程只有三分之二的 FTE。相反地，四学分的课程则是一又三分之一倍。1.4000 的 FTE 最常出现在经济学概论、社会学概论或英文作文，代表修课学生远高于平均。0.8790 的 FTE 则略低于平均。在纽普兹，计算 FTE 时不考虑该门课是否必修，也不管教师的等级、资历深浅或专长，一切都是由计算机来计算。自从我开始注意到自己的 FTE 时，这项数字从来不曾超过 0.4000，在很多学期甚至还远低于这个数字。

最初提到 FTE 这回事时，我们都把它当笑话。“他们把我们当做什么？汽车推销员吗？”但我们逐渐发现，这个 FTE 可不能随意一笑置之。系主任和部分资深教员公开夸耀自己的 FTE 很高时，充分显示这个数字早已是衡量价值的标准，相当于我们的打击率。接下来，教务处注册组就会送来个别通知：下列选修你课程的学生还没缴学费。请告诉他们，如果他们不在某期限前缴清，他们的选课就会无效，他们的出席也不会计入你的 FTE。价值显现法又添一层意义，和个人的工作保障更加密切相关。否则送来的备忘录也不可能暗示，我们必须了解销售情况，因为事关我们的权益和好处。

强调选课人数事实上造成新的供需关系。学生了解到自己是被需求和追逐的对象，因此觉得他们站在“买方市场”。对学习的兴趣因此陡降，作业和规定也因此减少。有些学生甚至大胆到和教师争论分数。60 年代末期到 70 年代初期，课程开始自由化，学期报告已逐渐取代笔试。你也不可能给这些报告打太低的分数，这些报告全都“资料”丰富。我的问题在于，学生一开始的信息既贫乏又错误，学术纪律的要求又大幅下降，让我不清楚底线何在。我当然教过好学生。我教过聪明的学生、勤勉的学生、正直负责的学生、忠实诚恳的学生，毕业数年后都还会写信给我。最近我都还收到他们的来信。但他们是少数，而且是极端的少数。大部分的学生才是问题所在。

许多学生都有一个共同概念：整个中国现代史可以总结于一个道德教训，也就是邪不胜正。不消说，国民党和蒋介石贪污无能，因此丧失天意所归。既然这些学生同情毛泽东和共产党，他们显然是开明进步的。这才是重点所在。我对他们进行笔试测验时，通常大多数的申述论题都显示学生的开化程度有深有浅，却很少展示不同层次的历史知识。有些学生的观念直接来自于校园中的其他教师，有几位已去过中华人民共和国，在两周的行程中去过三个城市。

有时我问学生，如果一个数亿人的国家把自己的命运交给一个道德败坏的人物，而每个美国大学生都可以用一句简单的话来归纳这个人的错误，数十年如一日，毫无变化，这种情况不是很荒谬吗？这时我听到贪污无能的指控已不下百次。我还将在大陆时期的国民党和之前之后的情况加以比较，进一步和中国历史上朝代更迭时相比。经过无数反省后的现在，我想说的是，整个国家运作失调，反映的不是个人的性格，而是一个前工业社会的欠缺，无法管理牵涉大量工业产品的商业，也无法提供所需的服务。在中国抗战期间的最后数年间，每个城市的商品价格都不相同，城市和乡村间的价格也不一样。国民党政府无法照顾到所有的军队单位，只能给资深将领一整笔钱，但通常无法符合军队的需求。这些将领迫于情势，必须游走于法律边缘，因为没有任何明文法规清楚规定他们可以做什么，不能做什么。我从柳州到重庆时，发现军用车辆和资源委员会的卡车运送私人货品时，身为步兵下级军官的我非常生气。但身为历史学家的我，却必须往深处探究，寻找这次失败的终极原因，否则可能错判中国问题的面向和本质。

我对学生建议，如果我们对国民党和蒋介石暂时停止道德判断五十分钟，在课堂上也许可以找出教科书作者和通俗作家所忽略的史实。学生同意后，我问他们是否知道国民党的预算有多少。一位美国人所提供的证明文件显示，到1937年对日战争开打时，依当时汇率计算，中央政府一年的支出是四亿美元，还不及现在纽约州立大学预算的一半。虽然当时当地的购买力和今日的美元没有直接关系，但对于一个处于关键时刻的大国来说，金额仍然严重不足。从这么小的预算中，蒋介石还必须打造现代化的陆军、海军和空军，养活他的官僚，推行他的建设和教育计划。我一再向学生保证，我的目的不是替国民党开脱或漂白。如果不带感情来评估，历史上的蒋介石会被视为赌上中国命运的领袖。他划时代的大胆冒险导致僵局有所突破，因此改变世界历史，连带影响美国人民的命运。也因此他必须付出代价。他决心所引发的事件愈演愈烈，情况远超过他的处理能力，最后造就毛泽东的时代，在这段不下四分之一个世纪的期间内，积极压制城市和外来的影响，建立一个符合乡村简朴气质的同质性基础。即使历经数十年的动荡不安，任务却尚未完成。

无论我们喜不喜欢，在肯定名将贡献的同时，我们也许可以将当代历史还原到原有的时空之下。各种里程碑让史学充满层次及纵深，相关事件及因素才能各就各位，如此才能看到直线的进展。如果做不到这一点，我们恐怕只能说，这个时代的一切都乱成一团，而中国不过是个发疯的国家。道德指控常将历史转成好人战胜恶人的刻板形象，我们终究会搞不清楚谁是好人，谁是恶人。压扁和紧缩历史非常容易，但同时也会模糊美国对世界的贡献。

我虽然批评学生花太少时间准备课程，但并非对他们的辛苦无动于衷。对丝毫不了解中国文字的读者而言，充满单音节人名的教科书实在是沉重的负担。就表意文字的视觉而言，张宗昌和孙传芳之间有天壤地别的差异，但罗马拼音化以后的差异却消失了。而且，如果没有具备文化背景，绝对很难理解外国人的逻辑。很少有纽普兹的学生一心想当中国专家，他们选读中国历史课程时，焦点放在一般常识的醒目部分。孙逸仙、袁世凯、蒋介石、毛泽东和周恩来既然是考试时的重点，自然吸引他们的注意力。他们无法从教科书的上下文中获得理解时，便从通俗文学和电视上寻求指引，事实上这些媒体只会更强化美国人原先存有的僵化概念。所以我才非常希望能由知名出版社来出版一本小书，以便向学生解释，毛泽东的美德或蒋介石的无德都不足以了解中国。这样的解释和之前或之后的事件并不一致。

在土地稀少与人口过剩的主题方面，我要学生寻找，共产党进行公社改革前，每人可以拥有多大的土地。学生毫无困难地从教科书找到答案：在中国北方是每人六亩，在南方是每人一亩。由于种旱粮的地有别于稻田，北方的六亩和南方的一亩具有差不多的价值。但一亩有多大呢？一亩约六分之一英亩。但学生的观念仍然很模糊。这时我有机会让他们留下深刻的印象：一亩是六千平方英尺，比两个网球场还大一些，如果以美国的足球场来换算，比十五码线到终点区的范围还小一些。“大概可以勉强快传一次，触地得分。”视觉上的认知让我可以对学生进一步解释，在公社化之前，土地一再经过分割，最后可能只有“教室大小，农民要翻转犁都很困难”。这些资料都收入《中国并不神秘》。

如果我以为自己有何原创力，或是正在校园中进行“创造性的教学”，我最好仅只于幻想而已。除了一些和我较亲近的学生以外，我的努力并没有受到肯定。在我去耶鲁见莱特教授的前一年，我曾遭遇到奇特而羞辱的经验。一名大学生来上课的时间不到一半，以期末报告代替期末考。他在报告中点出我最喜爱的主题，也就是说，在现代之前，一个强而有力的中央政府对传统中国留下不可磨灭的印记。但接下来的文章却支离破碎，和开头的主张毫无关连。这名学生在报告的结尾附了一张字条：我一定要给他 B 或以上，因为他是“小有成就的人士”。但因为已是学期末，他没有时间等待成绩的结果，因此留了一个纽约市的电话号码。如果我不依他的要求给分，最好在把分数送到注册组之前打电话给他。一周后我写信通知他，他的成绩已被送到注册组，但没有经过他的同意。我不可能事先和他商量，因为会违反惯例。我把他的报告送到系主任办公室，除了注明评分的理由外，还附上那张纸条的影印件。如果他对分数有意见，他应该依照规矩和系主任谈。这位学生再也没有来找我，但我还是沮丧了很长一段时间。我不禁把这件事当成个人的挫败经验。无论是教书或其他行业，我都从来没听过类似的事。我怀疑我的同事是否也碰过同样的事。

不久后，学生问我是否可以修我的课却不来上课。我被问了两次。事实上，在课表排定的上课时间内他们都要工作。课程开始的一两堂课时，他们可以从工作中拨出时间出席一下，但他们希望以后就可以用“略微不同的方式”来达到课程的要求。我问他们，为何不能登记成跟着我“独立学习”，因为学校愿意如此核准，以便应付特殊情况。他们说，他们希望学分单上可以显示学分数目和分数，如果是独立学习，学分单上只会注明S，代表令人满意而已。我必须拒绝这种要求，因为我无法得知情势如何演变。我同样不知道这是否为校园中的普遍现象。我所知道的是，独立学习的学分给得很慷慨。“给他们一些红萝卜，”一位资深同事建议我：“有利于你的选课学生数目。”

凡此种种，我却不能归罪于个别学生。如果说他们厚颜无耻，大胆妄为，真正原因在于他们受到鼓励。纽普兹1974年到1975年年度的《大学概况手册》中指出：“校方致力于教育经验中所有层面的弹性和多元化，往年许多结构复杂的程序和规定全都已经简化或弃置，以利于今日的选择自由。”在另一段又指出：“为促进学生自行肩负责任，校方不会强制学生一定要上课。然而，每一名学生都必须为自己选修的每一门课负责。”如果无视于修辞，读者可以从手册中感受到，纽普兹正经历危机的处境。前校长威廉·哈格提所设定的严格架构已经崩溃，但又没有别的架构可以替代。管理政策尚未定案。教师多多少少要考量自己的生计。在课堂上点名不再是好事。所谓的学生责任也降低成付学费和通过笔试，有时还可以用学期报告来取代。纽普兹面临双重压力，一是经费缩减，因而威胁到教师的地位；二是学生入学人数减少，可能造成经费再缩减。手册中所宣扬的自由主义其实是向内退缩。

此外，阿拉伯石油禁运所引发的不景气，也冲击到美国的大学校园，中国领域同样面临严重的缩减。表面上来看，随着尼克松访问北京和中国的开放，中国研究应该引发更多人的兴趣。但如果从企业的角度来看，就完全不是这么一回事了。要注意的是，朝鲜战争以后，美国才突然兴起对中国的兴趣。1971 年，一份给福特基金会的公开报告分析这个领域最近挫败的因素："……教育和公共的优先顺序已从国际事务转向国内事务，**中国战略安全的威胁性明显减弱**，以及校园内外**利用中国达成在国内的目标**"（黑体字是我加上去的）。总之，基金会的大笔金额已重新分配，用来研究都市更新、种族冲突、环境和生态、毒品、贫穷、堕胎、平等权利、新能源来源及相关议题。另一方面，中国之"被利用"绝对不是新闻。中国造成的紧张情势减轻后，老巫婆的形象被白雪公主所取代。毛泽东运动中具备乌托邦和浪漫的色彩，其中不完全欠缺曝光价值，可以广为宣传，用来推动和中国毫无瓜葛的运动。我们在校园中已碰到这样的例子。学生的兴趣并没有导向中国研究，更不用提中国历史。中国的"进步"不过是用来作为口惠的工具而已。

更重要的是，在历经十年的供不应求以后，各地中国领域的教职已满到接近饱和点。中国不再是热门的领域，因为正如部分专家公开表示："肥缺不再流向这个方向。"教师的过度供给甚至已到中学的阶段。我开始在纽普兹任教时，研究生莫不希望可以增添一项学习经历：有资格教授中国和日本的课程。有一名学生告诉我，本校的教育硕士（要持有纽约州教学执照的必备学位）可以让她加薪八百美元。十年后的她如果还能保持教职，就算很幸运了。解雇多余教师不再是威胁，而已成为事实。

因此所有的问题全都环环相扣。在不景气时，入学人数很重要。我们不比符合及时需求的经济学、社会学等“强势”学科，我们这些“弱势”领域为求生存，有更充分的理由去迎合学生的需求。如果课程内容、出席率、考试和评分无法维持“往年”的水准，我也无意以一人之力企图扭转趋势。如果校方决定“弹性”，我绝对不会坚持严格的标准。我可以向现实屈服。我可以减少指定阅读的分量，降低考试的难度，分数给得比较宽松。这些我都可以调适，但一切总有个限度。我绝不可能教我自己认为错误的内容，课程内容即使稀释，也必须仍在中国历史和文化的范畴内。我不会容许“中国”被利用来证明我自己、我的学生或其他人站在进步的这一边，不会容许这一点成为我课程的目的。不论学生如何毫无准备，学习速度如何慢，我的每一名学生一定要学会一点东西。我不可能只因为学生有注册就让他们过关。但后来还是发生无法达成最低要求的情况。

“你可以让内容更容易理解，”我的一名同事建议：“老实说，你总不能超越学生的理解程度吧?”

“我的大纲，”我向他保证：“并不是新奇而复杂的玩具，事实上不过是常识而已。如果我自己研究时必须在小巷暗弄间穿梭，我替学生上课时，会把这些曲折巷弄拉直，只有平实的论点，不会唱高调。我只希望强调，从远古到现在的中国历史包含着一致的逻辑。对他们来说，就像捷径一样，找到一个减轻历史复杂程度的方法。”

“我对这点不是很确定。你有自己的政治观，不是吗？还有，你曾在蒋介石的军队担任下级军官。抱歉提起这件事，不过如果不是你自己常说，我也不会提到。”

“我提这回事是因为我希望人人都能了解，这绝对不是障碍。我是下级军官——没什么大不了的。差别在于，你当兵时，一心想着冒险。但身为大学教授，你必须教年轻人如何思考。这是两件不同的事。”

“非常有意思。教年轻人思考。但这样不会开启通向你政治观点的大门吗？”

“如果你所说的观点是指历史学家的观点，没错，我的确有我自己的立场，你可以说是实证主义。我无法想像我们教导学生时可以做到毫无立场，但这种立场不一定牵涉到党派。我从来不曾说过，国民党应该赢，或是国民党人全都知道自己在做什么。”

“实证主义，”我的朋友说：“多么伟大的字眼。”

“我亲爱的同事，”我提出抗议：“你希望我不要为难学生，所以我保证避免艰深的词汇。但现在我面对的是一位拥有主要大学博士学位的人，而且正在质疑我的教学哲学，我仍然必须遵守基础英语的原则吗？事实上你知道实证主义并不晦涩。如果一件事发生了，背后一定有原因，不能因为你不喜欢就否认这件事在历史上的地位。我可以继续说下去吗？”

“请说，”我的朋友有些懊恼。

“至于蒋介石，重点在于他刺激日本对中国进行全面作战，因而改变国际间权力的平衡。他决定放手去做，最后导致珍珠港事变和美国的参战。许多美国人因此不肯原谅他。他诱骗美国人加入战局来拯救他自己，但又不让美国人控制他。我可以说，详情还要更复杂。但我们没有理由为此争辩，因为不会有任何结果。我们不如承认，1937 年 7 月 7 日，他作了关键性的决定。从那一天以后，世界局势再也不一样了，这就是我说的不可逆转。同样的，毛泽东也对历史产生不可逆转的贡献。如果我们把这些不可逆转的因素相加，就是实证主义。你会以不同的眼光来看历史……”

“所以你认为毛泽东发起的运动也是不可逆转的?”

“姑且算是如此，但其实言之过早，只不过其中有部分的确不可逆转。老实说，我认为他的阶级斗争无法持续，因为其逻辑很值得怀疑，而且已经被过度强调。但对他来说，阶级斗争是一种方法，可以用来完成许多事。看看土地改革和公社制度就可以知道了。”

“所以你认为公社也是无法改变的?”我的朋友有些激动。

“在那篇李约瑟博士和我联名发表的文章中，我们极度强调这件事。两个非农业专家发表这种声明，似乎有些武断。但实际上，公社不一定要维持现在的形式。地方分权开始盛行后，就可以进行调适。就个人来说，我希望他们可以修正成半私有的形态。不过，我可以毫不犹豫地说，修正有一定的限度。如果要他们解散所有单位，以毫无限制的原则让土地回归私有制，这是不切实际的做法。我敢追随李约瑟大胆断言，是因为我像他一样，在共产党占领前都曾经在无数的村落中进进出出。我们知道什么是土地的分割，也亲眼看过灌溉系统。就算没有，还有农业专家和经济学家对这个主题进行的一大堆研究，如果还不够，还有人类学家和社会学家的研究。即使像我这样的外行人，我也可以大胆指出，单是为了税负、教育、房屋和公共卫生等因素，就没有理由回到过去。没有一种司法制度可以让约八亿农民全都拥有田产，全都接受公平的待遇。请不要用那种眼光看我，我可不曾投毛泽东一票！我只是说，不管我们喜不喜欢，其中一定有相当程度的集体主义，不需要是共产党或左派分子才有资格这么说。”

从这番对话中，我了解到，两人之间有相当大的差异，无关于我所使用的词汇。让两方意见相左的甚至不是意识形态或文化差异。并不是中国历史的研究没有更新，也不是欠缺信息，而是一般大众并没有体认到背景中的部分事实，毕竟这些事实十分恼人。我说一般大众时，指的是中国人和美国人。我们很容易将珍珠港和广岛原爆视为历史，但较难接受蒋介石和毛泽东是历史人物。在八年前上述对话发生时是如此，八年后我回想起这段对话时还是如此。

1976 年的春季学期我向纽普兹告假，依原定计划撰写《万历十五年》。研究帝制末期似乎让我稍微分心，不再全心关注当代中国的事件。就某种程度来说，这是另一个世界。我看到明代官吏丝袍上的锈金线，也看到大理石桥及半月形大门，还有白鹤盘旋在京城里的喇嘛寺上方。我曾对莱特教授抱怨，研究中缺乏相配的听觉材料。然而此时我却仿佛听到庙里的钟声响起，宣告皇太后的葬礼；我也似乎听到各种场合中的司礼官对聚集在宫殿前的官吏一一唱名，语调低沉而拖长，以创造庄严肃穆的效果。然而，一个年代的种种味道和颜色却无法阻碍我的视觉，不能让我无视于中国历史一脉相承的事实。我不久就确定，现代中国所有问题的根源都在我翻阅的书页中。在中国的结构之下，一大群没有差异的官僚管理一大群没有差异的农民。就技术上来说，其可管理程度相当有限。任何尝试运作这套制度的人最后全都失败，而且惹祸上身。

这个写作计划的真正乐趣，在于综合所有资料的过程。溪流沟渠的水全都汇集成大川，即使处理的是令人沮丧的负面题材，但仍带给作者美学的满足感和特定成就感。我建立出壮阔的视野。3 月下旬，我应贺凯教授之邀，前往多伦多，参加他在亚洲研究协会年度会议中的研讨会，报告明代政府组织。在会议中，我在听众之前宣布：“这作品最有趣的部分可能在于综合。重新组合不同的元素时，我们可以从不同角度来欣赏全景。”这种兴奋感源起于以下的发现：原来历史中并没有太多的浪费。乍看之下显得轻浮琐碎、毫不相干的事物，如果全加在一起，也能展示出它们的重要功用。

4 月，杰夫放春假。他现在已经快九岁了。由于岳父的病情延长，内人从感恩节起就一直待在田纳西，小儿因此非常想念妈妈。我在这段时间充当单亲家长，有机会了解母姊会、小童子军和小联盟棒球队的活动，并且培养和儿子间的亲密关系。他先前也陪我去加拿大。我决定去哈佛燕京图书馆进行更进一步的研究时，他再度成为我的旅伴。

对所有的父母来说，他们的子女当然都是独一无二的。我对杰夫的感情更深，原因不只是他是我的独子，而且还因为我们之间有四十九岁的差距。我不知道是他或格尔让我更亲近美国主义。但毫无疑问的是，身为美国儿子的父亲让我自觉到我个人对美国的义务，毕竟美国的未来直接影响我家人的福祉。儿子的生日在7月4日，让这一切显得更有意义。本书也考虑到这些情绪。

在纽普兹，我厌倦做菜时，我们会从麦当劳和肯德基买外食回家，但我们也常从中国餐馆叫外食。杰夫正处于随时想证明自己有用的年龄，他会打电话订木须肉，而餐馆的人都已熟悉他的声音。半个小时后，我们开车去餐馆，他总要我在车子里等，因为他对递钱算零钱的工作已经十分在行。有一天，他拎着食物袋回来时，告诉我，餐馆的人一直问他，“小家伙”，将来长大要当美国人还是中国人。

“你怎么回答?”

“我说：‘当然是美国人。’他们就问我原因。我说：‘首先，我出生在美国，不是在中国。其次，我从来没去过中国。第三，你们讲两种语言，而我只会讲英语。’”

他又问我，我觉得他的回答如何。我说，我觉得他回答得很好。事实上，他自行决定的能力已超越我的预期，内人和我都不曾替他准备这个问题的答案。

令我担心忧虑的，是杰夫的世界。我离世后，他的人生至少还有半世纪之久。我当然也想到他未来的家庭。目前的局势会持续下去吗?这个念头让我很害怕。格尔告诉我，杰夫问她，等到他学会开车时，全世界的石油都用完了，那该怎么办？她叙述时语气平静，但显然透露着极度的关切。我的心里因此蒙上阴影，但也刺激我以浓厚的兴趣去阅读新能源开发的相关报道。同样的，最近热门的议题如生态、核战争、性道德、生态保育等，如果思索每一议题对下一代的影响，就会发觉这些主题具有引人注目的强大吸引力。至于我自己，也以类似的迫切感来对待世界史。对于那些有充分理由嘲笑我自我膨胀的人来说，我的态度自然显得很愚蠢，和我的行业与技艺显得很不相称。但对我来说，历史学不只是行业与技艺而已。或者，换一种略微不同的说法，我开始接触这一行业和技艺，是因为动荡不安的生活造成心灵苦恼。为了寻求问题的解答，我才发现世上所有的事件全都紧密相连，而且，由于距离缩短，重要议题的冲击很少只及于国内，而是会倾向国际化。因此，我们必须更新所有的背景资料，妥善收藏，因为这些事情可以共同影响我们的决策。我无意夸大其辞，只想就我能力所及搜集资料，整合成可读性高的内容，以学生的程度和兴趣为对象，来达成我的任务。即使这样的努力都会遭到很大的阻力，令我十分心烦。我们甚至还没有机会面对毛泽东的独断主义时，就碰到这样的遭遇！不过，幸好我还有《万历十五年》这项计划。它虽然有些偏离，但探讨的仍然是一般主题。一旦出版，书的美学价值可以让我多吸引一些学生来修课，增加我的选修人数。学生都崇拜英雄，急着看老师的书付梓。

九岁的儿子当然不知道，即使我在进行学术研究时，也挂念着他。在多伦多，他忍受亚洲研究协会长达两个半小时的会议。会议于皇家约克饭店举行，我不知道如何安排他整个早上的活动，而且又能与我保持联络，只好让他坐在会场里。在哈佛，他每天听我的指示，从大众街的假日旅馆走到神学街，到达燕京图书馆。他在靠近大理石楼梯的大厅等我一起吃午餐。有一天他等了半小时，我从厚重的玻璃门后方出来时，看到他单脚跳跃，自己消磨时间。最后，我终于完成数日的浏览，借来的书也都放进在哈佛广场买的竹篋中，刚好放进车后的行李箱。我们终于有机会四处观光，正好可以利用开车回家的一整天。

第一站是普利茅茨。我们随着游客的路线登上《五月花二号》，欣赏普利茅茨岩，在普利茅茨殖民村散步。小儿非常高兴，眼睛闪闪发亮，张着嘴巴。但在这种情况下，父母总是受益最多。我童年就听过《五月花号》。《五月花》是我在长沙念六年级时念过的一篇文章。作者看过普利茅茨岩，想像完成旅途的一百多位乘客的心情，想像他们带着行李和粮食上岸，再看一眼将他们与故乡永远分隔的大西洋。当时这篇文章对我并没有太大的启示，因为我不曾去过很远的地方，不曾离开家，不曾看过海，也不曾理解何谓宗教迫害。但五月花这个美丽的名字，却让我印象深刻。和德沃夏克的《新世界》一样，说的是共通的语言，那种冒险奔放又夹杂着多愁善感和神秘的魅力，触动和杰夫年龄相近的中国少年。但历经半世纪和许多体验以后，我很高兴能带年幼的儿子前来瞻仰清教徒的殖民区。有一天他或许可以理解，美国是殖民的国家。我们这些外来的子民不只是一个友善国家的客人，还要以归化公民的身份成为积极的参与者，我们形形色色的背景和经验必须丰富美国的生活。对华裔美国人来说，抱怨不幸的中国佬被别人欺负的时代已经过去。身为少数族裔的我们，有更多的道德负担，必须展示我们的性格和优点。殖民村的设计也让我更确定，自由是超越的因素，没有固定的经济价值。美洲早期的移民必须长时期过着公社般的生活，彼此紧密联系，等到后代子孙才可能冒险进入空旷的原野，满足自己的选择自由、幻想和个人主义。

过了普利茅茨，是一大段的次级公路，直通到秋河（Fall River）。我开车时，杰夫在一旁睡午觉。整个地区人烟稀少，天空阴沉灰暗。我把车停到通腾河（Taunton River）的海岸区，登上“马萨诸塞号”时，行程才又恢复生气。

儿子看到战舰，十分兴奋。他爬上主炮台前的木制台座上，几乎可以轻易钻进十六英寸宽的炮管内。他想操作其中一架高射炮，但坐到位子上却够不到准头，不过他一点也不介意，脸上照样绽放灿烂的笑容。他很高兴地听着我们在门口借来的耳机，可以从中听到录制好的解说，随着脚步的移动而了解各战斗位置。我一直认为战舰像玩具，以前从来不曾登上战舰，只能就手册中的插画和缩小的模型自行想像，不曾想过战舰也可以是游乐场。儿子兴高采烈地四处漫游时，我也变得很兴奋。我后悔没有找他的一些同伴一起玩。如果说我先前顾虑到儿子的教育，不让他接近战争的思想和暗示，此刻也都到九霄云外去了。事实上，我现在想到，战争是场罗曼史。这么一个庞然大物从港口启程远赴战区时，约两千名水兵穿着浆得笔挺的海军喇叭裤，发誓在这艘浮动的要塞上生死与共，这样的场景无疑是冒险的高潮，也具有瞬间的真实感。

然而，我如何教育我的儿子，战争是危险又不人道的事，很少达成解决问题的预期，有时还对无辜人民造成难以计算的痛苦，而且我尽可能要他远离战争，希望他一辈子不要卷进任何战争内？事实上我无法教他。我自已乐于将战舰当成浮动的游乐场，很难说到底是由于好战天性在没有防备时窜出来，或只是纵容的父母讨好子女心切时所产生的无意举动。

数月后，我们一起观赏一部战争片。“爹地，”杰夫问：“钢铁制的船为何会着火?”

我对他解释：“所有东西都会燃烧，完全看温度有多高。一根火柴可以点燃一个火柴盒，但无法点燃一截木头。另一方面，如果把木头丢进火炉，一下子就起火了。发生海战时，弹壳、炸弹或鱼雷直接命中目标时，产生的高温足以使钢片像锡箔纸一样燃烧。如果打中的是油轮或火药库，甚至可能把整艘船的结构变得像大型火柴盒。每个东西都是可燃的，要多热才行？我实在不知道，一定要百万度吧，有时连船下方的水都在沸腾。”

“好吧，”杰夫说：“我知道了。”所以他也受够了。

也许这才是解决问题的方式。我不是反战的活跃分子，身为历史学家的我，反而有时候要把战争视为理所当然。以上所描述的地狱般情景够恶心，应该可以冲淡战争很好玩这种想法，毕竟成人常会助长战争是游戏这种念头。

冬天我埋首于《万历十五年》，春天我还在写，一直到 1976 年夏天，也就是美国立国两百周年，格尔又回来和我们同住到年底，再飞去父亲的病榻旁，尽独生女的责任。

但我写作时碰到困难。我原先以为7月底可以大功告成，但现在已是7月，手上却只有一份草稿，不太确定是否算是完成。到目前为止，我已将各章节分批送给莱特教授。7月底，我写信给他，询问是否能见他，我需要他的帮忙。

我原先打算，以他的影响力，他可以介绍一名编辑给我，比如说是耶鲁大学出版社的编辑，可以建议我如何润饰草稿，以便出书，但我却大失所望。“还没准备好就不能试，绝对不能让自己陷入一开始就两好球的处境。”

但他对我亲切友善。我写信请教他时，他并没有慢慢回信，而是打电话给我，让我决定自己方便的时间。如何到他家？很容易。先到吉尔佛，在高速公路第五十八号出口下交流道，向南开到沙群岬（Sachem Head），大约开三英里路，到达这个滨海的小村后，再打电话给他，他会进一步指点我。但我从加油站打电话给他时，他却坚持亲自来带我。他驾驶一辆跑车，穿着运动装和短裤，从车内走出来时，我发现他穿着沙滩凉鞋，脸和手臂晒成健康的棕色。

他介绍我认识他太太后，就带我进书房，书桌上放了一套十二生肖的雕刻。亚瑟·莱特工作时干净俐落，没有乱放的纸张或翻开的书页。

现在回到正题。我想自己已发掘出一套16世纪明代的翔实资料，西方读者还一无所知，因此我以为多数编辑会深感兴趣。一定有人愿意尽力帮我整理润饰，让书很快就可以付印。我记不起来在哪里看过，但的确有作者碰到这种好运气。莱特提到两好球前告诉我，我的期望不切实际，现在所有的出版商都在寻找编排完整、可以立即出书的文稿。看看史景迁吧，他写康熙皇帝的书立刻就被接受，原因是一切都整整齐齐，没有太多额外的工作。但他即将出版的山东村庄生活一书却碰到困难，还有问题必须解决。今天他就开着自己的小船去长岛湾，以便把一切都想清楚，希望他可以找到灵感。“他当然会找到，”他说。但重点在于，人人都会碰到困难。

我的书稿很糟吗?

不，不糟。事实上，莱特还自作主张，把明将戚继光的那一章给法兰柯看。法兰柯和他一样，都说“非常好”。法兰柯就是贺柏特·法兰柯（Herbert Franke），德国慕尼黑大学中文教授，对中国军事史相当有研究，不久前才到莱特家做客。这时玛雅·莱特进来宣布午餐已经准备好了。她确认先生的说法：“没错，贺柏特。那天他说他想午睡一下，结果没睡成，在看你的文稿!”听起来像是好消息。

午餐是鲔鱼沙拉和青菜，排列得很有艺术气息。餐桌放在阳台上，但只有两个位置。“你们男士自己坐，可以继续你们的话题。”女主人自行告退。

数分钟后，她才又行动，这次手上拿着步枪。莱特屋子的前院是一片美丽的草坪，远处是玛雅的蔬菜区，但却常成为啮齿类动物的食物。我们坐在那里时，正有一只准备出击，莱特太太决心捍卫她的蔬菜，手执致命武器。“两天前她才杀死一只，”莱特悄悄告诉我：

“看，来了一只花栗鼠。”他拿着叉子，全神贯注。他低声要我观看，表情活泼生动，对于妻子的运动技能显得又骄傲又开心。但那头啮齿类动物察觉到危险，很快就跑走了。玛雅只好把枪放回枪架上。这时我们才又回到书稿的主题上。哪里不对劲？

“哪里不对劲？在提到首辅时，你竟然插入十页的财政管理，一点也不好读。”

“你觉得要如何改进？”我问。

“我不知道，但一定有方法。”

这样的对话设定会谈的形态。批评又尖锐又一针见血，但补救却要我自己负责。已故的莱特教授耐心阅读我送去的草稿，又以批评的眼光指点问题所在，我欠他许多。《万历十五年》原本打算在每一章讨论一位主要人物。和他谈过后，我重新安排章节，增加一些弹性。历史事件才是重点所在，形式其次。除一位皇帝、两位内阁大学士、一名地方官员、一名将军和一位学者兼哲学家以外，我原本打算再加进一个人物。王世懋也可以算是饱学之士，他是地方官员、书法家和作家，游遍中国，出版过各式各样的书。但他的地缘政治学却夹杂着风水，对植物的研究混合假科学的论点。总之，迷信和荒谬搞砸他所提出的每个聪颖主张。他的宇宙统一观很狭隘，原本决定性的观察变得毫无用处。他的观点显然可以替一个时代增加质感和色彩，应该有助于从特殊角度了解中国的思想史。他和文人官僚的管理一样，显示出无限的广度却极为有限的深度。但我们对这个人的生平所知甚少，无法和书中其他人搭上关系。在考量可读性及一致性之后，我舍他不用。我还做了其他次要的修正。后来我把修正后的文稿给其他知名学者阅读时，书的基本架构已经变更过。我感激亚瑟广博的历史观点，以及他对历史书写的美学要求。

在 8 月 3 日那一天，我还向他建议，探讨中国思想家时，不应该把他们说的“善”和“恶”等同于西方哲学家的“存在”和“非存在”。对中国人来说，宇宙的存在是无法争辩的。一旦确定这项议题，传统的思想家运用善恶的基本概念时，无非是建构普遍的个人伦理标准。他们心怀极致简单的目标，希望能透过自然法来划分出可允许的范围，就此取代西方世界所有的司法复杂程度。西方人努力区别“合法”与“不合法”的行为，划分“合乎宪法”和“违宪”的举动。最近许多中国人宣称自己是革命分子，不同意他们的人是反革命分子，这也是出于类似的原始简单概念。一切都考虑过后，我不太能接受新儒家是哲学家。只要他们的争论重点是西方的“宪法背后的更高法则”，我们就可以用同样的原始类比，视他们为宪法的法律学家。我从来不知道莱特的反应如何。我刚好把探讨李贽和明代新儒家的这一章放他桌上，请他指点。为满足我的好奇心，我深深感激史景迁教授 1976 年 9 月 3 日的来信，离我与莱特教授的会面刚好相隔一个月。承蒙他应允，我在本书中引用三句话（见后文）来澄清亚瑟的观点。

我在 8 月 3 日拜访莱特时，对他处理《中国并不神秘》的不满已搁置一旁。《万历十五年》的撰写既然已近尾声，我非常希望这本书的出版可以促进另一本书也出版。但我仍然不同意他的立场，我认为他不应以负面的力量扮演领导者的角色。他指出桌子后方一叠抽印本，是另一位知名教授的作品，指责中国领域的学术研究参差不齐。但我问他，为何这本书精装出版，另一本则是平装本。“不用担心，我们会射下他们。”他向我保证。

“我担心你射不下这么多，有些已经展翅高飞。”

后来他提议我们在他屋子内外走一走，我再度提起这个话题。我说，许多关于中国的错误观念广为流传，责任都在“我们”身上。“你和我都有责任。”我告诉他。

“我们创造出一个真空地带，你是这个意思吗?”

我说：“对极了。”

话题就此打住。当时我无从想像，这次对话的结束竟成永恒。如果玛雅·莱特说亚瑟喜欢我，我必须问她，我怎么可能不喜欢他。除了坦率以外，亚瑟也很信任他人。我们在他屋子内外散步时，他指出海那头的长岛海岸。他还告诉我许多他个人和家庭的小事。他有一辆跑车，那是他的乐趣所在，仪表板全都是铜制的。不知为什么，他已登广告求售，但他又希望没有买主会来，让他可以一直拥有这辆车。房子的财产税高到令人难以忍受，他可能会拆掉一个多余的车库，降低房屋的整体估价。时间过得很快，夏天就要结束，再四星期后就要回到课堂。我写下那天他告诉我的许多琐事，因为我深信，这些小事绝不会有损他的人格。所有的这一切，加上他对工作、朋友、学生和家人的尽心尽力，构成亚瑟·弗雷德烈克·莱特这个人。他充满活力，决心享受生活的每一秒和每一层面，而且也希望被如此认定和怀念。我对他有特殊的了解方式，不亚于他的朋友。我们都喜欢工作和游乐，工作可能比较重要，但游乐更让人享受。我们都需要一些小小的物质，可以激起我们生命的火花，在一成不变的生活中提供娱乐，满足我们的突发奇想，讨好我们所爱的人。无论是百万富翁的游艇或私家喷射机，或者是平民的二手车或机器脚踏车，都有玩具的功能，很少人能够完全不需要。在确保这些物质上的需要时，我们大多会觉得，有限的资源无法符合不同的需求。在这些方面我完全同意亚瑟。他不以为耻而且没有理由觉得羞耻的事，我也没有理由让他引以为耻。我自己从来不曾想到要过僧侣的刻苦生活，禁欲大师的形象不曾吸引我，不论是做为崇拜或模仿的对象。我自己对历史学的概念也认可物质方面的成就和欲望。也可以说，没有享受就没有历史。我一点也不想说，我现在的贫穷和道德有什么关系，甚至也不方便说。身为家计负担者的我，有时很难面对妻小。之所以发生这些事，原因就在于局势超越我的控制能力。如果我处于亚瑟·莱特的地位，我的行为表现也可能很像他。他的夸耀立即为他的谦虚所冲淡，使他显得更有趣，更令人赞赏。我对格尔叙述上述会面的细节，让她留下深刻的印象。

更动人的是亚瑟对待儿子们的方式。据我所知，其中有一位念桥堡大学（University of Bridgeport）。那天下午，这位干干净净的英俊年轻人在院子除草。亚瑟对他说话，下达额外的吩咐。“他们听吵闹的音乐，有时还带女孩子进房间，”他对我透露：“我不太喜欢这种事，也不知他们母亲如果在世会做何感想。不过我还是宁可他们在家里，至少我可以知道他们在做什么。”

我那天离开时，已过了下午两点。亚瑟走到车子旁，站在我身边道别："不用担心，我会把李贽那一章撕碎。"他以开玩笑的口吻保证他会读完我最后一部分的草稿，并且会加以评论。这就是我的前辈兼批评家朋友对我说的最后一句话。他只剩八天可活。

一星期后，我到剑桥的哈佛燕京图书馆去还书，格尔和杰夫也同行。我还替亚瑟办一件差事：到图书馆查阅隋朝（他的专业领域）特有度量单位的特殊定义。8 月 14 日星期六早上，我们离开波士顿地区，决定犒赏自己，在周末到沙拉多加泉（Saratoga Springs）去度个小假。当天我没有看《纽约时报》，因此没有看到莱特教授的讣闻。我们赌马时输了一些钱，悠悠闲闲地回家，数天后我才写信给莱特教授，回答他提出的技术性问题。当时我还温和提醒他，我不曾忘记《中国并不神秘》。回答就是莱特太太的电话："他很喜欢你，知道你要来访时非常兴奋。"

"我很难过，莱特太太，"我说："你知道我们彼此怀有好感。"

我有幸受邀参加 10 月在耶鲁的追悼会，正好坐在费正清教授和牟复礼教授的正后方。现在我有更多理由将亚瑟·莱特当成已经失去的朋友，因为史景迁的部分来信（如上述）如下：

> 我想向你确定，亚瑟·莱特对你的作品非常有兴趣。在他去世前不久，我们最后一次见面时，他兴致勃勃地说，你认为晚明的新儒学欠缺想像力和完整性，他深感兴趣。
>
> 我知道你和我一样悲悼他的去世。他是个温暖又亲切的人，

尽职的学者，出色而负责的教师。

确定的是，耶鲁大学查尔斯·西蒙讲座的历史教授亚瑟·莱特，哀叹暑假即将结束，在生命中的最后八天的确花了时间阅读我的李贽一章。各种迹象显示，他已准备好要给我建议及鼓励。

莱特已逝，我于是重新修正《中国并不神秘》，希望能出书，这次是向费正清教授寻求协助和支援。如果这显得很不可思议，迫使我采取此一行动的情势更加匪夷所思。

1976 年不只失去莱特教授。上半年周恩来死于北京，9 月时则是毛泽东辞世。又过了一个月左右，“四人帮”被逮捕。但令人难以相信的是，虽然发生这些大事，纽普兹的中国研究却面临空前的挫败。由于经费的削减，亚洲研究系的全职教员从八位减成四位。我在劳动节前夕回到校园时，发现系主任已经辞职，回到他以前待过的政治科学系，是校内 FTE 较高的系之一。包括我在内的其余三个人都成为不属于任何系的教授。既然亚洲研究系已经形同解散，系上的学生要么转系，要么就转校。我无法从历史系得到帮助，他们要面临自己的 FTE 问题。历史系不可能欢迎我，因为我的 FTE 纪录不良，但如果没有任何系支持我，我的 FTE 会更低。在我休假的春季学期时，校方实施分散课程的新计划。每名学生除了所谓主修的必修课程外，还必须从人文、自然科学及社会科学等三大类别中选修许多学分。但不是每门课都可以算是分散的选修课。委员会拟出一张合格名单，详列三大类别之下的课程。由于我不属于委员中的任何学系，包括中国历史等基本课程在内的大多数课程，都没有列在这张表上。也就是说，学生修我的三学分课程时，等于丧失他可以用来符合必修规定的时间。“不用担心，”行政人员说：“这个领域很重要。我们会想出解决方法。”但行政人员自己也有压力，他们必须和控制大部分 FTE 的科系秘密会商，教职员可以借秘密投票的方式评量他们的表现。就像公司的管理阶层一样，大股东有权借投票逼迫他们下台。

我必须靠自己，我需要更多的学生。出书不一定能保证学生人数增加，但由于没有系主任或系办公室或秘书来帮我联系学生，我只能用出书来吸引学生。对纽普兹的学生而言，我的税制和专论太过遥远，“超越他们的水准”。《中国并不神秘》和《万历十五年》才是他们可以使用的阅读教材。既然《万历十五年》还需要整理润色一番，显然有必要重新努力将《中国并不神秘》付印。毛泽东的去世，有助于书的适时出版，似乎显示新时代已经降临。

我重敲费正清这一扇门，必须稍作解释：《十六世纪明代中国之财政与税收》出版时，我在前言中感谢他的个人教导，以及我从哈佛东亚研究领到的研究经费。我立刻送他一本书，表达我的“推崇、敬意和感激”。他回信表示，他认为这本书是“凭明智又辛苦的努力”所取得的成就。我到多伦多参加讨论会时，他就坐在我的正前方。麦克风功能不佳，我不完美的表达方式让情况显得更糟。但遇到很幽默的段落时，我听到他的咯咯笑声，让我觉得和他很亲近。大会后我写信给他，重申我以前的想法：我从他的写作中建立起自己对中国历史的概念。这次他承认我是他“智识上的传人”。无论如何，请他替《中国并不神秘》写序暗示，我利用他的友善。但从我的观点来看，这也达成我的目的：消除为上一本书争议所引起的不快。他一定了解，我没有理由故意触怒他，因为毫无意义可言。我只是想让这份文稿有复活的机会。显然他已经不计较过去的事。这时我如果请他支持我投入心血的另一本书，应该可以产生善意。我虽然投机，但却没有恶意。

一开始，我写了一封长信给费正清。用单行打字的这封信长达五页，花了我两天的工夫。我提到《中国并不神秘》的性质及目前状况，提到编辑 K 喜欢它，但没有提到亚瑟·莱特先前的否定，因为我想稍后再告诉他所有的细节。我向他解释，为何这本书很重要：“它也许可以吸引更多大学生进入我们这一行，甚至可以因此挽救我的工作。”在列举现有教科书的缺点时，我大胆地说：“容我放肆，《大传统》（*The Great Tradition*）也包括在内。”这本书是他和赖肖尔（Edwin O. Reischauer）教授的共同作品。但我随后修正我的立场。我说，我打算出的这本书比较适合纽普兹等二流学校的大学生，不太适合哈佛和耶鲁等名校，而在“简洁的提纲”中的许多观察都源于他自己的博学基础。我接着紧扣求他作序的主题，我向他建议，他可以用不同方式来写序。如果他喜欢我的文稿，他可以写一篇相当长度的专文，让我的文字显得像在阐述及延伸他的主题。在这种情况下，我们可以重新安排版税的问题。另一方面，我也欢迎他以批判的角度写一篇短序，点出意见不同之处、我作品的臆说本质及可能的改进之道。

我打完这封信、签名、影印、放进贴好邮票的信封中，但没有密封。在最后一页的页底有一行字：副本：编辑 K 和他的公司。我已经与 K 约好见面。请费正清博士帮忙的念头全来自于 K 一年多前写给我的信，他在信中说，为了让《中国并不神秘》顺利出版，作者必须“靠本身的威望压垮敌人”。他又说，太糟了，我“刚好不是费正清或富路德”。以合乎逻辑的方式推论可以得知：如果得到两人中任何一人的背书，书稿虽然麻烦丛生，但背后的权威问题就可以解决。后来我对 K 透露，我和富路德博士比较亲近，但我实在很想获得费正清博士的肯定。

在 K 的办公室，我忽然觉得不安。我在数天前打电话订会面时间时，并没有告诉他来访的目的。等到第一次和这位能干的编辑面对面时，我才提到此行的目的，请他协助我。我让他阅读没有密封的信，等于是提议：让他拒绝不止一次的书稿起死回生。我对 K 永无止境的耐心留下很深刻的印象，直到今天我仍然很欣赏他的这项特质。

起初他一点也不相信。“费正清，”他提高音量：“最近我经手三本中国的书，有两本是他写的序！”数秒钟后，他又重复这句话。

这是他拒绝我的方式吗？我这么想。但在我想要回话时，他已看到信的第三页。他阅读的速度很快。他继续看下去，态度愈来愈肯定。“这封信写得很好，”他说：“我看不出有何不妥。我们寄去看看他的反应好了。”他看完信后，更加确定。他把原信递还给我，我用舌头舔湿信封上的黏胶，密封后就丢到他桌上标明“出”的篮子中。随后我把影本给他，让他存档。

正事谈完后，我在椅子上坐下来，许多来访的作者一定都坐在这张椅子上和K聊天。他向我抱怨：“你们这些人都不知这一行会牵涉到什么。你们只会说，去做吧，出书吧，完全不知道可能陷入什么处境！”我告诉他，我现在已经清楚状况了。自从《中国并不神秘》第一次被他拒绝后，我曾写信给其他出版社，只有一家大学出版社和一家商业出版社愿意看一看我的书稿。但他们全都拒绝了，包裹以最快的速度回到我身边。不过，就主题来说，其间存着很大的鸿沟，如果有人能加以填补，一定可以从中获利。我们可以想想影印技术刚发明时，很多商业公司根本没兴趣。接下来，亚瑟·莱特成为我们讨论的话题。他以很奇怪的方式让我们聚在一起。我告诉K，基于我最后一次拜会莱特的观察，如果我还有一次机会和他从容会谈，也许我可以说服他支持《中国并不神秘》出书的必要性。K先生送我搭电梯时说：“如果他的反应是正面的，我们可以避免重复做过的事。”我没有问他的话到底是什么意思。我只能猜想，也许这本书就可以在出版社内畅行无阻，不必再经过编辑会议或销售人员。这时我已更加了解K的性格：他相当谨慎，但一旦下定决心，就会毫不犹豫地采取行动。他告诉我，他不喜欢这本书稿的开头部分，似乎和时事纠缠不清。这句话让我想到，他对编辑修改的程度已有腹案。他已经预先想到技术上的细节，真是好兆头。在回家的路上，我横靠在巴士的座位上，充分利用邻座无人的好处。我看到路边的紫色苜蓿花盛开，秋天早已经降临。这本还没出版的书稿已经拖了两年多！如果从此刻起一切都能顺利，也许在春季可以出版。第二天，我在课堂上向学生提到，我在前一天和我的编辑进行有趣的对话。只有格尔提醒我：“不要言之过早，一切还没有成定局!”

在耶鲁举行的亚瑟·莱特追悼会上，我就坐在费正清教授夫妇的正后方。我的信才寄出去几天，显然他已经看过，但还没回信给我。我不想造成催促他的印象，于是在追悼会后我极力避开人群，只和莱特太太说几句话，又和史景迁匆匆打招呼，就迅速离开会场。

我在数天后收到费正清的回信。他说，我的提议很有趣，他很可能接受。他当然会支持我出书，但还可以考虑另外一种可能：“我比较希望你请杜艾特·柏金斯写序。”无论如何，他都很乐意看看文稿，再决定他是否可以写出最适合我的序。所以我把书稿寄给他，附加一篇李约瑟和我合著专文的抽印本。这篇专文的价值在于，文中揭示的经济思想再度出现在我的书稿中。那篇专文业已经过剑桥大学琼安·罗宾逊（Joan Robinson）教授等五位知名学者的评论，因此至少可以保证，我的基本经济学知识不至于颠三倒四。我实在应该懊悔自己行动太过匆促。我完全照字面上解读他的来信，因此使尽全力展现我的技术能力。也因为如此，我的信再度触及哈佛专家的权威，重燃六年前在哈佛所引发的争议。这一次我寄出文稿后，又过了数星期，却音讯杳然。我拿出旧信仔细研究，发现费正清写的每一封信都不同于我上次看到的内容。但我必须说，我觉得很困惑。我已出版的税制专书已说明我的立场。以柏金斯的地位，我穷毕生之力也无法企及，他的地位绝对不会受到威胁。为了六年前所发生的事，我已经亲自站在费正清博士前请他原谅，他也向我确认不会造成伤害。这次还要牵扯到多年前的事，让我深感意外。

我和费正清博士的关系不曾踏上正轨。我们两人都已跨过文化的疆界，由于都已经接纳对方的社会习俗，因此彼此间更难预测对方的行为模式。我羡慕玛丽·莱特和白修德等他早期的门生，可以有机会长期密切跟随他学习和工作。基本上来说，他是很情绪化的人，对朋友和学生好到极点。我遇见他时，哈佛的学术阶级制度已经建立，而且我又一再犯错，在他面前显得像肆无忌惮的取巧者，为追求自己的利益不管他人死活。如果他指控我背叛，我只能无言以对。一些误解更使关系雪上加霜。1971 年，我要升为纽普兹的正教授时，系主任钱宁·连恩（Channing Liem）博士出于对我的好意，邀请费正清来评论我的学术水准和价值。在通常的情况下，校外的评审都是由候选人自己寻找，因为候选人有权找到最利于自己的推荐人。但连恩甚至没有事先知会我他要找费正清，等收到费正清的推荐函时，他才告诉我。我如果事先知道，一定会阻止他，因为就在这一年的春天，我才因为税制专书的事和哈佛处得不愉快。如果还希望费正清博士给予好评，此时并不是恰当的时机。即使是我最亲近的朋友也不知道，我的视力很差，影像投射在视网膜的时间比多数人晚。在公共场合，我不止一次似乎对费正清博士故意视若无睹。等我发现时，已经太迟了，他的头已经转向别处。在求他写序时，自恋也是错误心理的重要一环。在和 K 往返通信后，我深信自己的书稿很有价值，认定已经被一家素负盛名的商业出版社所接受。我以为，既然书本身的水准很高，扮演辅导角色的人一定也觉得很满意。我打从内心认为，请费正清写序的同时，我多少也替自己赎罪。我以为他可以同时支持柏金斯和我，也因此，我忽略信中提到柏金斯的部分。我显然已经犯下僭越的大错。

最近我再度告诉费正清，我不同意他的观点，尤其是读完他的近著《中国行》（*Chinabound*）以后。在他的新书中，解读中国历史的目的在于替美国的外交政策辩护。这种偏差导致史观过于肤浅，无法和中国问题的深度相提并论。我们可以说，中国这个前工业社会自行发展，最后就形成中国历史，但如果只站在学科的角度来看问题，中国历史就会被迫充斥着只有西方学者才懂的批评。如此分析之下，中国的特色完全丧失殆尽。情势如此，我除了口头说说之外，无法表达个人对费公的感激。如果我无法出书，我就是没有影子的人。我不清楚费正清博士自己知不知道，他只要不去积极支持一项计划，出版社就会感到迟疑，不知是否要帮忙一位非正统的作者去找出“马丁·路德的九十五点主张”，且引用已故莱特教授的比喻。

1976年，哈佛仍然迟迟没有消息，我忧心忡忡，格尔怒气冲冲。我开始察觉，自己再度犯下滔天大错。“如果他拒绝写序，”内人仍然愤愤不平：“他应该退回文稿，至少写信解释为什么不能写序。”感恩节届临时，她建议我去哈佛找费正清谈。但由于亚瑟·莱特的先例，我了解到这些事牵涉到不同的层面。就个人来说，我仍然是肆无忌惮、自私自利的人，在这一番徒劳无功后更显得如此。如果我没有得到回答，原因就是不配得到回答。

那一年年底，我打电话给K，我说自己还没接到费正清的回信，并确定他那边也是音讯全无。这通电话确定《中国并不神秘》的第三次葬礼。我们达成共识，如果有一名权威强力背书，这项计划就可能复活。事实上，这份书稿显然已碰到三个好球：快速球、内角球和变化球。有时我很希望，我们的领域能像核物理学一样容忍修正主义，也就是说，领袖级权威人士的理论被地位较低的人修正时，不会觉得受到恶意的攻讦，至少他们事后可以维持友善的关系。真正的问题在于，就对公共事务的冲击来说，了解中国的重要性并不太亚于核物理。

长春藤联盟的精英同行宁可维持知识阶级内的现状，我理解这一点背后的逻辑，但我也希望他们可以想像金字塔底层的状况。如果他们愿意尝试，也许就会更同情我的奋斗。

华勒斯是我替一名我在纽普兹的学生所取的假名。他选修我的中国现代史课程时，大约是二十岁。他连续两星期缺课后，我建议我们应该谈谈他的课业。他既不是生病，也不是临时有事不能上课，他只是早就了解课程内容。国共内战时，他的叔叔人在中国境内，亲眼看到发生的一切。“国民党人腐败透了，”他语气傲慢。

“真是的，华利。我在课堂上提到我曾替国民党做事、但我无意挑衅，也许我们是腐化没错，但这个时期还有许多内容。我已经对班上的学生分析过国民党失败的原因和后果。你念过指定教材了吗？和同学借笔记了吗？我可以问你一些问题吗？”

华勒斯这时反守为攻，他显然相当不高兴，但不敢看我：“国民党的军队抢走农民的食物和土地，和军阀没什么两样，如果这不叫腐败，那叫什么？”

"也有土地吗?"我很惊讶，自己居然这么有耐心："没关系，华利。我希望你的学习能多一些内容。如果你想说蒋介石是军阀，没问题，许多美国人都这么想。但我教的是历史课，我希望你能进入历史中，即使你只能抓到皮毛，我也很欣慰。现在让我问你。翁文灏是一流地质学家。王云五是一流的出版家，甚至可能是中国首屈一指的出版家。胡适是世界知名的作家和教育家。王宠惠是获得全球肯定的法学家，曾经担任海牙国际法庭的法官。这些杰出人士都替蒋介石做事，为什么？为什么蒋的政府会以失败收场？除了腐败以外，你还能再举出其他原因吗？也许可以从组织的角度，有些地方出了差错……"

华勒斯仍然没有看我，眼睛不停转动。"我叔叔说，"他又说："国民党人只想保住自己的官位，其他什么都不关心。"

在这次讨论后，华勒斯来上了数堂课，之后又消失了。到学期末，他上课的时数约为全部的三分之一。我对学生宣布，如果他们满意自己的期中考成绩，可以用写报告来代替期末考，否则他们就必须考期末考。华勒斯来问我，是否可以给他I（代表不完整）的成绩，因为他连期中考都没参加。我告诉他，I的评等非常危险，除非在下学期的前六个星期内通过补考，否则注册组会自动把I变成F，就是死当。但华勒斯坚持要我给他I。他当然再也没有回来找我。这种例子层出不穷，无法完全避免，但数目应该可以减少。如果我们没有任意宣扬这么多粗糙原始、简单容易、似是而非、彼此关系薄弱的观念，如果我们一开始就强调中西方的不同，让学生产生组织感，帮助他们解决问题，如果我们发挥历史学家的功能，提供较多推论，减少抱怨，把焦点放在如何重建历史事件，而非情绪化的面对历史事件，学生和一般大众就不会相信：一个道德指控可以抵上五年的学习。华勒斯的例子让我耿耿于怀。不论他的叔叔是谁，这位仁兄应该可以先读过中国历史后再冒充权威。他的侄子缺乏学习的意愿，被误导而相信：中国历史不过是一则《伊索寓言》。后来碰到类似情况时，我会劝学生退选，这次事件是部分原因。当掉学生不会让我有成就感。

由于哈格提时代对国际研究领域的重视，直到70年代末期，纽普兹仍然吸引很多外国学生。有一次我们听说，一名校友变成某个国家的革命分子，这个国家到底在哪里，要查世界地图才知道。这件趣闻导致下列对话，发生于我和一名来自非洲新兴国家的学生之间：

“亚连，”我说：“我给美国学生评分，心中并没有太大的负担。这些分数会登记在成绩单上。理论上，较好的成绩会通往较好的工作，或是让他们申请较好的研究所，之后理论上也会有更好的工作。这是出于经济上的考量。如果运气好，这些A或B可以转换成美元和美分。同样的，如果我给的分数过高，他们可能以后要付出代价，例如被开除。但这些都是假设性的状况，机会其实相当渺茫，我不必担心到失眠，应该不用吧？但对你们来说，情况完全不同。你们并不是要找高薪的工作，而是要肩负领导者的角色。否则，为何政府送你们到国外念书，而且是送到美国？告诉我，你们有多少人享有这个特权？只有少数人或很多人？如果说现在站在我前面的是未来的总理或副总统，我也不会惊讶。但背后潜藏很大的危险，亚连。”

我的学生毫不动容，只是认真望着我。我继续说：

“危险在哪里呢？说来容易。你的国家和中国一样，都还在重建的阶段，局势不免动荡不安。如果你踏错一步，可能会被吊死或枪杀。我前几天告诉亚布—吉达：如果你们答错，我应该当掉你们，因为美国学生可能因为一个错误而丢掉工作，但你们却可能丢掉生命！”

亚连露齿而笑，以为我说得太夸张。“黄博士，”他说：“我知道你的意思，但我认为情况不至于这么严重。”

“没有吗？”我问：“你告诉我，中国是半封建半殖民的国家，埃塞俄比亚也是半封建半殖民的国家。你开始两相比较，发生在中国的事也会发生在埃塞俄比亚……”

亚连否认。他说，他的意思没有这么简单。我无视于他的异议，我告诉他，他想用其他人的口号来解决自己的问题。我又建议他阅读亚瑟·韦利的《中国古代的三种思潮》（*Three Ways of Thought in Ancient China*），但大多数修中国现代史的学生不屑浪费时间去读。我要他思考孟子的一段话如何影响毛泽东的运动。孟子呼吁全国维持最低生活水准，人人才能温饱。我告诉他，两千多年来，中国每个初学识字的儿童几乎都能背诵这段话。这段故事的教训是，毛的成功在于他有能力去发掘多数人忽略的潜藏力量，而辞藻不过是最不重要的一环。

这番话能不能发挥功用，还有待观察。清楚的是，差不多在同一时间，我独自一人恳求我们这个领域的权威修改现有形式，让教材多一些内容，但我的努力徒劳无功，就像撞到一堵水泥墙一样。事实上，在修正旧有的形式以前，新形式的教材出现在校园中，更从根削减我的教学能力，威胁我的生存机会。

纽普兹的同事新增一些中国相关课程：中国的教育、中国的女性、中国的经济、中国的农民运动、中国的教育等等。这些课程大多属于“选修主题”，任何人只要想开一门课，不必事先请教他人。如此一来，中国的研究是否可以如我所愿，扩大范围、增添新意、摆脱停滞不前的状态、启发学生和教师？如果是就好了！

送到福特基金会的《林北克报告》(*Lindbeck Report*) 达成惊人的目的：我的主张几乎无用武之地。这份报告告诉大家：中国可以被利用。事实上，所有讨论毛泽东道德的课程全都利用这位伟大的舵手，无一例外。课程进展时，教师的高贵情操被广为宣传，学生被催眠，从中滋生的对话不仅能赢取同情，而且能安抚不知为什么原因（但肯定和中国无关）而愤懑填膺的年轻一代。中国相关课程不断出现，毛泽东成为提振 FTE 的有效良方。只要天真而不加批判地支持他，教师的选课人数就可以增加。这情况不仅限于纽普兹，也出现在长春藤联盟等主要学府。

我对学生解释，“封建主义”不能适用于中国的现代史，但一位没有接受中国史学训练的同仁却在教五四运动，还指出是五四终结中国的封建时期，时间是在 1919 年。我提到，事实上中国当前的经济政策反映出已回归传统重心，也就是注重同质性和一致性，但我的一位同事却用尽经济术语来称颂“中国模式”，据说比“苏联模式”强多了。我还算了解学生，要他们读威廉·辛顿的《翻身》。书中提到，充满革命情操的中国青年用树枝勾住帽子，迈开大步去参与土地改革时，边走边摇晃着帽子。学生读到这段都很着迷，但他们没有耐心去看农民如何计算工资和获利，尽管公式中用到马克思的劳动价值理论。我也还算了解我的同事。至少有一名是真心诚意推崇马克思，即使不够世故。其他人在课堂上勾勒超级进步的主张后，会聚在一起讨论如何使家中的厨房更加现代化，例如腰部以上的地方都贴上塑料板。

新式教育的影响如何，可以从我的一名学生身上看到，姑且称她为东妮。东妮修了数科进步的课程。此外，她替校刊《神谕》工作，还可以领到薪水。但这时我已养成习惯，只要学生连续缺席几次，我就设法联络他们。我的学生一开始就很少，可不能再丢掉任何一个。我的课和其他人大不相同，别地方的优等在我这里不一定吃得开。但我也无意当掉他们，因为他们不好过，我也必须承认教学不力。我会打电话到宿舍去，有时去校园中的餐厅找人，了解问题出在哪里。我在《神谕》的办公室找到东妮，她同意喝杯咖啡谈谈。

我问她是否生病，她说不是。我问她知不知道自己已经缺课快三星期，她不说话。我提醒她，课程上已开始讨论中国的“文化大革命”，也许她会有兴趣。她对时事如此有兴趣，也许这堂课有益于她的未来。我说，我对这主题不是全无准备，我认识教科书中提到的人物，其中有些还相当熟悉。我向她保证，我不想让这主题变成左派或右派的路线。我又说，教科书将读者的注意力转到关键人物的言辞争论，但从史学家的观点来看，这些不过是其次。观察的重点在于，“文化大革命”的现象揭露中国的基本弱点。公众利益的务实议题无法就事论事加以辩论，而必须转换成道德议题和抽象概念，这就显示上层结构和下层结构之间欠缺必需的机制。这时东妮打断我。如果我的立场是如此，如何可以自称为超党派呢？我一定是站在批判的角度。

我告诉她，我的确站在批判的角度，但并不是负面的批判。我认为必需的机制可以发明和设立。事实上，中国人必须从"文化大革命"学到客观的教训，必须划清何谓公共领域，何谓可容许的私人利益。我始终很乐观，因为我把中国一百五十年来的奋斗视为一段很长的转化期，在其中没有一件事会重复。在目前的情况下，只欠缺某些成分，但以前的政治体却容不下任何外来成分，只会产生激烈的反应。这两种情况有天壤之别。各种迹象显示，中国的革命即将完成。我们可以开始预期革命意识形态会进行修正，现在再也不能旧调重弹。

我们结束讨论时，东妮原谅我这位老古板的教师，因为我显然侵犯她的隐私，居然对她进行纪律方面的审判。她还自动透露，她并不进步，也不激进，只是觉得疲倦无聊而已。她又要上课，又要工作，之所以选这些课，不过是为了累积学分，以便拿学位。她所求于纽普兹的，无非是一纸文凭，让她可以找一份体面的工作，或许是到西岸去。她的招认让我无言以对，但我并不觉得意外。我记得《神谕》办公室内还有四五名学生，全都坐在那里，百无聊赖。一名学生的帽子上还有一颗红星。空间内挤满了人，没有任何人在工作、阅读或进行活泼的对话。他们全都显得无聊而疲倦。我曾看过许多革命分子，全都真材实料，根本不像这群人这么可悲。

1977 年和 1978 年，纽普兹学生人数和我的 FTE 都持续下滑。我对中国历史的诠释更因时事而增添价值，但却不敌外在的现实。负责任的学生向我抱怨，宿舍里太过吵闹喧嚣，再也无法念书。懒惰的学生持续扰乱我上课，有一名学生已经缺席两星期，竟然在课堂上要我简述前两堂的内容。如果不回答这种扰乱秩序的问题，只会弘扬我心胸褊狭的名声。但很少有学生想到，他们会降低认真用功学生的士气，毕竟有些学生和我一样，情势虽然恶劣，却仍然希望有所作为。有一天，一名女学生跑来建议我，不要对学生的出席率太认真，因为她修的另一门课有五十名学生，但天气晴朗时却只有十名学生来上课。我告诉她，如果十名学生都能固定来上课，就是一个理想的班级。但只有六到十来名学生选我的课，一半以上消失得无影无踪，或是不定期来上课，我根本无法准备教材，不知该针对谁的水准上课。我提醒她，如果学生具备一定背景，情况就不会如此无助，我甚至可以即席上课。但我所有的课都是基础层次，缺席只会造成更多的脱序。我知道，剑桥的大学生没有义务去听课，但他们跟着导师学习，为标准考试做准备。那些上课的教师也是因为学识丰富而取得任教资格，不会受制于 FTE。不论是什么制度，你都必须加以因应。

从 1977 年春季的学期起，我就写信给常缺课的学生，劝他们退选，让其余学生上起课来更顺利，更有凝聚力。我总共寄出十五封信。我和直属上司文理学院院长讨论过这件事以后，就把信件的标准格式送到他的办公室，以便存档。后来我被解聘时，我写信给纽约州立大学副校长克里夫顿 · 华顿，连这种信的影本也一并寄给他。

纽普兹行政人员希望借助考察小组来挽救中国研究课程。他们邀请三位其他大学的专家组成考察小组，调查我们的资源及运作情况，并提出建议。他们的报告理应公正无私又专业，希望能借此支援行政人员采取建设性的行动。考察小组果然成立，完成调查，还发布一份赞许有加的报告。但纽普兹此时欠缺的并非以理性及逻辑评估局势的能力，而是行政人员缺乏权威和力量，无法执行合理且合逻辑的决策，而包括主宰 FTE 人士等全体教职员也欠缺遵守决策的习惯。凡此种种，身为外人的考察小组并无法提供。小组的建议绝不可具备法院命令的强制效果，甚至也没有仲裁的约束力。结果造成报告大半时候被忽略，后来就学人数刚有起色时，行政人员却必须解散整个计划，和三位学者提出的建议背道而驰。

但我在校园内也面临个人的困窘。我抱怨得不到同事的帮助或支持，也无法说服他们，我的历史观有利于整个行业。我的 FTE 不但跌到可笑的水准，而且五年来一直都没有出版书。在税制专书出版后，我就再也没有出书。同事已开始传言，我虽然写出两部书稿，却缺乏付梓的价值。批评我的人并不了解《中国并不神秘》胎死腹中的由来，也不清楚《万历十五年》的困难所在，也就是大学出版社认为应交由商业出版社，而商业出版社认为应归属大学出版社。说来讽刺，直到 1978 年 12 月，在纪念亚瑟 · 莱特遗著《隋朝》出版时，我才又把文稿交给耶鲁，书终于找到知名的出版社。但《万历十五年》的书稿被接纳时，已经是我收到纽普兹遣散通知的六个月后，出书时我更已离开纽普兹了。这本书被译成数种语言，但那已是后话。

纽约，纽约

我埋头撰写本书已经三年。一千多个日子以来，我忙着构思、写草稿、修改和重写这些篇章，最后送到出版社的草稿，可能只接近我打出来的四分之一。当然我的基本障碍之一是语言。虽然我在美国居住的时间比在中国长，但有时还是找不到最直接的表达方式，或是最合乎语言惯例的用语，以便将想法呈现在白纸上。我有时向内人求助，最近也偶尔请教十六岁的儿子，这样的过程减缓我的速度。但目前这个写作计划的最大障碍却在于：我决心拉近的讯息鸿沟实在太大，而且主题的庞大严重也考验我的处理能力。书中似乎包含数十个故事，而每个都忍不住要蹦出来自成一本书。我常常必须浓缩摘要，然后再摘要浓缩后的成果。

这个过程无法避免，因为正如前述，史学是一种观点。如果一个男孩遇上一个女孩，陷入爱河，但某一个周末的事件却让他们永远分手，在那个难以忘怀的星期五和不幸的星期六所发生的事，对他的意义会随时间不同而变化，五年、十年和二十五年以后回顾都不相同，尤其是如果其后两人都经历生命的起起落落，例如从幸福美满的婚姻到分居和离婚。因此我们每个人都总是在重写和修正写不完的自传，过去必须重新投射于现在的崭新前景中，而现在却不时在变换中。既然如此，一个民族和国家的悠久历史怎么可能始终不修改呢？毕竟就某个层次来看，历史是经历过大时代动荡起伏的亿万人的集体传记。

能与时俱进而让美国大众了解的中国通史，仍迟迟不见踪影，我毋需在此赘述。如果没有这样的历史，在处理外国事务时，我们就永远无法完全了解其基本议题的本质。我将于稍后解释，这个问题也会影响到我们的国内政策。但在目前的阶段，我认为妨碍真正了解的基本障碍不在于欠缺信息或知识，而在于一直存在的文化障碍。不同套的道德标准间很难产生有效的对话。

我曾走过中国和美国历史的夹缝，自觉有幸能以同样的坦率来对双方发言。《万历十五年》去年于北京出版，实现了我部分的卑微努力。这本书告诉读者，中国的问题根深柢固，至少可以往前回溯四百年。法规太粗糙原始，限制太多。政府官员虽然宣扬大我精神，却无法掩盖以下事实：他们的所作所为全是为了私人目标和私利。由于民法无法认可商业的信用，分工受到限制，货币交易也很有限。这些都导致中国的国家经济发展缓慢，造成军事积弱不振，文化呆滞不前。这本书的初版就印了两万七千五百本，让我十分欣慰。我有一位在湖南公社的堂兄，他在长沙买到一本。家妹写信告诉我，她看到广西的一位政协委员也有一本，书中尽是密密麻麻的眉批和画线。北京和上海都出现好评，香港和旧金山也是。后来我又有一篇文章登在李约瑟博士八十大寿的纪念集中，在上海出版，让我的批评文字又迈进一步。该文批评中国官僚制度盛行，因而导致自然法认可随意统治的假象。这种管理形态无关封建主义、资本主义或社会主义，只不过是政治中央集权古老模式中所滋生出的恶习，将技术上的无能妆点成道德上的优越，以维持其假象。我一位从未谋面的外甥写信告诉我他的感想：书中揭露的景象太令人失望，但如果实情如此，宁可揭穿也不要掩饰。只要毛泽东还活着，任何编辑、出版商或甚至排版工人就不可触及此一禁忌。事实上，形形色色的“主义”是构成左派史学的基石。不说别的，在X－Y－Z（X指邓小平Deng Xiaoping，Y指胡耀邦Hu Yaobang，Z指赵紫阳Zhao Zhiyang）的领导下，中华人民共和国已经比较容易接受新思想。这两种著作的出版不只是很大的荣耀，也让我觉得，中国的革命已告尾声。革命的意识形态被修正时，革命的举动也可以重新被纳入历史中（见本书“安亚堡”章）。

在写这本书时，我不时要离开一个文化的边界，踏入另一个文化。有时我会觉得，自己就像横越国界却没有护照的旅人，本身就是识别证明。没有现存的权威可以引述，甚至没有足够的词汇来帮我解决彼此的差异。这真是骇人的经验。但是，等我存心撤退时，却发现我故事中的逻辑和推理呼之欲出，让我有继续前进的动力，前景不再是无法充分描绘的海市蜃楼。目前的这一页已到达此一境界。也许这次我可以做得更好，先转到熟悉的场景，以一个事件为起点，和我的读者分享经验，即使暂时必须把中国搁置一旁。

我开始写本书时，是在1980年夏天，在德黑兰的人质仍然是许多美国人的锥心之痛。我们从电视上看到，伊朗的学生在示威时以仪式的动作抽打手腕。他们高喊反美的口号，用美国国旗来拖行李。每天晚上，电视主播总会计算美国同胞被囚禁了几天。一个遥远小国的内政居然透过一连串的事件，第一次扯上超级强权，甚至影响总统选举。几个月后，人质终于获释。媒体邀请人质的太太参加记者会，其中之一是芭芭拉·罗森（Barbara Rosen），无数的美国人一定能分享她的喜悦。电视前的观众也许还记得，谈判的痛苦道路终于有所突破，在此期间皮耶尔·沙林杰（Pierre Salinger）发特稿记述其过程，细节一无遗漏。获释的人质到达司徒雷登空军基地（Stewart Air Base）时，令人动容。该地离我们只有十五英里，路旁的树上和电线杆上都系满黄丝带。仍然头昏眼花的他们搭车前往西点军校，暂事休息并接受询问。路人对他们挥动星条旗。但有一个相关问题却没有获得充分解答：美国为什么会落入此一陷阱中？

我没有兴趣研究 CIA 的运作或伊朗国王的资产，这些不过是次要议题。如果美国的势力得到敬重，CIA 的干涉就会受到欢迎，伊朗国王存进美国的资产就不会引起轩然大波。但事实上，美国势力受到极度的憎恨。许多伊朗的领袖即使是在美国受训或接受西方教育，也都替霍梅尼做事，和宗教强硬派分子连成一气。大学生参加激进国家主义的运动，这件事本身就值得注意。在一般的情况下，他们应该会被西方价值所吸引，而不是支持造成本国落后的中世纪制度。

我们很容易骤下结论，以为他们疯狂、不理性、被误导。萨达特不是称霍梅尼为疯子吗？在他的朋友中，不乏有西方背景的人，霍梅尼和美国算账时，这些人不是被枪决就是被迫逃亡。

美国人还可以进一步肯定，我们对伊朗人没有邪恶的阴谋。我们以合理的价格向他们买石油，我们也以合理的价格卖给他们军事装备和其他商品。如果我们勉强算是有阴谋，可以说是透过新闻单位推广自由体系的好处，其中包括经济制度，称之为资本主义也无不可。我们一点都没有羞愧之处。我们的经济制度奠基于自由意志和互利，一点也不像其他主义从阶级斗争开始，在大规模的暴动和不断劝诱后，最后就是苏联的宰制。

美国人厌恶被称为帝国主义，还有一项原因。在所有的主要已开发国家中，只有美国纪录清白，累积资本时并没牺牲其他国家。美国本身就是殖民地起家，自然而然同情被压迫的民族。美国最骄傲的行为就是拒绝以奴隶建国，这种英雄式的奋斗却必须以恐怖的牺牲为代价。如果世界上有公理可言，美国的前盟友和受益国都应该记得，美国如何参与第二次世界大战，如何在战后推行马歇尔计划和其他援助方案。

我绝不会挑战上述主张，这也是我定居美国的主因。我还可以证明，美国生活吸引我之处不只在于自由及便利，还有新奇及魔力。如果这句话显示我性格中的肤浅成分，我愿意承认，不打算辩驳。不过，我想告诉读者的却是，系统分析和个人偏好之间存在着差异。除非我们看到这些差异，否则不可能加以统合。

首先，我们必须了解，被称为资本主义的现象，本身是一种历史产物。直到20世纪，这个名词才常常被用到。马克思提到“中产阶级社会”和“资本家的时代”，却不曾使用过“资本主义”这个词。在亚当·斯密的时代，还没有出现这个名词，他只把他鼓吹的经济思想和政策称为“商业和重商的制度”，以相对“农业的制度”。时至今日，说也奇怪，描写已开发国家和开发中国家时，这个对比具备很高的再利用价值。

在20世纪末的我们，书写时无法避免“资本主义”这个名词。我依照乔治·克拉克（George Clark）爵士的先例，认定资本主义是一种组织和运动，把它当成具体的事物，而非一套价值观。在我和李约瑟博士联合署名的文章中，我们将资本主义定义为私人财产权信用的广泛延伸、不带人治色彩的管理及服务设施的聚结，但这些要素并非不带任何意识形态的含意和强制的倾向。资本主义不能只由个人来推行，资本家必须包括雇主、雇员、事业伙伴、银行家、供货商、客户、会计师、销售人员、公关人员和律师。透过奠基于货币管理的法律联系，整个社会因此紧密相连。在这一切背后的原则，是财产权绝对而至高无上，超越皇室特权和传统的道德观。这些概念和惯例截然不同于农业社会的基本性格和惯例，因此从历史上来看，很少不经过相当程度的暴力而被接受。在这些特例中，我们以位于小岛上的威尼斯为例，这个城市透过和平的手法而有资格成为资本主义的先驱。距离不远但处于内陆的佛罗伦萨，也尝试在公共事务中进行货币管理，却引爆激烈的冲突。在17世纪，新兴资本主义国家荷兰之所以崛起，是因为抵抗西班牙的宗教大审判。无论是资本或技术劳工，都被代表欧洲主要土地势力的王室赶到北海边缘的尼德兰。我们认为，英格兰银行的成立是英国走向资本主义国家的起点，但必要的前提却是光荣革命结束内战。美国依资本主义的路线建国，如上所述，幸亏没有遭遇农业部门有组织的抵抗，因为美国有许多未开拓的土地，唯一的例外可能要算是南方邦联发起的大抗争。

资本主义容易盛行在有绵延海岸线的小国，而不是处于内陆的大国；比较容易滋长于没有中央集权文化传统的国家，而不是中央集权文化丰富的国家。最值得注意的是，亚洲虽然和欧洲势力接触达三百多年，但直到近来韩国兴起之前，没有一个亚洲大陆型国家具备明确的资本主义风貌。

一个国家转变成资本主义，对个人有何影响？我认为自身的经验已相当接近。我要求纽普兹的学生想像，如果同样的冲击发生在他们身上，改变可能是“从头到脚”，也就是说，必要的重新调适会影响到他们的婚姻、家庭关系、商业人脉、人生观、甚至所使用的词汇。所需要的不只是决心，还需要协调，绝非像部分经济学家所说的，只要甩掉古老习惯，接受新选择即可，尤其在一个人口密集、深受安土重迁文化影响的国家。

至于资本主义国家中的自由，我已经说过自己是深受其益。但我必须修正的是，我们在美国所享受的自由是“合理”的特权。也就是说，社会所应用的科技相当先进，分工愈来愈细密，人人都有职业和移动的选择，我们才可能享受到这种自由。所谓的合理，是指法律制度也不断扩充延伸，将个人和企业的权利义务划分得更清楚，以符合新局势，在新的富裕水准之下，我们所付出的代价不致太离谱。一切都在成长和演化中，时点和协调十分重要。大多数的开发中国家都无法达成这样的节奏，这也是战争和叛乱连连的主因之一。

我无法说资本主义主导美国政府的意识形态，只能说政府的运作依赖资本家的技巧。美国政府专注于货币管理以及一系列的社会福利，这种策略需要国家经济最先进的部门能不断进步。如果形成不平衡的情况，获利的动机将诱发第二及第三层阶层自动补位，让后续发展更有深度。至于仍然落后的部门，政府会提供津贴、协助及补偿。但和许多组织能力还不够好的国家打交道时，美国常常显得冷酷无情。这些国家认为美国释出最会攻城略地的商人，利用这些不设防的国家，丝毫不考虑可能引起的混乱或其后必须进行的弥补。

伊朗国王统治的是一个很特殊的开发中国家。他掌握着石油带来的收益，以为可以达成上层的现代化，同时完成下层的社会改革。他主导土地改革，提倡女权，实施义务教育。问题在于太短的时间内涌入太多的钱。国家欠缺通达下层结构的体系，无法达成必要的协调整合。伊斯兰教律是为了统一中亚贫瘠地区的民族，以军事化的简朴风格生活。所有人相亲相爱，人人都必须过着洁身自爱的生活。崇敬安拉是人类生活的主要目的。所有的信徒都必须慷慨施舍。诈欺、偷窃及通奸不仅是私人的罪行，也是公众的罪行。但这些道德教条却无法提供复杂组织架构所需的基础。正统的伊斯兰教即使倾向神权统治，即使强调圣战和殉教，也无法脱离农牧的历史经验。我曾经浏览这个主题的文献，现代的阐释果然相互矛盾，混淆不堪，但有一件事很清楚：伊斯兰教就像儒家教义一样，将国家视为文化导向的存在，而非经济上可以管理的单位。大多数的文化教令集中在家庭和村落的层次，社群以上的司法因此得以简要明快。犯小错却蒙受残忍不人道的惩罚，毫不宽待地执行性禁忌，这些我们都听得太多。我们已经假定，提起这些事未免太落伍，但霍梅尼重新在伊朗复兴这些教义，因而更加确定下列事实：大众层次的社会习俗并不曾远离农牧时代的过去。偏离社会习俗无法被宽容，容忍的错误范围从来不曾太大。虽然一再提到伊斯兰世界的“重商传统”，但宗教对商人的认可，无非是依据传统承认商人对社会的服务，从不曾鼓励他们相信，财产权绝对而至高无上，可以超越传统道德，更不用说将同样的原则施展到大众层次。从现代的观点来看，这些条件都不利建设流动而多元化的社会。观察家指出，伊朗的有钱家庭通常会购买土地，投资股票，而不愿把资产投入长期的商业投资。有利分工细密及资本自由流动的环境并不存在，更不用说农业人口占全国的百分之七十五，无论在任何情况下都很难实施现代化。

因此，无论伊朗国王在上层推展任何新方案，后续发展根本不见踪影。最后，整个现代化的计划似乎创造出一个外来的物体，针对的是美国及其他西方国家，而不是本国。就像是外来文化的殖民地，却又缺乏后者的精髓。石油换来的美元无法妥善利用在建国大业时，就会花在军备上，和奢华的消费没有两样。伊朗国王的失败不只是财富没有充分流通，也不只是他常为人诟病的管理失当。霍梅尼发动革命时，吸引相当人数的都市中上阶级，然而在理论上，这些人在经济上持续受惠于国王的改革。被罢黜的国王向来对军队青睐有加，但武装部队并没有支持他。要测量他的失败有多严重，就要观察头重脚轻的快速现代化产生多少疏离感。无数的伊朗人觉得，社会被切成两半，他们再也无法安宁度日。只有在这样的情况之下，美国才会显得像是邪恶势力的恶魔。国内的奋斗转成国外的圣战时，美国企业的商业优势显得更无法原谅。

我认为，巴列维的悲剧不是“错误”所能交待。如果说是错误，我们等于是将所有的利益冲突，时点的阻塞，以及地理、文化和历史因素所产生的全球性问题全归咎于一个人身上。事实上，这样的错误的确存在，通常是由于不幸的领导人过度使用秘密警察。但伊朗国王统治三十九年，理应被视为历史人物看待。他面临制度的陷阱。他只拥有独裁的权力，我们不可能不切实际，以为他会将王位的宝座换成“新波斯的第一公民”这个头衔，因为这样做毫无意义，他不可能放弃他所拥有的唯一工具。一旦采取这个立场，他发现讨好西方强权既合时宜，又有必要。穆撒德（Mussadegh）必须被驱逐出境。石油资产国家化的速度减缓，签署巴格达协议，进一步开放西方的投资等等，都是一连串相关的措施。只要他经手的收入庞大而集中，他就可以再投资于大型的重点工程，美国的技术支援自然不可或缺。他不能去注意小的企业单位，因为制度规章及联系不足，无法使运作顺利。也许他可以多注意地方上的慈善活动，而不是像批评家指称的，让教师（mallah）去接触草根势力。但是，这批评也要小心处理。在伊朗国王统治下，官僚制度的运作原则完全不同于什叶派时期。他已经进展到解放妇女、消除文盲及重新分配土地。总之，伊朗国王的不幸在于他必须从古老的权力基础上推行19世纪的改革，同时要面临20世纪的问题。他计划的长期利益还无法实现，但他的恶行却是昭然若揭。

本文的目的当然不在于替伊朗国王辩护。如上所述，在我的大历史概念中，中国历史的底线必须往前挪动四百年。在处理东方遇到西方的主题时，也有必要对西方文明和美国历史进行深度讨论。这个题材过于庞大，需要一定的时间才能让事件获得适当的定位。而且我也急着建立观察的重点。在这个情况下，巴列维可以符合我澄清前景的目的。到1980年为止，他的故事提供充分的线索，让我可以完成本书的最后一章。但在我总结一切前，先谈谈其他要点。

我从来不曾去过伊朗。但在第二次世界大战期间，我曾在印度待了一年多。1943年10月24日，身为翻译官的我随着中国军队在新德里游行，从比哈尔到新德里后再回来，火车的车程约四十小时。到了德里（译按：原文如此），我们受到印度军官热诚的招待。经过演习和仪式后，我们的英军主人带我们去参观红堡。多年后，那段旅程仍记忆犹新，在龚坡尔站（Cawnpore Junction）灯光暗淡的火车站，置身于万花筒般的缤纷颜色中，慵懒怠惰的感觉不禁油然而生。小贩叫卖食物的声音竟然忧郁至此！相反地，阿拉哈巴德（Allahabad）则是吻合《天方夜谭》童话风格的城市，在树木的掩映之下，白色或奶油色的圆顶和尖塔指向天际。整体的景观只能从远处欣赏。我们的火车在这个城市停靠三次，每一次都让人产生如梦似幻的感觉。我曾经三次前往位于东方的加尔各答。中国驻印军从蓝伽拔营，准备进行第二次的缅甸之役时，我自愿开车载运武器到前线。我们的护送部队花了四天的时间，才通过蜿蜒的恒河下游，到达阿萨密的茶园区。即使是在蓝伽营区，我也常常在傍晚骑单车在邻近的村落进进出出，严格来说是违反规定的。因此，我可以宣称，在情况允可下，我尽可能四处观光。后来在纽普兹的亚洲文明课堂上，讨论到初级的印度文化和历史时，我并不觉得自己从未接触过这个题材。

然而，印度总是容易形容，却难以归纳。“对比的国度”，我只能诉诸这个观光主题。在靠近蓝溪空军基地，在我经常走过的地区内，通常可以闻到牛粪混合薄荷的清香。从农地回家的农妇头顶篮子，所哼唱的曲调完全融入薄暮的气氛中。我如何说明这样的景致呢？印度乡间之美或许还有待发现。在格雅（Gaya），我看到据说是释迦牟尼悟道所在地的菩提树。但就在不远处，街道肮脏，下水道没有加盖，光脚的小孩到处乱跑，也许正说明深奥的智慧诞生于普遍的无知之中。但结构如此松散的参考架构并无法增进我们的了解，只会导致误解。

身为华裔的我，比别人更容易误解印度。表面上，中印两国有许多共通点。两国都长久维持独特而孤立的文明，最近几百年来都面临人口过剩和普遍贫穷的问题，都抵抗外来的侵略成为崭新的国家，但却都还没确定在今日世界中的地位。虽然“印中友好同盟”（Hindi－Chini Bhai－Bhai）中透露出善意，但喜马拉雅山的边界却充斥着敌意和相互猜忌。我曾经扪心自问：如果我对彼此的了解毫无贡献，我曾扭曲形象，让一切显得更糟吗？我读霍蒲·库克（Hope Cooke）的自传，读到1964年尼赫鲁葬礼的那一段时十分感动。前锡金的王后描述，当她与丈夫抵达现场时，群众误认她丈夫是周恩来，立刻即席唱出“印中拜拜”。但就在不久前，中印边界爆发武装冲突，印军被打败，反中国的情绪仍十分高昂。库克女士所见证的是，在人民的层次，友善的感觉总会克服短期的敌意。人们不应该去破坏这种人类间的真诚善意。

但整体而言，印度和中国并不了解彼此。早期的历史接触和印度对中国的影响除外，在现代史上，两国的文化交流非常有限。我自己发现，如果我和印度同事基于共同的西方文化背景而接触，比较容易成为朋友，但如果基于各自的族裔文化就比较难。就历史上来看，印度缺乏政治上的统一，通常把包括村落经济在内的各种问题诉诸宗教。习于官僚管理的中国人则习惯把公共利益哲学化。把实际转成抽象的习惯是两国共通的特性，但由于相信的意愿以不同方式和不同层次运作，所以容易看到别国的荒谬，看不到自己的可笑。彼此的误解和扭曲出现在不同的地方，发展成不同的方向。两国都仍然在寻找建国的实际公式，都无法扬弃意识形态，尽管许多印度领袖极力将新的共和国建设成一个非宗教的国家。服膺意识形态却可能导致将行动等同无法讨论的道德完美，因此将特定的努力转成普遍的真理。

最近格尔和我去观赏获得奥斯卡奖的《甘地》。我相信艾登堡和金斯利表现出色，因为圣雄甘地的一生的确很难用影像来呈现。尤其是对我来说，电影中聚集的群众让我回想起，第二次世界大战期间与我摩肩接踵的真实人群。我看到蒸汽火车头时，几乎可以闻到上油的金属零件所发出的蒸汽味。从房子的屋瓦到浸泡在池塘中的水牛，整个景观既熟悉又写实。但这部影片仍让我有所不安。《纽约客》的影评指出，这部电影的前半部非常成功，吸引大家对甘地产生兴趣，但后半部却不协调。在我看来，错不在电影，而在主旨本身：甘地身为革命家的角色很容易理解，但身为神秘派人物的他，生命中却染上模糊笼统的色彩。这无法以传统的逻辑加以解释。暗杀者的自白也有类似的谜样色彩。在高瑟（Godse）被判绞刑前，他说他个人对甘地并无私怨，向甘地发射子弹前还对他敬礼，的确尊敬而祝福他。这种不协调无疑构成教师的最大困难，因为我们必须对美国大学生简述印度文明的全部历史。

甘地是伟人，但绝非因此而更容易了解。他的信念是satyagraha，也就是灵魂的力量。换种不敬的说法，我可以说这是一种简单的战术。在美国，我们会说，如果你打不赢一大群人，最容易的方式就是加入他们。甘地的战术一开始就刚好相反，也就是说，如果打不赢，不要加入他们。但他的温和抵抗并不是自限于被动的不采取行动，抵抗必须转成挑衅的抗争。此外，satyagraha 还意味着，外在世界虽然有种种残暴及不公，但全都可以靠人的内在力量和道德纪律加以克服。可是，不管有无精神上的升华，这个信念仍然强调成功。你仍然必须获胜。

甘地认为，印度的独立运动必须和国内的社会正义息息相关。他努力推动改善贱民的地位，同时把古老形式的印度村落生活理想化。他认为不应该有阶级歧视，但仍然主张阶级之间应该分工。他提倡四海之内皆兄弟，但对自己的子女又很疏远。他觉得有时自己的理性应该超越圣典的训示，但又不曾放弃印度教的圣典，而且呼吁人人都保持出生时的信仰。身为领袖的他赢得亿万人民的心，他的教诲强调共存。但他坚守绝对真理，排除以妥协作为解决歧见的工具，甚至在同一派人士中也不例外。他和贱民领袖安贝克（B.R.Ambedkar）意见不同时，他就绝食到濒临死亡边缘，最后才解除后者的武装。埃塞俄比亚人必须以武力对抗墨索里尼，无法诉诸非暴力的手段，让甘地深感惋惜，但印度独立后不久，他就核准派兵前往喀什米尔，尽管其目的是为了避免社群的暴动。这次的行动仍然显示，有时使用武力是不可避免的。甘地不信任现代医药。他也不用机器，认为机器会降低人格。他的手摇纺织机和腰布象征人们崇尚简朴，热爱工作，彻底独立于现代特色的科技分工之外。但他推展运动所以能够有效，几乎都要靠现代大众媒体创造和散播知名度。如果没有现代科技，这些媒体就绝不可能存在，他的杂志《神的子民》（*Harijan*）也包括在内。现代科技的首要前提则是复杂的分工体系。

全世界没有人能否认甘地的伟大。他向世界展示，人类的精神可以有多崇高。他降低自己而提高同胞的尊严。他以乐观自愿的心态来承受苦难和处罚，提振胆小丧志的人的勇气。他已经发现人类性格中的正面情操，一旦释放出来，领袖不只善用在高位的聪明才智，而且还要走到街头，围着腰布，光着脚，以接近最低层的大众。他希望能启发领导这些人，但绝不发号施令。然而，他的生平行谊和特定的宗教特色密不可分，我虽然敬畏有加，却不可能崇拜。

如果我们将革命家甘地和神秘派的圣雄加以区隔，故事顿时鲜明清晰。甘地的策略包括引入宗教的力量，用以抵挡在科技上胜过印度一大截的人类机器。英国能使印度俯首称臣的主因之一是经济组织。直到今日，许多印度村落仍然实施“农业阶级制度”（jajmani），全国有同质的文化，经济上却像单细胞一样。村民的分工牵涉到许多种类的农民阶级。只要种姓制度仍然存在，婚姻就限于同一种姓之间，职业沿袭自上一代。陶工的儿子仍然是陶工，洗衣工的儿子也是洗衣工，如此才能延续洗衣工的种姓。在每个村落中，农业阶级形成类似员工的工会团体，他们是主要的生产者。相对的则是十来种“服务与供给”的阶级，也就是所谓的“卡明”（Kamin），执行制陶或洗衣等较专业的功能。他们也像是员工的工会团体。至于服务及供给的酬劳，是由农民阶级每年依年龄高低支付给“卡明”，照例以谷物来计算，有时甚至是以“一个人所能肩扛的谷物量”等不容置喙的标准来计算。每一个村庄和每一个阶级都有自己的长老团，称为五人委员会（panchayat）。此处必须考量到通俗的信仰。正统的印度教认为，世袭的职业是由神来指派，达成世俗的任务也就是积存灵魂的价值。转世的信仰更进一步强化理论：工作做得好，来生就可以升级，不过最好能够完全脱离轮回。

我们可以主张，农业阶级制度在印度一定有源远流长的历史，起因于该国的地理和气候。缺乏有效的中央集权政权也可能是决定性的因素，强迫村落社群依宗教信念建立架构，并配合自然经济，以求顺利运作和生存。这主张并没有改变我们的观察，也就是说，印度社会的下层结构是面临英国时的致命弱点。事实上，如果对已形成模式的长期发展进行历史分析，因果之间常常难以划分。政治不统一和司法制度没有效力，迫使各地区必须达成经济上的自给自足。地方经济的自给自足又造就政治的难以统一。即使各地区的土王都无法借打散底层来改造区域。只要农民阶级存在，印度接受现代科技的能力就极为有限，家庭工业成为永恒而不可逆转的现象。

也因此，18 世纪的英国发现，可以蚕食鲸吞这个国家。英国人先前已来发展贸易，现在又来建立要塞，和印度的土王建立关系。像罗伯特 · 克莱夫（Robert Clive）和华伦 · 海斯亭斯（Warren Hastings）等帝国建造者，很快就创造英属印度的状态，并没有碰到太大的抵抗。印度次大陆就此分成德里的蒙兀儿（Mughal）政权、玛拉萨（Maratha）和锡克族、尼萨姆（Nizam）、纳瓦巴（Nawab）及其他土王。其后英国对印度的征服，约和拿破仑战争和工业革命同时期，一直进行到 19 世纪末，可能是人类历史上最胆大包天的殖民行径。外来的统治者仍然以公司自称，但却统治一个出色的文明，领土还比英国大了近二十倍。但英国设法组织殖民地军队，设立文官体系，划分行政管理区，引入法律，重新调整当地的收入来符合自己的需求。

英国在印度的经验已引起充分的辩论，包括历史学家、经济学家、社会学家、记者、作家、以及从自由到保守等各式各样的政治人物。他们的重点不一，从社会达尔文主义、白人的负担到马克思一列宁派诠释殖民强权到海外寻找原料和市场。有时我们不免看到英国所为何来的怀疑，因为到 19 世纪初，东印度公司的利润已经缩水，但英国仍然不断投入人力和资源。但这已是题外话。英国在印度的主权部署绵密深远，前锋是帝国主义，后卫是资本主义。有别于一般的认定，资本主义的重点其实并不只是着眼于物质上的获利，更不企求短期内的获利。信用的延伸、不带人治色彩的管理、服务设施的聚结等技巧，都促成财政资源累积到空前的水准。新的管理技巧和更多的资源又使整个国家，或说至少大部分的地区，成为更广阔的新冒险天堂——通尼教授称这种经验为亢奋状态。这种新的生活模式蕴藏更高层次的满足感，因而释放出相当大的能量，也让在印度的英国人如此难以对付。他们的协调工夫一流，因而能维持一贯的冲劲，迅速征服次大陆，让土王沦为傀儡。但他们也大规模兴建铁路、公路，成立电报服务，扩充灌溉系统，改进公共卫生，在饥馑时赈灾，推行种种改革。这些成就赋予他们使命感，最后竟然演变成道德优越的幻觉。

这种长镜头的看法绝非小看短期的细节。就《甘地》的相关题材而论，我清楚了解，在安瑞萨尔（Amritsar）的贾利安瓦拉巴（Jallianwala Bagh）封闭场所，英军下令枪杀示威民众，计三百七十九人死亡，伤者更达三倍以上。下令的瑞吉诺德 · 戴尔（Reginald Dyer）在猎人委员会（Hunter Commission）作证时指出，他下令行动的那一刹那，不再关心原来的目的是为了驱散群众，只想到“从军事的角度制造道德的效果”。戴尔将军被迫退休，驻印度总督也予以谴责。但回英国后，上议院支持他，热心拨给他丰厚的退休金。甘地因而形容英国政府邪恶如撒旦，整个西方文明腐败。

不过，这些事件更强化长镜头观察历史的重要。以有限的观点来讨论重大的历史事件，是极度危险的事。海洋贸易国家比较容易以商业惯例为基础来培养组织能力，而大陆型的大型农业国家就比较难，如果能了解这一点，就可以避免戴尔的错误。帝国势力还有另一项优势：可以从都会中心推行经济活动，不去考虑臣服国家的下层结构。这是靠武力打造出来的组织。此时的英国显然已经忘记本身在17世纪的奋斗：整合两种不同的元素，一是英国的农业经济，二是重商惯例所衍生的组织原则和技巧。此时的英国人也已经忘记，他们已脱离“依赖”荷兰的“最后桎梏”（借用乔治·克拉克的形容）。

此外，本土的英国人比较容易想到驻印英人的美德懿行，不太会想到他们的恶行恶状。英国把纺织品卖给印度人，牺牲当地的工业，这个事实已经被遗忘。也很少人提起，安瑞萨尔事件的近因是印度人抗议立法准许预先逮捕。农作物歉收原本不一定导致战后传染病盛行，造成数百万印度人丧生，但英国忙于赢取在欧洲的战争，无暇注意这件事。殖民地的管理者想摆脱“先离间再统治”的恶名，但在安瑞萨尔事件中，廓尔喀和俾路支族的军人在戴尔命令下开枪。综合种种事件，我们就更能理解甘地的革命策略。殖民地的主人在英属印度创造出上层结构，虽然凶残，但结构仍然可行。印度人无法直接对英国正面开战，只好采取不合作主义。公务人员不上班，大学生罢课，大规模杯葛选举、纳税、英国法院制度及进口布料。这些行动造成参与者的绝大牺牲。但我无法想像，如果在印度以外的地方推行这样的运动，是否能同样有效。这一切的背景因素在于，印度教的传统认为，情欲的满足和物质的拥有虽然不是天生的邪恶，但也是个人生命周期中较低阶段的实现。一个好的印度教徒应该结婚，过好日子，甚至追求成功。但年纪渐长后，就应该“淡出”世俗的追求，达到更高层次的解放。也就是说，纵情享乐和过正常的生活并不罪恶，但禁欲和苦行的价值更高。读者应该还记得，在农业阶级制度下，印度乡村事实上根本没有提供累积财富的机会。不合作主义符合放弃世俗、追求精神价值的教义，还多了一层印度文化传统的诉求。而且，不合作主义也吻合印度的自然经济。甘地扛起领导重责时，时年四十九岁，虽已婚但已禁欲十多年。他在南非也享有盛名。总之，一切条件全都具备。

然而，这番观察并非指责甘地是机会主义者，或说他的动机并不诚心。事实绝非如此。甘地的悲悯先于狡诈，他的耐心无穷无尽。事实上，他的诚恳常让部下心烦，因为独立运动开始有声有色时，他们想从中获利。甘地对流血和丧命深恶痛绝，1922 年，他领导的运动失控，爆发暴力事件，他立刻喊停，直到 1931 年才又继续。

在这些事件中，圣雄甘地展现他的伟大之处。他的奋斗已成为他的人生。群众运动日益扩大之际，他也必须更无私。这是场永无止境的奋斗。早期的战术和策略已历经灵魂升华的过程，完全融入他的宗教信念。只有透过无数的绝食和沉默抗议，才能实现权利即力量的理想主义，他的信仰也因此是追求成功的信仰。甘地一直怀抱这些信念，直到 1948 年他死于印度狂热民族主义分子的枪下为止。但由于他自身印度教一耆那教徒的背景，他不可能和我们一样，清楚划分神圣和世俗。他显然将象征主义视为现实的一部分，因此也赞同圣牛崇拜。这些观念和世袭分工的概念紧紧相连，如果依逻辑的一贯性加以推展，无可避免会回归印度教因缘和转世的正统，虽然无法证明其错误，但对现代生活却形成很大的障碍。另一方面，他的折衷主义虽然成为革命的意识形态，在独立运动时适时发挥功效，但其后却丧失动能。幸好他的继承者，尤其是紧接其后的尼赫鲁及现在的英迪拉·甘地（和他没有亲戚关系），并没有盲目跟从他的政策。他们摆脱圣雄对西方物质文化的猜疑，转而兴建巨大的发电水坝和大型炼钢厂。他们也没有确实遵照他的绥靖主义。

甘地的故事让我们得以综览印度独立以来的历史。共产主义虽然有时会进入地方政治，但从来不会形成严重的威胁。不过宗教始终是引起争议的议题，巴基斯坦的独立多少减轻此一问题，但就国内来说，宗教仍然使国家无法维持一贯的现代化节奏。印度幸亏拥有良好的上层结构，和西方民主亦步亦趋。议会制度虽然不时爆发危机，但大体上仍能运作。在开发中国家里，印度免于军人主政的恶名。印度的运输和通讯系统仍然是亚洲大陆型国家羡慕的对象。在这些优势之下，印度得以在消除文盲前大胆实施全民普选。但下层结构的基本问题仍然存在。

发生在印度的事件，和在中国及伊朗一样，都让我想到，今日开发中国家面临的主要关键不是道德问题，而是技术问题。在大多数的国家中，本土的制度已行之有年。毫无疑问的是，这些组织原则会以某种形式获得道德的支持。但国家借资本集中和分工细密引进西方科技后，原先的各种制度不再行得通。这些国家起初的脆弱难逃外国的压力。双方对峙时，这些国家必须动员最大的人力资源来抵抗外侮。一旦对峙的当下威胁消失后，每个国家仍必须寻求技术上的适应之道。争取独立时所建立的防御机制，极可能无法完全解除，因为毕竟已成为国家的文化遗产。也就是说，促成工业组织的基本技巧必须来自于资本主义，但由于各国地理历史等因素而必须加以修正，最后就会形成不同层次的社会主义。

就印度而言，其村落起源虽难以考据，但可以上推至《吠陀经》和《优婆尼沙昙》，因此至少长达数千年，但受西方影响的历史最多不超过四百年，而影响最深的部分不过两百年。我们不难想像，在整顿古老的结构以符合现代需求时，会碰到多少困难。我们提到印度的宗教时，无关神学或教堂。对印度教来说，前者无形而后者根本不存在。另一方面，宗教意味着个人在社群中的社会地位、职业和谋生工具。印度有时被称为“全世界最大的民主国家”。接受这个说法的同时，我们必须知道，虽然对村民进行民意调查，但村落仍处在农业阶级及长老团的制度下，文盲也尚未绝迹。既然如此，这个国家的新领袖恐怕很难宣称要全心全意接受资本主义，也很难说财产权可以超越传统的道德观。如果请英国人继续留下来，可能还更好。但在目前的情况下，印度必须保留上层结构中的某些集体工具，以保障无法替自己争取权益的百姓，否则就会被迫施放补给和津贴，但这又是不可能的任务。因此印度政府将交通运输产业、最大的银行企业和全部的保险业全都收归国有，民间部门只能执行次级或第三级任务。

印度采取不结盟路线，国家领导人自然对他们的决定赋予很大的精神价值，因为虽然他们也有缺点，但却认为自己已经用最合理的方式，结合公共事务中的传统道德观及现代科技的好处。这样的心态让他们心安理得同时接受美国和苏联的援助，却不积欠任何一方。

我们如何面临被价值观所分裂的世界呢？跨越国界或文化疆界时，历史学家如何以充分的信心来处理这些议题呢？我们书写时，可以避免成为“亲 X 人士”或“惧 X 人士”吗？更严肃地说，如何可以既不对其他国家怀有偏见，又不背叛自己的国家？

一旦体认到上述问题并无万无一失的答案，我们就可以欣慰发现，标准的分歧并非始自今日，而是向来都存在。事实上，现代科技将利益冲突散布到全世界的各个角落时，同时也将不同的地区紧密连结在一起。以印度为例，从收归国有的产业名单就可以看出，政府致力于可以在数字上管理国家。新政府最感兴趣的地方，就是推动资本主义的三大要素：信用、管理和服务。这并非令人沮丧的现象。不久前，甘地代表的是与整个西方世界完全不同的道德，现在这个尊他为守护神的国家已经开始修正他的革命意识形态，以便能和其他国家分享这些价值。

同样的，我们必须充分认知到，自由和道德是抽象的原则，其具体化必须取决于时空条件。由于科技不断进步，我们自己的标准也常常修正。在我住在美国的这三十年期间，已看到美国道德标准经历剧烈的变化，导致适用到日常生活的自由观念也有巨大的改变。如果我们期待开发中国家立刻适应我们的标准，是不公平又不切实际的，毕竟这些国家大多数仍处于危急的状态中，眼看自己的文化传统在现代化的冲击下变得支离破碎。

从伊朗、印度和中国的例子中，我们可以发现，其中没有一个团结一致的国家称得上是“东方专制政权”，足以威胁到“自由世界”。如果我们仍然听信这种理论，显然表示我们还没有从朝鲜战争的震撼经验中有任何进展。至于“亚细亚复苏”，这个现象不难解释，但我们不能把它和一个世纪前带有煽动企图的“黄祸”画上等号，才能了解其真正本质。我们必须了解，将资本主义引进开发中国家的风险相当高。资本主义成功的原因不只是尽可能利用科技，透过大量生产来改进全国人民的生活水准，而且还在于利用社会服务推动经济的最后方，以赶上由前锋启动的普遍进步。在我写作的此时，社会福利是美国支出的主要项目之一。农业补助以实物支付（P－I－K）的形式拨出，提高农业部门的购买力，以人为的方式支持农产品的价格。我们很幸运，可以采纳这些办法。在开发中国家，甚至连哪些地方需要社会服务都无法确定，更不要设想其实施能让人人都满意。一个落后国家贸然引进现代西方文化，无异于邀请技术最精进的管理技巧，和当地经济中最欠缺组织的成分一起同台竞争，并以国家天然资源作为奖赏。

我将美国在伊朗与英国在印度的经验相提并论，本书的部分读者可能会觉得不快。在面对现代西方发展出的信用、管理和服务的综合技巧时，日本以外的所有非西方文明所采取的因应之道，被学院派人士冠之以“亚细亚复苏”的一般名词，他们其实已经先把全世界分成两个阵营：善于使用数字的人道德上较优越，不善使用数字的人道德低落，而且不老实。这样的过度简化也迫使我们以同样的草率来重新检视其归类。唯有如此，我们才能借同一阵营内部不同之处来显示，挑起子虚乌有的恐惧是相当荒谬的事。如果我们忽略其间的差异，不如将美国在德黑兰的人质视为八十年前义和团攻占北京使馆区事件的重演。也就是说，双方都没有从历史中学到任何教训。

如果说有集体的“亚细亚复苏”，其本质也是防御式的，而且正逐渐减弱。就最广泛的意义而言，数千年前孕育于亚洲大陆的伟大文明以农牧立国，无法在全国事务上让数学发挥最大的功用。使用专制权力当然有其必要。但团结凝聚这些国家和民族的持久力量却是意识形态的工具：宗教、哲学、诗歌等伟大文学、以及由亲属关系发展出的伦理学。这些要素通常写于成文法规内，或是成为习惯法的惯例。在现代，这种体制的可管理程度十分有限，成为和西方工业国家竞争时的最大具体障碍。大多数的西方观察家和部分本土的领袖并不了解此一详情，反而认为社会阶级和不平等是更迫切的议题。但据我们所知，这些国家的主要困境在于问题的“不可度量”。他们欠缺正确的信息，即使发现问题所在，也无法处理。

但在抗拒西方的入侵和中国抵抗日本的侵略时，本土的领袖已经发现，虽然他们的下层结构是国家落后的原因，但如果能动员传统价值，还是可以汇集惊人的力量来对抗外侮，因为这些外国势力具备现代化的上层结构，总是瞧不起内陆的本土权益。他们代表两种体系，彼此互不兼容。入侵者及其同党总是占有技术上的优势；防卫者的技巧在于扩大冲突，形成群众运动，用量来弥补质的不足。他们强调这些手段时，造成"亚细亚复苏"的形象。我们必须提到这个议题，原因不在于魏复古博士的原创性值得无穷无尽的评论，而在于如果不澄清此一基本议题，美国人和亚洲人之间仍会产生严重的误解，但双方其实没有必要长久敌对。

至于特定的发展，我们必须承认，在毛泽东的时代，中国出现一些破天荒的大事，其中之一就是消除私人拥有农地的现象。这项措施将中华人民共和国清楚界定成共产国家，因为这正是《共产党宣言》中建议行动名单上的第一项。但这件事可以从不同角度加以探讨。首先，马克思和恩格斯提出这些建议时，是针对"先进国家"。他们假设这些国家累积许多资本，因此工业和商业都专注于剥削工厂内的劳工。从土地征收的租金对国家的经济发展贡献不大，只不过是不劳而获的另一种形式，很容易消失。毛泽东时代的中国仍然在累积资本的原始阶段，一点也不符合马克思和恩格斯所设想的状况。其次，毛的运动显然提倡平等精神和同情心等传统价值，比较接近孟子，不太像《共产党宣言》，公社的结构也遵循国家机构的传统设计。因为其基础是便于行政的数学原则，其单纯简朴有利于官僚管理。但从历史上来看，这样的安排只会导致没有分化的最低层农业经济，无法实施现代化。这个缺点已被发现，因此最近也重新进行调适。第三，中国的土地私有制已废除三十年，我们必须接受这个历史的既定事实。我自己从来不曾崇拜毛泽东。但我在美国住了数年后，终于从历史角度了解这个运动的真实意义。考虑到中国人口过剩、土地稀少、农地不断分割、过去的农民负债累累等诸多因素后，我实在无法找出更好的解决之道。如果说我还有任何疑虑，我的明代税制专书和对宋朝的研究就可以让疑虑烟消云散。管理庞大的大陆型国家牵涉一些特定要素，并不能完全以西方经验发展出的标准加以衡量。如果没有这场改革，也许绝对无法从数字上管理中国。就是因为无法在数字上进行管理，中国一百多年来才会一错再错，连在大陆时期的国民党也不例外。我已经提过，毛泽东是历史的工具。即使接受土地改革已实施三分之一个世纪的事实，也并非向毛泽东低头，而是接受地理和历史的判决。

一旦土地所有权成为公有，中国政府必须对城市中的大小企业比照办理。就一般的发展策略而言，这种做法毫无意义。经济底层的无数联系和关系应该由民间管理，而不是让意识形态主宰的官僚制度掌控一切，从头到脚，从发夹到鞋带。但读者必须扩大视野才能了解，在毛时代的中国，国家经济持续二十五年类似战备的状态。有人会说是极权主义作祟，但事实上也可以被视为延长的紧急状态，这是土地改革后的自然结果。农业生产受到国家的控制时，民间商业的主要供应来源就会被切断。但在战前，这个供应来源的架构就非常脆弱而不平衡，也许本来就无法成为新配销系统的基础。如果我自己没有在内陆与通商港埠之间来来回回旅行许多次，我可能也不愿相信有这回事。就管理上来说，新政府不可能一方面对全部的农业人口施行生产配额，一方面又鼓励城市居民发展自由贸易。我们可以想像出，在食物配给制普遍实施之下，无数的生产合作社将产品卖给控制零售价的数百个地方政府。大致来说，中国目前仍然实施这套制度。

在与开发中国家交涉时，已开发国家的信心可以建立在了解这些国家革命的真谛上。关键问题在于组织，而非平等。虽然某些学说可能在暴动时期煽起狂热，但无法取代建国时期的资本主义技巧。对这些国家来说，显然毕其功于一役并非所有问题的解答。如果消灭不合理和障碍可以带来好处，所清理出来的空间可以用来作为适应现代经济和科技的基础，但成功与否还需系于对不平衡状态的巧妙运用。就本质来说，无论是经济或科技，都不能作为永久保存同质性和单一性的工具。

熊彼特对马克思的《资本论》进行很敏锐的观察。他的《经济分析史》（*History of Economic Analysis*）是被广泛使用的教科书，其中提到马克思的次数不下六次，每一次都指出，马克思的“剩余价值”无法实际运用。但熊彼特不曾明显指出马克思大错特错，仍然推崇马克思作品中的分析价值。为什么呢？

马克思的理论衍生自古典学派的经济学家，主张劳动价值理论，只有劳力才能创造价值。在“资本家的生产模式”下，劳工把劳力当成商品出售。但资本家给的工资不等于劳力创造出来的价值，只够取代劳动力量，牵涉到的社会成本不仅要支付食宿，而且还有训练和教育。劳工创造出的价值和出售劳动力量的价格（所谓的工资）两者之间的差异，就构成剩余价值，被资本家中饱私囊。我们当然无法说这个理论完全错误。如果完全没有剩余价值这回事，工会凭什么基础和雇主谈判协商？资本家如何源源不绝地累积财富？美国等资本主义国家为何必须实施反托拉斯法？

但就身为经济学家而言，马克思却以概念式的简明风格来呈现他的理念，他的理论无法转换成实际的数字。熊彼特等批评家已经指出，他概略式的公式应用于实际情况时，必须意味所有的劳工都受到同等程度的剥削，否则就无法导出一致利益的数字。此外，马克思也没有考虑到，企业家对自己的事业也投入劳力。但是，其他学者更反对的是，马克思认为机器创造不出剩余价值，只有透过磨损折旧来传递剩余价值。因此我们这时就可以问：为何我们称机器为“节省劳力的工具”？如果依照这个信念的一贯逻辑，信徒可能要追随甘地的教诲，逆转机器时代。最后这一点尤其和我们息息相关，因为我们正进入自动化和高科技的年代，劳力的使用大幅降低，脑力有极高的价值。这也就是说，马克思主义虽然能产生强烈的影响，却只能被视为一套哲学概念。任何国家如果想一板一眼地死守他的教条，一定会陷入严重的麻烦中，就像是毛泽东进行“文化大革命”时的中国。党派的争议暴露出固定标准的欠缺。依赖抽象原理和通则只会重蹈帝制时期的覆辙。我的《万历十五年》显示出，明末和毛统治下的混乱时期有许多共通点。我无意指桑骂槐，但两个社会都刚好用道德概念来取代法律。如果采行同样的做法，中国等于回到从前，无法在数字上管理全国事务。

对中华人民共和国来说，解决之道可以依循一个明确的大方向：强化财产权。就政府和法律而言，道德训示的功用通常不及财产权，因为前者无法在竞争时提供精确的测量。

我在此提出建议：不要劝中国宣称，共产主义行不通，应该被终结。这样的提议只会使中国不稳定，对西方也没什么好处。如果中国陷入动荡，美国恐怕只能回到20世纪50年代的混乱。

但是我要呼吁中国人，财产权的强化是在他们意识形态的可容忍范围内。马克思和恩格斯在近一个半世纪前将“废除私有财产”写入《共产党宣言》时，呼应无政府主义者皮耶尔·普鲁东（Pierre Proudhon）的主张。普鲁东虽然宣称“财产即是窃盗”，但他指的并不是所有的财产，而只是用来剥削穷人的不劳而获的财富。他虽然是无政府主义者，但他期待劳力可以提升到集体拥有财富。《共产党宣言》的两位作者把上述口号写入革命党纲中，作为一般而遥远的目标。事实上，在面对当前的议题时，他们的措施并不会像乌托邦一样遥不可及。他们在同一著作中建议：普及义务教育，禁止工厂雇用童工，实施累进税制，国家控制银行和信用，政府经营运输通讯服务。这些措施不只是社会主义国家采行，连资本主义国家也都实施，即使不是全部，至少也采纳部分。马克思和恩格斯对现实状况了若指掌，不可能反对劳力集体合作的财产权。

至于我们，当然没有必要屈服于生活于一个世纪前的外国先知。我们更应该考虑到，地理和历史因素对自由、道德、甚至财产权等概念所产生的限制。我们目前的财产权观念脱胎于盎格鲁萨克逊的法律制度。英国的法律从17世纪开始现代化，商业惯例被导入农业部门，前提是有系统地消除小地主现象，农地因而扩大和集中化，足以生产相当的粮食，支付相关成本。后来美国人同时受益于这套法律机制和免费的土地，造成每个美国人的一般家园规模接近于英国的乡绅。不只是我们的自由是合理的自由，我们的财产权也是合理的财产权。为争取这一切，美国早期的移民者发动独立战争。种种证据显示，公民的权利已将国民性格混合地理特色。今日一般英国人无法和一般美国人享受同样的特权。

就历史上来说，在帝制时代的中国，财产权不曾牢靠稳固。直到上一世纪，在受到外国势力影响下的通商港埠及邻近地区，财产权才开始沾染西方色彩。无可避免的是，这种都会—自由化元素注定浅薄稀疏，无法在中国社会扎根。我在本书已多次提到这个特征。我们可以将中国形容成潜水艇三明治，上层是庞大而没有分化的官僚制度，下层是巨大而没有分化的农民。我们也可以说，中国的问题就像一个大型盒子或箱子，但没有把手，所以无从着手。我们可以说，缺乏中间阶层导致过去的中国无法在数字上进行管理。事实上，举一可以反三。在帝制时代，中国培养出无数的小自耕农，让他们成为农地的拥有者，但资本累积到超越这个水准时，政府又没有提供有效的法律保障，对农民也没有提供农业信用，农民只好彼此借贷。如果有人可以了解上述史实，就可以清楚明白中国当代史。例如，读到史景迁《天安门》中许多令人不安的故事时，就可以少一些情绪激动，因为事先就知道，中国的革命分子如果从都会—自由化路线着手，就不可能成功，只是冒着生命的危险。这可以解释整体而言的国民党运动，并且说明反对者为何失败，甚至还指出部分反毛人士失败的原因。但最不可思议的是，“中”国中间阶层虚弱的现象积重难返，即使伟大的舵手也得俯首称臣。

且让我再借用先前的类比加以解释：假设男孩遇到女孩，陷入情网。假设某些误会让两人从此分离。数十年后重新回顾此一事件时，必须置于祸福逆转的情境来探讨。历史学家的技艺所在，就是站在类似的有利时点来进行整体的重新评估。新的视野会让我们以不同角度来审视过去。

1949 年后的近十年间，毛的成就十分惊人，似乎已从一片混沌中打造出秩序，即使在经济的领域也有明显的进步。西方学者提出各种不同的解释：农业土地的合理化使用可以提高生产力；资源的统合使农民得以进行许多空前的尝试。在 1949 年之前，中国有三套不同的经济体系：一是工业化的东北，成为日本帝国的卫星；二是通商港埠的现代经济，但主要是配合西方，而非配合中国的内陆；三是内陆的农业地带，落后前两者达数百年。在毛的时代，三种体系才开始听命于同一主人。从苏联来的经济援助和低利率贷款虽然为数不多，但都能用在最重要的地区，因此常常能达成实验计划的目标。中华人民共和国成立前的经济起点很低，受到战争蹂躏地区的情况更是恶化。重建其实相当容易。这些有利的因素全都凑在一起，创造出有所突破的印象。

问题在于，一旦攀登到高原后，动力再也无法持续。后来，中共和苏联产生龃龉，走向国际孤立。意识形态的动力取代技术协调，造成大规模的断层。党内开始分裂，起初是温和派和激进派对立，后来则是激进派内讧。这些都已是众所皆知的事实。但还有一些尚未被挖掘的秘密。

记者和评论家并没有提醒读者注意一项背景因素：之所以会发生争吵和断层，原因是中国已经进入一个未知的领域，看不到太多的前导指针。产生困境的唯一原因是发现新大陆，但社会组织准备仍嫌不足，无法容纳新的突破。我们说中国的都会—自由化成分很弱时，指的不只是中产阶级相当稀少，而是更强调商业法尚未上路，背后的法律概念更是付之阙如。现在让我们看看西方的发展：在发展西方形态的物质文明时，信用的延展、不带人治色彩的管理及服务措施的聚集等基本技巧都是无可取代的。基本上来说，资本主义是一种艺术，财务资源借而累积到空前的高度，达到最大的利用限度，而分工也变得复杂周密，以致个人的才能可以施展到极限。乍看之下，这些运作背后的信用具备法律上的约束效力，但似乎可以用开明的大我精神加以取代。然而，如果只有信念，运作的规模势必极有限，企业的分化程度也势必缩小范围。原因很简单：意识形态并没有数学的固定值，不能在数字上进行管理。中国为了让人人都成为无私的个体，必须让上亿人依西点军校般的荣誉法则行事。但在达成任何成效前，推行此一法则的成本就已不堪负荷。也因此，无论中国实施儒家学说或毛泽东主义，无论是在1966年或1587年，结果全都相同。不但私人动机可以伪装成公众利益，而且有时公共利益本身都难以确定。

数年前毛泽东仍在世时，“农业机械化”在中国是件大事。所谓的“手扶拖拉机”深受青睐。事实上，这种机器的大小相当于美国的电动除草机，公社每购买一台就要花费约一千三百美元。这种机器的动力还不够强，在稻田中操作不易，而且很难清洗和维修。但为达成此一计划，或说是为满足此一意识形态，工厂仍然生产，而农业单位既然是其“俘虏市场”，也被迫购买。这种弊端之所以发生，是因为财产权和主要生产者完全分开。只有在毛去世以后，这个陋习才被废除。

不久前，我们听说，鞍山钢铁厂提议划归国营事业，同时缴税给国家和辽宁省。我们从提议书中才知道，这个旗下拥有数十家铸造厂和工厂的工业集团，过去被冶金工业部要求提高钢产量，被财政部视为税收来源，被省级和市级政府要求提供产品和服务，以支援政府的建设计划。这样的“公众利益”都可能成为各方的争夺焦点，而且还不是在最受争议的地区。

“文化大革命”将意识形态和经济事务混为一谈，更开启强人争夺领导权，而且还达成一个目的：它彻底证明，只靠口号来管理十亿人口的国家，根本是不够的。运动对“资本家剥削”的害怕到达极点，反对分工到歇斯底里的地步，甚至想让每个人都成为农民和工人。我们不禁要问：为何不学习甘地的榜样，每个人都自己编织腰布，自己挤羊奶?

但如果我们认为整个中国革命只有负面影响，那就大错特错了。从新闻报道可知，在1982年，中华人民共和国的外贸顺差约五十亿美元。再加上先前累积的顺差，现有的外汇存底应该接近百亿美元之谱（长期外债不计算在内)。对一个开发中国家而言，这真是一项突出的成就。相较于国民党以前的预算，单是数字就已显示数十年来的组织力量，足以证明中国已经无法再走回头路。

中国无路可退。虽然此时无法强调私人的财产权，但却可以强调团体的财产权，而且也应该强调。农业公社可以被视为企业单位。身为历史学家的我只能说，这是往前迈一大步，而不是倒退。改革可能填补体系上的空缺，因为世界史上并无详尽的前例可供依循。也因为这个原因，改革似乎可以符合中国长期追求复苏的独特模式，在过程中预示更具开创性的未来。

在我写作的此时，中华人民共和国已朝此方向前进。公社有更多的自主权；政策鼓励生产副产品；内部管理的众多形式纷纷加以测试；主要生产者享有更多决策权；地方市场经过整顿组织。这些单位成为半私有企业的道路当然仍很漫长，但到目前为止，地方分权的倾向已经明显而持续。从 1981 年开始，国务院已经容许设立小商店，以填补公营部门的服务漏洞。如何组织一个全国性的保险网络，已成为许多严肃对谈的重点。经济特区的设置已成为事实。外国投资可以进入特定区域。公营事业已逐渐改变，经营阶层必须负责企业的盈亏。工资平等逐渐让位给依功劳叙薪。如果在意识形态上无法承认自利是公共事务的要素之一，我无法想像这个运动如何推广和持续。为达成法律的合理性和数字上的管理，这个体系必须取决于团体（包括公社在内）财产权的明确界定。这些似乎是相当逻辑的步骤，迈向中国革命后的重新调适阶段。

对立概念之间——如公共利益和私人权利——的平衡，并非在短期间内可以企及。但另一方面，我们也发现，历史上的所有伟大民主体制都是始于各种形式的二元化经验。我们今天所知道的现代西方两党制度，也是起源于两相矛盾中。代表大我的“阳”和代表私人利益的“阴”能够同时并存，在中国绝非新鲜事。在过去，由于官僚管理的粗糙，前者才扩展成徒有其表，后者则局限于持有小农地这种无可争辩的合法限制。我在《万历十五年》已再三重复此一要点。中国当前的任务不在用文字创造完美理想的境界，而是让“阴”“阳”踏实协调，位于合理的范围内。历史已多次证明，这种做法绝对可行。以前的中国人曾迫于形势，融和儒家和法家，也曾融和本身的文化传统和佛家教义。如果举一个近例，英国 17 世纪末的经验特别能激励我。我已经说过，衡平法和习惯法的合并，是从对立的思潮中创造出一个法律上可行的秩序，透过司法判决来达成。无可避免的是，为追求目前的趋势——事实上是某种工团主义结合联邦的部分要素——中国人一定会发现，在经济单位之间，在个人和国家之间，都会产生利益冲突。这是一个大好机会，正好可以将新的司法制度付诸实行。中国所需要的，是一套可以适用于现代社会的法律前例，而不是将中央集体官僚管理加以合理化的法规，虽然后者可能具有统一而整齐的外表。

我也意识到，中国此时仍然担心食物自给自足的问题。普遍的配给制丝毫未见放松。物价和工资仍然受到严格的管制。城市中知识青年的失业率仍然节节上扬。生育管制仍是严重问题。情势不容我产生幻想：公社一旦成为半民营企业，内部的改变将加速进行；交通和其他问题会获得解决；内陆经济的多元化将成为事实；内陆贸易将带来空前的繁荣。我非常仰慕田伯伯，但我无意学他在武昌市的墙上进行大壁画。我只能说，我们处理中国的问题时，格局不能太小。范围有限的建议常常不可行，观点受限的批评常常无关紧要。中国上一次企图以分裂的国家来各自解决问题，已经是一千年前的事了。气候和地理因素让中国在过去形成完整的体制，今日即使想实施地方分权，也必须有组织地进行。首先要有扎实的基础，才能逐步实施。

中国历史的吸引人之处，在于可以激发不同的想法。当你想到中国的大问题时，不能因为短期的阵痛就放弃治疗。治疗有时只是治疗，但一旦奏效，通常会发展成模式，再变成体制，最后开花结果，形成独特的文化。最意想不到的是，我在中国时并不了解这一点。我是以流亡人士的身份学到历史教训，而且大多是在美国时学到的。

1949 年初，我离开广东，取道英国殖民地香港前往日本，之后再也没有回到中国大陆。我最后一次去台湾，是在 1950 年。最近美国和中国两地的朋友都问我：为何不回我的故乡看看？不久前，母校密西根大学的米格尔·欧克森堡（Michel Oksenberg）教授也问我同样的问题。不可置信的是，这么简单的问题居然最难回答。

我当然可以用经济理由当借口。我被纽普兹资遣后，就还没有找到工作，也没有申请到研究经费，以便将我的中国历史观形诸文字。目前我的家庭支出大半依靠社会福利津贴。自从我们去京斯顿询问后又发现，子女如果在十八岁以下，母子每个月都可以领到津贴。因此除了我的五百美元以外，格尔和杰夫又可以领到四百五十美元。此外，我每个月的教师年金接近三百美元。这些费用让我们可以勉强维生，低空飞过最低生活水准。我的版税收入可以用来缴税。有时我们还动用到格尔的储蓄。我只要一听到热水器要更新，或是屋顶有破洞，心都一阵抽痛。我们可以设法偶尔到附近玩玩。但如果要到纽约市一趟，家庭预算就必须重新大幅更动。我每次订大笔出版品或买几本书时，就必须考虑财源。情况最近又有新进展，未成年子女一旦年满十六岁，社会福利计划就会停止对母亲的补助。事实上，我打到这一页时，我们刚收到这项补助的最后一笔款项。因此，“赐予我们每日的面包”不再是祈祷文中的比喻式用法。与其计划去中国，我还不如担心杰夫的大学学费。

然而，如果要去中国，“费用已支付”的机会仍然存在，有些可以开放给我。对中华人民共和国学术交流委员会和北京进行各种“交流”计划。一般原则是，国际机票由学者的母国提供，到达做客的国家后，所有相关支出都由对方负责。1979 年，我申请参加明清历史学家访问中国代表团，但被拒绝。委员会宣称，代表团有大的学校，也有小的学校，有年长学者，也有年轻学者。实际上，十名代表清一色来自长春藤联盟和数家主要州立大学。所谓的小学校及年轻学者，是指这些学校的毕业生，其中有两名以前曾担任杜艾特 · 柏金斯先生的研究助理。后来余哈维也曾申请去中国研究工厂的成本控制，我还替他写推荐函，但也没通过。我写到这一段时，哈维正打算去中国，提供 IBM 4300 系列处理机的安装后指导，是被公司派去，执行销售合约的部分内容。

中华人民共和国也邀请海外专家，停留时间长短不一。在多数情况下，来宾或所属单位必须支付机票钱。但一旦到中国后，所有相关费用都由地主国负担。外交部有一笔巨额款项由外专（外国专家）局经管。无论是林业部门或语言研究所，接待单位只要向外专局提出来宾的名字，设立账户后，旅馆住宿、餐厅账单、交通开销等，全都可以签名报销。通常会有口译人员跟着外宾。来宾的任务主要是发表演讲。配偶（通常是妻子）则受邀参加非正式的聚会，讨论社会习俗和文化事宜。来宾很少领到现金，但同行子女也可以享受免费旅行的优待。任务结束后，还会安排两三星期的观光行程。数年前，有个自称耶鲁教授的仁兄充分利用地主国的殷勤招待，整个暑假都待在北戴河，中方发现此一恶行后，才稍加管制松散无度的计划。（让我气恼的是，最近上海和香港各有一家杂志误认我也是耶鲁教授，在这种情形下我丝毫没有被恭维的感觉。）我的一名学生也利用这种特权，成为中华人民共和国的国宾。我的书在中国备受好评，应该可以用一般程序获得邀请函。事实上，哈维建议让我的出版社或文化机构来安排。

我是出于道德顾虑才不够积极吗？可以说是，也可以说不是。

家妹住在中国，彼此已经三十五年没见面。在“文化大革命”期间，她和先生被派到河南当工厂工人。1973 年，我在英国时，我们终于又继续已中断十年的鱼雁往返。但几个月后，她的先生在医院做健康检查时，被诊断出得了喉癌。她在绝望之中写信给我，问我是否可以请李约瑟博士动用他的影响力，延后她一家人从北京调到桂林的时间，因为首都的医疗设备比广西好太多。我知道院长无力干涉，因此甚至绝口不提这件事。妹妹一家人还是调走了。两年后我的妹婿死于新职。后来妹妹又问我是否可以安排外甥出国留学，我又再度说没办法。他们明白我的困境，原谅了我，但我仍然觉得愧疚。然而，如果说我在道德方面还没有准备好见他们，我还可以见朋友和其他亲戚。

我的朋友都有共同的苦恼：虽然他们住在大都会区，但他们的子女却在偏远省份的农场或工厂里工作。这种流放无关政治，而是牵涉到食物配给、工作机会和房屋等后勤作业。琼安·辛顿曾提到，她的儿子通过北京大学的入学考试，有资格正式迁徙，但他在配额还没移转前就启程回家，给她添了数星期的麻烦。这个例子显示，我们所习惯的自由和机动，并不适用于中国。其他来源也证实此一情况。一位朋友告诉我，如果申请双方互调，会自动获准，但很难找到适婚年龄的男女愿意从北京或上海调到农场去，尽管有时会有财务补助。在这种情况下，我能说什么呢？我如果无法帮助或安慰别人，至少可以表达同情与理解。但我对历史的研究却让我深信，在这样的情势下，并非任意缩减自由来达到邪恶的目的，而是因为生产增加，但服务能力却赶不上。无论如何，中国已进入一个新领域，深刻感受到中间阶层的缺乏，未来必须同时从实务和制度着手。我们应该让中国的年轻一代意识到他们与命运之约，而不是煽动他们要求全世界没有人可以给予的自由。他们必须自己去创造自己想要的东西，一切从基础开始。有时我会以这种语气写信给外甥或堂兄弟，举我年轻时的努力为范例。但我必须加强建设自己，才能传递这些讯息。我内心也知道，个体间存有差异，我们的例子不可能完全相同。我不愿用自以为是的语调说教，更不想成为弃中国于不顾的外宾。更重要的是，我只能以历史学者的身份来作证，而不是以受雇人民委员的身份。

我想，也许我应该培养敏锐的视野，向美国听众揭露我的中国历史观。到目前为止，我确实往这个方向努力，结果毁誉参半，而且都很极端。

在1975年之前，我曾八次申请历史研究的计划经费，核准六次。之后我又申请七次，但没有一次通过。部分原因在于这些机构资金缩减，而且我年事渐长，竞争力下降。但另一个原因是出在我的大历史观点。申请案都必须送交专家审查。身为专家的他们倾向将历史切块切片来处理，因而认定真理来自于精细，老旧陈腐的形式胜过实用价值。尤其是在史学方面，就算威尼斯海边林木被砍伐殆尽造成海权衰微，但也不会有人问你这个论点有何意义。只要汇集林地的资料，充分证明作者的方法有条有理，就可以赢得立即的肯定。如果申请人偏离惯例，引用的年代大于评审的专长范围，例如将中国的数个朝代一并讨论，就会减少被采纳的希望。我认为中国历史一脉相传，情况更是雪上加霜。由于信息自由法的通过，我可以看到评审拒绝申请案的部分报告，其内容肯定我的猜测。事实上，我曾担任申请案的评审，对审核的标准并不陌生。

但一旦大历史的观念盘据我的脑海，我就无法摆脱它。事实上，我从来不曾发明这个观点。一切都是自然而然发生的。我们在成都中央军校踢正步时，企图达到完美境界。毛泽东时代对“机械化农业”的着迷也透露出类似的渴望，都导致徒有其表。另一方面，国民党十四师在云南遭遇后勤的困境，显示在中国内陆县政府以下的体制真空。这个问题上承明代，可以解释毛泽东时代的困扰，也就是服务的发展无法支持经济扩展。没有商业贸易，就没有商业法。过去没有商业程序，现在就缺乏官僚的引导。我们必须体察到，这一切都是长期的过程，文化导向的社会企图转型成现代国家，才能在数字上进行管理。现代中国也持续这个过程，蒋介石虚构上层结构，毛泽东创造下层结构，目前需要填补其间的体系联系，“从发夹到鞋带”，必须一应俱全。我曾检视这个概念，将现代中国史的底线往前推移四百年，写出《万历十五年》，又在二十四史中寻求证明。我从来不曾打算以学习历史的心态住在英国、美国、日本或印度，将这些国家的发展经验和中国相比较，但我却仍然获得这个机会，和当地人时相往来，还参观历史景点。现在我不可能摆脱这个较大的参考架构，而且我也看不出为什么要摆脱。

此外，就我目前的历史观而言，我并不欣赏将中国历史切块切片，却没有事先预想到如何还原成整体。如果只考虑具体的事物，可能会忽略当代人制造假象的过程；如果只考虑到他们的观念和幻想，就可能忽略物质的背景，而后者才是逻辑所在。无论在任何情况下，尝试以纯西方的观点进行分析时，都会预期中国历史不可能超越西方经验的范畴。但即使从我对伊朗和印度的简短论述中，也可以看出这种预期不切实际。

这种史观成为我和同行和谐共事的最大障碍。德克 · 博德替我的处境难过，十分关切我们家的生计，尽全力来帮我。但在徒劳无功后，他就劝我移民。他来信说：“你在此地的前景恐怕一点也不看好。”

有一次他试着要我去参与一项研究计划，将中国的所有法律名词全翻成英文。这种编订手册的计划以前曾经试过，但成效不彰。传统的律法基本上是刑法，根据触法者与受害人的亲戚关系来施行不同程度的处罚。受害人不一定是原告。必须能够预先理解中国乡村中的一百零一件琐事，才能体会其运作情况，否则法规本身只会显得太粗糙简单，内涵又太难以名状，不可捉摸。我希望自己对计划宣称的目的不要如此悲观。但朋友的父亲是湖南一个县城的地方官，我在童年就看过传统的判案方式，因此不可能对这项集体计划太热衷。数名学者将花数年时间从事中翻英的工作，逐字逐句进行，而且还会用注释补充相关的周边细节。这就好像将算盘的所有拨算方式输入计算机，然后再靠计算机来操作算盘。

我和德克一起去哈佛，接受一群年轻学者的面试。我实在不该如此做。我只不过建议他们，应该放宽标准，也许依类别翻译一些案例，这样就已经得罪审查小组的部分成员，两名学者对我投以极轻蔑的眼光。他们对技术的精确讲究到极点。我希望德克和他负责审查小组的朋友可以原谅我提这件事。对我来说，现在的学术离最迫切的议题太远，有一天甚至会被事件所超越。如果我不是有亲身体验，也许就不会强调这一点。我的体验一方面来自信息错误的大学生，一方面则来自受到压迫的亲朋好友。

不可置信的是，我自己找工作没有下文，但却有工作自动送上门来，有一次还提到薪水的详细数字，但这次又是将中文古籍翻成英文，又是为了我无法认可的目标。

我在哥伦比亚大学又遭遇一次尴尬的处境。狄百瑞博士过去曾多次帮我的忙。他曾替我写推荐信，特别是帮我申请到古根汉的研究经费。我们的结识始于1965年，他邀我写论文收入他的研讨会合集《明代思想中的自我与社会》(*Self and Society in Ming Thought*)。我的倪元璐专文杂乱无章，他花了数天时间去编辑和润色。参与他的明代思潮座谈会对我是一项殊荣，让我对明代的新儒学有更深刻的理解。在《万历十五年》中的李贽一章，可以说受惠于他的许多研究心得。在我所知道的汉学家中，泰德（即狄百瑞）无疑具备最充沛的精力。听说他住在塔本齐桥（Tappanzee Bridge)，但每天早上七点就出现在办公室。在经历60年代的学生暴动后，他担任哥伦比亚的学术副校长和教务长，显然证明他优秀的领导特质，能以崭新的精力让大学重新上轨道。他的现职是约翰·米契尔·梅森（John Mitchell Mason）讲座的教授，可说是名正实归。

在我们认识的这些年间，我觉得他有时亲切，有时粗鲁。他可以从京都寄来一封热诚的信，有时还从纽约的家中打电话给我。但有一次我去哥伦比亚，只因为没有事先约定，他就拒绝我进他办公室问一个小问题。他坚持完成工作的理由很是充分。他坚守岗位，无法容忍混乱，这两点都毫无质疑的空间。但我想，他不时突然展现的刻薄不见得全出于无心。举例来说，1976年，在多伦多庆祝《明代名人传》的出版时，他提醒三百位来宾，一开始提出这项计划时，由费正清博士进行评估计划，但评估报告却说，计划不可行。他翻陈年旧账，却没有明白指控，让坐在前排的费正清毫无心理准备。泰德对替他工作的人不薄，但也牢牢掌握他们。他虽然对友人客气，却没有人可以刺穿他的铠甲。别人常在背后说他是“强势的人”。

但是，狄百瑞的性格却是美国文化的一部分。在美国的主要大学，学术管理人员就和企业主管一样，必须外表谦和但内心强悍，才能够生存。他们的竞争不只表现在实务工作上，也形诸于个人的强烈企图心。影响力是靠努力争取而来的，必须在不造成伤亡的情况下赢得权威的地位。在社会容许范围内，先发制人最为重要。这种灵活手腕完全不同于我们在军校所学。

对泰德来说，他有不得不强悍的原因。他承担起哥伦比亚大学东亚研究的领导者角色时，整个领域进入最竞争的阶段。他的学校位于大城的市中心，因此在郊区兴起而市区没落时特别身受其害。学校是由私人赞助，局势更为不利。耶鲁、普林斯顿、宾大、密西根及加大的中国研究全都保持特殊的“哈佛关系”，因为教职员中不乏哈佛的杰出校友。但是哥伦比亚和狄百瑞却势力单薄。他们必须进行激烈竞争，争取研究经费、替毕业生出版论文、替毕业生找出路。这些全都构成吸引未来学生的相关因素，因此主事者势必机灵大胆。财务是竞争的最主要项目，奖学金也是。出版也很重要，学生的论文能尽速付印，就有机会找到较好的工作。这些因素环环相扣，某一处成功，其他方面也会很顺利。相反的，忽略某个地方，就可能全盘皆输。

我听到泰德在普林斯顿受到批评，说他主持一些研讨会，又写书又编书，指导的博士论文全都和新儒学有关。我当时回应，哥伦比亚的情况不会比其他地方糟，因为狭隘冷僻的论文题目已成为共同趋势，学生捍卫老师立场的风气事实上是起源于哈佛。狄百瑞虽然将研究专注在中国文明的一个层面，但他至少来回推移他的时间点。我的评论一点都不圆滑。就中国研究来说，哥伦比亚和普林斯顿的对立相当激烈，因为双方的焦点都放在人文研究，但又必须在日益缩水的学术市场上并肩竞争。我既然无法在类似场合保持缄默，很快就不受普林斯顿的欢迎。但我当时却没有想像到，我在哥伦比亚犯了更严重的错误。

1981 年年初，狄百瑞邀请我。他计划组织一个研究传统中国“治国之道”的研讨会，预期美东会有一些学者有兴趣参加，经费由 ACLS 赞助。和他通完电话后，我于 2 月 6 日傍晚抵达他那里。约有三十名学者为此计划聚在哥伦比亚大学，有一些来自其他校园，甚至有两位来自印第安那波里。在晚餐的餐会上，泰德热烈欢迎我。人人都自己付账，只有我的账单由他负责。然而开始讨论时，我却很快发现到，不论是资深或资浅，同行和我之间存在巨大的分歧。直到今日，我仍然要说，本书的大部分材料源于这次的研讨会，我很愿意开诚布公。我的同行和我在无数的议题上意见相左。但如果我们要以 20 世纪末的观点来审视传统中国的治国之道，我认为必须视之为文化过程，才造成过去的中国有别于全世界其他国家。除此之外，我认为别无他法。一般主题会诱导我们思考，中国和其他国家的差距是否可以弥补，或是如魏复古博士所预测的，差距会持续扩大。我针对此一主题已研究多年，我的同行愿意听听我曾遭遇的麻烦吗？没有人有兴趣。

理由很明显：他们希望维持从文献着手的惯例。他们想制造出附加注释的翻译，以符合论文的规格。只有符合传统的学术形式，才能申请到充分的经费。

但是，就是因为如此，美国虽然有许多历史学家，但美国人民对历史仍然很无知。霍梅尼是疯子。甘地是好人等等。在此同时，学者发现，威尼斯丧失在地中海的霸权，原因是在亚得里亚海岸砍伐太多树林。研究中国公社的学者甚至不愿多看看普利茅茨殖民区，连枷都在展示之列。评论亚洲诸国的学者也不肯稍微思考一下，美国在1862年通过公地放领法，造成东西方的大差距，起先在生活条件的差异后来延伸至社会价值。

我应该在此时退出研讨会，如果我继续发表自己的主张，只会显得像煽动者，成为学术圈中的卡斯特罗，尤其是在被纽普兹解聘以后。但人生难免意外的事。5月，我在家中收到泰德寄来一封厚厚的信，附带杰克·朗洛伊（Jack Langlois）厚达六页的备忘录。朗洛伊博士是普林斯顿的毕业生，任教于缅因州的波多因学院（Bowdoin College），据我所知还担任ACLS的委员之一。在我们于2月集会以后，他参加这个研讨会的程序委员会。他在备忘录中建议，我的《万历十五年》可以作为研讨会的讨论起点。他写道："黄博士的《万历十五年》中文版将于北京出版，对我们而言应该很有意义。也就是说，中国的学者也可以方便取得这本书，两国学者将可以就共同的基础进行合作研究计划。"这就是我多年来一直努力的目标。我无法拒绝诱惑，无法不回应。

我用四天的时间写了一封长达九页的信，重申我的立场。身为非马克思主义的历史学家，我强调财产权的重要。我又说："财产权不同于意识形态，不只可以界定，而且可以分割、转移和流通。在财产权推动下的经济体系中，社会鼓励服务和商品进行更广大的交流。另一方面，意识形态是绝对的因素。"我指出经济发展中司法制度的重要，我还简述自己将帝制时期的中国划分成三大时期。我向委员会呼吁："我不敢妄自托大，期望你们将我的建议当成权威意见。但我要强烈呼吁你们采取规模类似的大范围前提。"

这封信寄给泰德后，我却只收到他表示收到的回函。他指出，他必须和委员会讨论，询问其他人的意见后，才能回复我。在此期间，朗洛伊已回到普林斯顿，准备在经费援助下启程前往中国住六个月，我打电话问他，是否可以在搭机前来看我们。他说，开车到纽普兹对他来说太远。我问他，我们是否可以在中间点见面。原来他妻子要从纽瓦克机场搭机，我邀请他在送行后一起吃顿饭。在普林斯顿校外有一家中餐厅 A-Kitchen。我们进行《剑桥中国史》的计划时，曾在那里用过餐，很喜欢那里的食物。餐厅在九号公路靠近毕肯（Beacon）附近开了一家分店，店名同样是 A-Kitchen。从机场和我们家开车去，时间都差不多。格尔和杰夫和我同行。

食物的确不错，但会谈结果就不是了。不知什么原因，杰克忽然丧失兴趣，不再提《万历十五年》作为前提的价值。他也不太热衷与中华人民共和国进行对话。他提到，许多研讨会的人都有兴趣致力于地区和当地的研究。

这正是我所担心的事。中国问题的本质在于其范围深广，从秦始皇的兵马俑到毛泽东的红卫兵，主题都是群众。强调同质性和单一化，追求量而牺牲质，以村落当公分母（通常是最低层次）作为帝国的底线，这些特质都贯穿整部中国历史。狄百瑞博士编辑的两大册《中国传统的本源》(*Sources of Chinese Tradition*)，书名大可以换成"如何在不清楚确切数目的情况下统治数千万人"，却不会失真。如果忽略基本因素，就只会看到无穷无尽的不理性和荒谬。由于缺乏认识，史迪威才称蒋介石为"花生米"。日本人大可避免一切麻烦，只要他们事先了解到，从中国主体边缘切一部分来统治，可能会更有效率，但统治整个国家时却不可能做大幅度的更动，除非经历重大突破，而事实上日军的入侵刚好带来突破。回顾过去，我们现在可以明白，满洲人将中国问题视为自己的问题时，民族的纷争才消失。今日这个议题并没有被忘却。近年来中华人民共和国累积大量的准备金，西方的投资银行又困惑又气馁，因为中国官员拒绝善用信用评等来借更多的钱，以便在城市产生更多的商业活动。原因在于中国必须想到，前线的经济有所扩展时，第二线和第三线要有所因应，以连结内陆和下层结构。到目前为止，均衡和成长仍然同等重要。

从我的观点来看，目前正是针对这方面进行历史探讨的最佳时机。数年前，我看过一部中国电影，描述本土设计的鱼雷快艇在测试时爆炸。工程师的反应分成两派。第一派认为中国的海军建造能力仍然不够成熟，计划最好暂时搁置，应该派专家到国外接受先进训练，才能再建造下一艘快艇。但提倡自立自强的人不肯轻言放弃。他们主张，船艇可以分成三千个部分，如果每个人负责检查一部分，就可以找出失败的原因。这部影片反映“文化大革命”时的一意孤行，意识形态的教条凌驾科技之上，最后电影以第二派获胜结束。写剧本的人以为，只要牵涉到冶金和材料强度即可，并没有考虑到船本身的设计、引擎和船身相容度、转矩、推力、压缩比率、注油和冷却系统、管线、气体力学和流体力学等。在普吉西的许多 IBM 工程师看这部电影时，大笑不已。就我的角度来看，许多过去的汉学家也犯类似的错误。他们地方化的见解让自己偏离主题，对别人也没有好处。如果我们忽略传统中国的整体特质，让年轻的博士候选人走向地区和地方研究，我们也可能犯同样的错误。

我没有私人动机去坚持自己的主张，但又无法在重大议题上保持沉默。狄百瑞的编制会议预定在 10 月的最后一个周末举行。到 9 月底，我的九页建议已经寄给他四个月。于是我写给他一封私人信函，继续追究这件事。我告诉他，数年来的阅览让我产生大历史的新观点，不同于从学科的本位立场去分析问题。由于如此，“我在其他人之前显得顽固，喜欢吵架。”既然是他个人邀我参加编制会议，我希望能在之前先和他见面，容我解释其间的差异有多重要。只要一天前先通知我，我就可以去他的办公室。或者，“最好由我来请客”。我邀他和我共进午餐，地点在 A-Kitchen，类似我和朗洛伊见面的模式。我想对他来说尚称便利，因为他住在塔本齐桥西端。无论如何，我以为他会把这封信当成“机密文件”，信只有他自己看，因此我在信中也加入这些字眼。

他没有回信给我，反而用复印机复制我的信，连同其他参与者的建议，一起发送给所有与会者。因此我的私人信函详细指示如何从八十四号州际公路开车到当地的餐厅，就这样分送到西雅图、到柏克莱、到俄亥俄、到堪萨斯、到哈佛、到耶鲁、到康乃尔、到普林斯顿。

哥伦比亚大学的新宿舍紧邻海门中心（Heyman Center）的人文学院，很像汽车旅馆。进入房间，关上门，拉上窗帘后，忽然搞不清楚是在大学里，还是在假日旅馆的房间中。每个房间都有一张大床和专用的卫浴设备。虽然很舒适，但我在 1981 年 10 月 30 日搬进去时，却睡得很少。前一位房客留下的烟味残留不散。建筑的隔音设备绝非一流，我可以听到隔壁同行的对话。他们和我一样，都是来纽约参加研讨会的编制会议。时过午夜，显然他们刚从酒吧间回来。

我的生理竟然无法容忍环境的扰攘，令我大为震撼。我以前曾经是烟枪，抽得很凶，我抽过香烟、雪茄和烟草。年轻时的我随时随地都可以睡，带着铺盖或甚至是毯子，可以睡在木制地板上、砖面人行道上或散兵坑中。在中国旅行时，我可以在火车上整夜站着，车厢内非常拥挤，必须要先征求旁边旅客的同意才能移动双腿。现在的我居然如此挑剔。

白天的一切也令我不安。我实在不该继续待下去。我先前的提议没有受到注意；我的备忘录没有得到回应；我建议和狄百瑞博士私下会谈的请求被拒绝。我出现在这个会议已经没有价值，只能站在机密文件的背后作证，我对任何人都毫无恶意。我和同行前辈的意见产生差距，让我有许多不愉快的经验。一方面，我必须为我认定是真理的事辩护，但另一方面又发现自己常被视为背叛者，老是忘恩负义。更重要的是，所有的一切都徒劳无功。

我被纽约州立大学纽普兹分校解聘时，我的朋友哥伦比亚大学教授夏志清没有先告知我，就去找狄百瑞，问他是否可以帮我找工作。泰德说，我个人没有求他，他不好做任何事。其中道理不难理解。我感激他们两人的善意。但我了解我和泰德的个性差异，尤其是他主持校务的特殊风格，因此迟迟不愿去求他。自尊的确是原因之一。我不介意求同行前辈写推荐信，参加公开的竞争。但即使是毛遂自荐去当别人家的园丁，我都会觉得难为情。同样的情况也发生在普林斯顿。崔瑞德和牟复礼说也许可以帮我申请研究经费，我也只是听听罢了。自尊的负担有两种层次。我希望内人和儿子可以感染我在羞辱时期展现的自尊心，我也希望将自己对中国历史的宽广视野传递给中国和美国的学术圈。重要的是，我必须保持尊严。

在这个研讨会的例子中，泰德亲自打电话邀我与会。他已经越过中线来迎合我，百般顾虑我的感受，其容忍程度已超过对他的同辈。他召开 10 月的聚会时，我又再度发言违背他的期许，一定出乎他的意料之外。

但是，不如这么说吧：我们看待中国的方式，不妨类似 19 世纪初当代人看法国的方式。如果法国已经历过法国大革命、恐怖统治、德性共和国、11 月反动、拿破仑战争、滑铁卢和维也纳等事件，19 世纪初的历史学家研究传统的法国治国之道时，不可能再沿用平凡传统的方式。历史学家非常可能先修正标准，而后再切入主题。他们势必准备好要清除所有的智识障碍和困难。如果我没有对狄百瑞提到应该如何修正我们自己的标准，就是不忠于视我为友的这位同行前辈。在2月的聚会时，印地安那的林恩·史楚夫（Lynn Struve）建议，在讨论传统的治国之道时，我们应该看陈子龙。在杰克·朗洛伊的提议案中，他也提到这个名字。10月，哈佛的孔飞力（Philip Kuhn）教授又说："我们应该看陈子龙。"陈子龙是17世纪的学者，和其他数名学者合编《皇明经世文编》，收录四百二十五位作者探讨明代公共事务的文章。我简称此书为《经世文编》，书目中缩写成CSWP。我自己有这套书，共三十册，虽然没有从头读到尾，但也全部浏览过。在我的税制专书中，我引用过一百二十五次。即使是《万历十五年》这本比较通俗的书，也提到三十二次之多（中文版合并成二十六次）。我必须指出，选集本身并不足以扩展历史学家的视野。文集的内容漫无章法，多篇文章相互矛盾，有时甚至单篇文章就自我矛盾。如果我保持谦虚，不发一言，等于是欺骗这群人。

然而，在这次会议和尴尬处境两年后的今天，我写本章的目的不再是证明自己的正确。隐私权姑且不论，我请泰德以人文历史学家的身份考虑以下主张：我们的史学必须超越所有的组织原则，高高在上。如上所述，我将自己对中国哲学的基本认识归功于他的启迪。狄百瑞指导我写倪元璐的专文时，写过多封长信对我解释，中国的哲学家很少主张纯粹的唯物论或唯心论，他们大多两者兼具。这番见解指引我以"阴""阳"的观点来阅读明代的作家，后来再发展成心理和社会学的层次。我和泰德之间存在许多小差异，读者不一定有兴趣，但和历史没有太大的关连。不过，我们意见一致之处却和历史大有关系。我的大历史主张似乎带着傲慢的色彩，但我们可以遵照经济学家的榜样。他们提到总体经济时，指的是缩减过、基础的、原始粗糙、简化过的经济学，通常不需要受过数学的训练也可以学会。我最大的野心就是建立中国历史的类似综述。从我在纽普兹教书以来，这念头就挥之不去，我也为此赌上一切。

美国学者缺乏对中国历史的综合视野，部分原因出在现行的学院分工制度、学界的许多传统和习惯以及主要大学间的竞争。我在普林斯顿时，企图说服参与《剑桥中国史》明史部分的同行，从跨学科的途径来建立更扎实的观点。我的努力不成功，我的胆大妄为反而绷紧和朋友间的关系。即使以费正清博士的威望，也无法改进此局势。在《剑桥中国史》中，由他编纂的现代史部分欠缺凝聚力，“无论是在内容或表现方式”，这是黄宗智在中文期刊《读书》所发表的评论。黄还预测，这部作品不可能产生太大的影响，不论是对学术圈或一般读者。曾担任《亚洲研究期刊》编辑的罗伯特·卡普（Robert A. Kapp）博士指出，研究中国的学者无法对这一行的知识产生重大贡献，原因是“专业和企业要求互不相容”。

但是，根据我和数位资深汉学家的接触，我更加肯定，对中国的论述一直让美国人很困扰，因为这个主题多少带有道德内涵。也因此，中国必须被视为白雪公主或老巫婆。还有一项因素导致左右为难的处境：美国人不愿修正自己捍卫自由民主的形象。《独立宣言》和《盖茨堡演说》虽然提供美国所需的组织逻辑，但就技术面而言，我们一直在实施修正过的凯恩斯经济。即使两者间的关系真实确切，美国的自由民主仍带有地理的印记。美国之所以成功，是由于从普利茅茨殖民区不断往西扩张，疆域包括大湖、平原、草原、山脉和沙漠，一直延伸到太平洋彼岸。即使在凯恩斯爵士出生前，许多美国人就已经发现，扩张经济的前提是人口持续增长、自然资源用之不竭、明日的币值比今日的缩水。最适宜的条件被淋漓尽致发挥，加上信用扩大、不带人治色彩的管理及服务措施的集结等商业技巧，在美国发表《独立宣言》前，这些都已应用于英国的农业。两者的愉快结合是世界史上罕见的经验。在第二次世界大战以后，美国主义的扩张在各国遇到大小不一的阻力。最大的阻力来自于亚洲大陆，因为亚洲人口过剩，又背负沉重的文化传统，都和现代经济法则相抵触，妨碍上述条件的运作。时至今日，并没有证据显示中国想抗拒杰佛逊揭橥的理念，但中国却承担不起美国经济特有的民主和自由。因为这个理由，杜鲁门和马歇尔才宣称对中国采取“放手”政策。最近包德甫（Fox Butterfield）重塑中国老巫婆的形象。然而，虽然他一再阐述，但《苦海余生》（*China*，*Survival in Bitter Sea*）的结论仍然显示同样的见解，只不过呈现方式有所不同。

也就是说，理想的完美境界只是抽象的概念。实际上，其具体实现必须混合一国的地理和历史因素，并受制于这些条件。其症结在于，所有国家的共同点不在意识形态，而在经济或数字。有了这层理解，我们可以进一步观察到，我们今日面临的奋斗，大多仍是七百年前事件的延续，当时意大利城邦的商人将他们的货币管理技巧西传到荷兰和英国，这些技巧终于被采纳为管理的基础，也就是今日所称的资本主义。20 世纪的反美国主义大都起源于对美国经济势力的恐惧，害怕的是美国的民间部门，而非政府部门。美国企业虽然外表看似毫无恶意，但却复杂善变，竞争意识浓厚，其严密精细就足以让开发中国家惴惴不安。整体来说，美国企业是全世界势力最强大、最有效力的利器。但是，开发中国家对这些挑战的因应，已经形成特定的模式。即使一开始可能产生仇外和退缩的心态，但最后还是要从中制造出防卫机制，以便和挑战者在互惠的原则下从事贸易活动。这种倒退的运动即使倾向回归过去，但却有机会从文化传统中找出特定的组织原则，以利再度运用，成为采纳货币管理的础石。即便在过程中的平等主义本身都不是最终目的。廓清一切可以消除不平衡，替新秩序创造出可以运作的基础，如果继续强调平等，可以使新的上层结构紧密接触下层结构，否则就会像已开发国家一样，必须从先进部门征收所得来补贴较落后的部门，但这已超越开发中国家的能力。我认为这个全景非常令人兴奋。种种迹象显示，中国已完成清单上的每个项目。我没有理由不相信，延长近一个半世纪的中国革命即将告终。想到这一点，我历史学家的身份便有所寄托。回顾过去，我可以用尘埃落定的态度来检视整个中国现代史，其中心主题是文化导向的社会转变成经济上可以管理的国家。中华人民共和国的现况就像是徒有骨架没有装潢的结构，挤满迷惘的住户，但这现象却没有阻止我看出希望所在。最有力的证据是，对法律的需求成为目前的共识。沉迷于权力的革命分子不可能讲出这种话。

同样给人无穷希望的是，人类的全面历史可能已经在望。但是，一方面我们必须驳斥马克思派乌托邦式的想法，也就是社会将没有阶级之分，国家将萎缩；另一方面，我们也要扬弃美国化的观念，也就是美国习俗可以成为未来全球的标准。无论在哪一类情况，原先的假设都太过粗糙简单，离事实太远，但对明显价值的崇拜将使历史走向目的论的直线进展。我写本书时，将历史视为向外发展的螺旋。（我承认这种写法并不容易，显然造成本书有许多缺失。）我此刻建议，将螺旋弧线上向外切的箭头视为变动的道德和社会价值，带我们提升到崇高的境界；另外有一组向内的箭头和它们相抗衡，代表环境和历史因素的拉力，包括人类过去所犯的错误。历史的真实路径介于两者之间。此外，人类历史中能够被确定的部分，正如康德所说的，符合我们认知心灵的主要架构，也就是图中的实体部分。超过可能经验的领域被康德称为"物自身"，属于不可知，就是图中的虚线部分。部分读者可能喜欢界定为神学史，属于信念而非知识的范畴。我们可以借此避免以目的论开始历史，同时也可以避免以救世主的保证来终结历史。这个主张可能造就"宗教与政治的国际性分离"，透过学术手段来达成。

我对中国的大历史观念当然不是人类的全面历史，只不过是其中一小部分，放入图中的实体区域。这张图表有何实际用途？这是能够支持我主张的唯一逻辑方式。

现代中国史牵涉到从伟大的文化传统转型到世界经济大国之一，其起点和终点都相当清晰明确。检验鸦片战争前的情况时会发现，执行全国事务时大多只是敷衍了事。以石头起造贞节牌坊仍是政府的有效工具。执行刑法的主要目的在于支持社会价值。官僚由诗人担任。皇帝并不清楚税负的确切数字。所有的财政单位都不过是粗略的配额，经过地方官员的扩大和压缩。把焦点转向中华人民共和国时会发现，国务院下设许多部门，有一半和经济相关。法定货币人民币是现代中国唯一成功发行的全国货币。全国生产的主要商品全都由政府来购买和重新分配，农业税除外。只要经过简单的逻辑推理即可得知，一个半世纪以来，中国已经达成本质的转型，转变并非在一次或一代之内可以完成。但今日却没有任何学术著作以统一的主题上溯这一百五十年。为什么呢？

我们仍然活在昨日的观念和有限的视野中。我们常把事实和自己的价值、偏好混为一谈。主要的困难在于，我们所检讨的事件大于我们的经验范围。中国革命延展一个半世纪，相当于两倍的个人寿命。

但又像离我们不过几英尺的悬崖，很难给予超然的评估。中国籍的学者自然无法免于党派的争议。他们想找出来，在上一回政治之争中，到底谁是谁非。美国的学者除了要应付美国主义的心结以外，还发现整合的主题威胁到学术分工。我们如何将文化讨论转成经济？我们如何进行一半人文科学一半社会科学的课程？如此一来，教师岂不是被迫先教七堂课的诗歌，然后再教统计学到学期结束？这样的混合前所未见。如果你研究中国哲学，就会以毛泽东思想做总结。如果你处理清代的土地资料，可能将讨论延伸到目前的谷物产量。你不可能跨越领域。此外，在你的一般主题被接纳前，你还必须考虑，加州大学洛杉矶分校或是芝加哥大学比较愿意接受你的研究。

也因此，我们将中国革命视为永远的失败，数亿人口的国家一个半世纪以来不停“搞砸”或“弄糟”。我发现这种说法有违史实时，就必须将一百五十年视为一个单位。以上的图是我唯一能凭借的权威，让我能了解，在巨大的时空之下，个人有多渺小。全世界最伟大的领导人只能在曲线运动上施加短期的推力。他们的意识形态是一回事，其实现又是另一回事。但是，虽然看起来像是失败，实际上却只是偏离所宣称的目标。考虑到代表一般转型的曲线时，每个人都贡献一小段弧度，一个接着另一个。就这方面而言，蒋介石和毛泽东只是在空间上相斥，而非在时间上。无论他们自己有何感受，就历史的角度来说，他们一起促成转型。转型以弧线的形式逐渐改变路径，是受制于中国自然经济的力量，不需要这两人的认可。与其悲悼中国人民在过去所遭受的苦恼和痛苦，我们应该感到高兴，毕竟终于可以完成转型。愉快的音调应该可以引发希望和乐观。

如果以已开发国家过去的发展历史为参考，并和开发中国家现在的情景相比较，中国的历史更加确定我们的观察：由于科技的进步，各国之间服务和商品的交换势必扩大范围。压力驱使所有的国家重整自己，以符合需求。目标不只是更高的生活水准或更公平的商业交易，而且还牵涉到组织的问题。除非一个国家可以在数字上进行管理，否则就不可能在今日的世界上占有一席之地。全球地理和不同的文化模式可能引导不同的国家走上不同的调适之路。但面临更商业化的国际关系时，中国的转向证明，长期趋势是朝向各国间的整合而非分裂。

我不可能说服中国成为和平的维护者或世界强权。我也不可能刻画出全球的景象，并坚持它确实证明，重要的历史发展正在进行，具有自然法的约束效力。但我主张，中国已经展开从文化传统进化到经济体系的过程，证据已经经过广泛而具体的报道。到目前为止，这个事实并没有受到太大的重视，因为推动事件的人并没有声张。我的图可以写实呈现前因后果及真实状况。我还想补充，历史事件的真正意义何在，缔造者和史家往往有不同看法。中国人并没有受惠于我们的超然立场。我们的学术界人士则忙着捍卫神圣的事务，无法脱离修正历史的立即后果，不能从中享有自由。

在我和长春藤同行前辈的对抗中，我并没有提到上述的主张。我并没有提到，蒋介石和毛泽东的作为具备互补的历史意义。我也没有说，中国革命的真正意义在于从文化传统转型成经济体系。我只是指出，就大历史的观点而言，从公元前221年到现在的中国历史具有逻辑的一贯性，中国今日的最佳远景是在集体或合作的基础上强化财产权，现代中国可以从17世纪的英国撷取灵感，研究相互冲突的观念如何在法律体系下融为一体。只不过如此，我就失去工作和出书的机会。我被迫以不同的手法和形式来写这一本书，参考资料不足之处，我必须以个人经验来填补。在高层次的概论之后，必须转换到卑微的观点，暴露自己的缺点和琐碎。但还有另一重困难：在尝试就物质面诠释中国现代史时，我不知如何消除道德冲突。我不知如何表达，我亲眼目睹的残暴确实发生了。我以这个图表建议，螺旋形状牵涉到康德、我们在宇宙中的地位、命运预定说、原罪、“因缘”和“阴阳”等，也许可以减轻我们的良知负担，因为可以借由它们来吸收在过去时点残忍行为所带来的冲击，超越人类救赎或挽回的力量。

崇高憧憬向来不是我的习惯或个性。我原来的目标不过是对一个小型文学院的大学生概述通史。但有一就有二，最后我再也无法暂停。我已说过，我开启这段生命时，不过是想寻求舒适和隐私，并无更大的野心。问题在于，在过程中我逐渐卷入比生命更宽广的历史。到最后，我避免放肆时，就显得很不诚实；我压制自己的反对意见时，就显得很虚伪。在此同时，我历史观点中的实用价值让我无法维持缄默。离奇的环境导致我出版这本书，依据的是三十年前在密西根大学取得的新闻特许。我是自己雇用自己的记者，我为一般读者大众而书写。

梅尔·高尔德曼（Merle Goldman）将我的朋友廖沫沙归类成“自

由主义者”，他弄错了。虽然沫沙驳斥死硬左派分子的虚伪主张，但他自己仍是理论派的马克思主义者。他替我书的封面题字，原因不在于他赞同书的内容，而在于我们长达四十多年的友谊。自从他获得平反后，我们通了五六次信，有两三次还写了数千字的长信。他最近的一封信显示，他虽然没有鼓吹阶级斗争，但仍然相信，中国历史符合马克思主义的直线进展。我虽然不同意他的看法，却可以从他的处境中想像中国此刻的困境。在新的民法地位稳固并开始生效前，中国的公共事务只能透过共同决议和普遍声明来协调。在此期间，我认为一党政治无法完全避免。要消除此一现象，社会必须在官僚之外建立中间阶层，我建议从工团主义和团体财产权着手。西方的自由主义者忽略技术上的准备，要求立刻解放中国的年轻叛逆分子，等于是建议中国人：“忘记你们的公社，忘记你们的食物配给和鞍山钢铁厂。你们只要让每位妇女涂不一样颜色的口红，让男人吹自己喜欢的曲调或玩自己的乐器，一切就可以解决。”

田海男是田伯伯的儿子。他和我于1938年一起进入成都中央军校。我们在国民党军队中的服役历史相近，直到抗战胜利为止。在1945年年底或1946年年初，他加入共产党军队，部分原因是他父亲剧作家田汉和周恩来关系密切。他有功于人民解放军中野炮部队和装甲部队的初期成军，而且还参与朝鲜战争。虽然田伯伯在“文化大革命”期间死于狱中，但没有动摇海男以社会主义改造中国的决心。我最近才收到他的第一封直接来信，信中附上一张邮票，纪念田伯伯填词的《义勇军进行曲》重新被当成中国的国歌。我虽然仍不知道他的现况，也不清楚他对党对军的义务，但我仍然写信给他，希望他能以自己的影响力去愈合内战幸存者的情绪伤口。我粗略建议，就我的历史观点而言，国民党和共产党不应该将对方视为永久的敌人。我在信中又强调，蒋介石在历史中自有定位。信寄出后，我不确定自己是否做对了，毕竟我们已经近四十年没联络。但他的回信却充满快活的语调。他希望我和内人回中国看看，而且我们可以一起去登泰山。对中国人来说，“登泰山以小天下”，登上泰山顶，才知世界有多小。

陆诒一度是《新华日报》（共产党在战时重庆的党报）的首席特派员。我认识他是因为范长江成立中国青年新闻记者学会时，他是活跃会员。他已离开报界多年，目前活跃于人民政治协商会议的上海支会，同时担任两所大学的新闻学副教授。我于1980年重新和他取得联系。从他的出版品中，我发现他就新闻报道的演说含有丰富的历史内涵，提到在日军包围下从徐州撤退，在新四军事件后在重庆身为共产党官员的艰困处境，周恩来亲自下达他的命令等等事件时，他都会交待背后的历史因素。我写信给他时，忍不住劝他降低对党派的强调。我的举动并没有政治动机，只不过是希望能领导下一代扩大视野。但我不知道我的讯息是否能被接受，而且，就算他同意我的看法，是否能采行我的建议也都不可知。但我欣慰地发现，在《万历十五年》中文版问世后，他收到出版商直接寄给他的赠书，非常高兴。这本书说明现代中国的问题已经过数百年的酝酿，应该也可以发挥类似的劝说效果。

在进行上述书信往来时，我并没有得到赞助者的支持，甚至没有任何一所学术单位付我文具和邮资费用。然而，我却了解，如果继续进行这类沟通，万一运气不好，可能引发猜疑，危及我的朋友。因此我更急着让本书出版，可以借此澄清我身为独立观察家的地位，也可以确定我报道中的学术源头。这项澄清工作对台湾友人的意义，可能大于对中国大陆的友人。

1980年圣诞节是成都中央军校第十六期一总队毕业四十周年，为此重新印行当年的通讯录。校友会成立，决议每三个月发行简讯，让大家知道同学和家人的消息。在原来的两千名毕业生中，中国大陆以外的共联络到三百三十位，其中有一位在日本，三位在美国。大多数留在台湾的同学都已退役，其中有许多晚近经商有成。在仍然服役的同学中，有几位已经爬到高位，包括二级上将郭汝霖，是“中华民国空军总司令”。我的一位要好同学汪奉曾也有不错的成就。我上一次见到他，是在三十年前的雷温乌兹堡，他也是参谋大学的学生。回到台湾后，奉曾官拜师长，驻守金门，部队每日面临重炮轰击，死伤惨重，经历长期的不确定感。他的若干英勇事迹仍可见于西方媒体的旧档案中。最近我才得知，他以中将退役，转往非军方的政府单位任职。但由于台湾坚守意识形态，我和在台朋友的关系紧张，程度更胜于与在大陆的友人之间。也因为这个原因，我和王将军已有数十年不曾联络。即使我与在台湾的表弟通信，也都只限于讨论家务事。我看到成都中央军校校友名单时，脑海中不禁浮现四十年前的光景，在成都草堂附近，德国制钢盔底下是一张张朝气焕发的脸庞和一对对好奇的双眼。好奇心驱使我想了解他们过得如何，无论是“民航局”的局长或副局长（刘德敏与左宗慧），或是在欣欣向荣的民间企业中当董事长或总经理。信件的往返勾起怀旧气氛，回忆当时担任国民党下级军官时所遭遇的辛苦。然而，在实际生活中，我们之间的差距就像太平洋一样深。

自从我们在成都的岁月以来，国民党就不曾放弃行之已久的惯例，也就是将管理等同于完美理想状态的憧憬，仍然以哲学的手法来经营政府，造成外在的假象。由于国民党以传统价值的捍卫者自许，因此不可能放弃这种半宗教的外观。也就是说，今日的台湾“政府”仍然认为自己在担负神圣的使命。特定官方刊物仍然视中国大陆为“匪区”，中华人民共和国仍然被称为“伪政权”，官方采取的意识形态更难加以修正。这种坚持对历史学家造成的最大障碍是史学的“固定前端”，所有的研究和阐述都必须紧扣此一结论，或至少也不能抵触。

写到目前这一段时，我曾认真考虑，提到以前的同学有何好处，也许会让他们困扰、尴尬和不便。但经过多天的思考以后，我决定如实呈现。随着本书的推展，我愈来愈觉得，本书的目的在于消除误解，连我自己的也包括在内。经过数十年的时间，历经长久的旅行、阅读和自我探索，终于造就今日的视野。但多年来我以历史学家为荣，背后的心理因素就在于我在成都中央军校当军校生，以及在国民党军队中担任下级军官的生活历练，而这些正是我和名册上其他三百二十九名同学所共享的资历。本书既然包含私密的个人特质，我不愿意在出版时假装自己无视于以前同袍的感受。但另一方面，我痛恨将道德抽象概念作为处理公共事务的合法工具，如甘地、霍梅尼，甚至美国的若干共同价值，更不用说是主义和口号。我对传统梦幻治国的批评已见诸北京和上海，很希望台北也可以看到。我绝无意造成在台朋友的困扰、尴尬和不便，只希望自己的历史研究甚至可以提高他们坚忍牺牲的真正价值，让他们的事迹在下一代面前更形突显，据我了解，这也是仍在世同学所宣布的目标之一，他们将带子女参加一年一度的同学会。

历史证实，国民党在大陆之所以失利，并不在于其邪恶企图；在台湾岛上化危机为转机，也不能归功于梦幻般的美德。在这两种情况下，技术是更决定性的因素。就本质来说，在滨海省份实施货币管理，要比在广土众民的情况下容易得多。台湾的捍卫者造就国民党的主张得以成功，在给予应有的肯定以外，其成就却必须触及下列几点事实：

即使是在二次大战以前，台湾的农业就和贸易相关，多余的稻米、樟脑、糖和茶叶都特别出口到日本。国民党接管后，这些农产品持续赚取外汇，有利台湾的资本化。和大多数的亚洲国家一样，台湾的农作单位很小。但由于地理位置较为有利，普遍贫穷的程度不及中国内陆的许多地区严重。国民党政府改善佃农生计的主要贡献在于1953年实施“耕者有其田”法案，效法麦克阿瑟在日本推行的土地改革。每户人家只能拥有约七点五英亩的普通等级农地，超过上限的部分必须交出，由政府重新分配。政府保证给予的补偿约等于两年半的农作收益，几乎只具象征意义。补偿金的百分之三十是股票，来自政府从日本接收的企业，其余则是以稻米及甘薯支付的商品契约，期限为二十年，年息百分之四。就像麦克阿瑟监管下的日本，法案能够实施，不过是因为国家仍在军事占领的状态，疆域也够小巧，可以用现代化的商业技巧和数学加以管理。不过，国民党的改革者强迫富裕的地主进入农业以外的其他经济部门，这个明智之举功不可没，不但纾解务农人口的压力，而且还开创提升经济的一般模式。

美国十多年的大额援助更增添经济成长的动力。大量资金涌入时，正值本土经济正要起飞的最佳时刻。经济发展策略更进一步展现独到的眼光。在美国的合作之下，外贸受到严格的控制。台湾更避开所有的资本密集计划和高级产业，数十年来专注于劳力密集的外销产业。国民党控制的这片土地就凭借这种方法，进攻战后先进国家经济扩张所创造出的广大市场。近年来，台湾才开始进入高科技产业，出口钢铁，和日本合作制造汽车。台湾的经济发展成就斐然。但明显的是，台湾善加整合大陆所不具备的有利条件，才能有如此出色的表现。滨海的地理位置有利贸易的促进，政治影响力也随着加深。当前的问题在于外来的竞争。高科技产业面临和日本的艰困竞争。依亚洲标准而言，台湾低阶的劳力也不再算是廉价，必须面临其他开发中国家和地区的挑战，其中包括中国大陆。

我确定我在台湾的朋友会同意一件事：他们代表在这个沿海省份的年长一代，必须保持和大陆的兄弟与同辈间的感情联系。他们自己非常清楚，如果不是中国人付出惨重代价，赢得 1943 年签订开罗和约，因而赋予他们在这个小岛上的合法地位，成功的故事就不可能上演。台湾的光复是胜利的果实之一，如何传递给后代，仍然有待观察。至于捍卫台湾和增进台湾福祉的人，他们的功劳不应被抹煞，他们和子孙的安全也不应被轻忽。但另一方面，发生在金门岛的炮战已经是四分之一世纪前的事，足以收入史书。一个全世界政要都访问过的敌对政府，一个在联合国已有十多年历史的敌对政府，不应该被断然称为匪徒。这个议题当然可以交由积极参与的人士，但毕竟牵涉到亚洲的未来，甚至间接影响到人类的未来。

我深知，我对历史的评论会让自己陷入更深的争议中。情况类似于：如果你明确反对一群人，不管对方人数有多少，你的地位还比较安全。但是如果你和他们享有共同的利益，却又针对某些要点反对每一个人，这时如果就不同的角度来看，你的意见显得更加靠不住。我的大历史概念就是如此，置我于一点也不值得羡慕的处境。在这种情况下，我唯一能替自己辩护的理由，就是自己这些意见的学术源头。如果我的意见和外交有关，也只限于民间的层次。我的推论依据是基于已印行或可以出版的信息。我所提的建议因此归属一般论坛的领域。

如果我们有清楚的视野，就可以察觉，中华人民共和国正进入最特殊的发展阶段。表面来看，只见到无尽的笨拙粗陋。但如果就基本架构来看，其组织已经健全，可以开始建设的工作。最鼓舞人的层面在于目前的问题都可以“被确认”，目前必须努力推及内陆的下层结构，但过程显得缓慢辛苦。这种工作不但毫无光彩，而且还需要拓荒者的牺牲与奉献。但是节奏一旦确立，也就是说，农业公社开始成为有利可图的贸易单位，内陆的运输能顺利运作，动能就会加快，而这种速度将使大城市的现代计划更风光。美国人当然可以伸出援手。例如，他们可以启发中国青年成为运动中无名的英雄，援引美国开疆拓土的历史为经验。但到目前为止，美国的启发似乎导向相反方向，非常可惜。

时至今日，意识形态仍是中美关系的严重障碍。有时我很希望，中国人不要自称是主义的信徒。但我更希望，我的美国同胞不要去中国推销自由与民主，如果不得不去，他们至少应该了解，他们的商品像电压不同的进口电器一样，需要加上变压器。事实上，资本主义和共产主义间的争议，以及自由社会和极权社会间的争议，都掩盖真正的利益冲突。我们从已出版的文字中可以发现，部分美国人希望中国打开市场，让外国商人能做选择性的购买，同时能倾销他们想出售的任何商品。这种期待并非头一回。先开放武器等国家经济中的最先进部门，是美国对开发中国家的惯例。但中国已经奋斗数十年，发展出足以抵抗基于这种条件的贸易。他们的目标在于减少前端的贸易，以提高本国经济的底线。这不只是政策而已，还会影响到体质，因此必须压制特殊部分的利益，以兼顾全体的利益。

我们有理由依中国人订立的条件和他们做生意吗？理由很多。

目前中国大环境的特色在于农业公社的成立，内陆和沿海城市有必要联系，各省间贸易扩大衍生出对法律和架构的预期。但目前的处境并非由中国人发明，也不是由西方顾问所设计，而是长期奋斗的结果。在这段期间，不论是内在或外在，人类的努力逐渐在地理和历史因素影响下定型。所有的可能方法都试尽后，我们没有理由不相信，这就是中国现代化的终极答案。只要集体拥有仍是明显特色，中国进行的计划就需要集体转型。但基本的发展技巧牵涉到信用的扩大、不带人治色彩的管理及服务措施的整合，这些都已经在资本主义国家中实行，应该可以运用到中国。也就是说，就集体的意义而言，中国的经济可以和已开发国家长期互动。但由于中国经济的群众路线，其波动程度应小于西方国家的现行制度，每人平均消耗量较低，但会比较坚实，附带更多的人类价值。就未来的潜力和规模而言，中国经济应该可以成为21 世纪的安定力量，而且成为第三世界国家的楷模。

中国经济发展所引发的迫切问题是：我们如何面对其廉价劳力?美国成衣和纺织业已感受到中国进口的压力。1983 年 7 月，一名汽车业分析师在底特律宣称，到 2000 年，美国将没有独立的汽车制造商。根据他的说法，全世界将只剩下三家汽车公司，欧洲和中国各一家，另一家可能在南美洲。首先，我不相信中国在短期间内可以取得这种地位，因为这和目前的深度发展策略相矛盾。但另一方面，开发中国家的崛起是当今不可抗拒的世界潮流。许多开发中国家已经发现，不发展就只有死路一条。日本可以说是开启先例。目前日本不但挑战美国在汽车和计算机产业的领导地位，而且，据某些专家指出，还要迈向民航业大国的目标。但日本在钢铁制造的优势逐渐输给韩国及台湾。这整套连锁发展虽然没有获得美国的赞助，但仍然受到美国的鼓励与提倡。潮流所趋，我们无法阻挡或逆转。就中国的例子来说，我们还要考虑到中长期的互惠贸易。长期来看，中华人民共和国将持续向美国购买农产品。（由于气候无法预测，中国主要城市都储存五年的存量。部分游客指出，当地食用的米有怪味。）将沿海探油权租给美国公司，和东方汽油公司合作生产煤，和美国汽车公司生产吉普车等，都展示目前的互惠和将来潜力开发的范围。我们还可以运用想像力，预想未来中国内陆完全开发后的景象。

至于部分国家工业化造成美国劳工失业，美国也许还要考量数项因素。财政赤字会持续推动国家的经济，创造就业机会：这个过度盛行的财政政策是否有持久的价值，我们不禁要怀疑。另一个考量因素是自动化。高科技带来的混乱可能比外国进口品更为严重。无论如何，在下一代有生之年可能发生关键性的改变。我们只能希望，如果能妥善准备，对他们的冲击可望减轻。为达成此一目的，我们应该有更多的动机改善和苏联的低荡关系，才有助解开心结，降低军事费用。我们毋需再辩论凯恩斯经济理论的优缺点。在正常的情况下，国家就和健全的家庭财政一样，可以受惠于小额的商业贷款，而在经济扩张时，小额商业贷款会节节上扬，但经济仍然能健全发展。以上不过是常识，但我们面临的前景绝非正常情况，如果我们将所有的重大问题交给下一代，应该给他们财政优势，或至少让他们享有处理问题的部分财政自由。

就我的研究而言，我希望中美关系可以持续蓬勃发展。但如果在过程中要将中国当成一张“牌”，希望玩的是和平游戏，而非战争游戏。如果我们和中国建立更密切的关系，目的只是为了增加和苏联开打核战争的可能，这一切就毫无意义可言，对中华人民共和国也没什么好处。

在此时此刻无法改善预算赤字的情况下，庞大的军事支出不但浪费，而且不过是欺骗自己。前国防部长罗伯特·麦克纳马拉（Robert S.McNamara）曾说："核武器无法达成任何军事目的，完全没有用——只不过可以用来吓阻敌人使用同样的武器。"事实上，即使是传统的武器，一旦发展到一定程度，也是同样没有用。即使人类从来没发明核武，今日超级强权仍会以歼灭或严重瘫痪对手为战争目标，并且不遗余力去追求，但他们自己是否会满意，令人怀疑。两次世界大战都建立以下模式：战争行为透过动员和遣散确实启动大规模的地缘政治趋势，老旧的制度因而消失，诞生的新系统更有利于自然经济的运作，对大众媒体也更能有所回应。这些都使得穷兵黩武者的原始目标变得无关紧要。面对历史教训，保守分子没有好战的空间。进步人士的当务之急不是反战示威，而是找到执行他们计划的最好方式，同时避免自取灭亡的暴力发生。目前所有的重大议题都已变成全球议题。我们活在宇宙的螺旋中，我们的信念无法主宰人类前进的方向。人类是否能继续生存，其实是信念的问题。

三年来格尔和我总共去纽约两次，都是参加美国书卷奖的年度颁奖典礼。在1982年和1983年，《万历十五年》都被提名为历史类的好书，第一次是精装版，第二次是平装版。我两次都没得奖，但我们有机会见识一些有趣的人物。我们听到评审之一的苏珊·布朗密勒（Susan Brownmiller）解说，她如何用消去法来挑选入围的书。她还对听众说，单单是1982年，在非小说的一般类别中，就有三本和中国有关的书被提名（得奖作品是包德甫的《苦海余生》）。茱蒂丝·瑟尔曼（Judith Thurman）从约翰·浩斯曼（John Houseman）手中领取传记暨自传类的奖项和一千美元的支票，有趣的是，她在得奖感言中对他说，她是“靠老派的方式赚钱”。我还很高兴能和约翰·厄卜代克短暂交谈。

“我很欣赏你的淘气，厄卜代克先生，”我说，指的是他小说中一些煽动的段落。

“我，淘气?”他提出抗议，一脸无辜状：“你认为我很淘气?”

顺带一提，厄卜代克替《纽约客》写《万历十五年》的书评。当期杂志出刊时，我非常讶异他竟然对我的书有兴趣。后来他透过书信联络告诉我，他从《纽约时报书评》中知道《万历十五年》这本书，因此主动替《纽约客》写书评。我表达几点见解：我很惊讶他对当前国际关系保持如此正面的看法，居然如此关心，因为他的作品让我以为他很悲观。他很好心，不但写回信给我，而且同意我在此处引用他的话：“我当然是乐观分子，否则绝不可能写得如此悲观。”

在颁奖典礼中，我见到哈里森·索尔兹伯里两次，第二次终于有机会问候他和他迷人的妻子。我想问他一个严肃问题：我研究中国时发现，由于缺乏商业组织的平行单位，官僚体系的意识形态事实上代表的是一种“行政算术”。俄罗斯历史上也出现类似的迹象。我研究全球的卫星地图时，注意到苏联部分地带比中国西北部更容易遭受大自然的处罚，旱灾一再发生。在苏联境内的多种民族中，回教徒占相当大的比例，其文化传承中带有无法磨灭的游牧民族印记。这些情况让我怀疑，苏联领土绵延千里，可能也要运用绝对而专断的意识形态，以包装其管理逻辑。我们从许多新闻特稿中得知，他们的侵略成性事实上反映某种防卫心理。既然如此，我开始猜想，我们是否可以减少武力冲突，避免刺激他们，而是透过贸易和文化接触来表达同情和理解，和他们共同探索如何在工业生产和农业社群间建立更有效的联系，如此一来，接近自然算术的消费者导向经济才能使我们的关系更融洽，制造友好的气氛，更有利于解除军备。数学至上时，建立于意识形态之上的热情或许可以逐渐消退。但这是个大疑问。我们有权利去窥伺其他国家的家务事吗？窥探的同时，我们不也应该揭露自己的虚实吗？国民外交和正式外交关系之间的差异也会浮现。在考虑过这些因素之后，这个问题不但难以回答，而且难以启齿。但另一方面，如果我们不采取行动，如何打破冷锋呢？我想过多次要向索尔兹伯里提出这个问题，而且几乎要写信或打电话给他，但最后又打消此念。

对我来说，难处还牵涉到私人问题。我提出的不只是问题，而且还是我自历史主题衍生出的假设性推论。如果我太过积极，无可避免会显得在强力推销不受青睐的商品。而且，现况也必须纳入考虑。索尔兹伯里先生不过捧了我一下，说他喜欢我的书。我因此应该利用他的同情心，对他说我被解聘，三年没有工作，缺钱困急，死命推销新的书稿？问题在于，如果我真的结识索尔兹伯里先生、厄卜代克先生或其他名人，我可能终究会说出这些事情，甚至提到我和同行前辈的分歧。

实际上，在我写这本书的期间，我曾和其他名人接触。我和他们的接触不过是偶然的举动，提到他们甚至有侵犯他们隐私权的嫌疑，为什么我还要在此攀附名流呢？我的目的是记述真相的实情。我希望读者理解，我们面临严重的对谈困难。并非我生性好战，到处宣扬与生命中每个贵人之间的不和。有时我无法联络到我最想沟通的人。举例来说，约翰·厄卜代克在评我的书时指出，美国版的自由主义已造成许多不受欢迎的后果。他就此下结论："显然需要一点小小的魔力来调和一切。"但除非本书依原状出版，我永远无法说服他：他以犀利眼光注意到的问题的确非常迫切。

三年前我开始动手写这本书时，只想着要一吐怨气。出乎意料的是，替自己辩解的意志逐渐减弱，书写的有用价值逐渐浮现，甚至愈来愈强烈。例如，三年前我们不曾想过，对台湾军售案竟然成为重大议题。但目前一般认为，如果我们坚持出售武器给台湾，可能对中国大陆产生压力，让他们也加强采购武器。中华人民共和国不但可以因此配合我们的政策，而且一旦建立亲密关系，还可以用来对苏联施加压力，克里姆林宫终究会依我们的条件来解除核子军备。我多么希望这个手段可以贯彻执行，达到预计的目标。不难想像的是，我自己可以替交涉的有关方面提供服务，借此建立友谊和获得好处。但就我对中国的了解，我必须提出警告，如果卤莽实行此一政策，只会引来灾害。就本质上来说，人民解放军的确是支庞大的国民兵，其装备也许需要一定程度的更新，但绝对不能到社会无法接纳的地步。我们甚至可以完全忽略意识形态的问题。姑且不谈士气，我们必须了解，现代军备是社会工具。透过指挥功能、私人化的管理、军务和补给，军中生活自有其独特的气氛。他们的技术需求迫使社会必须适应。不假思索就引入进口时，武装力量会变得像是外来的单位，和民间的支援并列，所造成的问题将多过所解决的问题。中国人当然很提防来自苏联的威胁，他们更有理由关心社会的空洞架构，转型时还必须整体进行。不久前，麦克 · 华莱士在《六十分钟》中提出代表中国立场的解释。历史学家可以提供更多深度的解释。

对中国历史的研究还可以是一面明镜，让我们反省自己。中国体系过度强调法律和政府机构等公共部门。即使在晚近的阶段，即使人口众多，但强调民间部门才是解决之道，可以先从社群的财产权着手。美国的问题刚好相反。我们仍然受到亚当 · 斯密的影响，他认为个人如果可以尽情追求自己的利益，自然而然会找到“最有利社会的工作”，带来“社会的改进和教化”。但亚当 · 斯密出版《国富论》是在1776年，和美国发表独立宣言同年。当时和今日的差异也就是极端简单和极端复杂间的差异，我们重读他的作品时，必须三思。

两百年来美国有不错的表现。但如果我们目前的生活水准太高，以至于不但我们的产品逐渐被排挤于全球市场之外，而且我们版本的自由也无法被全球的开发中国家所吸收，目前不正是重新检视国防政策的最佳时刻吗？我们当然很小心谨慎，不会自行片面解除军备。如果没有强力的国势，也不可能进行谈判。但在我们仍然派遣武装部队到全世界各角落之际，不也是重新定义捍卫目标的最好机会吗？

另一项较少被提到的因素是，相对于中国司法制度的简陋，我们的法律体系太过复杂。在亚当·斯密和独立宣言后的两百年，这个领域已拥挤不堪。经济的先进部门被鼓励不断进步，社会的分工也日益细密，因此源于18世纪的法律义务权利也跟着分化和分裂。目前技术的复杂程度已让人人吃不消。美国的一位前总统和一位最高法院院长都曾说，这套系统已经过度使用，变成死巷。

关于上一点，我自己勉强算是深受其害的见证人。我在纽约州立大学纽普兹分校任教，是凯恩斯经济学派的结果。（不过，已故教授琼安·罗宾逊可能要反对，她认为这一切都是对凯恩斯的曲解。）在省长尼尔逊·洛克菲勒（Nelson Rockefeller）任内的财政赤字下，州立大学的教职员在十年内增加了四点七倍。权利义务的分化分裂造就法律的迷宫，包括泰勒法、公务人员法、削减预算条款、大学董事政策等等。我的教职被终止时，我不知道该向谁争论，在奥本尼的中央行政单位？地方上的分校？行政人员？历史系？职务终止是基于年资还是绩效纪录？开除是行政人员的决定？和劳工联盟有关吗？教职员私下的多数决？或只是FTE？我只能说，我不鼓励大家去深入研究这套系统。我的同行前辈可能没有意识到，但我和他们的紧张关系也是起源于相同的陷阱。学术圈的架构如此，圈内人也必须勇于作战，以保障自己的特殊权益，不惜牺牲整体的权益。否则，我努力提倡对中国历史的综合史观，也不应该触怒如此多的人。我的努力来自于我的信念：中国历史的循环较长，超越美国大学目前采行的学科分工制度。

如果我事先知道这个看似无害的概念会引发这些反应，我会采取略为不同的作法。

但在提出抗议和申诉后，我还不想宣称自己是输家，请求别人的同情。我还没重返中国，但我的书却在那里发行及流通。《读书》是北京的期刊，其影响力介于《图书馆期刊》和《出版人周刊》之间，虽然说我“不是马克思主义者”，却仍然向读者推荐我写的书。我的编辑才刚告诉我，中国的《出版年鉴》将刊登讨论《万历十五年》的专文。此书的英文版既没有得奖，也不畅销，但却是历史书籍俱乐部和世界历史图书馆的选书，被一些大专院校当成教科书。法文版将于本月出版，德文版预定于明年初出书，日文版正由东京早稻田大学的教授翻译。本书出版后，国际笔会邀我成为会员，我欣然接受。

我不打算移民。美国现在是我的家，也是我的国家。我不需要多谈对美国的爱或感情联系，因为我毫无意愿离开。我享受美国的种种事物。我成为归化公民，心情坦荡，一点也不后悔。写这本书时虽然碰到困难，但大体仍相当悠闲自在。就自由表达自己和接触出版意见这两点而言，我恐怕找不到比美国更理想的地方。我目前领社会福利退休金和养老年金，来源不只出于美国蓝领和白领阶级的劳工，而且还必须感谢基金管理和各级公务员的尽心尽力。我们对彼此仍然有义务。

内人是土生土长的美国人。独子的英文名字杰佛逊，源于有“蒙地沙罗智者”（Sage of Monticello）之称的杰佛逊总统和他的“生者之地”的信念（格尔在南方的亲戚会联想到杰佛逊·戴维斯 Jefferson Davis，那也好)。他已经是全国荣誉学会的学校分会会员，是学校合唱团的副团长，还是学生与校长沟通委员会的委员之一。身高六英尺一英寸的他担任大学足球校队的守门员，也是管弦乐队的队员。圣派垂克节时，整个赫逊河中游地区的游行队伍会通过纽普兹村，学校的军乐队队长问他是否可以当掌旗手之一。他说：“我要负责美国国旗。”队长说：“可以!”在游行当天，格尔和我站在街角，除了隐约的敬意以外，我平生第一次涌起对星条旗的衷心喜悦。

然而，在不顾颜面地轮番揭露自己的羞辱与骄傲，以及和志业相关的挫折与乐趣后，我必须要说，我们即将迈向21世纪，我却无法肯定美国的前景。就某些方面而言，美国的未来甚至没有中国明确。今天（1983年9月22日）《纽约时报》的头版标题如下：

初步数据显示
第三季 GNP
成长 7%
乐见趋缓
对复苏过热的担心
已降温——白宫表示
成长步调可望维持

这不是好消息吗？但我开始想到，美国目前的经济成长率已经接近饱和点。我用杰夫的晶体管计算器轻易算出以下的数字：

$$100\times(1.07)^{10}=196.71515\cdots\cdots$$

也就是说，如果目前的成长率可以持续十年，或说是重复十年，届时我们的国民生产毛额会加倍。我们如何寻找原料？我们出口的全球市场何在？废料和污染已经造成许多湖泊和河川不堪使用，未来如何处理这些问题？强迫性消费只会产生更多差强人意的商品，同时让许多有用的书无法出版，将来我们又该如何因应？这其中潜藏危机，只怕更甚于中国曾鼓励人口增长政策的害处。分析师当然会告诉我们，目前生产和服务部门的比率势将改变。有些人还预测，二十年后，高科技主宰一切，美国制造业劳工的比率将降为现在的三分之一。我们的社会准备好要面对无可避免的职业变动和失业吗？我们的法律体系足以支撑井然有序的过渡期吗？谁会购买我们的机器人？最重要的，如果这些问题全都获得解答，我们如何维持下一轮的增长率呢？我们还有其他的替代方案吗？

在许多天的晚上，我读着悲观的报道，上床时闷闷不乐。身为特殊类别的历史学家，我知道大规模的僵局会导致暴动。在纽普兹，有一个适宜低收入家庭的新住宅方案，事实上，这些房子位于管理妥善的住宅区。有一天，我看到一个白肤金发的小男孩，大约八九岁，从其中一间房子中走出来，旁边是一个年龄相当的黑人小男孩，两人手上都拿着球棒和棒球手套。这个景象令人感到心旷神怡。但当晚我又读到关于世界局势的丧气报道，随后想到这两位男孩的命运，他们居然出现在我的噩梦中。不过，第二天早上的阳光却大大振作我的士气。我发现自己对儿子说："杰夫，即使我们必须消除内燃机的文明，人类也可以生存。看看我们拥有的科学知识和实验室设备吧。我们应该可以开发新能源。我想应该可以发掘金属和化学物，让物质重新循环使用。你们这一代应该至少可以维持我们目前的生活水准，或者活得更好——如果我们没有把地球炸掉的话。"

我近来不太旅行。但我还在密西根当研究生时，我曾开车到华府，去国会图书馆找资料，然后再一路往西开到西岸，看我的弟弟一家人，之后再开回底特律。我也常常搭飞机来往纽约和曼菲斯，波士顿和普吉西之间的短程距离更是往返无数次。我记得城市和郊区呈巨大的棋盘图案在眼前展开，灯火灿烂，乡间有许多景致优美的住宅，附带形状各异的游泳池，黄昏时水光潋滟。这是一个机敏又长于协调的国家和民族，我不相信他们会让自己走向大灾难和毁灭。

也许我们在学校教美国历史时，应该采取不同公式和重点。我的经验告诉我，许多美国人误以为美国史开始于太平洋岸。也就是说，他们认为美国主义的威信是起源于物质的成功，因此而忘却真正的美国精神。不久前，他们的祖先就是秉持着这种精神克服外在的艰辛，穿越一整个大陆的大湖、平原、草原、山脉和沙漠。如果开发技巧受重视的程度胜过真正的国民性，如果机巧的成果比机巧本身更被看重，幻想迟早会破灭。这样的人忽略自己优势的来源，只会经常仰赖运气。

也许美国人应该多参与其他民族的生活。在我的经验中，接触可以消除偏见。从孩童时期起，我就被教导要恨英国人、日本人和俄国人，后来还或多或少要恨美国人。但有机会近距离观察这些人时，我很能理解，我们如何让争论点发展出对外国公民的刻板印象，尤其是牵涉到骄傲和偏见的争论点。我认为本书很有用，是因为本书是根据我正常工作外的许多客观观察，如果读者容忍我的自大，我要说这些观察扩大我的眼界。也许我可以用回忆中的一件小故事来帮我强调论点。

一般而言，苏联人可以说是全世界最难理解的民族。很少中国人有机会接触他们，更别说和他们进行对话，突破他们的心防。我们只能想像苏联人阴郁、低俗、粗鲁、凶暴和野蛮。在二次世界大战后的东北，我们有充分理由让他们就此凝固在这些永远的形象中。但发生一件离奇的事，让我上了最难忘的一课。

时值1946年5月，我在国民党军中，我们刚从共产党军队手中夺回长春。身为副总司令副官的我，负责撤走大和饭店的房客，准备迎接蒋介石的到来。旅馆属于前日本南满洲铁道会社的财产，一般大众不可能住进去。我们攻下长春不到五天，房客包括我们自己的军方人员、六名外籍特派员和苏联人。第一种人什么话也没说，就搬走了。记者有宋子文当代言人，虽然愿意配合，但仍然提出抗议，我们解释撤离是为了安全理由，他们根本不相信。（西方读者对宋子文并不陌生，他的照片出现在涂克门的《史迪威及美国在华经验》〔*Stilwell and American Experience in China*〕）接下来，我们预期赶走苏联人会遇上困难。他们分住不同的楼层，有些还携家带眷。不论他们如何搬进来，不论他们是否有外交官的地位，他们住在大和的时间都比其他人久。

结果连一点抵抗的迹象都没有出现。无论男女，这群苏联公民都很有风度，接受我们的驱逐命。他们的代表是一位茶色头发的削瘦男人，英文说得不错，中文还过得去。他只要求半天的时间让他们搬到朱林（Tchurin）公司。朱林是官方的俄国贸易公司，在长春拥有办公大楼。他又提到，他担心他们这群人的安全。我们进入长春时，国民党的军官和士兵都对苏联人在东北的作为非常生气，因此砸毁任何看得到的俄文标志，而且很可能如法新社所报道，甚至以爱国之名掠夺无人看管的外国人财产。这位苏联人的忧虑不难理解。但当时我太过骄傲，无法接纳他的意见，因为这无非暗示我们丧失掌控权。在我还想不出如何应答时，这位苏联代表仍然轻声细语，以他的诚挚解除我的武装。“我无意冒犯，上尉，”他用英文说：“不过数星期前，我们的军队才犯下全世界最恶劣的行径。我了解你的感受。”这个人显然是使馆官员之类的，居然如此坦诚，令我大感惊讶。感动之余，我向他保证会保护他们这一群人。他已赢得我的尊敬。

真是多事之秋。同一天早上，大概才半小时之后，这个人要侍者请我去他的房间一探究竟。我直冲过去。在走廊上，我看到他和一名我们的士兵在抢台灯。这个糟糕的家伙是被派去保护他们的士兵之一，一定以为既然苏联人被命令离开，他们房间和套房中的每样东西都可以随意拿走。这位直言无讳、发色浅淡、语调柔和的苏联人，这时用中文说："看，这甚至不是我们的东西，而是你们的!"我羞愧难当。他在提醒我们所有的人，这个台灯既然是旅馆的财产，事实上也就属于我们。那一刹那我觉得自己被背叛和羞辱。我说话不算话，军队的名誉扫地，国家颜面尽失。这一切都是因为这个可耻愚蠢的士兵，我本能地想当场杀了他。我怒急攻心，立刻从皮套中抽出四五口径的自动手枪，就要开保险，扣扳机，枪口则早已对准他。只要一两秒钟，一切就结束了。一声枪响、几丝火药味、鲜血喷出、皮肤撕裂、肌肉抽搐，在长春大和饭店铺上地毯的走廊上，就会平添一桩横死案件，而我会永远被贴上杀人者的标签。也许我能够无罪开脱，我可以宣称是为了防止掠夺，是为了挽救军队的荣誉。我知道一些国民党军官确实这样做，用自己的手来执行战争条款，最后不过训斥了事。但这毕竟是枪杀一个手无寸铁的受害者，这种永恒的负担一定一辈子跟着我。

但当时我免于经历那种可怕的经验，否则到临终时这件事都还会悬在心头，刻在脑海中。在那要命的瞬间，我停了一下。首先是眼前的军人忽然自知死到临头，眼中浮现难以形容的恐惧，让人看了心烦。然后我转头去看向我申诉的那位苏联人。毕竟，会发生这一切悬而未决的执刑过程，部分原因是为了让他满意，让他知道我们如何认真兑现我们的承诺。他哑口无言，极度震惊，被我的残暴和野蛮吓呆了。我觉得，今天在苏联某处的他，一定还记得三十七年前的这件事。如果他碰巧看到这一段，我想让他知道，虽然他当天两次解除我的武装，但我永远感激他，他已经改变我人生的方向。他不需要说任何话，只靠沉默的表情就已足够。当时我让那位可耻而愚蠢的士兵离开，把手枪放回皮套中。我仍然羞愧交加，而且可能比先前更严重，但我离开现场时心安理得。从此以后，我再也没有配备任何武器。

这起事件能证明什么？它本身的意义并不大。我不可能从单一事件中建立起刻板的印象，那和已经存在的其他刻板印象也没什么差别。但重要的是，这个人是我唯一亲身接触的苏联人，却能显现出人类的关怀和敏感，而就我所能看到的中国和西方新闻报道中，有数十篇故事和文章提到他的国家和民族，却没有一篇令我动容。我还记得二次大战前我们对日本人所持有的僵化印象，和我后来在日本结识的人全无相像之处。法国人也不是我们抵法前所想像的轻浮模样。不说别的，如果可以打破这些僵化的形象，就可以促进更多的了解。

在今日的世界中，公民对外国的印象是决定性因素，可以影响我们推展对外事务。不幸的是，仇恨和误解很容易传播。透过媒体，充满感情诉求的议题可以立即散布给成千上万的人，深入的解释却非常难与匹敌。危险之处在于，偏见持续累积，我们可能强迫自己走入最不想见到的情况：言行强悍的政客才能当选；企图平衡报道的作家没有销路；具有外国血统的公民在讲真话时，必须冒着被轻视和猜疑的风险。在此期间，中曾根康弘先生和索尔仁尼琴先生绝对不缺听众，紧张的气氛势必变得更紧张。至于下一代，将在这些因素累积的影响之下受教育。

但我不是改革者。我觉得，示威也可能将技术问题转为道德议题，因此会逐渐抽象化。就我所知，今日的世界面临重大的数字问题。已开发国家的确没有太多时间可以浪费，必须寻找下一段文明，不能停留在以钢铁和石油建立起的数字成长。开发中国家（其中有些已经可以在数字上进行管理）可以在国内外创造许多就业机会，应该用来填补彼此间的差距，作为缓冲，纾解已开发国家的过渡期，让他们继续前瞻。这么庞大的工作无疑会引发重大规模的调适，但如果我们视之为生命中的挑战，用来展现我们的聪明才智，作为一生追求的目标，成为升华的“生存空间”和“共荣圈”，这样不是很好吗？何必因为我们不是唯一的受益者就视之为挫折和逆转呢？重点在于，无论我们是否喜欢，问题都已超越国界，没有一个国家会觉得心安。就全球来说，“大趋势”不只是我们可以纵身投入的流行；协调整合有所必要；在世界史中，历史事件并不会完全重演：以上都是实际的问题，只有这样的结论才能让我的史观呈现出宇宙螺旋（如本章所附图示），在上面增加一段实线，并且更上一层，迈向代表未知世界的虚线。

这不只是像在纽普兹“超越听众的理解能力”。如果耶鲁的莱特教授仍在世，一定会被我的大胆吓到，因此我要对读者表示歉意。无论我已提过多少次，我仍然希望你们了解，我才疏学浅，坏习惯和缺点倒是很多，但我仍然踏入相当奇特的处境。就某程度来说，这本书的成果对我也是一大意外，因为我从来不清楚自己何时开始踏上史学的不归路，只有透过回想，这段盘旋渐进的过程才变得明晰。我以“中间阶层”的立场观察酝酿中的历史，让我更为确定：目前东西方的冲突不是极权主义和自由世界的对立。本质上来说，这两方都是不完美的体系。一边发现自己在技术层次上无法定义及照顾民众的特殊利益，因此强迫人人完成大我，直到伪装已超过最低限度的现实面。另一边提倡以特殊利益来领导群众利益，在有利的地理因素之下，一直能保持某种数学节奏，但这体系已经到达僵化的状态，因为可消耗物质面临短缺及各种规定日益复杂。一旦发生上述情况，就连本身也无法确定自己的群众利益和目标。也许最后的摊牌可以避免，前提是双方都决定不再宣称自己的一方具备道德上的优越，而是以坦诚和互助来解决实际的问题。

译后记

看到黄仁宇用英文写的回忆录时，第一个反应是："翻译这本书的人好可怜"。外国人写中国东西也就罢了，翻译成中文后就算洋腔洋调，反正是外国人嘛。但中国人用英文写回忆录就不一样了，中文翻译流不流畅，一看便知。

何况这个人叫做黄仁宇，是以《万历十五年》名扬海内外的历史学家，有名到根本无需作任何介绍。读者已熟知他的文笔及语调，如果换成一个后辈写的白话文（而且恐怕还不是很通顺），怎么看就怎么别扭。

没想到，后来我就成为这个可怜的人。黄仁宇的中英文俱佳，对译者更是莫大的压力，有时不免想到：如果他能自己用中文写回忆录就好了。

除了口气不像黄仁宇以外，翻译本书时碰到的最大困难就是一大堆人名及组织名，找资料时才深刻体会到，何谓"上穷碧落下黄泉，两处茫茫皆不见"。由于时间有限，最后仍无法确定的人名只能以音译表示，对相关人士只能说抱歉，并寄望方家指正，以后有机会再行修补。

本书所以能顺利出书，友人马耘居功厥伟。马耘年纪轻轻，但仿佛像黄仁宇时代的人，对当时的人事、单位组织及习惯用语了若指掌，简直是从中国现代史书中飘逸而出的精灵。此外，友人杨惠君也查到若干人名，同样价值连城。如果没有他们的热诚，本书绝对会贻笑大方。其他朋友的关心、鼓励及协助，在此一并感谢。

在此也要感谢台湾中央研究院中山人文社会科学研究所所长梁其姿教授的协助。联经出版社总编辑林载爵在百忙之中，还抽空审阅本书的部分章节，显见对本书的重视。纵使这一译本仍不尽理想，但仍希望成果不致辜负他们的指导。

也希望这译本能对得起黄仁宇在天之灵。